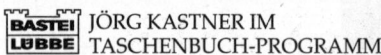 JÖRG KASTNER IM
TASCHENBUCH-PROGRAMM

JÖRG KASTNER
DIE GERMANEN VON RAVENNA

HISTORISCHER ROMAN

BASTEI
LÜBBE

BASTEI-LÜBBE-TASCHENBUCH
Band 14 210

Erste Auflage: Mai 1999

Deutsche Erstveröffentlichung/Originalausgabe
© Copyright 1999 by Bastei-Verlag Gustav H. Lübbe GmbH & Co.,
Bergisch Gladbach
Lektorat: Marco Schneiders
Einbandgestaltung: K. K. K.
Titelfoto: Archiv für Kunst und Geschichte, Berlin
Satz: KCS GmbH, Buchholz/Hamburg
Druck und Verarbeitung: Elsnerdruck, Berlin
Printed in Germany, Mai 1999
ISBN 3-404-14210-1

Sie finden uns im Internet unter
http://www.luebbe.de

Der Preis dieses Bandes versteht sich einschließlich der gesetzlichen Mehrwertsteuer

Für meinen Vater,
der das Abenteuer liebt.

Inhalt

Vorbemerkung

Es ist das Jahr, das man später 19 n. Chr. nennen wird. Für die freien Stämme in dem weiten Gebiet rechts des Rheins, das auf römischen Landkarten Germanien heißt, ist es der zehnte Sommer seit ihrem Sieg über die Legionen des Varus, den sie unter der Führung des Cheruskerherzogs Armin erfochten haben.

In Rom regiert seit fünf Jahren Kaiser Tiberius. Der erfahrene Feldherr hat erkannt, daß ein offener Krieg gegen die Germanen einen zu hohen Blutzoll fordert. Deshalb versucht er, Freiheit und Macht der rechtsrheinischen Germanen zu untergraben, indem er die Zwietracht zwischen den Stämmen schürt.

In den Jahren 17 bis 19 n. Chr. gelingt es ihm fast, Armin zu stürzen, indem er mit Hilfe seines Sohns Drusus minor und des Prätorianerpräfekten Lucius Aelius Sejanus den mächtigen Markomannenkönig Marbod gegen den Cherusker aufwiegelt. Nach blutigem Ringen wird Marbods Macht von Armin und seinen Verbündeten zerschlagen, und der gestürzte König muß zu den Römern ins Exil gehen.

Doch der Cheruskerherzog kann sich über den Sieg nicht freuen. Sein Verbündeter Katualda, der sich zu Marbods Nachfolger aufgeschwungen hat, paktiert mit den Römern. Armins Gemahlin Thusnelda und sein kleiner Sohn Thumelikar, den er noch nie von Angesicht zu Angesicht gesehen hat, befinden sich in den Händen der Römer. Durch innere Stammeszwistigkeiten gebunden, muß er es seinem Blutsbruder und Kampfgefährten Thorag überlassen, die Geiseln zu befreien.

Thorag, Fürst der cheruskischen Donarsippe, nimmt nicht nur die Pflicht wahr, die ihm als Armins Blutsbruder obliegt. Ein ganz persönlicher Grund treibt ihn an: Auch seine Gemahlin Auja ist eine Geisel der Römer.

Voller Sorge um die Geliebte folgt er der einzigen Spur, die er von den Gefangenen hat, vom Markomannenreich nach Süden, quer durch die römischen Provinzen Rätien und Noricum bis nach Italien, wo er die Region Venetien und Istrien durchquert. Sein Ziel ist die große Hafenstadt Ravenna in der Provinz Gallia Cisalpina, wo er die Gesuchten zu finden hofft, wo aber auch haßerfüllte Feinde auf ihn warten. Und mehr noch, nach dem Donarsohn greifen die Schatten der Vergangenheit …

ERSTER TEIL
IM SCHATTEN DES GESTERN

Kapitel 1
Blutborste

Wie tot lag das bewaldete Land vor ihnen, still und leblos, von Mensch und Tier verlassen. Die Armee, die es hingemeuchelt hatte, war weitergezogen und hinter einem sanften Höhenzug verschwunden. Nur entferntes Geschrei und das leise Echo von Trommel- und Stockschlägen, so unwirklich wie die Einflüsterungen eines Nachtmahrs, kündeten von ihr. Zurückgelassen hatte sie zerstampfte Erde, zertretenes Gras, abgebrochene Äste und die unnatürliche Stille, die einen schaudern machen konnte.

Wenn einer der beiden Reiter Furcht empfand, zeigte er sie nicht. Ein Krieger der Cherusker hatte furchtlos zu sein, erst recht ein Edeling, war er auch noch jung an Jahren. Und die beiden einsamen Reiter zählten zu den hervorragendsten Edelingen ihres Stammes.

Ihren Pferden fehlte diese Selbstbeherrschung. Sie schnaubten ängstlich, tänzelten unruhig hin und her und wären wohl weggelaufen, hätten die beiden Jungmänner nicht die Zügel straff gehalten. Die Tiere, Geschenke der Römer an die Väter der Reiter, waren äußerlich eindrucksvoll, um einiges größer als die hiesigen Pferde. Aber im Gegensatz zu den gedrungenen Pferden der germanischen Stämme waren die stolzen Römerrosse nicht an die Jagd gewöhnt und auch nicht an das für sie fremdartige Walddickicht.

»Ruhig, nur ruhig.« Wisars Sohn tätschelte seinen Braunen, als der ein leises Wiehern ausstieß, und bemerkte zu seinem Gefährten: »Vor uns ist etwas, die Pferde wittern es.«

Segimars Sohn nickte und stieß im Flüsterton ein einziges Wort hervor: »Blutborste!«

Das leichte Zittern seiner Stimme verriet, wenn nicht einen Anflug von Furcht, dann gewaltigen Respekt. Wie vor einem übermächtigen Feind, einem legendären Recken, dem gegenüberzutreten man nicht im kühnsten Traum erwartete. Und tatsächlich genoß Blutborste einen beinah legendären Ruf. Nur wurde das Untier in den Dörfern der Cherusker nicht verehrt, sondern gefürchtet wie die Totengöttin Hel.

Blutborste war wild und mörderisch, schlau und verschlagen. Nur um zu zerstören, überfiel er die Siedlungen der Cherusker, verwüstete Felder, tötete Ziegen und zahme Schweine. Es hieß, Blutborste habe bei einer Treibjagd vor vielen Wintern ein Auge verloren und lebe seitdem nur noch dafür, sich an den Menschen zu rächen. Manche erzählten gar, der Wüterich sei ein böser Sohn Lokis, ein Bruder des Fenriswolfes, der Midgardschlange und der finsteren Hel.

Was auch immer stimmte, Blutborste war unbestreitbar eine Gefahr. Vor wenigen Nächten erst hatte er eines der Lager rings um die Heiligen Steine heimgesucht und dabei einem der Jungmänner, der beim Thing die Kriegerweihe empfangen sollte, den Wanst aufgeschlitzt. Der verwundete Emicho, ein Jüngling aus dem Hirschgau, war noch vor Sonnenaufgang an seiner schrecklichen Wunde gestorben.

Armin hatte den Toten gut gekannt und beschlossen, ihn zu rächen. Und Thorag hatte ohne großes Überlegen zugesagt, seinen Gefährten Armin zu begleiten. Am Tag der großen Jagd sollte Blutborste sein schon lange verdientes Schicksal ereilen.

Die Treibjagd der anderen Männer galt nicht dem gefürchteten Untier. Blutborste war zu verschlagen und hatte sich bei früheren Jagden nicht aufstöbern lassen. Die Jagd, an der sich Krieger und Treiber aus allen sieben

Gauen des Cheruskerlandes beteiligten, diente der Fleischbeschaffung für das mehrtägige Thing, zu dem sich die Cherusker im Schatten der Heiligen Steine versammelt hatten.

Armin, Sohn des Stammesherzogs Segimar, und Thorag, Sohn des Gaufürsten Wisar, hatten niemandem von ihrer geheimen Absicht erzählt, Blutborste zur Strecke zu bringen. Heimlich hatten sie sich von ihrem Jagdtrupp abgesetzt und waren in die Richtung geritten, in die Blutborstes Spuren nach dem Mord an Emicho wiesen. Sie wollten das Blut des Untiers für das des Getöteten fordern, aber noch eine weiter gehende Absicht trieb sie an.

»Da!« Thorags rechter Arm schoß nach vorn, seine ausgestreckte Hand wies auf ein grünes Dickicht aus dichtem Farn und verschlungenem Hopfen. »Der Farn hat sich eben bewegt.«

Armin zupfte ein Haar aus der Mähne seines Braunschecken und hielt es in die Luft. »Wir haben leichten Wind.«

»Ich kenne keinen Farn, der sich ganz von allein *gegen* den Wind bewegt.«

Sie wechselten einen kurzen Blick, verständigten sich ohne Worte, ganz wie erfahrene Krieger. Dann trieben sie ihre Pferde langsam voran. Die Römerrosse gehorchten nur widerwillig. Thorag spürte, wie der Braune zwischen seinen angewinkelten Beinen zitterte. Der Hengst fürchtete sich vor dem, was in dem Dickicht lauerte.

Thorag lenkte sein Tier nach rechts, Armin nach links. Jeder nahm eine schwere Frame zur Hand, deren Schaft mit einem Lederriemen umwickelt war, damit die Waffe nicht aus der Hand rutschte. Die Eisenspitzen funkelten, als ein paar Sonnenstrahlen durch das Laubdach auf die Reiter und ihre Waffen fielen.

Mit ihren blonden Haarmähnen und den sich ähnelnden Waffen hätten die jungen Cherusker wie Brüder gewirkt, wie zwei Abspaltungen ein und derselben Person, wäre nicht die unterschiedliche Bemalung ihrer nackten Oberkörper gewesen. Jeder trug die Farben und Zeichen seiner Sippe. Armins Brust zierte ein weißes Geweih, das Zeichen der Hirschsippe. Thorag, dessen Ahnherren auf den Donnergott Donar zurückgingen, hatte in roten Farben den Hammer Miölnir und darüber einen gezackten Blitz auf seine Brust gemalt. Die Zeichen von Sippentier und Ahngott sollten ihren Trägern Stärke und Mut verleihen.

Drei Pferdelängen vor dem Dickicht hielten die Reiter abermals an, starrten unverwandt auf das undurchsichtige Pflanzengeflecht und lauschten. Das Gelärm der Treiber war leiser geworden und jetzt kaum noch zu hören. Die beiden Pferde schnaubten unruhig. Sie spürten die unmittelbare Nähe der Gefahr, des möglichen Todes.

»Jetzt!« stieß Armin halblaut hervor, senkte die Frame und wollte den Braunschecken antreiben.

In diesem Augenblick teilten sich Farn und Hopfen, und ein seltsames Wesen wuchs daraus empor: eine Kreuzung aus Tier und Mensch.

Zuerst sahen die Jäger nur das dunkle Fell eines Wildschweins und machten sich auf den fürchterlichen Angriff von Blutborste gefaßt. Doch das Wesen stellte sich auf die Hinterbeine, griff nach dem Fell und streifte es ab. Rotblond leuchtendes Haar tauchte darunter auf, dann ein schmales Gesicht mit dunklen Augen.

»Ihr habt das falsche Wild gestellt«, sagte der Jüngling, der fast noch ein Junge war, mit einem schiefen Lächeln. Er schien zwischen Verlegenheit und Verdruß zu schwanken. »Segimar wird wenig erfreut sein, wenn ihr als Jagdbeute seinen Sohn ins Lager bringt.«

»Isgar!« Armin rief den Namen seines jüngeren Bruders mit unverhohlener Empörung aus. »Was, bei allen Göttern des Asengeschlechts, suchst du hier?«

»Dasselbe wie ihr.« Segimars jüngerer Sohn bückte sich und hielt, als er sich wieder erhob, eine Frame und einen einfachen, aus Weidenruten geflochtenen Rundschild in den Händen. An seinem Gürtel hing ein kurzes Schwert. »Emicho war auch mein Freund.«

Er trat aus dem Dickicht, und die Pferde scheuten vor dem durchdringenden Wildschweingeruch. Isgar hatte nicht nur das Fell umgelegt, sondern sich wie ein erfahrener Jäger mit Wildschweinfett eingerieben.

»Du trägst Frame und Schild, obwohl du die Kriegerweihe noch nicht empfangen hast!« sagte Armin streng. »Du mußt wahnsinnig sein, dich allein auf die Suche nach Blutborste zu begeben. Vater hätte dich gar nicht erst zu den Heiligen Steinen mitnehmen sollen.«

Isgar straffte seinen jungen, sehnigen Körper, um größer zu erscheinen. »Ich bin alt genug, um schon bei diesem Thing die Kriegerweihe zu empfangen!«

Thorag hielt sich zurück. Dies war eine Angelegenheit zwischen Brüdern. Insgeheim gab er Isgar recht. Als Thorag und Armin zwei Sommer zuvor die Weihe zum Jungkrieger empfangen hatten, waren sie nicht viel älter gewesen als Isgar jetzt.

Zugleich verstand Thorag, weshalb Segimar seinem jüngeren Sohn die Teilnahme an der Kriegerweihe bei dem anstehenden Thing untersagt hatte. Die Römer verlangten als Beweis des frisch geschlossenen Friedenspaktes mit den Cheruskern, daß alle Gaufürsten ihre mannbaren Söhne in römische Obhut gaben. Die jungen Edelinge sollten die römische Sprache und die römischen Sitten erlernen, um ein festeres Band zwischen Rom und dem Cheruskerstamm zu knüpfen. Und, das war ein offenes Geheimnis, der römische Feldherr Domitius Ahenobarbus benötigte die Fürstensöhne als hochrangige Geiseln, damit die Cherusker ihren Treueschwur nicht vergaßen.

Thorag sah der Abreise nach Rom, die nach dem Thing erfolgen sollte, mit gemischten Gefühlen entgegen. Es fiel ihm schwer, seine Heimat zu verlassen, seine Familie und die junge Cheruskerin, für die sein Herz schlug, Auja. Andererseits erfüllte es ihn mit gespannter Vorfreude und einigem Stolz, gemeinsam mit dem Herzogssohn Armin nach Rom zu gehen, in die ferne, große Stadt des fremden, mächtigen Römervolks.

Er verstand Isgar, der seinen älteren Bruder Armin beneidete und gern mitgekommen wäre. Aber er verstand auch Segimar, der nicht beide Söhne weggeben wollte. Schließlich konnte es sein, daß der Herzog die Geiseln niemals wiedersah. Deshalb wollte Segimar seinem zweiten Sohn erst im nächsten Sommer die Mannbarkeitsprobe gestatten.

Armin ergriff wieder das Wort, und noch immer klang seine Stimme tadelnd: »Du bist kein Krieger, Isgar, und hast hier nichts zu suchen!«

»Willst du mich wegschicken?« Ein listiges Funkeln sprang aus Isgars Augen. »Soll ich allein zum Lager heimkehren? Was ist, wenn ich unterwegs Blutborste begegne?«

»Das verschlagene Biest ist wahrscheinlich sonstwo, aber nicht hier«, brummte Armin mißmutig. »Vielleicht sollten wir alle umkehren.«

»Nein, er ist in der Nähe!« rief Isgar schnell. »Ich habe eben seine Spur entdeckt, ganz frisch.«

Armin runzelte die Stirn. »Woran willst du erkennen, daß es seine Spur ist?«

»Alle Tiere haben dieses Gebiet fluchtartig verlassen,

als sich die Treiber näherten. Nur Blutborste ist so klug und kaltblütig, sich zu verstecken.«

»Die Spuren könnten älter sein.«

Isgar grinste breit, triumphierend. »So, wirklich? Wie kommt es dann, daß sie die Spuren der Treiber überlagern?«

Jetzt waren Armin und Thorag alarmiert. Sie baten Isgar, ihnen die Spuren zu zeigen. Er führte die beiden Älteren einige Schritte in das Pflanzengespinst hinein und zeigte ihnen die schweren Hufabdrücke eines Ebers, der sich in dem Dickicht aufgehalten und es nach der Treibjagd verlassen hatte. Seine Spuren überlagerten tatsächlich die der Treiber.

»Der alte Blutborste hat mal wieder alle überlistet«, sagte Thorag und ließ deutlich seine Bewunderung für den Keiler erkennen.

»Aber nicht mich!« Isgar sprach mit unverhohlenem Stolz. »Jetzt werden wir Blutborste stellen!«

»Wir ja, du nicht«, beschied Armin. »Du bleibst hier und bewachst die Pferde. Wir können sie nicht in das dichte Gestrüpp mitnehmen.«

»Aber ich habe die Spuren entdeckt und …«

Armin schnitt dem Bruder das Wort ab: »Der Ruhm bleibt dir unbenommen. Aber du bist kein Krieger, und Vater würde mir nie verzeihen, wenn dir etwas zustieße.«

Die Sache war entschieden. Isgar blieb widerwillig, mit verkniffenem Gesicht, bei den Pferden zurück, während Armin und Thorag Blutborstes Spuren folgten. Sie waren noch nicht lange unterwegs, als hinter ihnen lautes, panisches Pferdewiehern erklang, gefolgt von einem schrillen Schrei.

»Isgar!« entfuhr es Armin, und sein Gesicht wurde blaß. »Er ist in Gefahr. Wir haben Blutborste unterschätzt …«

Thorag antwortete nicht, machte auf dem Absatz kehrt und hetzte, dicht gefolgt von Armin, zu der Lichtung zurück, wo sie Isgar zurückgelassen hatten. Was sie hörten, spornte sie zu größter Eile an: wütendes Schnauben, klagende Pferdeschreie und seltsame dumpfe Geräusche, die in regelmäßigen Abständen erklangen.

Die Lichtung hatte sich in ein Schlachtfeld verwandelt. Thorags Brauner schien dem Verhängnis entkommen zu sein, war aber nirgendwo zu entdecken. Armins Schecke wälzte sich unter pausenlosem Geschrei in seinem Blut. Die Zähne des Untiers hatten eine tiefe Wunde in den Pferdebauch gerissen.

Blutborste kümmerte sich nicht um das verletzte Tier. Er rannte mit gesenktem Haupt gegen eine Birke an, auf die Isgar sich gerettet hatte. Frame und Schild lagen unter dem Baum, an dessen Äste der Junge sich verzweifelt klammerte. Er blutete aus einer Wunde am Oberschenkel. Immer wieder krachte Blutborstes Schädel dumpf gegen den kaum mannsdicken Stamm und brachte die Birke beträchtlich ins Schwanken. Es schien nur eine Frage der Zeit, bis Isgar den Halt verlor oder bis die Baumwurzeln nachgaben.

Für einen Augenblick blieb Thorag am Rand der Lichtung stehen. Der Anblick verschlug ihm den Atem. Einen so mächtigen Keiler hatte er noch nie gesehen. Und einen so wütenden auch nicht. Hätte Blutborste sich auf die Hinterbeine gestellt, hätte er einen großen Mann leicht überragt. Sein Fell war schwarzgrau und schimmerte auf dem Rücken rötlich, woher sein Name rührte. Es hieß, die große rote Stelle verdanke ihre Färbung dem getrockneten Blut vieler getöteter Opfer.

Unter wildem Geschrei lief Armin an Thorag vorbei und auf die Lichtung. Seine Schreie sollten Blutborste von Isgar ablenken. Das Gehör eines Ebers war in der

Regel weit besser entwickelt als seine Sehkraft. So war es auch bei Blutborste. Kurz vor der Birke stellte er seinen neuerlichen Angriff ein und wirbelte unter lautem Gegrunze herum. Offenbar war er verwirrt, vielleicht auch über die Störung verärgert.

Jetzt sah Thorag, daß die Erzählungen stimmten: Blutborste hatte nur ein Auge. Wo einst das linke Auge gesessen hatte, war jetzt nur noch verknotete Haut.

Sobald der Keiler den neuen Gegner entdeckt hatte, griff er Armin an. Die großen Eberzähne schimmerten rot, befleckt vom Blut des Braunschecken. Zum Glück war Armin auf den Angriff vorbereitet und brachte sich mit einem schnellen Sprung zur Seite aus der Bahn des Ebers. Der blieb, als sein Stoß ins Leere ging, schnaufend stehen und blickte sich abermals suchend um.

Thorag rannte los, sobald Blutborste ihm den Rücken zuwandte, und rammte ihm die Frame tief in die rechte Seite. Das Grunzen wurde zu lautem Gebrüll. Blutborste drehte sich so rasch herum, daß er Thorag den Framenschaft aus den Händen riß. Der Donarsohn verlor das Gleichgewicht und stürzte auf den aufgewühlten Boden. Aus den Augenwinkeln sah er, wie Armin am anderen Ende der Lichtung auf und ab sprang, und er hörte das laute Geschrei des Freundes. Abermals versuchte Armin, Blutborste abzulenken – mit Erfolg.

Während der Eber einen zweiten Angriff auf den Herzogssohn unternahm, sprang Thorag auf, lief zu der Birke und nahm Isgars Frame auf. Das Blut an der Eisenspitze belegte, daß Isgar dem Untier zumindest eine Wunde beigebracht hatte. Dann hatte er die Waffe verloren, ähnlich wie Thorag, und hatte seine einzige Rettung in der Flucht auf den Baum gesehen.

Armin schwebte in höchster Gefahr. Diesmal hatte er nicht rechtzeitig ausweichen können. Blutborste streifte seine Seite und warf ihn zu Boden. Der Keiler machte kehrt, um den Gegner förmlich in den Boden zu stampfen.

Thorag war vor Blutborste da und stieß Isgars Frame gegen den dicken Eberhals. Die Eisenspitze bohrte sich in die Haut, doch der Schaft zersplitterte. Er mußte vorher schon angebrochen gewesen sein.

Die neue Wunde steigerte Blutborstes Raserei. Thorag hatte nicht einmal Zeit, sein Schwert zu ziehen. Er konnte nur noch den eisernen Schildbuckel gegen die wuchtige Ebernase stoßen, bevor er abermals das Gleichgewicht verlor.

Mit einem schmerzhaften Stechen in der rechten Schulter landete er auf einer Baumwurzel. Er fühlte sich benommen und versuchte verzweifelt, sich wieder in die Gewalt zu bekommen. Jeder Augenblick der Hilflosigkeit unterstützte Blutborstes mörderische Absichten.

Armin stand wieder aufrecht und traktierte den Eber mit seiner Frame. Isgar war von der Birke gesprungen und fuchtelte mit dem Sax vor Blutborstes Nase herum. Während die Bestie noch zögerte, welchem Gegner sie sich zuerst zuwenden sollte, griff Armin an und bohrte sein Eisen tief in die linke Seite des Ebers. Mit einem Aufschrei stürzte Isgar sich auf den Feind und stieß den Sax ebenfalls in die mächtige Fleischmasse. Blutborste knickte ein und stürzte direkt neben Thorag zu Boden.

Der Donarsohn zog seinen Sax aus der Lederscheide, warf sich auf Blutborste und rammte die Klinge tief in den Eberbauch, einmal, zweimal, dreimal. Irgendwann stellte das Untier die letzten Zuckungen ein, und Thorag lag inmitten verendeten Fleisches, von dem Blut benetzt, dessen süßlich-strenge Ausdünstung jeden anderen

Geruch verdrängte. Sein Atem flatterte, die Glieder zitterten. Er fühlte sich so erschöpft, daß ihm sogar die Kraft fehlte, sich aus der Blutlache zu erheben.

Nur langsam kam ihm zu Bewußtsein, daß sie es geschafft hatten. Armin, Isgar und er hatten das gefürchtete Untier, den legendären Blutborste, besiegt. Und sie hatten Emicho gerächt. Stolz und Zufriedenheit stiegen in ihm auf und verbanden sich zu einem überwältigenden Glücksgefühl.

Er kam nicht dazu, das Glück zu genießen. Ein Reitertrupp sprengte auf die Lichtung, und die Neuankömmlinge blickten verdutzt auf die blutige Szenerie. Zu ihnen gehörten der Stammesherzog Segimar und die Gaufürsten Wisar, Bror und Balder. Verwundert nahmen sie zur Kenntnis, daß der seit vielen Wintern gefürchtete Blutborste von drei Jungmännern erlegt worden war, von denen einer nicht einmal ein Krieger war. Die Reiter führten Thorags Braunen mit sich, der sie offenbar auf die Spur der drei Eberjäger gebracht hatte.

Segimar und Wisar blickten ihre Söhne sehr ernst an. Sie zeigten keinen Stolz und auch keine Erleichterung darüber, daß die drei Jünglinge noch am Leben waren.

Segimar sagte schließlich: »Ein wahrhaft großer Krieger schleicht sich zu seinen Taten nicht davon wie ein Friedloser. Wer Ruhm ernten will, darf sich dessen nicht schämen.«

»Niemand sonst wollte ernsthaft versuchen, Blutborste zu jagen«, brachte Armin zur Verteidigung vor.

»Da hat dein Sohn recht, Herzog«, sagte Wisar. »Auch haben die drei mit ihrer Tat dem Stamm der Cherusker einen großen Dienst erwiesen.«

»Und sich selbst. Soweit es unsere älteren Söhne betrifft, können sie sich jetzt gegenüber den Römern als große Jäger rühmen«, erkannte Segimar den zweiten Grund, der Thorag und Armin zur Jagd auf Blutborste veranlaßt hatte. Er seufzte schwer und fragte: »Wer hat die Bestie erlegt?«

»Isgar hat Blutborste aufgespürt«, antwortete Armin.

»Und Isgar hat ihm auch den entscheidenden Stoß versetzt«, fügte Thorag hinzu.

Er spürte Isgars verwunderten Blick auf sich ruhen, tat aber so, als merke er nichts. Er wußte, wieviel Isgar dieser Ruhm bedeutete, und er kannte auch den Grund.

Noch immer zeigte Segimar keinen Stolz auf seinen jüngeren Sprößling. Fast mürrisch sagte er: »Isgar, nach dieser Tat kann ich dir die Kriegerweihe nicht länger verwehren. Bereite dich also auf die Prüfung vor – und auch darauf, Thorag und Armin zu den Römern zu begleiten!«

Obwohl Isgar Furcht und Erschöpfung in den Knochen steckten, hätte er am liebsten einen Freudentanz aufgeführt. Thorag sah es ihm deutlich an. Nur mit Mühe beherrschte Isgar sich, wie es einem Krieger geziemte.

Ein paar Männer fertigten eine Pferdeschleppe an, um den toten Keiler zum Lager zu bringen. Eine solche Jagdtrophäe sah man selten. Armin nahm sein Schwert und erlöste den Schecken von seinen Qualen.

Thorag trat neben ihn und sagte mit Blick auf Blutborste: »Ich bin verdammt froh, daß Wodan uns den Sieg geschenkt hat. Als ich meine Frame verlor und als dann auch noch Isgars Waffe in meinen Händen zerbrach, kam ich mir nicht gerade wie ein furchtloser Krieger vor.«

»Nur wer Furcht empfindet, kann Mut beweisen.« Armins Worte klangen wie die eines erfahrenen Kämpfers.

Thorag zuckte mit den Schultern. »Jedenfalls schwöre ich dir eins: Einem wilden Keiler werde ich nie wieder ohne eine scharfe Klinge in der Hand gegenübertreten!«

Kapitel 2
Die Sumpfschlangen

Die Zeit zerrann, etliche Winter und Sommer schmolzen zu Augenblicken. Thorag konnte es kaum fassen, so deutlich standen die Bilder noch vor seinen Augen. Der fürchterliche Blutborste. Thorags Vater Wisar und Herzog Segimar, zwei mächtige und weithin geachtete Fürsten. Armin und Isgar, wie Thorag jung und begierig auf die fremde Welt der Römer. Drei Freunde, die sich bedingungslose Treue schworen, als sie die heimatlichen Wälder verließen. Einer sollte für den anderen stehen, und gemeinsam wollten sie jede Gefahr überwinden, wie sie auch Blutborste gemeinsam besiegt hatten. Vorbei, alles vorbei.

Zwanzig Winter waren seitdem vergangen, und nichts war mehr so wie damals. Segimar und Wisar waren lange tot und saßen hoffentlich an Wodans Tafel in Walhall. Und der Freundschaftsbund, den Armin, Isgar und Thorag einst geschlossen hatten, war längst zerbrochen. Nach vielen Jahren, die sie erst als lernbegierige Jünglinge in Rom und dann als Soldaten in der römischen Armee verbracht hatten, hatte Armin, unterstützt von Thorag, die Römer aus den rechtsrheinischen Landstrichen vertrieben. Isgar aber war in fremden Diensten geblieben und hatte seine Treue zum römischen Kaiser über die Blutsbande und über die Heimatliebe gestellt. Er war mehr Römer als Cherusker und nannte sich nun Flavus.

Armin betrachtete seinen Bruder als unversöhnlichen Feind. Thorag dagegen trug Isgar seine Entscheidung nicht nach. Zu oft hatte der Donarsohn erfahren, wie schwer es sein konnte, die rechte Treue zu bewahren. Er war Armins Blutsbruder geworden und hatte doch dem jungen Herzog der Cherusker nach dem Sieg über Varus den Rücken zugekehrt, weil Armin das, was er zu erreichen trachtete, über die Freundschaft gestellt hatte. Inzwischen waren sie wieder vereint, waren sie Kampfgefährten und Schicksalsgenossen.

Beider Frauen, Armins Gemahlin Thusnelda und Thorags Gemahlin Auja, waren Gefangene der Römer, Geiseln wie einst Armin, Thorag und Isgar. Auch Armins kleiner Sohn Thumelikar, in der Gefangenschaft geboren, befand sich in den Händen der Feinde. Armin hatte ihn noch nie gesehen und befürchtete, daß Sohn und Vater auf ewig getrennt sein könnten und daß Thumelikar Heimat und Namen verlieren könnte wie einst Isgar. Es hieß, die Römer riefen den kleinen Cherusker nur Thumelicus.

Armin war im Cheruskerland unabkömmlich. Immer wieder schürte Rom die Zwietracht der Germanen, indem man Stamm gegen Stamm und Sippe gegen Sippe aufwiegelte. Gerade erst hatten die Cherusker und ihre Verbündeten den Markomannenkönig Marbod nach einem zermürbenden Krieg niedergerungen. Niemand konnte sagen, wann und auf welche Weise Roms nächster Schlag erfolgen würde.

Thorag hatte von dem Prätorianerpräfekten Sejanus erfahren, daß die Römer ihre germanischen Geiseln nach Ravenna gebracht hatten. Der Cherusker war aufgebrochen, um die Gefangenen zu befreien, ganz allein. Er hatte keine Krieger mitgenommen, weil ein einzelner Mann weniger auffiel. Denn eines stand fest: Sejanus würde ihn sehnlichst erwarten und Thorags Kopf lieber heute als morgen in Händen halten – ohne den dazugehörigen Leib.

Je näher er Ravenna gekommen war, desto unruhiger

war Thorag geworden. Nicht allein aus Sorge um Auja und wegen der Vorfreude darauf, endlich wieder mit ihr vereint zu sein. Er spürte, daß schicksalsträchtige Ereignisse bevorstanden. Vielleicht konnte er froh sein, daß er nicht wußte, was Skuld, die Norne des Zukünftigen, für ihn bereithielt.

Früher hatte er oft eindringliche Träume gehabt, die ihm Aufschluß über das Bevorstehende gaben. Der eben erlebte Traum war ähnlich eindringlich gewesen, hatte sich aber mit längst Vergangenem beschäftigt. Warum? War es eine Botschaft der Götter oder der Nornen? Spielte das, was damals, vor so vielen Wintern, geschehen war, eine Rolle für das, was sein würde?

Ein unruhiges Wiehern schreckte den Donarsohn aus seinen Überlegungen, entriß ihn endgültig der verschwommenen Traumwelt. Es war die Stimme seines Rappen, den er vor der Höhle angebunden hatte. Er kannte das Tier lange genug, um die Nervosität aus dem Gewieher herauszuhören. Irgend etwas – oder irgend jemand – hatte den Hengst erschreckt.

Thorag rollte sich aus der zerschlissenen Decke, riß sein Schwert aus der lederbespannten Holzscheide und lief zum Ausgang seines nächtlichen Unterschlupfes.

Helles Licht fiel herein. Längst hatte Dagr, der Tag, seine finstere Mutter Nott, die Nacht, vertrieben. In der düsteren Höhle hatte Thorag lange geschlafen, was nicht weiter schlimm war. Ravenna lag in greifbarer Nähe. Er würde die große Hafenstadt noch am Vormittag erreichen.

Der Rappe stand vor der Höhle und lauschte angespannt mit gespitzten und entgegengesetzt aufgestellten Ohren. Also wußte er nicht, wo sich die Quelle seiner Beunruhigung befand.

Thorag schirmte die Augen mit einer Hand gegen das

helle Sonnenlicht ab und ließ seinen Blick über das nach Süden, zur Stadt hin abfallende Gelände schweifen. Die felsige Anhöhe mit der Höhle lag am Rande eines ausgedehnten Sumpfgebiets, das sich zwischen ihm und Ravenna erstreckte. Was verbarg sich dort, zwischen Buschwerk, Sträuchern und vereinzelten Bäumen?

Der schwarze Hengst, noch immer höchst erregt, stieß ein erneutes Wiehern aus, und diesmal erkannte Thorag den Grund. Hinter einem weit entfernten Gebüsch war ein Reiter aufgetaucht, der seinen Schimmel im leichten Galopp durch das Gelände trieb. Er schien allein zu sein und keine Gefahr darzustellen. Thorag fragte sich, ob der einsame Reiter wirklich der Grund für die Unruhe seines Rappen sein konnte.

Dann ging alles sehr schnell. Es war so unwirklich, daß Thorag sich unwillkürlich in die Welt der Träume zurückversetzt fühlte. Der Boden rings um den fremden Reiter begann zu leben. Das Gras schoß in dicken Bündeln in die Höhe und wuchs innerhalb eines Augenblicks an fünf oder sechs Stellen zu mannshohen Gestalten mit Armen und Beinen empor.

Lebendes Gras?

Oder Lebewesen aus Gras?

Der Schimmel scheute vor den geisterhaften Wesen zurück und bäumte sich auf, so plötzlich, daß der Reiter den Halt verlor und aus dem Sattel fiel. Die grasbewachsenen Gestalten machten sich über ihn her.

Thorag handelte instinktiv, vielleicht sogar gegen besseres Wissen. Er war mit der Absicht nach Ravenna gekommen, sich unerkannt umzusehen und umzuhören, um in Ruhe einen Plan zur Befreiung der Geiseln zu schmieden. Obwohl er Aufsehen vermeiden wollte, entschloß er sich zum Eingreifen. Eine innere Stimme riet ihm dazu, flüsterte ihm ein, daß der seltsame Überfall auf irgendeine Weise auch ihn betraf. Außerdem war er neugierig auf die Graswesen. Und er mochte es nicht, wenn eine Übermacht sich gegen einen einzelnen stellte. Schnell band er den Schwarzen los, schwang sich auf den nackten Pferderücken und galoppierte auch schon dem Platz entgegen, wo der fremde Reiter zu Fall gekommen war.

Der Hufschlag des Rappen schreckte die Graswesen auf. Thorag erkannte Gesichter, menschliche Gesichter. Das waren keine Geister, sondern Männer aus Fleisch und Blut. Sie hatten sich mit Grasbüscheln behängt und ihre Arme, Beine und Gesichter mit grünbraunem Schlamm beschmiert, um sich vor den Augen ihres Opfers zu verbergen.

Der Reiter auf dem Schimmel war ahnungslos in die Falle getappt. Er war mit dem Wind auf die Grasmänner zugeritten, so daß sein Pferd sie nicht wittern konnte. Doch Thorags Rappe, dem der Wind entgegenschlug, hatte die fremde Witterung aufgenommen und Alarm geschlagen.

Die Graswesen waren dabei, ihr Opfer zu fesseln, hatten ihm schon die Beine mit Stricken gebunden. Langes helles Haar hing wirr im Gesicht – des Mädchens!

Es war kein Reiter, sondern eine Reiterin. Eine junge und, soweit Thorag es erkennen konnte, sehr hübsche Frau. Sie in den Händen dieser schmutzigen, schlammbeschmierten Kerle zu sehen, entfachte seine Wut.

Einer der Grasmänner sprang Thorag entgegen und wollte einen Speer gegen ihn führen. Ein Schwerthieb des Cheruskers zerbrach den Schaft, und Thorag ritt den anderen einfach über den Haufen. Verkrümmt und reglos blieb der Fremde liegen.

Ein zweiter Grasmann schwang den Gladius, das Schwert der römischen Legionäre. Der Donarsohn war schneller, und sein Stahl fraß sich in die rechte Schulter des Gegners. Der ließ seine Waffe los, stöhnte laut auf und sackte mit schmerzerfülltem Gesicht auf die Knie.

Als Thorag den Rappen herumriß, standen ihm drei der vier noch kampffähigen Grasmänner gegenüber. Der vierte kniete über dem Mädchen und hielt ihm einen Dolch an die Kehle. Eine Drohung gegen Thorag oder nur der Versuch, das Mädchen ruhig zu halten? Der Donarsohn hatte keine Zeit, sich darüber Gedanken zu machen. Er mußte schnell handeln, wollte er verhindern, daß die Grasmänner ihre Übermacht ausnutzten.

Er schnalzte mit der Zunge und trieb den Rappen genau auf die Gruppe zu. In dem Augenblick benutzte der mittlere der drei Feinde eine seltsame Waffe. Ein langes, schmales Rohr, dessen eines Ende er an den Mund hielt.

Ein Blasrohr! durchfuhr es Thorag, da spürte er auch schon einen kurzen Schmerz am linken Oberschenkel. Als hätte ihn eine Wespe gestochen, nicht stärker. Der dicke Stoff seiner Hose schien das Geschoß größtenteils abgefangen zu haben.

Der Rappe erreichte die Feinde, die vor den wirbelnden Hufen und vor Thorags die Luft zerteilender Klinge zurückwichen. Sein Schwert erwischte den Mann mit dem Blasrohr und spaltete ihm den Schädel.

Als die anderen das sahen, hatten sie genug. Sie sprangen davon und suchten Deckung im Gebüsch. Auch der, der das Mädchen bedroht hatte. Nur der Mann mit dem Blasrohr und der, den Thorag anfangs umgeritten hatte, lagen noch auf der Kampfstätte, beide reglos.

Und das Mädchen?

Thorag sprang vom Rücken des Rappen und beugte sich über die junge Römerin. Die bronzene Haut, der römische Schmuck und die kurze Tunika verrieten ihre

Abstammung, wenn ihr Haar auch ungewöhnlich hell war, fast so blond wie das des Cheruskers. Die schmalen Füße steckten in ledernen Sandalen. Die hellblaue Tunika war hochgerutscht und enthüllte schlanke Schenkel, mehr die eines Mädchens als die einer Frau.

Dem Donarsohn fielen die goldenen, mit Edelsteinen besetzten Armreife und Ringe auf. Das Opfer der Grasmänner mußte aus einer reichen Familie stammen, worauf auch der prächtige Schimmel hinwies, der zehn Doppelschritte entfernt stand und abwartend zu ihnen herübersah. Die vier Knäufe des Sattels waren mit silbernen Kuppen und die leuchtendblaue Satteldecke mit Silberstickerei verziert.

Die Römerin lebte, schien sogar unverletzt zu sein, nur benommen und erschrocken. Ihre halb geschlossenen Lider flatterten. Der heftige, stoßweise Atem ließ den ganzen Leib erbeben.

Als Thorag sein Schwert hob, um ihre Fußfesseln durchzutrennen, spürte er etwas Spitzes gegen seinen Hals drücken. Die Römerin war auf einmal hellwach und sah ihn aus aufgerissenen Augen an. Angst sprach aus den blaugrünen Augen, aber auch Entschlossenheit. Sie hatte sich halb aufgerichtet. Ihre rechte Hand umklammerte einen mit Goldzierat geschmückten Dolchgriff, und die schmale Klinge bedrohte Thorags Leben.

»Das kommt ein wenig spät«, sagte der Donarsohn in der Sprache der Römer, die er nach den langen Jahren in römischer Ausbildung und in römischen Diensten so gut beherrschte wie seine Muttersprache. »Deine Peiniger sind geflohen, soweit sie nicht in ihr geliebtes Gras gebissen haben.«

An Thorags Schwertklinge klebten Blut und Gehirnmasse des Blasrohrschützen. Wie der Donarsohn mit der halb erhobenen Waffe über der Römerin stand, gab er wahrlich kein vertrauenerweckendes Bild ab. Mit einer schnellen Bewegung rammte er die Klinge tief ins Erdreich und verharrte bewegungslos, den Blick fest auf die Römerin gerichtet.

»Du ... hast mir geholfen?« Sie sprach mehr zu sich selbst, nickte langsam und fuhr fort: »Ja, du warst das auf dem schwarzen Pferd!«

Auch Thorag nickte, nahm ihr den Dolch aus der Hand und durchschnitt die Fußfesseln. Dann gab er ihr die Waffe zurück, die sie in eine versteckte Lederscheide unter der Tunika schob. Er zog sein Schwert und reinigte es im kniehohen Gras, das noch feucht vom Morgentau war.

Er reichte ihr die Linke. »Kannst du aufstehen? Die seltsamen Grasmänner könnten zurückkehren, vielleicht mit Verstärkung.«

Von den Geflohenen war nichts zu sehen und zu hören. Das Grasland, das sie ausgespuckt hatte, schien sie wieder verschluckt zu haben. Doch sie hatten schon einmal bewiesen, wie listenreich sie waren. Thorag fürchtete, sie könnten ein zweites Mal wie aus dem Nichts erscheinen.

»Grasmänner?« Die Römerin stieß ein helles Lachen aus, als habe sie die Lebensgefahr, in der sie vor kurzem noch schwebte, gänzlich vergessen. »Du bist wohl nicht von hier, was, daß du die Sumpfschlangen nicht kennst?«

»Du hast recht, ich bin ein Reisender auf dem Weg nach Ravenna. Und das war dein Glück, Römerin.«

»Römerin, das klingt auch lustig«, kicherte sie. »Wenn du magst, nenn mich bei meinem Namen, Gaviana.«

»Gut, schöne Gaviana. Versuch einmal, aufzustehen!«

Es gelang, wenn sie auch im ersten Augenblick etwas wacklig auf den Beinen war. Sie bedankte sich bei dem Donarsohn und fragte ihn nach seinem Namen.

»Hruodmar«, antwortete er, ohne zu zögern. Er wußte nicht, ob sein Name aus den Kriegen der germanischen Stämme gegen Rom so berühmt war, daß man auch in Ravenna von ihm gehört hatte. Wenn Auja sich tatsächlich in der Küstenstadt aufhielt, mochte auch der Name ihres Mannes bekannt sein. Zumindest Sejanus würde dafür gesorgt haben, daß seine Spione nach dem ›Barbaren‹ Thorag Ausschau hielten.

»Das klingt germanisch«, stellte Gaviana fest. »So germanisch wie dein blondes Haar.« Sie kicherte. »Nun ja, das Haar einer typischen Römerin habe ich auch nicht gerade.«

»Bei mir liegt das wohl daran, daß ich aus dem Land komme, das ihr Römer Germanien nennt.«

Thorag hatte nach einigem Überlegen darauf verzichtet, sein Haar dunkel zu färben. Ein starker Regenschauer genügte, um solch ein Unternehmen auffliegen und ihn erst recht verdächtig erscheinen zu lassen. Aber er hatte sein langes Haupthaar gekürzt, um nicht auf den ersten Blick erkannt zu werden. Bei den linksrheinischen Germanen war es üblich, sich in Kleidung und Haartracht den römischen Herren anzupassen. Auch hatte Sejanus sicher Spione ausgewählt, die Thorag kannten, sei es aus seiner Zeit als römischer Soldat oder aus den Feldzügen, die Armin und Thorag gegen Rom geführt hatten.

»Was suchst du in Ravenna, Hruodmar?«

»Ich will meine Dienste anbieten.«

»Was bist du? Du siehst aus wie ein Krieger.«

»So etwas Ähnliches. Ich bin Jäger und hörte, in Ravenna benötigte man immer wilde Tiere für die Arena und für die Gladiatorenschule.«

Über Gavianas Gesicht glitt ein unerklärliches Lächeln. »Gibt es im befriedeten Germanien keine Arenen?« fragte sie, ehe er sich nach dem Grund ihrer Erheiterung erkundigen konnte.

»Doch, aber dort gibt es auch viele germanische Jäger. Unsere Plauderei gefällt mir, aber meinst du nicht, daß die Kerle, die du Sumpfschlangen nennst, zurückkehren könnten?«

»Das könnte durchaus passieren, Jäger Hruodmar. Schwingen wir uns auf die Pferde und verschwinden wir rasch von hier!«

Er zeigte zu der felsigen Anhöhe. »Erst muß ich meine Sachen holen.«

»Sind die dir wichtiger als dein Leben, Germane?«

Thorags Züge verhärteten sich. »In gewisser Weise schon.«

Sie holten ihre Pferde und ritten zu der Höhle. Als Thorag abstieg, fühlte er eine plötzliche Schwäche im linken Bein und wäre umgefallen, hätte er sich nicht an seinem Rappen festgehalten.

»Was hast du?« fragte Gaviana besorgt.

»Es geht schon wieder«, ächzte Thorag, spürte aber ein leichtes Brennen im linken Oberschenkel. War der Blasrohrpfeil doch nicht so harmlos gewesen? Jetzt konnte er sich nicht darum kümmern; zu groß war die Gefahr, erneut mit den Sumpfschlangen zusammenzustoßen.

Rasch holte er seine Habseligkeiten und band sie auf dem Rappen fest, wobei er besonders auf den länglichen Gegenstand achtete, den er in ein großes Wolltuch eingewickelt hatte.

»An dem Bündel liegt dir wohl besonders viel«, bemerkte Gaviana.

Er antwortete mit einer einsilbigen Bemerkung und bestieg den Rappen. Ihm war unwohl. Schweiß trat ihm auf die Stirn, und das Brennen in seinem Bein wurde stärker.

»Fertig«, brummte er. »Wohin reiten wir?«

»Zum Anwesen meines Vaters. Dort sind wir in Sicherheit.«

Gavianas Worte waren das letzte, an das er sich später erinnerte. Die Landschaft um ihn herum verschwamm zusehends in einem diffusen Nebel. Das Hufgetrappel ihrer Pferde klang merkwürdig dumpf, unwirklich, wie aus einer fernen Welt. Schatten umfingen ihn, als wolle Nott ihren Sohn Dagr verschlingen. Schwindel und Finsternis wurden zu Schlaf und Traum, die Zeit zerrann und dehnte sich aus, Tote kehrten ins Leben zurück, und das Gestern wurde zum Heute.

Kapitel 3
Im Land der Nebelgeister

Mit gemischten Gefühlen ritt Thorag durch das neblige Sumpfland am linken Ufer der Weser. Für seine innere Unruhe war nicht die Nähe des großen römischen Heerlagers verantwortlich und auch nicht die Möglichkeit, daß er mit seinem kleinen Trupp jederzeit von einer zahlenmäßig überlegenen römischen Streife aufgespürt werden konnte.

Absichtlich hatte er nur zwei Begleiter mitgenommen, seinen treuen Kriegerführer Argast und Jorit, der noch jung an Jahren war, sich aber in den Kämpfen gegen Germanicus durch großen Mut und rasche Auffassungsgabe hervorgetan hatte. Die drei Donarsöhne planten keinen heimlichen Überfall, auch das Ausspähen des Feindes sollte und konnte nur nebenbei geschehen. Ganz offen näherten sie sich dem gewaltigen Heer des Germanicus.

Sie kamen als Unterhändler. Trotzdem war Thorag den Nebelgeistern dankbar, die ihre schützenden Arme um die Cherusker ausbreiteten. Je weiter sie sich den Römern unbemerkt nähern konnten, desto größer war die Aussicht, tatsächlich ins Kernlager des römischen Feldherrn vorzudringen.

Es würde Thorag schwerfallen, sich im Angesicht von Gaius Julius Caesar Germanicus zu beherrschen. Einst, im Pannonischen Krieg, waren sie Seite an Seite gegen die Feinde Roms geritten, aber das war vorbei, ein längst vergessener Faden im Netzwerk von Urd, der Norne des Vergangenen. Zuviel Blut war geflossen, auf beiden Seiten. Den Donarsohn schmerzte besonders das vergossene Cheruskerblut und das der verbündeten Stämme. Zwei Sommer zuvor hatte Germanicus mit Hilfe der verräterischen Eberkrieger die ahnungslosen Marser, die ihr heiliges Tamfanafest feierten, überfallen und Tausende hingeschlachtet. Darunter auch die jungen Donarsöhne Eibe und Tebbe, zwei Brüder, die für Thorag fast wie Söhne gewesen waren.

Germanicus und Verrat – beides gehörte in Thorags Augen zusammen. Nicht nur die Ebermänner, auch die Stierkrieger hatten sich gegen ihren Herzog Armin gewandt. Der Stierfürst Segestes hatte sich mit Germanicus verbündet, und dadurch waren Armins schwangere Gemahlin Thusnelda sowie Thorags Frau Auja und sein kleiner Sohn Ragnar in die Hände der Römer geraten. In langen Kämpfen war es gelungen, Ragnar zu befreien und den Eberfürsten Gerolf zu töten. Thorags alter Freund und Kampfgefährte Thidrik hatte dabei sein Leben gelassen. Auja und Thusnelda, die inzwischen Armins Sohn zur Welt gebracht hatte, waren noch immer Gefangene. Und Germanicus, der seinem Onkel und Adoptivvater Tiberius endlich Kriegserfolge vorweisen mußte, war im Sommer nach den Kämpfen in den Drachensümpfen und bei den Langen Brücken erneut ins Land der Cherusker vorgestoßen, mit mehr Soldaten als jemals zuvor.

Der römische Feldherr hatte eine Flotte von tausend Schiffen bauen lassen, um mehr als das Hundertfache an Menschen – römische Legionäre, Auxilien und Troß – über Meer und Flüsse ins Cheruskerland zu bringen. Und nun stand er mit seinem riesigen Heer am linken Weserufer, nördlich der Donarpforte, von den Römern Porta Visurgia genannt. Ganz in der Nähe hatte das Sommerlager des Varus gestanden, damals, als Armin die Stämme zum großen Aufstand gegen Rom vereinigte. Viel Wasser war seitdem durch die Weser geflossen, und nicht viel weniger Blut hatte das Land getränkt.

Als Thorag seinen Falben anhielt, blickten ihn die beiden anderen verwundert an. Argast wollte nach dem Grund für den Halt fragen, aber sein Fürst bedeutete ihm mit knapper Geste zu schweigen und sagte leise: »Horcht auf das, was zwischen den weichen Leibern der Nebelgeister dumpf und unwirklich klingt!«

Sie lauschten und hörten es, anfangs so leise, daß jedes Schnauben ihrer Pferde die fremden Geräusche überdeckte. Es klang wie leiser Trommelschlag und wurde beständig lauter.

Argast beugte sich zu den Gefährten und flüsterte: »Vielfacher Hufschlag. Eine römische Streife!«

»Sie scheinen weit entfernt.« Auch Jorit flüsterte. »Noch können wir ihnen entkommen.«

»Nein«, entschied Thorag. »Die leisen Hufschläge täuschen, der Nebel dämpft die Laute. Die fremden Reiter sind näher, als es scheint. Sie würden uns möglicherweise bemerken und aus unserer Flucht auf böse Absichten schließen. Vielleicht ist dies der Augenblick, den Römern offen zu begegnen. Und denkt daran: Solange ich meine Waffen ruhen lasse, tut ihr es mir gleich!«

Thorag und Argast verharrten reglos, als sähen sie der Begegnung ohne jede Sorge entgegen. Jorit konnte seine innere Erregung nicht so gut verbergen wie der in vielen Kämpfen gereifte Gaufürst und sein ebenfalls schlachtenerprobter Kriegerführer. Der junge Cherusker blickte sich in alle Richtungen um, vergebens bemüht, die dichten graugelben Nebelschwaden zu durchdringen.

»Aus welcher Richtung sie wohl kommen?« fragte er zaghaft, als schäme er sich seiner Erregung.

»Sie folgen unserer Spur«, antwortete Thorag.

Jorit sah ihn ungläubig an. »Woher weißt du das, Fürst?«

»Ich habe gute Ohren.«

Argast fügte mit unbewegtem Gesicht hinzu: »Außerdem erklärt es, weshalb sie geradewegs auf uns zuhalten.«

»Verrat?« rief Jorit leise aus.

»Wohl kaum«, erwiderte Thorag ruhig. »Vermutlich eine Streife, die zufällig über unsere Spur gestolpert ist. Auf den feuchten Wiesen hinterlassen die Pferde deutliche Abdrücke. Wer unsere Fährte kreuzt, entdeckt sie trotz des Nebels.«

Unentwegtes Zucken in Jorits glattem Antlitz verriet, wie sehr er sich mit den fremden Reitern beschäftigte. Thorag lächelte leicht. Er mochte Jorit und hatte großes Vertrauen in seine Fähigkeiten. Falls die Nornen für ihn ein langes Kriegerleben vorgesehen hatten, konnte Großes aus ihm werden. Jugendliche Aufgeregtheit war da kein Hindernis, wie Thorag aus eigener Erfahrung wußte. Fast glaubte er, die Fragen in Jorits Gedanken lesen zu können: Zu welcher Einheit gehörten die Reiter? Und wie stark war der Trupp?

Antworten erhielten die drei Donarsöhne, als schemenhafte Gestalten den Nebel zerrissen. Acht Reiter kreisten sie mit angelegten Lanzen ein. Sie trugen Hosen und Überwürfe nach Art der Germanen, und kaum etwas an ihrer Ausrüstung erinnerte an das römische Heer.

»Seht mal, ein paar Spione, die sich im Nebel verirrt haben! Sie wollten uns aufspüren, jetzt haben wir sie erwischt.«

Der gedrungene Reiter auf dem knochigen Rappen, offenbar der Anführer des Trupps, erntete für seine Bemerkung das Gelächter seiner Gefährten. Thorag achtete kaum darauf. Sein Blick hing an der germanischen Kleidung der anderen, und in seinem Kopf arbeitete es. Der Fremde hatte nicht in der Römersprache gesprochen, sondern in einer germanischen Mundart, die Thorag gut verstanden hatte.

»Ihr seid Bataver!« stieß er endlich hervor und wußte nicht, ob er über diese Erkenntnis glücklich sein sollte. Seit vielen Jahren bestand ein Bündnis zwischen Batavern und Römern. Die an der Rheinmündung lebenden Krieger waren für ihre Geschicklichkeit und Unerschrockenheit im Umgang mit Waffen berühmt und hatten diesen Ruhm in vielen Kämpfen bestätigt. Hinzu kam ihre einzigartige Vertrautheit mit dem Wasser. Sie kämpften schwimmend ebensogut wie an Land, und ihre Pferde befolgten selbst im reißendsten Strom jeden Schenkeldruck der Reiter. Leider zogen die Bataver zusammen mit den Römern ins Feld, und die um ihre Freiheit ringenden Germanen hatten sich häufig in blutige Auseinandersetzungen mit dem Bruderstamm verwickelt gesehen.

»Schön, daß unser Ruhm bis zu euch gedrungen ist«, freute sich der fremde Anführer. »Und mit wem haben wir das Vergnügen?«

»Ich bin Thorag, Gaufürst der Donarsöhne vom Stamme der Cherusker. Dies ist mein Kriegerführer Argast und das der Donarsohn Jorit.«

»Ach, wie fein!« Ein breites Grinsen überzog das bartstoppelige Gesicht des Batavers. »Thorag, der Blutsbruder Armins! Da haben wir einen Fang gemacht, der sich gewiß auszahlen wird.«

»Keinen Fang, Bataver! Wir sind freiwillig zu euch gekommen.«

Auf dem Antlitz des Batavers zeichnete sich erst Verblüffung, dann Erheiterung ab, und schließlich brach er in lautes Lachen aus. »Mag der berühmte Fürst Thorag nicht zugeben, daß er sich im Dunst der Nebelgeister verirrt hat?«

Thorag versteifte sich und entgegnete hart: »Das Land an der Donarpforte kenne ich seit frühesten Tagen. Hier verirre ich mich nicht einmal mit verbundenen Augen. Oder glaubst du, Namenloser, daß wir über den Fluß auf das von den Römern besetzte Ufer geritten sind, ohne es zu bemerken? Wir sind mit Absicht hier, nicht um zu spionieren, sondern um mit eurem Imperator Germanicus zu reden.«

»Ich bin kein Namenloser!« zischte der Bataver wütend. »Ich heiße Eggo und kämpfe seit vielen Wintern mit dem berühmten Chariovalda!«

Als der Bataver Chariovalda erwähnte, tauschten Thorag und Argast ernste Blicke aus. Der Fürst Chariovalda, oberster Führer der Bataverstreitmacht im Römerheer, galt als erbitterter Feind der freien Germanen. Es hieß, er habe im Kampf gegen Armins Bündnis mehr Angehörige verloren als ein Mann Finger besaß. Und er sollte geschworen haben, nicht eher zu ruhen, bis er Armins Kopf auf einer Frame vor sich her tragen konnte, so wie es die Cherusker einst mit dem Haupt des Varus getan hatten.

Thorag fing sich rasch wieder, zumal er bereits wußte, daß Chariovalda den Imperator begleitete. »Nun, Eggo, siehst du deinen Irrtum ein? Dann führe uns endlich zu Caesar Germanicus.«

Verunsichert kaute der Bataver auf seiner Unterlippe, während er überlegte. Als er aufsah, sprach aus seinen Zügen die Freude über einen Entschluß, der ihm jede Entscheidung abnahm. »Ich werde euch zu Chariovalda bringen. Der Fürst wird entscheiden, ob ihr Spione oder Unterhändler seid. Und jetzt übergebt uns eure Waffen!«

Argast wollte sich sträuben. Thorag bedeutete ihm, daß er sich fügen solle. Doch der Donarfürst selbst kam sich unwohl vor, als sie den Batavern waffenlos ausgeliefert waren. Zwar hatte er noch einen Dolch, doch steckte der in einem festverschnürten Bündel hinter Thorags Sattel.

Von den Batavern umringt, folgten die Donarsöhne dem Unterführer Eggo, der sichtlich zufrieden war, seinem Fürsten als Gefangene den Donarsohn Thorag und seinen Kriegerführer übergeben zu können. Argast beugte sich zu Thorag und flüsterte: »Dieser verfluchte Chariovalda ist das Schlimmste, was uns passieren konnte!« Als Thorag nur mit einem knappen Nicken antwortete, fuhr Argast fort: »Was, bei Donars Hammer, sollen wir jetzt tun?«

»Mit dem Schlimmsten rechnen und das Beste daraus machen.«

»Ein weiser Vorsatz, mein Fürst. Aber mein Schwert und meine Frame wären mir lieber.«

Noch immer hingen dichte Schwaden über dem Weserufer, und nur selten stach ein Felsen oder ein Baum aus dem trüben Einerlei hervor. Es sprach für die Orientierungsfähigkeit des Batavers, daß Eggo seinen Trupp zielsicher durch das Nebelland führte. Bald begegneten sie anderen Streifen und Wachtposten.

Eggo tauschte mit ihnen die Tageslosung aus: »*Paupertas tolerabilis est*«, rief der eine, und der andere antwortete: »*Si ignominia absit.*« (»Armut ist erträglich.« – »Wenn keine Schande dabei ist.«)

Thorag kam nicht dazu, über den tiefen Sinn des Spruches nachzudenken. Er versuchte, sich die Richtung ihres Rittes sowie die Anzahl und Lage der Posten einzuprägen. Und dann auch die Befestigungen, deren Umrisse sich aus dem Dunst schälten. Die Nebelgeister zogen sich allmählich zurück, weil Sunnas Kraft erstarkte, und auch, weil die Entfernung zum Fluß größer wurde.

Wer immer gesagt hatte, daß die Dolabra, das langstielige Werkzeug zum Hacken und Graben, für die militärischen Erfolge der römischen Legionen ebenso wichtig sei wie der Gladius, war ein äußerst kluger Kopf. Auch wenn die Römer seine Todfeinde waren, konnte Thorag nicht anders, als sie für den Fleiß und die Disziplin zu bewundern, mit denen sie selbst nach langen Märschen und harten Kämpfen noch ihre gutbefestigten Lager errichteten. An den Wällen, Gräben und Zäunen brach sich jeder gegnerische Angriff, und die Legionäre hatten Zeit, Kräfte für den nächsten Waffengang zu schöpfen.

Auch die Legionen des Germanicus hatten sich auf dem linken Weserufer fest eingegraben. Armin war klug beraten gewesen, seinen Oheim Inguiomar und die anderen Hitzköpfe unter den verbündeten Fürsten von einem Überraschungsangriff auf die römischen Lager abzuhalten. Ein Angriff, der im Netzwerk der mit Geschick und Erfahrung ausgehobenen Verteidigungsanlagen zerbrach, verlor seinen Überraschungseffekt und brachte den Gegner, der seine Kräfte schonen konnte, in Vorteil.

Die Germanen mußten darauf warten, daß Germanicus die Weser überquerte, um seinerseits zum Angriff überzugehen. Schließlich war das der Grund, aus dem der Imperator sein gewaltiges Heer in Marsch gesetzt hatte. Doch zuvor lag es an Thorag, im geheimen einen vielleicht großen Sieg zu erringen. Falls der waghalsige Plan nicht an Chariovalda scheiterte.

Der Bataverfürst trat Eggo und seinen Gefangenen in einem großen Holzhaus entgegen, das den Mittelpunkt eines Auxiliarlagers bildete. Groß und hager, wirkte er trotz der vornehmen Kleidung eines Edelings gefährlich wie ein Wolf. Auf seinem narbigen Gesicht lag ein beständiges Lauern, als warte er nur darauf, daß sein

Gegenüber eine Blöße zeigte, ihm eine Gelegenheit zum Zubeißen bot.

Als Eggo seinen Bericht beendet hatte, glitt über die Wolfsfratze ein Lächeln, dem jede Wärme fehlte. Es war mehr als bloße Freude, es war ein langersehnter Triumph.

»Endlich!« stieß der Bataverfürst mit zitternder Stimme hervor, machte zwei Schritte auf Thorag zu und musterte ihn mit blankem Haß. »Endlich habe ich einen von Armins engsten Verbündeten in der Hand, seinen Blutsbruder. Wie lange habe ich darauf gewartet!«

»Warum?« fragte Thorag, der dem Bataverfürsten niemals zuvor begegnet war. Jedenfalls nicht bewußt. Vielleicht hatten sie sich im Kampf gegenübergestanden, ohne einander zu erkennen.

»Ich hatte einmal drei Brüder und vier Söhne. Sie alle starben in den Feldzügen, die Tiberius und Germanicus gegen dich und deinen aufrührerischen Blutsbruder geführt haben. Dasselbe Schicksal erlitten mein Oheim und drei seiner Söhne. Soll ich noch von den vielen anderen aus meiner Sippe berichten, die ihr Blut in diesen Wäldern vergossen haben?«

»Wenn sie so tapfer gestorben sind, wie man es deinem Stamm nachsagt, hast du keinen Grund für deinen Haß. Dann sind all die Toten, um die du trauerst, längst in Walhall eingezogen und haben jeden neuen Tag die Ehre, mit Wodan zu trinken und zu kämpfen.«

»Vielleicht hätte ich es lieber gesehen, wenn sie an meiner Seite tränken und kämpften! Kannst du das nicht verstehen, Cherusker?«

»Du ziehst für die Römer in den Krieg und beklagst dich, wenn du dabei die Deinen verlierst?« Trotz der angespannten Lage stieß Thorag ein trockenes Lachen aus. »Das kann ich wirklich nicht verstehen. Auch ich habe viele Menschen verloren, die mir nahestanden, und auch ich habe um sie getrauert. Aber sie starben im Kampf für die richtige Sache. Wer sich an eine Macht verdingt, die das eigene Land überfällt und das eigene Volk unterjocht, der ist mit dem Tod im ehrenvollen Kampf noch gut bedient!«

Chariovalda trat so nah an Thorag heran, daß der Donarsohn deutlich seinen süßlichen Atem, den Brodem von Honigwein, roch. »Auch dein Stamm hatte einst ein Bündnis mit Rom!«

»*Hatte!* Ganz recht, Bataver. Ich habe für die Römer gekämpft, viele Winter und Sommer, so wie du. Aber ich habe eingesehen, daß es für einen Krieger nur eine richtige Seite geben kann: die seines eigenen Volkes. Meine Stammesbrüder kamen angesichts ihres ausgepreßten Landes und ihrer mißhandelten Angehörigen zu derselben Erkenntnis.«

»Aber nicht alle«, erwiderte Chariovalda mit einem seltsamen Unterton, machte dann eine wegwerfende Handbewegung und sagte: »So gewandt deine Zunge auch sprechen mag, du ziehst deinen Kopf nicht mehr aus der Schlinge. Die Frage ist nur, ob ich Germanicus den Kopf oder den ganzen Mann übergebe.«

»Das letztere halte ich für angebracht …«

»Das kann ich mir denken, Cherusker!« fiel Chariovalda ihm ins Wort.

»… weil wir gekommen sind, um mit Germanicus zu sprechen«, fuhr der Donarsohn unbeirrt fort.

»Die letzte Ausflucht eines ertappten Spions.«

»Die Wahrheit!«

»Ach, und was willst du mit dem Imperator besprechen?«

»Das werde ich ihm sagen, nicht dir.«

»Ich frage mich, ob ihr Cherusker mit Schwert und

Frame nur halb so geschickt seid wie mit der Zunge, wenn es um euer Leben geht.«

»Das würde ich dir gern beweisen, hätte ich nicht eine Mission zu erfüllen.«

»Laß doch das Lügengeschwätz, es nützt dir nichts!«

»Würde es dich überzeugen, wenn ich Germanicus ein Geschenk zu übergeben hätte?«

»Was für ein Geschenk?«

»Eine Gabe Armins an den Imperator.«

»Eine neue Lüge, wie?«

»Nein. Laß das Bündel holen, das hinter dem Sattel auf meinem Falben liegt.«

Chariovalda sandte Eggo nach draußen. Der kam kurz darauf mit dem Bündel zurück und rollte die Wolldecke auseinander, nachdem er die lederne Schnur, die sie zusammenhielt, durchgeschnitten hatte. Er zog einen Dolch mit Scheide und Gürtel heraus, alles so überreich mit silbernen und goldenen Einlegearbeiten verziert, daß es selbst in dem Dämmerlicht, das in der Kommandantur des Bataverlagers herrschte, die Augen zu blenden vermochte.

»Der Dolch eines römischen Offiziers«, stellte der Bataverfürst achselzuckend fest. »Na und?«

»Der Dolch eines sehr hohen Offiziers, eines Legaten. Publius Quintilius Varus trug die Waffe, als er sein Sommerlager ganz in der Nähe dieses Ortes verließ, um zu seinem letzten Feldzug aufzubrechen.«

Thorag zeigte auf Dolchgriff und Scheide, wo jeweils in einem silbernen Feld ein goldener Name eingraviert war: *P. Quintilius Varus.*

»Du und Armin, ihr habt Varus getäuscht, ihn in eine Falle gelockt, ihm das Leben und seine Legionen geraubt. Und auch diesen Dolch. Warum bringst du die Waffe nun zurück?«

»Ich sagte schon, daß ich Germanicus den Dolch als Gabe unseres Herzogs Armin überbringen soll.«

»Aber aus welchem Grund?« brach es laut aus dem Bataver hervor. »Was für eine neue Teufelei steckt dahinter?«

»Keine Teufelei, nur der Wunsch nach einer Unterredung mit Germanicus.«

Chariovalda legte den Kopf schief und sah Thorag noch durchdringender an als bisher. »Ein Attentat? Ist es das? Wollt ihr nach Varus auch den neuen Befehlshaber ermorden?«

Thorag zeigte auf sich und seine Gefährten. »Wie sollten wir drei das bewerkstelligen, noch dazu ohne Waffen? Nein, wir planen keinen Anschlag auf Germanicus. Und auch Varus starb nicht von unserer Hand. Er ging freiwillig in den Tod, als er seine Legionen dahinschmelzen sah.«

Chariovalda zog den Dolch aus der Scheide, langsam, fast genießerisch. »Wie auch immer Varus starb, dein Tod wird nicht freiwillig sein, Donarsohn!«

Thorag blieb ungerührt. Aus den Augenwinkeln sah er die Bataver, die sich in mehrfacher Überzahl um ihn und seine Begleiter scharten. Die drei Cherusker waren nicht gefesselt. Sie mochten vielleicht aus der Kommandantur entkommen, aber kaum aus dem Lager, in dem sich an die tausend Krieger aufhielten.

»Wenn du deinem Imperator meinen Kopf bringst, vergiß nicht, ihm zu erklären, weshalb er auf Armins Botschaft verzichten muß.«

Chariovalda zögerte und verharrte mit halb aus der Scheide gezogener Klinge. »Wie lautet die Botschaft?«

»Wie oft muß ich wiederholen, daß ich nur zu Germanicus sprechen werde?«

»Ich könnte dich foltern lassen!«

»Um vielleicht etwas zu erfahren, was ich Germanicus jederzeit freiwillig sagen würde?«

Der Bataverfürst zog seine Augen zu schmalen Schlitzen zusammen, seine Stirn warf Falten. Deutlich sah Thorag ihm an, wie sehr ihm die Entscheidung, die er traf, mißfiel.

Chariovalda wandte sich an seinen Unterführer und schnarrte: »Eggo, laß sofort eine Turme aufsitzen! Wir bringen die Cherusker zum Imperator. Das Vergnügen, Armins Blutsbruder den Tod zu bringen, wird uns, hoffe ich, gleichwohl nicht entgehen.«

Das Hauptlager des Germanicus lag auf einer flachen Anhöhe, von der aus man einen freien Blick hinunter zur Weser und weit aufs andere Ufer hatte. Die Nebelgeister hatten sich mehr und mehr zurückgezogen und breiteten nur noch über den langgestreckten, von dem Fluß durchbrochenen Gebirge im Süden ihre zerfasernden Arme aus.

Im Lager herrschte rege Betriebsamkeit, aber keine Hektik. Jeder Schritt und jeder Handgriff liefen wohlgeordnet ab, von den römischen Legionären auf Hunderten von Feldzügen tausendfach geübt. Die bevorstehende Schlacht mit Armins Kriegerscharen ließ keinen Müßiggang aufkommen. Verschiedene Trupps waren mit der Verbesserung der Schanzwerke beschäftigt. Andere Abteilungen bauten Katapulte zusammen, die man für den Marsch in ihre Einzelteile zerlegt hatte. Vom Marschieren mitgenommene Stiefel wurden ausgebessert, stumpfe Schwertklingen geschärft, die Spitzen und Schäfte der Pilen auf ihre Tauglichkeit geprüft. Wachtrupps zogen so gelassen auf den schnurgeraden Lagerstraßen entlang, als paradierten sie im fernen Rom. Alles strömte Ruhe und Zuversicht aus, als sei sich jeder einzelne Soldat des Sieges über die germanischen Barbaren sicher.

Als Thorag inmitten der Bataver an den endlosen Reihen von Zelten und rasch zusammengezimmerten Baracken vorbeiritt, fragte er sich, ob all die Mühen und Kämpfe der freien Germanen von Anfang an vergebens gewesen waren. Wie konnte man einen Feind wie Rom besiegen, der immer neue Armeen aufbot und in ferne Länder sandte, dem scheinbar unbegrenzte Reserven zur Verfügung standen, der es sich – wie im Fall des Varus – leisten konnte, Tausende und Abertausende von Soldaten in einer einzigen Schlacht zu verlieren?

Die römische Kriegsmaschinerie schien, einmal in Gang gesetzt, von ganz allein zu laufen, weiter und weiter, bis römisches Wort und römisches Recht – oder Unrecht, wie die Cherusker und ihre Nachbarstämme zur Genüge erfahren hatten – auch in den entlegensten Landstrichen galt. War ein Land erst einmal von Römern besetzt, konnten die verlorenen Soldaten durch neue Steuern und aus den unterworfenen Völkerschaften rekrutierten Hilfstruppen rasch ersetzt werden. Aufgefüllt mit frischem Blut, ging es weiter mit dem Marschieren, dem Kämpfen und Töten, dem Erobern, weiter und weiter.

Thorag riß sich zusammen und löste sich von den düsteren Gedanken, die ihn in Hoffnungslosigkeit zu stürzen drohten. Wenn er so dachte, würde er Auja niemals wiedersehen. Hatte er es nicht geschafft, bis ins Lager des Imperators vorzudringen? Bald würde er vor Germanicus stehen – und vielleicht auch vor Auja!

Außerdem gab es Nachrichten aus Rom, die Anlaß zur Hoffnung gaben. Ganz so leicht lief die Kriegsmaschinerie doch nicht. Das freie Germanien war ein Brocken, an dem sich die römische Wölfin verschlucken konnte. Immer neue Feldzüge der Römer brachten nur Verluste an Menschen und Material, aber keine Handbreit Landgewinn, keine neuen Steuern, keine frischen Truppen. Spione hatten den Führern des germanischen Widerstands berichtet, daß Tiberius kurz davorstand, seinen glücklosen Adoptivsohn endgültig nach Rom zurückzubeordern. Dieser Feldzug war für Germanicus die letzte Hoffnung auf einen Sieg und für seine Gegner die Möglichkeit, das römische Joch für alle Zeiten abzuschütteln.

Aufmerksam streiften die Blicke der drei Cherusker durch das Lager, doch der Ort, an dem Germanicus seine wichtigen Gefangenen festhielt, blieb ihnen verborgen. Irgendwo unter den Hunderten von Zeltplanen, dachte Thorag, oder vielleicht in einem der großen Holzhäuser?

Der Reitertrupp hielt am Schnittpunkt von Via Prätoria und Via Principalis an. Hier lag das Prätorium, die Kommandantur, in diesem Fall eine langgestreckte Holzbaracke, umringt von den Zelten des Imperators und seiner höchsten Offiziere. Chariovalda schickte Eggo in die Kommandantur. Kurz darauf trat ein Optio aus der Baracke, rückte seinen federbuschbesetzten Helm zurecht und ging eiligen Schrittes zu dem großen, hellrot leuchtenden Feldherrnzelt, vor dem Soldaten der Prätorianergarde Wache standen. Nach kurzem Wortwechsel mit dem wachhabenden Zenturio der Prätorianer verschwand der Optio im Dunkel des Zeltinnern.

Thorag stellte sich vor, wie der Offizier vor seinem Imperator Haltung annahm und die zur Faust geballte Rechte gegen die Brust schlug, womöglich mit gemischten Gefühlen: Störte er Germanicus gerade bei einer wichtigen Unterredung? Und war diese Störung gerechtfertigt?

Es dauerte nicht lange, und mehrere Männer traten

aus dem Zelt, die höchsten Offiziere des Lagers und mit ihnen der Imperator selbst. Thorag war verblüfft. Er hatte geglaubt, mit ein wenig Glück zu ihm vorgelassen zu werden, aber nicht damit gerechnet, daß sein Erscheinen dem Enkel des Marcus Antonius so wichtig war, alles andere stehen- und liegenzulassen.

Thorags Blick ruhte auf dem Gesicht des Römers, das ihm vertraut und doch fremd erschien. Als Thorag in römischen Diensten stand, hatte er an Armins Seite unter Tiberius und Germanicus gegen die aufständischen Pannonier gekämpft. Aus dieser Zeit kannte er Germanicus, doch die tiefen Furchen in seinem Gesicht waren dem Donarsohn fremd. Hübsch hatten ihn damals die Frauen im Troß und spaßeshalber auch viele Soldaten wegen seiner kindlich glatten Züge genannt. Vorbei. Älter und schmaler wirkte sein Gesicht nun, so daß der kleine Mund und das wenig ausgeprägte Kinn noch flüchtiger erschienen.

Seit dem gemeinsamen Feldzug waren neun Sommer auf ewig unter den Mänteln der Frostriesen erfroren, und auch Thorag war ein anderer geworden, innerlich wie äußerlich. Als er Germanicus ansah, wurde ihm das richtig bewußt, und er empfand Trauer über die unwiderbringlich verlorene Zeit.

»Fürst Thorag!« Germanicus versetzte ihn ein weiteres Mal in Erstaunen, als er ihn ansprach wie einen guten Freund und dabei gewinnend lächelte. »Steige ab und sage mir, mit welcher frohen Botschaft Armin dich zu mir sendet.«

Thorag kam sich wie in einem Traum vor, als er aus dem Sattel stieg und vor den römischen Oberbefehlshaber für Gallien und Germanien trat. Sunnas Strahlen funkelten auf dem Goldbesatz der Imperatorentunika und verwandelten Germanicus in ein überirdisches Wesen, einen Gefährten der Sonnenjungfrau.

»Es ist weniger eine Botschaft als eine Bitte«, sagte Thorag stockend. Jetzt, wo er dem ersehnten Ziel so nahe war, flohen ihn die richtigen Worte. Es mußte die Aufregung sein. Er war noch nie ein so geschickter Redner wie Armin gewesen, der Worte ebenso wirksam gebrauchte wie Waffen.

»Wir wollen nicht kleinlich sein.« Das Lächeln des Imperators wirkte jetzt gönnerhaft. »Wichtig ist, daß der Anführer des germanischen Aufstands sich endlich entschlossen hat, Roms Herrschaft anzuerkennen. Über Formulierungen und Einzelheiten werden wir uns schon einig. Wo ist die Friedensgabe, von der mir der wachhabende Optio berichtet hat?«

Jetzt, als er den Irrtum des Römers in seinem ganzen Ausmaß erkannte, blieben Thorag die Worte vollends weg. Germanicus fiel das nicht weiter auf, Chariovalda beanspruchte seine Aufmerksamkeit.

Der Bataverfürst stieg ebenfalls vom Pferd und überreichte seinem Oberbefehlshaber den Dolch des Varus. Andächtig betrachtete Germanicus Waffe, Scheide und Gurt von allen Seiten wie einen heiligen Gegenstand, eine göttliche Gabe.

»Bald ist es vollbracht, und die Schmach vom Saltus Teutoburgiensis ist getilgt«, murmelte er versonnen. »Der Dolch des Varus! Und zwei Adler der drei verlorenen Legionen sind auch schon in meiner Hand.« Er zeigte mit der Dolchspitze zu den Feldzeichen seiner Legionen, die sein Zelt umstanden. In ihrer Mitte waren die beiden zurückeroberten Varusadler auf einen kleinen Hügel gepflanzt. Hoffnungsvoll blickte er Thorag an und fragte: »Wird Armin mir den dritten Legionsadler überreichen, wenn wir uns Auge in Auge gegenüberstehen, um den Friedenspakt zu besiegeln?«

Thorag schluckte und sagte, ein Scheitern seiner Mission befürchtend, mit rauher Stimme: »Armin wird dir keinen Adler überreichen, Caesar Germanicus, und es wird keinen Friedenspakt geben. Jedenfalls nicht, solange römische Legionen durch dieses Land ziehen.«

Im Gesicht des Imperators arbeitete es, die Maske der Zutraulichkeit zerfiel in Windeseile, Enttäuschung und Verärgerung traten an ihre Stelle. Der Wechsel wäre erschreckend gewesen, hätte Thorag ihn nicht zu gut verstanden. Eben noch hatte Germanicus geglaubt, Tiberius schon bald die Unterwerfung ganz Germaniens melden zu können. Und jetzt, nur ein paar Herzschläge später, sah er sich in jeder Hoffnung getäuscht, war er dem langersehnten Ziel nicht einen Fuß weit näher gerückt.

»Kein Friedenspakt?« Germanicus sah ihn aus weit aufgerissenen Augen an und zischelte die Worte wie eine Schlange, gefährlich, jederzeit zum tödlichen Biß bereit. »Was willst du dann hier, Thorag?«

»Du hast erklärt, die Schande des Varus rächen zu wollen. Deshalb willst du seine Adler zurückerobern und sie heim nach Rom bringen. Varus' Dolch wird deinen Ruhm mehren, darum schickt Armin mich mit der Gabe zu dir.«

»Seit wann schert er sich um meinen Ruhm? Ich dachte, ihm und dir sei mein Kopf wichtiger, auf eine Lanze gesteckt wie der von Varus.«

»So etwas hörte ich heute schon einmal«, murmelte Thorag mit einem Seitenblick auf Chariovalda und erwiderte laut: »Armin und ich erbitten von dir einen Gefallen, eine kleine Gegenleistung für das Geschenk.«

»Vergil warnt vor den Griechen, die Geschenke bringen. Würde er die Warnung heute auf die Germanen beziehen?« Mit gerunzelter Stirn wandte Germanicus sich ab und brummte: »Komm in mein Zelt, Thorag, und sage mir, welchen Gefallen du erbittest!«

Thorag verstand, daß der Imperator seine maßlose Enttäuschung nicht der Allgemeinheit zeigen wollte. Soldaten hatten zuweilen ein feines Gespür für das Vertrauen eines Feldherrn in die eigene Sache. Und wie groß konnte Germanicus' Vertrauen in den Sieg sein, wenn er insgeheim auf einen Friedenspakt hoffte?

Der Donarfürst und sein Kriegerführer folgten Germanicus ins Zelt, begleitet von den Stabsoffizieren des Imperators. Jorit blieb bei den Pferden und den Batavern zurück. Bevor Thorag in das Zelt trat, kam ihm der Optio, der ihre Ankunft gemeldet hatte, entgegen und ging, wiederum eiligen Schrittes, auf der Via Principalis nach rechts, als habe er einen wichtigen Auftrag zu erfüllen.

Thorag beachtete ihn nur kurz, dann schlug die Eingangsplane hinter dem Cherusker zurück, und einer der im Zelt versammelten Stabsoffiziere, der ihn aus trüben Augen feindselig anblickte, beanspruchte seine Aufmerksamkeit. Nur zu gut erinnerte Thorag sich an den stets getrübt wirkenden Blick. Gnaeus Equus Foedus – der Name war überaus passend für den pferdegesichtigen Mann – hegte gegen Thorag noch aus jener Zeit tiefen Groll, als der Cherusker in Varus' Diensten stand und von dem späteren Feind zum Befehlshaber eines Brückenkopfes am Rhein ernannt wurde. Der Römer Foedus, der selbst gern Kommandant geworden wäre, mußte sich mit dem Posten des Stellvertreters begnügen und hatte nie verwunden, daß ein Barbar ihm Befehle erteilen durfte.

»Auf das Wiedersehen habe ich mich schon lange gefreut, Germane!« zischte er. »Nur habe ich nicht zu hoffen gewagt, daß du dich freiwillig in unsere Hände begeben würdest.«

Thorag würdigte ihn keiner Antwort, um keinen Streit

zu provozieren. Er trat mit Argast zu dem Kartentisch, hinter dem Germanicus auf einem lederbespannten Klappstuhl Platz genommen hatte. Der Imperator führte einen silbernen Weinbecher zum Mund und nahm einen tiefen Schluck, ohne seinen Gästen Wein oder auch nur einen Sitzplatz anzubieten.

Obwohl mehrere Klappstühle an dem Tisch standen, blieben auch die Offiziere stehen. War ihre innere Anspannung, ihre Neugier auf das Bevorstehende, dafür verantwortlich? Oder wollten sie schneller kampfbereit sein, falls die friedliche Unterredung in eine handfeste Auseinandersetzung ausartete? Dachten und fühlten viele von ihnen so wie Foedus?

»Nun, Cherusker, was ist dein Anliegen?« fragte Germanicus, während er unentwegt den silbernen Becher in seinen schlanken Händen drehte.

Thorag atmete tief durch und sagte: »Meine Gemahlin, Armins Gemahlin und sein Sohn befinden sich in deinen Händen. Ich möchte sie sehen, möchte mit ihnen reden.«

»Das ist es also«, seufzte Germanicus, und seine Mundwinkel zuckten in einem Anflug von Spott. »Warum kommst du damit zu mir?«

»Weil es deine Gefangenen sind. Du führst sie auf deinen Feldzügen mit dir, um Armin und mich zum Kampf zu zwingen. Wenn wir auch deine Feinde sind, kannst du nicht unsere Sehnsucht und unsere Sorge verstehen? Du hast doch auch eine Gemahlin und Kinder!«

»Aber die begleiten mich auf diesem Feldzug ebensowenig wie eure Frauen und Armins Sohn. Nachdem es dir gelungen ist, deinen Sohn zu befreien, habe ich es für besser gehalten, die übrigen Geiseln jenseits des Rhenus zu lassen.«

Von dem Feldherrn Germanicus hatte Thorag kein

Mitgefühl erwartet, wohl aber von dem Ehemann und Vater. Als er jetzt den triumphierenden Blick des Römers bemerkte, sah er sich getäuscht. Germanicus genoß die Rache. Der Schmerz, den er Thorag mit diesen Worten zufügte, war die Vergeltung für die enttäuschte Hoffnung auf ein Friedensangebot.

Nur mit Mühe bewahrte Thorag Haltung. Zu fest hatte er damit gerechnet, Auja in diesem Lager wiederzusehen. Und noch mehr: Er und seine Begleiter sollten einen Weg auskundschaften, um die Geiseln zu befreien. Alles vergebens! Vor Enttäuschung ballte er die Hände zu Fäusten und merkte nicht, wie seine Fingernägel blutige Furchen in die Handballen rissen.

Germanicus hielt den Dolch des Varus hoch. »Darf ich das *Geschenk* gleichwohl behalten?«

»Behalte es«, antwortete Thorag gleichgültig. »Es macht Varus und seine Legionen nicht wieder lebendig.«

»Aber es schürt die Erinnerung an die Niederlage und stärkt den Willen meiner Soldaten, die Schmach zu tilgen. Vielleicht wird eure Gabe zu eurem Untergang beitragen.«

»Das weiß nur Skuld, die Spinnerin der zukünftigen Schicksalsfäden.«

Der Optio, dem Thorag beim Eintreten begegnet war, kehrte mit leicht gerötetem Gesicht zurück. Offenbar war er schnell gelaufen.

Als Germanicus ihn sah, rief der Imperator: »Ah, Silvanus, gut. Bring den Präfekten gleich herein!« Während der Optio das Zelt wieder verließ, sagte Germanicus zu Thorag: »Deine Gemahlin kann ich dir nicht bringen, aber dafür einen anderen Gefährten aus alten Tagen. Ich glaube, ihr habt euch lange nicht gesehen, und hoffe, du freust dich über die Begegnung. Nimm es als Dank für den Dolch.«

Thorag war zum zweiten Mal an diesem Tag sprachlos, als er den Begleiter des Optios erblickte. Ein hochgewachsener, hagerer Mann in der Uniform eines römischen Reiterpräfekten. Sein von der Sonne gebräuntes Gesicht hätte als das eines Römers gelten können, wären nicht die rotblonden Haarsträhnen gewesen, die unter seinem Helm hervorlugten. Und hätte Thorag nicht das Gesicht gekannt.

Es war ein wenig fülliger geworden und auch viel älter, als er es in Erinnerung hatte. Die auffallendste Veränderung aber betraf das linke Auge – es war nicht mehr da. Nur ein schwarzes Loch und narbiges Gewebe waren davon übriggeblieben. Ganz so wie damals bei Blutborste. Es verlieh dem Mann einen grausamen, unversöhnlichen Zug. Auch als der Präfekt Thorag erblickte, hellten sich seine Züge nicht auf. Das eine Auge, das ihm verblieben war, ruhte kalt und starr auf dem Donarsohn.

Der fand seine Sprache wieder und stieß in seiner Überraschung den Namen des anderen laut aus: »Isgar!«

Mit dem Namen tauchten Erinnerungen an längst vergangene Sommer auf, an Kinderspiele und erste Jagdzüge, an den wilden Eber, den sie damals erlegten, und an die Zeit, als sie erst eine römische Schule besuchten und später die römische Uniform anzogen. Erinnerungen, die Thorag fast vergessen hatte. Wie auch den einstigen Gefährten. Als hätten die Nebelgeister ihn für lange Zeit verschluckt und eben wieder ausgespien.

»Isgar lautet mein Name längst nicht mehr«, belehrte der Einäugige ihn mit harter Stimme. »Man nennt mich jetzt Flavus.«

Kapitel 4
Der Schwarzalb

Die Umrisse verschwammen. Das Gesicht, eben noch deutlich erkennbar, verlor plötzlich seine Festigkeit. Die Haut wurde dunkler, die Narben verwandelten sich in Runzeln, und aus dem verwachsenen Gewebe des fehlenden Auges wuchs ein neues, heiles Auge.

Zwei Augen saßen unter buschigen dunklen Brauen und musterten ihn neugierig. Darunter eine krumme Nase und ein seltsam schiefer Mund mit sich überlappenden Lippen, die es ihrem Besitzer auf ewig verwehrten, sein unförmiges Maul ganz zu schließen. Aus dem strengen Offizier war ein unheimliches Wesen geworden, menschenähnlich, aber doch kein Mensch. Ein Mahr, ein Dämon – ein Schwarzalb!

Vergiftete das Wesen seine Träume? Verwirrte es seinen Verstand? Wollte es sein Blut trinken, sein Leben? In einem Anflug von Panik schlug Thorag mit beiden Armen unkontrolliert um sich. Unwirkliche Geräusche klangen dumpf an seine Ohren. War es ein spitzer Schrei des Erschreckens? Oder ein lautes Klirren, in das sich ein leises Plätschern mischte?

Was auch immer, der Schwarzalb war verschwunden, schien sich mit seinen dämonischen Künsten in Luft aufgelöst zu haben. Oder war er nur ein Truggespinst gewesen? So wie die Erinnerung an jenen Tag vor drei Sommern, als Thorag im Zelt des Germanicus dem einstigen Gefährten gegenüberstand. Thorags umnebelter Verstand begriff nur langsam, daß dieses unerwartete Zusammentreffen lange zurücklag. Und noch langsamer verstand er das Hier und Jetzt.

Alles um ihn herum schien nur aus Schemen zu bestehen, undeutlich und düster wie das Totenreich der Hel. Er erinnerte sich an die alten Erzählungen längst vergangener Winterabende, denen zufolge die Schwarzalben Verbündete der Totengöttin seien, von ihr ausgesandt, um die Menschen durch Trugbilder und bösen Zauber zu verwirren und in Hels finsteres Reich zu locken.

Er fühlte sich wahrhaftig, als sei fast jeder Lebenshauch aus ihm gewichen. Jede Regung fiel ihm schwer, und wenn es auch nur das Drehen des Kopfes oder das Öffnen der bleiernen Augenlider war. Schon diese geringen Bewegungen bereiteten ihm starke Kopfschmerzen und Übelkeit. Er krampfte sich zusammen und wollte den Inhalt seines Magens herauswürgen, aber er brachte nur ein trockenes Husten zustande.

Allmählich gewöhnten sich seine Augen an das schwache Dämmerlicht. Es kam von einem kunstvoll verzierten Öllämpchen, das schräg über ihm an einer dünnen Kette hing. Ungläubig starrte er nach oben. Es schien, als sei die Lampe am freien Himmel aufgehängt. Kleine weiße Wolken und bunte Vögel durchzogen das düstere Blau, das bei Tageslicht sicher heller aussah. Aber wie konnte ein Taghimmel in solcher Dämmerung zu sehen sein? Warum hing statt der Sonne eine Lampe am Himmel? Und weshalb schwebten die Vögel mit ausgebreiteten Flügeln reglos über Thorag?

Je länger er das Rätsel betrachtete, desto besser arbeiteten seine Augen und auch sein Verstand. Er erkannte die unzähligen winzigen Teilchen, aus denen das Himmelsbild zusammengesetzt war. Denn genau das war es: ein Bild. Ein Mosaik, das die Decke seines Gemaches verzierte.

Als er sich unter erneuten Kopfschmerzen umblickte, erkannte er, soweit der Lichtschein reichte, daß auch die Wände und der Fußboden aus Mosaiken bestanden. Die

Wände zeigten eine Uferlandschaft mit Schilfrohr und umherstolzierenden Wasservögeln. Sein Bett stand inmitten eines von farbenfrohen Fischen dichtbevölkerten Meeres.

Es gelang ihm, wenn auch unter Mühen, die Eindrücke zu verarbeiten und daraus Schlußfolgerungen zu ziehen. Dieser Raum befand sich unzweifelhaft im Hause eines Römers, und zwar eines reichen. Die sorgsam und lebensecht gestalteten Mosaike wiesen ebenso darauf hin wie die kunstvolle Verarbeitung des Öllämpchens, in deren blankem Silber sich die Flamme spiegelte.

Mit der Erkenntnis, daß er weit vom heimatlichen Cheruskerland entfernt war, kehrte auch seine Erinnerung Stück für Stück zurück. Er sah wieder die unheimlichen Grasmänner vor sich, die Sumpfschlangen. Und das Mädchen, das er gerettet hatte: Gaviana. Seine letzte Erinnerung war, daß er und die Römerin ihre Pferde bestiegen. Wohin wollten sie reiten, hatte Gaviana gesagt? *Zum Anwesen meines Vaters.*

Auch an den Mann mit dem Blasrohr erinnerte er sich und an das Stechen in seinem linken Oberschenkel. Offenbar war der kleine Pfeil vergiftet und nicht ohne Wirkung gewesen. Irgendwie mußten er und Gaviana es noch zum Anwesen ihres Vaters geschafft haben. Oder das Mädchen hatte Hilfe herbeigeholt.

Jetzt, wo er über seine Lage einigermaßen im klaren war, hätte er sich am liebsten zurückgelehnt und wieder die Augen geschlossen. In den Schlaf zu fliehen hieß auch, Schmerz und Übelkeit hinter sich zu lassen. Aber das ließ seine Aufgabe nicht zu. Die Sicherheit, der er sich hingab, mochte trügerisch sein. Wenn er in Ravenna war, konnten seine Feinde sehr nah sein.

Und auch die Frau, die er liebte!

Er brauchte nähere Erkenntnisse über seinen Aufenthaltsort, über Gaviana und ihren Vater. Mühsam richtete er sich im Bett auf und streifte die wollene Decke ab. Seine Glieder wollten ihm den Gehorsam verweigern. Er hatte das Gefühl, sie zu jeder Bewegung zwingen zu müssen.

Er trug fremde Kleidung, eine kurze Tunika, sonst nichts. Um seinen linken Oberschenkel, der sich merkwürdig taub anfühlte, lag ein dicker Verband. Einen Augenblick dachte er daran, ob Gaviana ihn entkleidet hatte. Aber dann fiel ihm ein, daß ein so reicher Mann, wie Gavianas Vater es offenbar war, über ein ganzes Heer von Dienern und Sklaven gebieten mußte.

Mit einem Ruck schwang er sich aus dem Bett und wollte aufstehen. Das linke Bein schien jede Kraft verloren zu haben. Es versagte ihm den Dienst, und er stürzte zu Boden. Der weiche Bettvorleger milderte seinen Sturz, aber zugleich spürte er Feuchtigkeit und schmerzhafte Stiche. Er erinnerte sich an das zuvor vernommene Klirren. Als er im Bett um sich geschlagen hatte, war eine gläserne Wasserkaraffe von einem kleinen Beistelltisch gefallen und auf dem Boden zersprungen.

Er hockte sich aufs Bett und reinigte Arme und Beine von den Glassplittern. Dann stand er wieder auf, stützte sich an dem wackligen Tischchen ab und achtete darauf, mit den nackten Füßen nicht in die Splitter zu treten. Von dem Tisch wankte er zur nächsten Wand, wo er sich an einem kleinen Holzschrank festhielt.

Doch da, die Wand schwankte!

Das ganze Zimmer begann zu tanzen, immer um ihn herum, wie um ihn zu verhöhnen.

Trotz der kurzen Tunika fühlte er Hitze an seinem ganzen Körper, Schweiß brach aus allen Poren, und binnen weniger Herzschläge klebte sein einziges Kleidungsstück an der Haut.

Eine ganze Weile stand er still da, atmete tief durch und kämpfte gegen das Schwindelgefühl an. Mit einer fahrigen Armbewegung wischte er den dicken Schweißfilm von seiner Stirn, dann tastete er sich an der Wand entlang zu den geschlossenen Fensterläden.

Seine Finger zitterten so stark, daß er die Verriegelung nur mühsam lösen konnte. Er riß die Läden auf und genoß die frische Luft, die durch das Fliegengitter hereinströmte und nach fremden Gewürzen roch.

Ein sanfter Wind strich über Gewürzbeete, deren Umrisse er unter einem wolkigen Himmel mehr erahnte als sah. Jenseits etlicher Baumgruppen und zahlreicher Gebäude – es war ein sehr großes Anwesen – schimmerte eine sich ins Unendliche ausdehnende Masse im hin und wieder durch die aufbrechenden Wolken fallenden Mondlicht. Es sah aus wie flüssiges Metall.

Das Meer.

Befriedigt nahm Thorag es zur Kenntnis. Er war also wirklich in Ravenna!

Ein Geräusch, ein leises Klappern, ließ ihn herumfahren. Schon diese kleine Bewegung strengte ihn an. Schweiß biß in seine Augen. Mit einem der kurzen Ärmel seiner Tunika wischte er darüber und spähte ins Halbdunkel der römischen Schlafkammer. Die frische Luft hatte die Sinne des erfahrenen Kriegers geschärft. Er spürte auf einmal, daß er nicht allein in dem Cubiculum war.

Er dachte an das seltsame Gesicht, zu dem sich Isgars Antlitz verformt hatte.

Der Schwarzalb!

War dieses Wesen mehr als ein Traumgespinst?

Ganz langsam, wie ein Jäger, der das Wild irgendwo vor sich im Dickicht wußte, suchte er das Zwielicht vor sich ab. Der Raum war größer und mit mehr Gegenständen vollgestellt als die sonst eher karg eingerichteten Schlafkammern der Römer. Ein weiteres Zeichen für den Reichtum des Hausherrn.

In einer Ecke stand eine niedrige Bank, unter der etwas lag. Was auf den ersten Blick wie ein Kleiderbündel wirkte, nahm bei näherem Hinsehen menschenähnliche Formen an.

In diesem Augenblick brach erneut der Mond durch die Wolken und sandte seine Strahlen durch das offene Fenster. Zwei zu Schlitzen verengte Augen reflektierten das blasse Leuchten. Wie ein Raubtier, das in finsterer Nacht sein Opfer fixierte.

Thorag stieß sich von dem Fenster ab und bemühte sich um einen aufrechten, sicheren Gang, als er sich der Bank näherte. Was für ein Wesen dort auch lauern mochte, es durfte nicht zuviel von seiner Schwäche mitbekommen.

Die Bank wackelte, und das Wesen sprang auf. Es war klein und wirkte selbst für das Dämmerlicht unverhältnismäßig dunkel. War es wirklich ein Schwarzalb?

Die seltsame Fratze, die Thorag schon bei seinem Erwachen erblickt hatte, ließ kaum einen anderen Schluß zu.

Der Zwerg wollte zur Tür laufen. Mit einem Sprung warf Thorag sich auf ihn und riß ihn zu Boden.

Der beißende Geruch eines erkalteten Feuers kitzelte seine Nase. Thorag dachte an die alten Erzählungen, daß die Schwarzalben tief unter der Erde große Feuer schüren, um dort unzerstörbare Waffen für die Götter und die Einherier zu schmieden.

Er umklammerte das kleine Wesen. Aber seinen Armen fehlte die Kraft, und die Anstrengung erschöpfte den Cherusker rasch.

Der Schwarzalb entwand sich seinem Griff, sprang auf

und stieß die Tür auf. Bevor er das Cubiculum verließ, wandte er sich noch einmal zu dem Donarsohn um.

In das unheimliche Antlitz starrend, versuchte Thorag, sich zum Aufstehen zu zwingen.

Es ging nicht.

Der Schwarzalb verschwand und mit ihm das ganze Zimmer. Thorags Geist verließ diesen Raum und die Gegenwart. Die Erschöpfung brachte den Schlaf, und mit dem Schlaf sandte Urd abermals die Träume der Vergangenheit.

Kapitel 5
Armin und Flavus

»Es ist doch eine Falle der hinterlistigen Römer, ich habe es geahnt!«

Inguiomar brachte mit einem heftigen Ruck am Zügel seinen Braunen zum Stehen. Armin, Thorag und die anderen Edelinge in ihrer Begleitung, Fürsten der Cheruskergaue und verbündeter Stämme, taten es ihm nach.

Vor ihnen lichtete sich der Buchenwald und gab den Blick auf den rechten Arm der Weser frei. Der Fluß teilte sich zur Linken, an der etwa fünf römische Meilen entfernten Donarpforte, und ein Arm vollführte einen weiten Schlenker nach rechts, bevor er sich unterhalb der Stelle, an der Germanicus sein Hauptlager aufgeschlagen hatte, wieder mit dem linken Arm vereinigte. Thorag und Isgar – Flavus, bei allen Göttern, es war schwer, sich an den neuen Namen zu gewöhnen – hatten an der rechten Flußkrümmung eine Stelle zum Treffpunkt bestimmt, die aufgrund ihrer besonderen Seichtheit Sandfurt genannt wurde.

Sunna war seit Thorags Besuch bei Germanicus ein gutes Stück weitergewandert und hatte ihren goldenen Wagen längst über den höchsten Himmelspunkt gelenkt. Doch ihr goldenes Haar und das Gold des Sonnenwagens leuchteten noch immer so stark, daß die Edelinge ihre Augen mit an die Stirn gelegten Händen beschirmen mußten, um Genaueres zu erkennen.

Jetzt verstand Thorag Inguiomars Ausruf. Der Fürst der Ingsippe, Bruder von Armins verstorbenem Vater und wie der Neffe Herzog der Cherusker, hatte als erster die Reiter gesehen, die am anderen Ufer des rechten Weserarms in langer Reihe aufgezogen waren und abwartend zu den Edelingen herübersahen. Dreißig oder vierzig Stück, eine Turme römischer Reiterei. Daß es Römer waren, erkannte Thorag an den Helmen und Kettenpanzern, die Sunnas Strahlen bei der kleinsten Bewegung der Reiter aufblitzend zurückwarfen. Er kniff die Augen zusammen und bemerkte Bogen in den Händen der Soldaten sowie Pfeilköcher, die an ihren Seiten hingen. Hatte Flavus ihn getäuscht, oder war Germanicus selbst der Verräter?

Als Thorag dem einstigen Waffenbruder im Zelt des Imperators so unerwartet begegnet war, hatten sie nur wenige Worte miteinander gewechselt. Wie zwei Fremde, die nichts gemeinsam hatten. Als hätte Urd all die Sommer voller Abenteuer und die Winter voller spannender Erzählungen aus dem Schicksalsnetz gerissen. Vielleicht lag es auch an den vielen Zuhörern, an Germanicus und seinen Offizieren, daß keiner dem anderen etwas zu sagen wußte. Schließlich hatte Thorag gefragt, ob Flavus sich mit seinem Bruder treffen wolle. Die Einwilligung war eher zögernd und erst nach Rücksprache mit dem Imperator erfolgt.

Beim Verlassen des römischen Lagers – Thorag spürte dabei, wie ihn die haßerfüllten Blicke von Foedus und Chariovalda durchbohrten – war eine starke Beklemmung von dem Donarsohn abgefallen. Obwohl er seinen Auftrag nicht erfüllt hatte und er schmerzliche Enttäuschung darüber verspürte, Auja nicht gesehen und gesprochen zu haben, war er froh, aus der Mitte vieler tausend Feinde zu verschwinden. Jetzt fragte er sich, ob Germanicus ihm nur mit der Absicht die Freiheit gegeben hatte, einen viel größeren Fisch ins Netz zu locken: sämtliche Anführer des germanischen Bündnisses.

Inguiomar, der schon vor dem Aufbruch zum Fluß eine römische List befürchtet hatte, sagte laut: »Wir sollten zurückreiten und Verstärkung holen. Wenn die Römer einen Kampf haben wollen, soll es nicht an uns scheitern.«

»Doch!« sagte Armin scharf und war einmal mehr entgegengesetzten Sinnes als sein Oheim; der beständige Zwist zwischen den beiden Herzögen war eine Belastung für die Cherusker und die verbündeten Stämme. »Daß die Römer einen Kampf wollen, steht nicht fest. Auch wir sind zu mehreren und würden verdächtig wirken, wären wir zuerst am Fluß aufgezogen.«

»Aber wir sind keine verräterischen Römer!« grollte Inguiomar mit gefletschten Zähnen.

Armin blieb ruhig. »Reiten wir hin und sehen, was geschieht. Kehren wir jetzt um, werden uns die Soldaten des Germanicus als feige verspotten, besonders dann, wenn sie keinen Hinterhalt planen.«

»Wenn doch, reiten wir genau in ihr Schußfeld!«

Armin sah seinen Oheim mißmutig an. »Wenn deine Furcht größer ist als dein Verlangen, vielleicht mehr über Thusnelda, Thumelikar und Auja zu erfahren, dann bleib hier!«

Und schon trieb Armin seinen Rappen an, daß die anderen Edelinge Mühe hatten, zu ihm aufzuschließen. Auch Inguiomar schloß sich, mit verkniffenem Gesicht, dem Trupp an.

Thorag, der heute schon den Haß in den Augen des Bataverfürsten und des Präfekten Foedus gesehen hatte, glaubte, daß der Ingfürst seinem Neffen ganz ähnliche Blicke zuwarf. Einmal mehr hatte Armin sich durchgesetzt und den macht- und ruhmeshungrigen Rivalen auf den zweiten Platz verwiesen, und das im Beisein aller wichtigen Edelinge. Das nahm ein stolzer Mann wie Inguiomar nicht auf die leichte Schulter.

Als sie dem Fluß näher kamen, wandte Thorag seine

Aufmerksamkeit den Römern am anderen Ufer und dem geplanten Treffen Armins mit seinem Bruder zu. Obwohl Armin einmal zu Thorag gesagt hatte, er würde bis ans Weltende Flavus' Feind sein, hatte er dem Treffen sofort zugestimmt. Er dachte wie Thorag: Vielleicht konnten sie auf diesem Weg mehr über die geraubten Frauen und Armins Sohn erfahren. Und dann hatte Armin leise hinzugefügt: »Vielleicht ist Isgar für unsere Sache doch nicht verloren.«

Thorag hatte da seine Zweifel. Doch wenn es unter den Cheruskern jemanden gab, der einen halsstarrigen Mann mit geschickten Worten umstimmen konnte, dann war es Armin.

Der Uferstreifen wurde flacher, und das Buschwerk trat zurück. Die gelben Blüten von Wassersumpfkresse und Gilbweiderich kitzelten die Bäuche der Pferde. Die Gestalten der römischen Soldaten waren deutlicher zu sehen, und Thorag erkannte ihren breitschultrigen Anführer. Er gehörte zu Germanicus' fähigsten Truppenführern und war am Vormittag im Zelt des Imperators gewesen.

Der Donarsohn brachte seinen Falben an die Seite von Armins Rappen und rief halblaut: »Das ist der Reiterpräfekt Stertinius. Sehr ungewöhnlich, daß so ein hoher Offizier einen solch kleinen Trupp anführt. Wir sollten damit rechnen, daß dort hinten in den Wäldern weitere Reiter verborgen sind. Ich sage es nicht gern, aber vielleicht hat Inguiomar diesmal recht.«

»Bald werden wir es wissen«, antwortete Armin, zügelte sein Pferd dicht vor dem Fluß und rief: »Ich, Armin vom Stamme der Cherusker, grüße den Präfekten Lucius Stertinius. Es freut mich, den berühmten Krieger einmal aus der Nähe zu sehen. Wenn ich auch geglaubt hatte, meinen Bruder hier zu treffen.«

Thorag hatte dicht neben Armin angehalten und beobachtete jede Regung des Präfekten. Ein falsches Wort, ein geheimes Zeichen an die Bogenschützen, und der Donarsohn würde sich schützend vor seinen Blutsbruder werfen. Keine Handbewegung eines feindlichen Reiters und kein unruhiges Schütteln eines Pferdekopfes entging seinen beständig hin und her huschenden Augen.

Starr wie ein Standbild auf dem Forum Romanum saß Stertinius auf seinem lichtbraunen Hengst, die Hände zwischen den beiden vorderen Knäufen auf den mit Goldzierat geschmückten Sattel gestützt, und erwiderte: »Auch ich fühle mich geehrt, mit Herzog Arminius zu sprechen. Caesar Germanicus hat mich gesandt, um sicherzustellen, daß sein Präfekt Flavus nicht in eine Falle läuft.«

Armin blieb äußerlich ruhig, sprach aber in einem schärferen Tonfall: »Ich habe es nicht nötig, jemanden in den Hinterhalt zu locken.«

»Damals schon, als du dich Quintilius Varus als Führer und Waffenbruder angeboten hast.«

Thorag bemerkte, wie Armins Mundwinkel zuckten, als verspüre der Herzog einen körperlichen Schmerz. Hatte ihn Stertinius' Bemerkung so stark getroffen? Gewiß, nach römischer Auffassung hatte Armin, als er Varus in die Falle lockte und über den vermeintlichen Verbündeten herfiel, einen Treuebruch begangen, mehr noch: einen Bruch des Bündnisvertrags zwischen Cheruskern und Römern. Aber aus Sicht der Cherusker war jede Treuepflicht erloschen, als Varus begann, sie gewissenlos auszubeuten.

»Was damals geschah, geschah zu Recht«, rief Armin über den Fluß. »Du hast mein Wort, Präfekt, daß Leben und Freiheit meines Bruders nicht bedroht sind.«

»Wozu dann die vielen Begleiter?«

»Stellt sich ein römischer Feldherr ohne jedes Gefolge dem Feind gegenüber?«

»Du wirst durch dein Gefolge, Flavus durch meine Bogenschützen bewacht.«

»Es sollte ein Gespräch unter Brüdern sein, kein Zusammentreffen von Armeen«, bellte Armin.

»Schick deine Begleiter weg, dann werden sich auch meine Männer zurückziehen. Und noch eine Bedingung zur Sicherheit: Du und Flavus, ihr trefft euch ohne Pferde und ohne Waffen.«

Armin stimmte zu, stieg ab und übergab Schwert und Dolch an Thorag, der, einen zweifelnden Blick über den Fluß werfend, fragte: »Weißt du auch, was du tust? Die Römer betreiben einen Aufwand, als sei Flavus ein Sohn des Tiberius.«

»Isgar ist wichtig für sie, vielleicht weniger als Präfekt denn wegen seiner Herkunft. Den Bruder des Arminius in ihren Reihen zu haben macht ihren Kampf in den Augen vieler zu einer gerechten Sache, und auch die römischen Soldaten spornt es an. Zieh dich nur ruhig mit den anderen zurück, Thorag. Wenn Isgar noch einen Funken Ehre im Leib hat, wird er sich nicht daran beteiligen, mich in eine Falle zu locken.«

»Vielleicht ist es doch eine Falle, und Isgar weiß gar nicht, daß Germanicus ihn den Lockvogel spielen läßt«, gab der Donarsohn zu bedenken.

Armin zeigte sich gleichgültig. »Wer die Götter nicht fragt, wird keine Antwort erhalten.«

»Und wer die Götter erzürnt, wird von ihnen erschlagen!«

Angesichts der seltsamen Umstände dieser Unterredung war Thorag geneigt, Inguiomars Mißtrauen mehr zu teilen als Armins Gleichmut. Doch der Hirschfürst hatte sich entschieden, und sein Blutsbruder mußte den

anderen Edelingen folgen, Armins Pferd mit den überge-
hängten Waffen am Zügel.

Ein Schulterblick zeigte ihm, daß Armin am Ufer stand
und zusah, wie Stertinius mit seiner Turme abrückte.
Reiter um Reiter folgte dem Präfekten, um in einem Ein-
schnitt zwischen zwei Streifen dichten Waldes zu verschwinden.

»Ein gutes Versteck für einen Hinterhalt, nicht wahr?«
Inguiomar ritt neben Thorag und beobachtete ebenfalls
den Rückzug der Römer. »Ich lese in deinen Gedanken,
Donarsohn.«

»Wir können nichts tun …«

»Doch!« Inguiomar zeigte auf den blütengesprenkel-
ten Uferstreifen. »Kresse und Weiderich stehen hoch
genug, um zwei im Anschleichen erfahrenen Kriegern
Schutz zu bieten.«

»Wenn die Römer das bemerken, kann es Armins Tod
bedeuten.«

»Sie dürfen es nicht bemerken.«

»Ein gefährliches Unterfangen.«

»Und was ist, wenn ich mit meiner Befürchtung recht
habe? Nennst du das nicht gefährlich, Thorag? Wer soll
Armin dann beistehen?«

Innerlich hatte Thorag dem Ingfürsten längst zugestimmt. Im Schutze einiger Buchen stiegen die beiden ab
und übergaben ihre Pferde an die anderen Edelinge, die
im Wald abwarten sollten. Thorag und Inguiomar ließen
auch Schwerter, Schilde und Framen zurück; die Waffen
hätten sie beim Anschleichen behindert.

Jeder nur mit dem Dolch und einem Ger bewaffnet,
schlängelten sie sich durch die Felder mit den hohen
Uferpflanzen zurück zum Fluß, bis sie im Schatten einer
einsam stehenden Silberweide verharrten. Keine dreißig
Schritte trennten sie von Armin, der aufrecht am Weser-

ufer stand. Thorag hatte keine Zeit zu überlegen, ob die Entfernung zu kurz oder zu lang bemessen war. Der Mann, der am anderen Ufer zum Fluß schritt, lenkte Armins Aufmerksamkeit und die der beiden versteckten Cherusker auf sich.

»Er läuft herum wie ein Römer!« zischte Inguiomar verächtlich angesichts seines Neffen, der noch immer die Uniform eines römischen Reiterpräfekten trug. Sunnas Strahlen spiegelten sich auf dem silberglänzenden Muskelpanzer und auf dem roßhaargeschmückten Helm mit den das Kinn umschließenden Wangenklappen. Dolch und Schwert hatte Armins Bruder abgelegt.

»Vielleicht läuft er so herum, weil er sich als Römer fühlt«, gab Thorag zu bedenken.

Der Ingfürst erwiderte nichts, und auch Thorag schwieg jetzt. Beide waren gespannt, was die beiden Brüder sich nach so vielen Wintern und Sommern der Trennung zu sagen hatten.

Eine ganze Weile war kein Wort zu hören, als wartete ein jeder auf den anderen. Die Weser rauschte gleichmäßig dahin, und ein paar fette graugelbe Hummeln flogen mit tiefem Brummen über das blütenreiche Ufer. Eine trügerische Ruhe angesichts der Bewaffneten, die sich auf beiden Seiten im Wald verbargen.

Thorag war sicher, daß die römischen Reiter, wie auch die germanischen Edelinge, angehalten hatten, sobald sie vor den Blicken der Gegenseite geschützt waren. Unversehens krampfte der Donarsohn seine rechte Hand um den Ger zusammen. Vielleicht war der kurze Wurfspeer die einzige Möglichkeit, Armins Leben bei einem Angriff der Römer zu retten.

»Die Weser fließt wie in den Sommern unserer Jugend durch das Cheruskerland, und nichts scheint sich verändert zu haben«, begann Armin schließlich die Unterredung. »Doch wenn ich über den Fluß blicke, entdecke ich Tausende fremder Soldaten und meinen Bruder Isgar, der die Tracht der Fremden trägt.«

»Unverändert mag das Cheruskerland sein, aber unverändert ist nicht die Lage in Rom und am Rhein. Dem Ruf der römischen Wölfin kann niemand auf Dauer widerstehen.«

»Auch du bist nicht unverändert, Isgar. Einst sahst du mich brüderlich an, aus zwei warmen Augen. Nun ist es ein kalter Blick, und eine Augenhöhle gähnt leer wie bei Wodan, nachdem er den Trank des Wissens aus Mimirs Quelle schöpfte. Hast auch du dein Auge für die Weisheit geopfert?«

»Wenn du so willst, Armin. Dem Verlust meines Auges verdanke ich die Erkenntnis, daß mein Platz auf der Seite Roms ist. Und deshalb heiße ich nicht länger Isgar, sondern Flavus.«

»Wie du willst, *Flavus*. Deine Worte sind rätselhafter als die Schicksalsfäden in dem großen Weltennetz, das die Nornen spinnen.«

Der Einäugige reckte das von den Wangenklappen weitgehend umschlossene Kinn vor, als müsse er sich einen Ruck geben, das Vergangene zu erzählen. »Es war in dem Winter, bevor du Varus und seine Legionen ausgelöscht hast, da stellten die dalmatischen Aufrührer sich zur letzten Schlacht. Nachdem du heimgekehrt warst und die Herzogswürde der Cherusker erlangt hattest, übernahm ich das Kommando über deine Auxilie, Armin. Wir kämpften in vorderster Linie und wurden von den zäh fechtenden Dalmatern mit dem Mut der Verzweiflung bedrängt. Um mich herum starben meine Männer schneller, als ich hinsehen konnte. Wir alle wären ausgelöscht worden, hätte nicht Tiberius selbst seine Prätorianer zum Entsatz herangeführt. Dieses mutige Handeln, für das ich dem Princeps ewig dankbar sein werde, entschied die Schlacht und rettete uns übrigen das Leben. Der einzige Preis, den der Kriegsgott von mir forderte, war das Auge.« Er zeigte mit einem Finger auf das vernarbte Gewebe. »Der Dolch eines sterbenden Aufrührers fuhr in mein Gesicht.«

»Du bist Tiberius dankbar, daß du ein Auge für ihn opfern mußtest?« rief Armin ungläubig aus. »Er müßte dir dafür dankbar sein!«

»Das ist er, und er hat es mir bewiesen.«

»So? Wie denn?«

»Er hat mich reich beschenkt mit einer kostbaren Halskette, einem goldenen Ehrenkranz und mit wertvollen Waffen, die einen Krieger mit Stolz erfüllen. Und er hat meinen Sold heraufgesetzt. Sind das nicht genug Beweise seiner Freundschaft?«

Armin stieß ein rauhes Lachen aus. »Das nenne ich einen armseligen Lohn dafür, daß du unter Einsatz deines Lebens geholfen hast, den Aufruhr gegen Rom niederzuschlagen. So belohnt man keinen Freund, sondern einen willfährigen Untergebenen, einen Sklaven.«

»Immerhin hat Tiberius mich ausgezeichnet, und er hat mich durch sein persönliches Eingreifen gerettet! Du, mein Bruder, warst nicht zur Stelle. Mehr noch, es heißt, die dalmatischen Aufrührer hatten Kunde vom bevorstehenden Aufstand der Cherusker und ihrer Verbündeten erlangt, und nur deshalb hätten sie den Krieg gegen Rom so lange fortgesetzt.«

»Das ist doch nur Geschwätz, und du weißt es. Zu der Zeit wirkten wir noch im geheimen gegen Varus. Aber ich erkenne jetzt den Grund deiner Verbitterung. Du gibst mir die Schuld daran, daß der Dalmater dir das Auge raubte. Dir wäre es lieber gewesen, ich hätte an deiner Stelle an der Spitze unserer Auxilie gefochten und

hätte dabei mein Auge verloren. Ist es nicht so, *Flavus?*«
Wenn Armin den neuen, römischen Namen seines Bruders aussprach, tat er es in verächtlichem Tonfall.

»Nicht deshalb bin ich verbittert, sondern weil du unseren Stamm und unsere Verbündeten in immer neue Schlachten führst, in einen Krieg, der sinnlos ist und den du nur verlieren kannst. Du magst dich stark und unbesiegbar fühlen mit Tausenden von Kriegern hinter dir, aber auf jeden deiner Männer kommen zehn und mehr Soldaten Roms. Du bist selbst in Rom gewesen und solltest von der Macht des Caesars überzeugt sein, von der Größe seines Reiches und der Unbesiegbarkeit seiner Legionen.«

»Von dieser Unbesiegbarkeit war nicht viel zu spüren, als Varus in meine Falle tappte.«

»Du hast eine Schlacht gewonnen, aber keinen Krieg. Hätte ich das damals geahnt, als du zum Nachfolger unseres Vaters gewählt wurdest, hätte ich mich nicht für dich ausgesprochen, sondern für Segestes.«

»*Segestes!*« Armin legte weitaus mehr Verachtung in diesen Namen als in den seines Bruders, und er stieß ihn haßerfüllt hervor. »Er ist der Verräter, nicht ich. Er hat seinen Stamm verraten und seine eigene Tochter, die er den Römern ausgeliefert hat. Dienst du gern dem Volk, das deines Bruders Gemahlin und Sohn als Geiseln hält?«

»Sie werden nicht wie Feinde behandelt, eher wie Gäste.«

»Wir werden niemals Gäste für die Römer sein und niemals Freunde, nur Barbaren, die man auspreßt, zum Krieg gegen andere Barbaren benutzt und in die Arena zu den wilden Tieren schickt, damit sich die *Gastgeber* am Anblick der Verwundeten und Sterbenden ergötzen können!«

»So wird nur behandelt, wer Rom in unversöhnlicher

Feindschaft gegenübertritt. Wer aber wahre Reue zeigt, wird von Tiberius Milde und Großmut erfahren. Lege die Waffen nieder, Armin, hier und jetzt, und schon bald wirst du mit deiner Gemahlin und deinem Sohn vereint sein – als freier Mann!«

»Vielleicht darf ich mich frei bewegen, aber mein Volk würde versklavt werden. Hat Germanicus dich zu diesem Handel hergeschickt?«

»Welchen Handel willst du mir vorschlagen, Armin?«

»Keinen Handel. Ich kann dir nichts bieten außer der Ehre, für dein Volk zu kämpfen und die von unseren Vätern ererbte Freiheit zu verteidigen.«

Das einzige Auge des jüngeren Bruders weitete sich. »Du schlägst mir vor, meinen Imperator zu verraten und hinter seinem Rücken die Seiten zu wechseln, so wie du es einst mit Varus gehalten hast?«

»Wer gegen sein eigenes Volk kämpft, ist der Verräter!« Armin sprach laut und inbrünstig, als ströme jedes Wort aus dem tiefsten Winkel seiner Seele. »Wodan, Donar und all die Götter unserer Heimat blicken auf dich hinab und erwarten deine Entscheidung, Isgar.« Ganz bewußt schien er den cheruskischen Namen gewählt zu haben. »Auch Segimar, unser Vater, der jetzt an Wodans Tafel sitzt, wäre mit Stolz erfüllt, wenn du an meiner Seite den Kampf gegen Rom führtest. Und das Herz unserer Mutter Adina, die in der Adlerburg auf uns wartet, flösse vor Glück über.«

»Hör auf mit deinen süßen Versprechungen, Armin! Wenn du wirklich das Beste für unsere Sippe, unseren Stamm und unser Volk wolltest, würdest du den Frieden wählen. Du aber führst Krieg, um dich zu rächen und Ruhm zu ernten.«

»So kann nur einer reden, der jeden Freiheitswillen und jeden wahren Mut verloren hat. Wann ist das geschehen, *Flavus*? Wann hat sich deine Tapferkeit in die hündische Gehorsamkeit eines Römers verwandelt? War es in der letzten Schlacht gegen die Dalmater, als du es vorzogst, auf ewig einem Römer zu dienen, als den ehrenvollen Schlachtentod zu sterben?«

»Ich werde dir zeigen, was wahrer Mut ist!« schrie Flavus mit wutverzerrtem Gesicht. Seine rechte Hand fuhr zur linken Hüfte, wo die mit bunten Zierbändern geschmückte Schwertscheide hing. Er hatte vergessen, daß sie leer war. Als er seinen Irrtum bemerkte, stapfte er mit geballten Fäusten ins Wasser und brüllte: »Komm her, stolzer Freiheitskämpfer! Mit bloßen Händen werde ich deinen Mut ertränken!«

Was Thorag nicht für möglich gehalten hätte, geschah. Der sonst so überlegte Armin lief ebenfalls mit zornigem Gesicht ins Wasser und eilte auf den Bruder zu. Es sah fast so aus, als wollten sich die beiden an der tiefsten Stelle treffen, wo ihnen das Wasser sicher noch bis zum Hals reichte.

Thorag nahm eine Bewegung am jenseitigen Ufer wahr. Aus den Ausläufern des Waldes preschte ein hellbraunes Pferd direkt auf die Weser zu. Der stattliche Reiter trug eine Offiziersuniform, die der von Flavus ähnelte.

»Stertinius!« stieß Thorag hervor, während er auch schon aufsprang und zum Fluß rannte. In seiner rechten Hand lag der Ger. Hinter sich hörte er Inguiomars Schritte.

Wenn Stertinius einen Anschlag auf Armin plante, wieso ritt er allein heran, ohne seine Turme? Diese Frage beschäftigte Thorag, ohne daß er eine Antwort fand. Doch er dankte den Göttern, daß er es nur mit einem Gegner zu tun hatte. Eine ganze Turme hätten er und Inguiomar schwerlich aufhalten können.

Stertinius trieb seinen Hengst in den Fluß. Das Wasser spritzte rings um das galoppierende Tier hoch und benetzte den Reiter bis hin zum Kopf. Im Laufen hob Thorag den Ger und machte sich bereit zum Wurf. Stertinius riß sein Tier zurück, als er Flavus eingeholt hatte. Er versperrte dem Einäugigen den Weg.

Notgedrungen hielt Flavus an und schrie: »Laß mich vorbei! Gib mir dein Pferd und dein Schwert, dann wird Armins Kopf heute abend das Zelt des Imperators schmücken!«

»Germanicus hat eine friedliche Unterredung gestattet, kein Gemetzel!« wies Stertinius ihn zurecht.

Armin, bis zur Hüfte im Wasser stehend, hatte angesichts des Reiters ebenfalls angehalten und rief jetzt: »Köpfe werden rollen, aber es werden die der Römer sein. Kommt nur über den Fluß, dann werdet ihr erfahren, was unser Mut und Freiheitswille vermögen. Wir sind zur Schlacht bereit! Kommt nur, ihr römischen Feiglinge, die ihr euch hinter Auxiliarsoldaten aus fremden Ländern versteckt. Oder habt ihr keinen Mut? Ist die Milch der Wölfin dünner als das Wasser der Weser?«

Er benutzte die Sprache der Römer und fügte noch weitere Drohungen hinzu. Thorag hatte ihn noch nie so aufgebracht erlebt. War es der Schmerz darüber, den eigenen Bruder vor Augen zu haben und zu wissen, daß er auf der Seite des Feindes stand? Und zugleich zu wissen, daß Sohn und Gemahlin, die mit Hilfe von Flavus vielleicht hätten gerettet werden können, durch dessen Weigerung, die Seiten zu wechseln, so unerreichbar wie zuvor waren?

Thorag lief ins Wasser, zu seinem Blutsbruder, gefolgt von Inguiomar. Hinter sich hörten sie Reiter, die anderen Edelinge sprengten heran und brachten Armins Pferd mit.

Inguiomars Augen blitzten auf. »Jetzt sind wir in der Überzahl und können die beiden gefangennehmen!«

»Nein!« fuhr Armin zu ihm herum. »Germanicus soll uns nicht der Wortbrüchigkeit beschuldigen können. Laßt die beiden unbehelligt ziehen.« Mit einem finsteren Blick auf den verlorenen Bruder fügte er hinzu: »Auf dem Schlachtfeld werden wir uns wiederbegegnen!«

Kapitel 6
Die Geißel von Ravenna

Ein Hornsignal gellte laut in Thorags Ohren, immer und immer wieder. Es klang fremdartig, nicht wie das Horn eines heimatlichen Urs, mehr wie ein Instrument der Römer. Gellende Laute, die den Donarsohn aus einer Welt in die andere rissen.

Thorag wollte die Hände gegen die Ohren pressen, aber es ging nicht. Er konnte sich nicht bewegen, als sei er zum ewigen Träumen verurteilt, gefangen in einer fremdartigen Welt mit einem unwirklich starren Himmel.

Langsam erinnerte er sich, daß er den aus unzähligen Steinchen zusammengesetzten Himmel schon einmal gesehen hatte. Das Firmament war dunkler gewesen – damals, als ihm der Schwarzalb erschienen war. Hatte das unheimliche Wesen ihn verzaubert, daß er unfähig war, seine Arme und Beine zu bewegen?

Nur den Kopf konnte er drehen. Als er ihn zur Seite wandte, erkannte er im Licht der ein Stück geöffneten Fensterläden breite Lederriemen, die unter der Decke hervorlugten und ihn an das Bettgestell fesselten. Das war Menschenwerk, nicht das von Geistern oder Schwarzalben. Eine Erkenntnis, die nicht zu seiner Beruhigung beitrug.

Er sammelte seine Kräfte zu dem Versuch, die Fesseln zu sprengen.

Vergebens.

Daraufhin warf er sich, soweit es ihm aufgrund der Lederriemen möglich war, hin und her. Das Bettgestell war aus festem Holz gefertigt, und doch mochte es vielleicht gelingen, die Konstruktion zu sprengen.

Als er schon nicht mehr an einen Erfolg glauben wollte, als seine gefesselten Glieder schmerzten und Schwindelgefühl ihn packte, fiel er plötzlich mit lautem Krachen auf den Boden. Das Holzgestell hatte gehalten, nicht aber die gekreuzten Gurte, auf denen die Matratze lag. Die minderte zum Glück Thorags Fall.

Er bekämpfte den Schwindel und bemühte sich, die Lederriemen abzustreifen. Jetzt, da sie ihren Halt verloren hatten, gelang es ihm. Wer immer sein Feind war, hatte den Donarsohn unterschätzt und sich zu wenig Mühe mit den Fesseln gegeben.

Die mit silbernen Beschlägen verzierte Tür schwang auf. Gerade noch rechtzeitig befreite Thorag auch den letzten Fuß aus der nun lockeren Fessel.

Er brauchte eine Waffe!

Taumelnd stand er auf und griff nach einem schweren Öllampenständer auf dem Beistelltisch. Als er die unterarmlange Silberstange hochriß, fiel das Lämpchen aus der Halterung und schlug mit hellem Klirren auf dem Boden auf.

Doch kein bewaffneter Wächter betrat den Raum. Als er sich dem schlanken Mädchen gegenübersah, das er vor den Sumpfschlangen gerettet hatte, kam er sich inmitten des eingebrochenen Bettes und mit dem Silberständer in der Hand recht seltsam vor.

Gaviana wandte sich zu dem Mann um, der hinter ihr eintrat. »Demetrius, du hast mir nicht erzählt, daß unser Gast schon wieder bei Kräften ist. Seinen Leibesertüchtigungen hält die Zimmereinrichtung kaum stand, wie mir scheint.«

Ihr überspitzt tadelnder Tonfall war nicht ernst gemeint. Die kleinen Grübchen in ihren Mundwinkeln waren deutliche Anzeichen ihrer inneren Erheiterung.

Demetrius, wohl ein aus Griechenland stammender

Bediensteter, schien den Spott nicht zu bemerken. Er verzog sein schmales, faltiges Gesicht zu einer entschuldigenden Miene. »Als ich vor einer Stunde zuletzt nach ihm sah, schlief er tief und fest, Herrin. Ich wußte nicht, daß es ihm so gut geht.«

»Mir würde es bessergehen, wenn ich eine Erklärung für all das hätte«, sagte Thorag in der Sprache der Römer und ließ den Arm mit dem Silberständer sinken. Seine Zunge lag wie ein sperriger Fremdkörper in seinem Mund und gehorchte ihm nur mühsam. Seine eigene Stimme erschien ihm fremd; die Worte klangen wie Rabengekrächze. »Weshalb hält man mich hier gefangen?«

Während er sprach, wurde er sich bewußt, daß es ziemlich lächerlich aussah, wie er inmitten des eingekrachten Bettes auf der Matratze stand. Bei dem Versuch, über den hölzernen Bettrahmen zu steigen, zeigte sich, wie geschwächt er war. Ein Fuß kam nicht hoch genug, und Thorag stolperte. Er wäre höchst unsanft auf den Fußboden gefallen, wäre nicht Demetrius herbeigesprungen und hätte ihn gestützt. Der klapperdürre Grieche reichte dem breitschultrigen Germanen gerade bis zur Schulter und hatte einige Mühe, nicht unter Thorags Gewicht zusammenzubrechen.

Demetrius führte ihn zu der Bank, unter der sich in Thorags Traum der Schwarzalb versteckt hatte – falls es ein Traum gewesen war. Der Donarsohn setzte sich, lehnte Rücken und Hinterkopf gegen die Wand und atmete erleichtert durch. Er fühlte sich schwach wie ein Neugeborenes.

»Du bist kein Gefangener, Hruodmar, sondern Gast und Schützling im Hause meines Vaters.«

Gaviana scherzte nicht mehr, weder ihr hübsches Gesicht noch ihre Stimme verriet Erheiterung. Der von ihr ausstrahlende Ernst ließ sie älter wirken, reifer.

Obwohl sie nicht nach der Art der Römerinnen ihr Gesicht mit Kreide aufgehellt, die Lippen nicht mit Ocker gerötet und die Augenpartien und Wimpern nicht mit Antimonpuder geschwärzt hatte, schien auf einmal eine Frau vor Thorag zu stehen, kein unerfahrenes, tändelndes Mädchen. Von Gaviana ging eine seltsame Anziehungskraft aus. Was es auch war, es kam von innen und wirkte anziehender auf ihn, als es jedes noch so geschickte Schminken vermocht hätte.

Er schloß kurzzeitig die Augen, um sich dem seltsamen Bann zu entziehen. Als er sie wieder öffnete, blickte er an Gaviana vorbei zu dem eingestürzten Bett. »Ist es in diesem Hause Sitte, die Gäste zu fesseln?«

»Nur wenn sie so krank sind, daß sie sich selbst gefährden. Vor drei Nächten fand Demetrius dich auf dem Fußboden, Germane. Du hattest im Fiebertraum die Wasserkaraffe zerschlagen und dich an den Splittern verletzt. Fabius Crispus riet uns, dich zu deiner eigenen Sicherheit zu binden.«

»Wer ist das nun wieder?«

»Der Arzt, der von meinem Vater beauftragt wurde, dich von deiner schweren Vergiftung zu heilen.«

Thorag blickte auf sein linkes Bein, um das noch immer ein Verband lag. »Schlangengift?«

»Das Gift der Viper, hat Fabius Crispus festgestellt. Hätte der kleine Pfeil ein Blutgefäß getroffen, wäre es um dich geschehen gewesen. Die Sumpfschlangen sind die schlimmste Plage, der Ravenna jemals ausgesetzt war.«

»Ich habe nie zuvor von ihnen gehört.«

»Sei froh darum, Fremder. Hier in Ravenna kennt sie jeder, und niemand denkt bei ihrer Erwähnung an etwas Gutes.«

»Du sprichst von ihnen wie von Geisterwesen.«

»Sie sind aus Fleisch und Blut, wie sich dank deines

84

Eingreifens gezeigt hat. Aber das macht sie nicht minder gefährlich.«

»Erzähl mir mehr von ihnen«, bat Thorag.

»Viel gibt es nicht zu erzählen, weil kaum jemand etwas Genaues weiß. Sie beherrschen die Sümpfe rund um die Stadt, überfallen Handelszüge und nehmen Geiseln, um Lösegeld zu erpressen.«

»Aber wer sind sie? Woher kommen sie?«

Gaviana zuckte mit den Schultern, um die sie eine silberbestickte, blaue Stola geschlungen hatte. »Es sind Banditen, Ausgestoßene. Entflohene Sklaven und Verbrecher, die in den Sümpfen eine neue Heimat gefunden haben und dort mächtig sind, wo der Arm des Gesetzes nicht hinreicht.«

»Zumindest scheinen sie nicht dumm zu sein«, sagte Thorag mit deutlich vernehmbarer Anerkennung. »Die Falle, die sie dir stellten, war sehr ausgeklügelt. Als hätten sie dich erwartet.«

»Man sagt, sie hätten überall ihre Spione. Vielleicht hat mich an jenem Morgen wirklich jemand verraten.«

»An jenem Morgen? Wie viele Nächte sind seitdem vergangen?«

»Acht.«

»Acht Nächte!« ächzte Thorag und fuhr mit der Hand über sein Kinn, das nur von den Bartstoppeln einer Nacht bedeckt war.

Gaviana erriet seine Gedanken und sagte: »Demetrius und die anderen Sklaven haben sich um dich gekümmert, dich gewaschen und rasiert und dir zu trinken gegeben. Auch etwas Brei zu essen, aber davon hast du nicht viel bei dir behalten.«

»Danke«, sagte Thorag und blickte auf das Bett, in dem er gelegen hatte. »Tut mir leid, daß ich dir und deinem Vater eure Hilfe so vergelte. Ein Hornsignal, das ich im Traum hörte, hat mich aufgeschreckt. Als ich die Fesseln spürte, wähnte ich mich in Gefahr.«

»Das war kein Traum, sondern das Zeichen, das unsere Sklaven zur Arbeit ruft. Die Frühstückszeit ist um.« Gaviana blickte zum Fenster; das durch den offenen Spalt einfallende Licht wurde zunehmend heller. Lächelnd fügte sie hinzu: »Für mich allerdings noch nicht. Als Demetrius mich rief, wollte Vater uns gerade etwas Leckeres zubereiten. Könntest du auch eine Stärkung vertragen, geschwächter starker Mann aus dem fernen Germanien?«

Kaum hatte sie vom Frühstück gesprochen, da merkte Thorag, wie sich sein Magen zusammenkrampfte. Er preßte eine Hand dagegen und antwortete: »Ich habe Hunger wie ein Bär.«

»Soll ich dir etwas bringen lassen, oder fühlst du dich stark genug zum Aufstehen? Dann könntest du mit uns frühstücken. Vater würde sich bestimmt freuen, dich kennenzulernen.«

»Ich bin zwar noch recht wacklig auf den Beinen, wie du eben gesehen hast. Aber wenn ich im Bett liegen bleibe, wird sich das nicht ändern. Außerdem wirkt das Bett in seinem jetzigen Zustand nicht besonders einladend. Ein Frühstück mit dir und deinem Vater wäre also recht verlockend. Nur fürchte ich, ich müßte mich zunächst waschen und diese verschwitzte Tunika gegen saubere Kleidung tauschen.«

»Wirklich kein schlechter Gedanke«, befand Gaviana und ließ ihren Blick langsam von Kopf bis Fuß an ihm entlanggleiten, als prüfe sie auf dem Markt einen Sklaven. »Wasser und alles, was du benötigst, um dich herzurichten, findest du dort auf der Anrichte. Deine eigenen Sachen habe ich in die Truhe daneben legen lassen. Aber sie sind nicht mehr ganz heil und entsprechen auch nicht der hiesigen Mode. Demetrius wird dir etwas zum Anziehen bringen, während du dich frisch machst.«

Sobald Gaviana und der Sklave das Cubiculum verlassen hatten, ging Thorag mit wackligen Beinen zu der bronzebeschlagenen Holztruhe, kniete sich davor und klappte den schweren Deckel hoch. Er fand darin seine Kleider, aber nicht seine Waffen. War er doch so etwas wie ein Gefangener? Oder hatte man befürchtet, er könne sich im Fieberwahn verletzen? Er schob diese Überlegungen beiseite und suchte weiter, bis er endlich auf das längliche Bündel am Boden der Truhe stieß.

Er legte es vor sich auf den Mosaikfußboden, löste mit zittrigen Fingern die Verschnürung und schlug das Wolltuch auseinander. Beim Anblick der Waffe fühlte er sich so erleichtert, als sei ein Felsblock von seiner Brust gerollt. Im aufhellenden Morgenlicht blitzte die stählerne Klinge eines Römerschwerts auf, und golden funkelte der Griff mit dem eingravierten Skorpion. Ein grimmiges Lächeln legte sich bei dem Anblick auf Thorags ausgemergeltes Gesicht. Schritte näherten sich. Rasch schlug Thorag das wertvolle Schwert wieder in die Decke ein und legte es zurück auf den Boden der Truhe. Es war kein sicheres Versteck, aber im Augenblick kannte er kein besseres.

Demetrius, der mit einem Kleiderbündel auf den Armen eintrat, fand ihn über die Truhe gebeugt vor. »Nimm besser die frischen Kleider, Herr.«

Thorag schlug die Truhe zu, stand langsam auf und wandte sich zu dem Griechen um. »Meine Waffen sind weg.«

»Ich habe sie für dich aufbewahrt, Herr. Fabius Crispus meinte, du könntest sie im Fieberwahn gegen dich selbst richten. Deshalb habe ich auch das Rasiermesser nicht hier liegenlassen.« Demetrius legte die Kleider auf die Bank und zog ein scharfes Messer aus dem Lederfutteral, das auf dem Bündel gelegen hatte. »Es wird schnell gehen. Ich habe dich auch während des Fiebers rasiert.«

Obwohl Thorag sich nicht recht wohl fühlte, als die Hand des Sklaven die scharfe Klinge gegen seine Kehle drückte, ließ er es geschehen. Der Donarsohn war noch zu schwach, um das Rasiermesser selbst mit sicherer Hand zu führen. Mit geschickten Händen schwang Demetrius das Messer, wusch ihn dann mit Wasser, Schwamm und Lupinenmehl, um Thorag anschließend mit einem angenehm duftenden Öl einzureiben.

»Du machst das sehr gut«, lobte Thorag.

»Ich habe früher als Tonsor in der Gladiatorenschule gearbeitet. Marcus Gavius Apicius war von meiner Fertigkeit so angetan, daß er mich in seine privaten Dienste nahm.«

Thorag hatte schon von der berühmten Gladiatorenschule gehört, die in Ravenna stand. Aber derzeit interessierte ihn mehr der von Demetrius erwähnte Name. »Ist dieser Gavius Apicius der Vater von Gaviana und der Besitzer dieses Hauses?«

»Ganz recht, Herr. Und wir sollten uns beeilen, er wartet schon mit dem Frühstück.«

Demetrius ordnete Thorags Haar mit einem silbernen Kamm und trat zur Bank, um ihm die Kleidung zu reichen. Thorag schlang den leinenen Schurz um die Taille und verknotete ihn. Dann schlüpfte er in eine leuchtendblaue Tunika aus so feiner Seide und mit so üppiger Verzierung in Purpur und Gold, daß man glauben konnte, Demetrius habe versehentlich zu einem von Gavianas Kleidungsstücken gegriffen. Der Sklave versicherte auf Thorags Nachfrage, daß die Tunika für den Germanen bestimmt sei. Auch die Sandalen, die er Thorag gebracht hatte, waren reich verziert, mit kleinen grünen Perlen und je einem fingerkuppengroßen Rubin.

Als er sich in dem teuren Wandspiegel aus Glas betrachtete, kam er sich fremd vor. Weniger, weil er das Haar kurz trug und weil seine Gesichtszüge vom Fieber gezeichnet waren: blaß und eingefallen. Der Eindruck der Fremdheit resultierte aus der seltsamen Kleidung. Gewiß hatte er früher, als er in römischen Diensten gestanden hatte, auch Römerkleider getragen. Doch seitdem waren etliche Winter vergangen, und er hatte viel Leid durch die Römer erfahren. Zudem waren die von Demetrius gebrachten Kleider nicht die eines gewöhnlichen Mannes. Material und Verzierung zeugten von großem Reichtum und von einem recht weibischen Geschmack.

»Komm jetzt, Herr, bitte!« drängte der Grieche und wandte sich der Tür zu.

Auf diesen Augenblick hatte Thorag, der Demetrius im Spiegel beobachtete, gewartet. Schnell zuckte seine Rechte vor, ergriff das wieder im Futteral steckende Rasiermesser und schob es in den Taillenschurz unter der Tunika. Es fühlte sich zwar etwas unbequem an, minderte aber das Gefühl der Hilflosigkeit, das ihn – allein in der Römerstadt, fremd in diesem Haus und ohne Waffen, geschwächt durch das Viperngift – befallen hatte.

Er folgte Demetrius hinaus in den Portikus, den Säulengang, hinter dem ein großer Innenhof mit Garten lag. Auch hier staunte Thorag über die prachtvolle Anlage. Schon die Säulen des Portikus bestanden aus weißem Marmor und waren bis in die Gesichtszüge fein ausgearbeitete Statuen von Göttern und Heroen. Der Garten war in buntbepflanzte Rechtecke unterteilt, die Wege dazwischen waren mit Platten aus grauem Marmor belegt. Und aus demselben Material waren auch die munter plätschernden Springbrunnen und die Statuen im Garten gefertigt, mal aus gelbem, mal aus grünem, mal aus rotem Marmor, wie es gerade am besten zur Bepflanzung des jeweiligen Rechtecks paßte. Vermutlich aber, dachte Thorag, waren in Wahrheit die Rasenflächen passend zu den Statuen mit Büschen und Blumen bepflanzt worden.

Gaviana und ein Mann um die Fünfzig, der ihr Vater sein mußte, erwarteten ihn in einem Eßraum, der zum Portikus hin offen war und somit Ausblick auf den Garten gewährte. Sie lagen um einen üppig gedeckten Tisch, was ebenfalls für den Reichtum von Marcus Gavius Apicius sprach. Für die meisten Römer erschöpfte sich das Frühstück in einem Schluck Wasser und einem Stück Brot. Und daß ein zierlicher Sklave, mehr noch ein Junge als ein Mann, das Mahl mit sanftem Flötenspiel untermalte, gehörte auch nicht zu den Tischsitten des einfachen Römers.

Die Liege zwischen dem Hausherrn und seiner Tochter, der Ehrenplatz, war frei. Apicius hob eine reichberingte Hand und zeigte auf die freie Liege. »Sei willkommen und nimm Platz, geschätzter Gast aus dem fernen Germanien. Deine Gesellschaft und dein Bericht werden uns höchst angenehm sein.«

Thorag legte sich auf das weiche Polster und stützte den linken Ellbogen auf ein mit Silberzierat besticktes Kissen. Er spürte, wie das Rasiermesser gegen seine linke Seite drückte.

»Greif zu, Freund!« fuhr Apicius im leutseligen Tonfall fort. »Ein bescheidenes Frühstück, gewiß, aber ein schmackhaftes, wie ich mir wohl schmeicheln kann. Ich kann es beurteilen, denn ich selbst habe es zubereitet.«

»Du?«

Thorag maß ihn mit einem zweifelnden Blick. Der offensichtlich schwerreiche Römer, der über ein großes Haus samt Sklaven gebot, spielte selbst den Küchenmeister? Vergeblich suchte Thorag an den fleischigen Fingern und an der buntbestickten Tunika des wohlbeleibten Mannes nach den Spuren der Küchenarbeit.

»Ich habe nicht selbst Hand angelegt, doch ich gab die Anweisungen«, erklärte Apicius. »Du mußt wissen, daß ich nichts, ausgenommen vielleicht einen guten Kampf in der Arena, so sehr schätze wie ein schmackhaftes Mahl, mag es sich auch nur um ein einfaches Frühstück handeln.«

Gaviana beugte sich zu Thorag. »Mein Vater arbeitet sogar an einem Buch über die Kochkunst.«

»An einem zehnbändigen Werk, um genau zu sein«, fügte Apicius mit einem knappen Nicken hinzu, das genügte, um sein ausgeprägtes Doppelkinn in heftiges Wackeln zu versetzen. »Es wäre doch schade, wenn mein Wissen um die Kunst der Küche einst mit mir verlorenginge. In Charons dunklem Reich wird es mir wohl kaum von Nutzen sein.«

Er klatschte in die Hände, und drei lockenköpfige Sklavenjungen, keiner älter als zehn, erschienen mit Silberschalen und weißen Tüchern. Die Schalen waren mit nach Rosen duftendem Wasser gefüllt, in dem Apicius, Gaviana und Thorag ihre Hände reinigten. Erneutes Händeklatschen, und ein dunkelhäutiger Sklave im Jünglingsalter brachte eine Karaffe, aus der er Honigwein in schlanke Pokale goß. Sowohl die Karaffe als auch die dünnwandigen Portale bestanden aus einem kristallinen, seltsam schimmernden Stein. Matt glänzend, mit weißen und purpurnen Flecken übersät, leuchtete das Material wie ein Opal, wenn man es gegen das Licht drehte.

Apicius bemerkte Thorags Verwunderung und erklärte: »Das ist Murra aus den östlichen Provinzen. Ein einziges Gefäß kostet soviel wie ein ganzes Haus und zerbricht so leicht wie das Herz eines verliebten Jünglings. Aber nur wer Wein aus Murrapokalen trinkt, kommt in den Genuß des ungetrübten Geschmacks, selbst wenn es nur der Honigwein zum Frühmahl ist.«

Andächtig drehte Thorag den Pokal in seiner Hand. Obwohl das Material sehr dünn war, blieb es undurchsichtig. So teuer wie ein Haus! Er fragte sich, wie Apicius reagieren würde, falls er den Kelch fallen ließ.

Thorag hob die Rechte mit dem Pokal und sagte: »Ich danke meinem großzügigen Gastgeber und erlaube mir, auf sein Wohl und das seiner Familie zu trinken.«

Der Geschmack des Weins erinnerte ihn an den heimatlichen Met. Thorag trank in großen Schlucken. Es tat gut, erfrischte ihn und vertrieb den pelzigen Beigeschmack, der sich während des langen Fiebers in seinem Mund eingenistet hatte. Schon bald mußte der dunkelhäutige Weinsklave nachschenken, und der Donarsohn verspürte einen leichten Schwindel. Er war das Weintrinken nicht mehr gewohnt.

Etwas Festes im Magen würde das Schwindelgefühl mindern. Thorag bediente sich von dem reichhaltigen Angebot aus gekochten Schnecken in Honig, mit einer Masse aus Hirnchen und Ei gefüllten und gegrillten Kürbissen, gekochten und gepfefferten Aprikosen, Spießen mit gegrillten Trüffeln, weichgekochten Eiern mit Pinienkernen und ähnlichen Leckereien, die allerdings mehr der römischen Zunge mundeten als der germanischen. Thorag aß viel von dem aus feinem Mehl gebackenen und mit Honig und Zwiebeln veredeltem Weizenbrot, wohingegen der unermüdlich zugreifende Hausherr das Brot zugunsten der reichhaltigeren Genüsse verschmähte und einen Weinpokal nach dem anderen leerte. Gaviana erwies sich bei Tisch nicht als Tochter ihres Vaters; sie aß und trank ebenso langsam wie mäßig.

»Hruodmar ist dein Name, und du kommst aus Ger-

BLT

Mit der Welt
auf Buchfühlung

Das neue

Programm

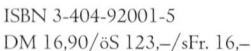
Ljudmila Ulitzkaja
MEDEA
UND IHRE KINDER
Roman

ISBN 3-404-92001-5
DM 16,90/öS 123,–/sFr. 16,–

»Diese Autorin ist eine Offenbarung. Sie ist der Tschechow eines um hundert Jahre älter gewordenen Rußlands.«
LE NOUVEL OBSERVATEUR

Ende April beginnt für Medea Mendez, geborene Sinopli, die »Familiensaison«. Von überall her kommen die Nachfahren des alten Griechen Sinopli auf die Krim. Medea, seit langem verwitwet und kinderlos, ist über die Jahre zur Urmutter dieses weitverzweigten Familienclans geworden. Ihre unwiderstehliche Stärke liegt in der Natürlichkeit ihres Tuns, in der Nachsicht, mit der sie auf das bunte Treiben ihrer jungen Gäste reagiert, die sie immer wieder mit neuen Liebhabern, Männern und Kindern überraschen. Auch in jenem Sommer wird Medeas Haus zum Schauplatz wilder Leidenschaften.

JACK DANN
DIE KATHEDRALE DER ERINNERUNG
DAS GEHEIME LEBEN DES LEONARDO DA VINCI
ROMAN

ISBN 3-404-92002-3
DM 18,90/öS 138,–/sFr. 18,–

»Danns Sprache enthält Erhabenes und Poetisches… der Alltag, die Leidenschaften und das Schaffen da Vincis werden darin lebendig.«
HAMBURGER ABENDBLATT

In diesem farbenprächtigen Roman folgt Jack Dann dem Universalgenie Leonardo da Vinci auf seiner Reise durch das Leben und läßt dabei das Florenz der Medici, eine von Frivolität und Sinnenfreude, aber auch von Machtkämpfen und Intrigen geprägte Gesellschaft, in magischer Weise neu erstehen.
»Die Kathedrale der Erinnerung« ist ein erzählerisches Meisterwerk, in dem die großen historischen Gestalten zu neuem Leben erwachen. Es entführt den Leser in die faszinierende Welt der Renaissance und – gänzlich unerwartet – des fernen Orients …

manien?« fragte Apicius unvermittelt, ohne mit dem Kauen aufzuhören. »Wie heißt der Stamm deiner Väter?«

»Es ist der Stamm der Ubier«, log Thorag in der Hoffnung, selbst ein Ubier, den es nach Ravenna verschlagen haben mochte, könne ihn nicht enttarnen. Er hatte sich lange genug in der Ubierstadt aufgehalten, um den Zungenschlag dieses romfreundlichen Stammes täuschend echt nachzuahmen.

»Ein kluger Stamm, die Ubier«, rülpste Apicius. »Sie haben frühzeitig erkannt, wie unsinnig es ist, sich gegen Roms Macht zu stellen. Ganz anders als diese Cherusker unter dem Rebellen Arminius, die in ihrem Wahn glauben, gegen die Legionen des Tiberius bestehen zu können.«

Thorag zwang sich zu einem Lächeln. »Du sprichst weise, Gavius Apicius.«

Der Hausherr zerkaute eine fette Schnecke und fragte: »Und du bist Jäger? Ein guter?«

»Das hoffe ich doch!« stieß Thorag im Brustton der Überzeugung hervor. »Wie könnte ich sonst hoffen, in Ravenna mein Glück zu machen?«

»Schon gut, ich glaube dir. Meine Tochter erzählte mir, wie du unter den verwünschten Sumpfschlangen aufgeräumt hast. Nicht vielen ist es gelungen, ihnen zu entkommen. Du wärst sicher als Gladiator ebensogut wie als Jäger, brauchst nur wieder etwas mehr Fleisch auf die Rippen.«

Apicius betrachtete seinen Gast mit geweiteten Augen, ganz so, als wolle er Thorag, gleich der eben verspeisten Schnecke, mit Haut und Haar verschlingen. Ein flaues Gefühl überkam den Cherusker, und ein kalter Schauer lief über seinen Rücken. Der nach außen zur Schau gestellten Leutseligkeit zum Trotz ging etwas Bedrohliches von dem Römer aus. Als sei sein freundliches Getue ebenso vorgetäuscht wie sein munteres Plappern. Die Gier nach Wein und Leckereien war zweifelsohne echt, doch vermeinte Thorag dahinter eine andere Gier zu spüren, viel tiefer gehend, aber zu gut verborgen, um sie richtig zu erkennen.

»Der Jäger bestimmt die Regeln des Kampfes selbst, der Gladiator nicht«, sagte Thorag. »Für mich ein guter Grund, nicht den Beruf zu wechseln.«

»Klug gesprochen, wenn auch bedauerlich für mich. Als Gladiator wärst du sicher eine Sensation: Hruodmar, Bezwinger der Sumpfschlangen!« Ein sehnsüchtiger Seufzer entrang sich der breiten Brust des Römers. »Aber ich denke, auch als Jäger wirst du mir gute Dienste leisten.«

»Du willst mich in deine Dienste nehmen?«

»Natürlich. Schließlich richte ich nicht nur Gladiatorenkämpfe aus, sondern auch Tierhatzen.«

»Das wußte ich nicht.«

»O Ruhm, wie flüchtig ist dein Hall!« rief Apicius kichernd aus und stieß in theatralischer Geste die Hände in die Luft. »Hier in Ravenna kann ich mich der Schnorrer und Bettler kaum erwehren, weil mein Name und mein Reichtum sie anlocken wie das Licht die Stechmücken, und in der germanischen Provinz bin ich so unbekannt wie ein einfacher Bauer, ach, was sage ich, wie der letzte Sklave!«

»Verzeih, Herr, ich wollte dich nicht beleidigen.«

»Das hast du nicht.« Apicius lächelte mit weinverschmierten Lippen. »Jeder Triumph trägt in sich die Mahnung, sich nicht in der Eitelkeit zu verlieren. Wie heißt es doch: *Homine te esse memento!* – Erinnere dich, daß du nur ein Mensch bist!«

»Vielleicht kann Hruodmar dir schon für das Festspiel zu Ehren des Princeps nützlich sein, Vater«, meinte Gaviana. »Sagtest du nicht, dir fehlen noch wilde Tiere für die Hatz?«

»Ja, so ist es. Es wäre peinlich, Tiberius und Drusus zu enttäuschen, zumal es heißt, der Princeps halte nicht viel von Zirkus und Arena. Es wäre doch schön, könnte er in Ravenna eines Besseren belehrt werden.«

Thorag traute seinen Ohren kaum und vergewisserte sich: »Tiberius Caesar kommt nach Ravenna, zusammen mit seinem Sohn?«

»Das wußtest du auch nicht, Ubier?« Apicius lächelte gequält. »Selig sind die Unwissenden, ahnen sie doch nicht die Mühen des kommenden Tages.«

»Ich war lange unterwegs und habe nur selten mit Menschen gesprochen«, rechtfertigte Thorag sich und dachte gleichzeitig an Tiberius und Drusus.

Letzterer war vor zwei Sommern sein Gefangener gewesen, dann aber war Thorag in seine Gewalt geraten, und der Traum, Drusus gegen die Angehörigen von Thorag und Armin auszutauschen, war zerplatzt. Gaben ihm die Götter nun Gelegenheit, das Versäumte nachzuholen? Aber wie? Damals hatte er seine Krieger gehabt, jetzt stand er allein gegen eine ganze Stadt voller Römer.

Er griff nach einem Trüffelspieß und fragte wie beiläufig: »Weshalb kommen Tiberius und sein Sohn nach Ravenna?«

»Sie heißen den König der Markomannen willkommen«, antwortete Apicius.

»Marbod?«

»Denselben. Wir nennen ihn Maroboduus.« Apicius leerte seinen Pokal und hielt ihn dem Weinsklaven hin. »Aber du müßtest mehr darüber wissen als ich, Germane.«

»Weshalb?« Thorag spielte den Ahnungslosen und runzelte die Stirn.

»Weil du frisch aus Germanien kommst, Hruodmar. Dort hat Maroboduus gegen Arminius gekämpft.«

»Und ist dem Cherusker unterlegen«, ergänzte Thorag, während seine Gedanken zurückwanderten zu jenen blutigen Kämpfen, in denen viele tapfere Männer ihr Leben verloren hatten. Zumeist Germanen, keine Römer. Die hatten sich im Hintergrund gehalten und auf die Ernte der von ihnen gesäten Zwietracht gewartet.

Thorag hatte den Angriff auf Marbods Bergfestung geführt und den Kuning der Markomannen aus seiner Burg vertrieben. Er hätte Marbod gefangen oder getötet, wäre nicht plötzlich der Prätorianerpräfekt Sejanus dem Kuning zu Hilfe geeilt. Sejanus sollte Marbod in Sicherheit bringen, damit Rom den gestürzten Herrscher als Druckmittel gegen seinen Nachfolger Katualda einsetzen konnte. Wieder so ein römischer Winkelzug! Auch wenn man die Römer aus tiefstem Herzen haßte, und Thorag hatte dazu nicht wenig Grund, ihre geschickte Hand beim Einfädeln von Intrigen mußte man einfach bewundern.

»Erzähl uns mehr von den Kämpfen im fernen Germanien!« forderte Apicius. »Wie war es dort, als Cherusker gegen Markomannen fochten?«

Thorag drehte die Handflächen nach oben und breitete die Hände aus. »Woher soll ich das wissen? Zum Glück lebt mein Stamm links des Rheins unter dem Schutz des gütigen Tiberius. Was in den wilden Urwäldern im sogenannten freien Germanien geschieht, liegt für uns genauso fern wie für euch. Ich wußte bis eben nicht, daß Maroboduus nach Ravenna kommt. Und ich kann es mir auch jetzt nicht erklären.«

»Irgendwo muß er ja hin.« Apicius pulte mit Daumen und Zeigefinger ein faseriges Stück Schneckenfleisch zwischen seinen Zähnen hervor und schluckte es hinunter. »Ravenna entwickelt sich noch zu einer richtigen germanischen Kolonie – wissen die Götter, warum. Vielleicht will Tiberius die Germanen nicht so nah bei Rom haben, weil er sie noch immer fürchtet. Könnte ja sein, dieser Verräter Arminius gerät über die Verschleppung seiner Familie so in Raserei, daß er seine Heerhaufen gegen Rom führt.«

Das Gespräch geriet immer mehr in die Bahnen, die Thorag interessierten. Innerlich war er zum Zerreißen gespannt. Von Armin hatte er gelernt, sich zu bezähmen, und so fragte er ganz ruhig: »Wieso das?«

Apicius blickte ihn erstaunt an. »Weißt du etwa nicht, daß die Frau und der Sohn des Cheruskerherzogs die Gefangenen des Princeps sind?«

»Doch, das weiß ich.« Thorag tat, als überlege er angestrengt. »Willst du etwa sagen, die beiden befinden sich hier in Ravenna?«

»Du hast es erfaßt, Hruodmar.«

»Auch der Vater von Armins Frau ist hier«, fügte Gaviana hinzu.

»Segestes!« stieß Thorag mit stärkerer Betonung hervor, als man es von einem Unbeteiligten erwarten durfte. Aber Thusneldas Vater, der abgesetzte Fürst des Stiergaus, war ihm alles andere als gleichgültig. Durch seinen Verrat waren Thusnelda und Auja den Römern in die Hände gefallen.

»Du sprichst, als würdest du ihn kennen«, stellte Apicius fest. Obwohl er noch immer träge auf seiner Liege ausgestreckt lag, wirkte er plötzlich aufmerksam.

»Sein Sohn Segimundus war Priester in der Ubierstadt, und Segestes selbst besaß dort ein Haus, falls ich mich recht erinnere. Ich habe ihn jedenfalls einmal von fern dort gesehen.«

»Und was tatest du im Oppidum Ubiorium?«

»Ich hatte einen Ur gefangen und brachte ihn in die Stadt, um ihn für die Tierhatz in der Arena zu verkaufen.«

»Einen Ur, ja, ein mächtiges Tier!« Die Augen des Römers glänzten, als sehe er den Ur vor sich. »Und einem Mann wie dir traue ich zu, ihn zu bezwingen.«

»Du erzähltest von Maroboduus, Gavius Apicius«, brachte Thorag das Gespräch zurück auf das für ihn interessante Thema. »Soll er hier sein Exil finden?«

»Sieht ganz so aus. Aelius Sejanus bringt ihn her. Wir erwarten sie in drei Tagen. Und sieben Tage später kommen Tiberius und Drusus. Es heißt, sie wollen mit Maroboduus einen Vertrag schließen.«

»Worüber?« fragte Thorag erstaunt. »Der König hat sein Land verloren, seine Armee und damit seine Macht.«

»Er könnte alles zurückgewinnen, und dann wäre ein Vertrag, der ihn an Rom bindet, wichtig.«

Thorag konnte sich gut vorstellen, daß Apicius recht hatte. Es paßte zu den Römern und ganz besonders zu dem listigen Fuchs Tiberius. Jetzt, wo Marbod machtlos war, nicht mehr als ein Flüchtling, würde er sich zu allem bereit zeigen, bloß um weiterhin Roms Schutz zu genießen. Tiberius konnte ihm so gut wie jedes Verhalten aufzwingen, auch für spätere Zeiten, falls es dem Princeps gelegen kommen mochte, Marbod wieder auf den Thron des Markomannenkunings zu setzen. Und dann würde der Kaiser zweifellos all das einfordern, was Marbod nun leichthin versprechen konnte, da er es ohnehin nicht besaß: Waffenhilfe, Tributzahlungen, Sklaven und Waren aller Art für das große Reich der Römer.

Der Donarsohn löste sich von diesen Überlegungen und blickte Apicius an. »Wenn du die Spiele ausrichtest, die in Ravenna zu Ehren der hohen Gäste abgehalten werden, bist du zur Zeit wohl einer der wichtigsten Männer der Stadt – falls du das nicht sowieso bist.«

»Mit dem Ruhm kommen auch die Sorgen. Als ich vor vielen Jahren die kaiserliche Gladiatorenschule vom vergöttlichten Augustus gepachtet habe, ließ ich mir nicht träumen, daß mir sein Adoptivsohn und Nachfolger einmal solches Kopfzerbrechen bereiten würde. Ausgerechnet er, Tiberius, der allen Schauspielen und Wettkämpfen höchst ablehnend gegenübersteht, soll von mir mit dreitägigen Festspielen geehrt werden! Ich brüte schon seit Wochen über einer zündenden Idee für einen besonders aufregenden Kampf.«

»Den hättest du gesehen, Vater, wärst du zugegen gewesen, als Hruodmar die Sumpfschlangen in die Flucht schlug.« Gaviana nippte an ihrem Pokal und blickte Thorag mit sichtlichem Wohlgefallen an.

»Die Sumpfschlangen, das ist es!« rief Apicius in einem Anfall plötzlicher Erregung aus. »Hruodmar, du mußt mir ein paar von ihnen fangen! Sie in der Arena fechten zu sehen reißt gewiß auch einen Tiberius von seinem Sitz hoch.«

»Die Sumpfschlangen sind keine Tiere, auch wenn sie sich so nennen mögen«, gab Thorag zu bedenken. »Sie in so kurzer Zeit aufzuspüren und auch noch zu fangen, ist keine leichte Aufgabe.«

»Traust du dir nur zu, leichte Aufgaben zu erfüllen, Ubier?«

»Nein, aber ich versuche, realistisch zu sein. Ich bin noch geschwächt, und die Zeit ist knapp.«

»Dann mußt du schnell zu Kräften kommen, um dich deiner neuen Aufgabe zuzuwenden. Wenn ein Mann über die Sumpfschlangen triumphieren kann, dann du, Hruodmar. Ich spüre es!« Der Atem des Römers ging schneller. Apicius sprach mit deutlicher Erregung und war Feuer und Flamme für seinen frisch gefaßten Plan. »Für jeden gesunden, kampffähigen Sumpfbanditen, den du mir bis zu den Spielen bringst, zahle ich dir tausend Denare.«

Das war eine bedeutende Summe, der Höchstpreis für einen Sklaven und mehr, als ein römischer Legionär in drei Jahren an Sold erhielt. Trotzdem gab Thorag sich zweifelnd. »Ich brauche Männer, Pferde, Waffen, Ausrüstung, und all das kostet Geld.«

»Ich stelle dir alles zur Verfügung, unentgeltlich. Die tausend Denare für jede Sumpfschlange sind dein Reingewinn. Außerdem würdest du dir die Bevölkerung der ganzen Stadt zu Dank verpflichten. Die Sumpfschlangen sind die Geißel von Ravenna, und bislang konnte niemand der Plage Herr werden. Ich schätze, da wäre noch eine hübsche Zusatzbelohnung vom Stadtpräfekten für dich drin. Und wer weiß, vielleicht fängst du sogar die Schlangenkönigin. Für sie würde ich dir zehntausend Denare zahlen, lebendig oder tot.«

»Wer oder was ist das, die Schlangenkönigin?«

»Ich glaube nicht, daß es sie wirklich gibt«, meinte Gaviana.

»Warum nicht?« fragte ihr Vater. »Die Sümpfe sind eine Welt für sich, dort ist alles möglich. Weshalb sollte die legendäre Schlangenkönigin nicht über ihr Volk herrschen?«

»Ihr beide sprecht für mich in Rätseln«, beschwerte Thorag sich.

Gaviana schenkte ihm ein verständnisvolles Lächeln. »Die Schlangenkönigin *ist* ein Rätsel, ein reichlich großes sogar.«

»Aber Hruodmar kann es vielleicht für uns lösen!« sagte Apicius mit einem entschlossenen, fast grimmigen Unterton.

»Dazu wäre hilfreich zu wissen, worum es geht«, seufzte Thorag.

»Die Schlangenkönigin soll die Anführerin der Sumpfschlangen sein«, erklärte Apicius. »Man sagt, vor vielen Jahren habe sich eine Frau in die Sümpfe verirrt und sei schließlich erschöpft zusammengebrochen. Eine Schlange – eine richtige, kein Mann – sei zwischen ihre Beine in den Leib gekrochen und habe dort eine Frucht hinterlegt, aus der die Schlangenkönigin entstand, ein schreckliches Wesen, halb Mensch, halb Schlange, ausgestattet mit übernatürlichen Kräften.«

»Das hört sich ein wenig an wie die Sage von den Gorgonen«, sagte Thorag und erinnerte sich an den vor vielen Wintern in Rom erhaltenen Unterricht, in dem er auch von den griechischen Fabelwesen gehört hatte. Gorgonen nannte man die drei ungewöhnlich schönen und ebenso stolzen Töchter des Phorkys und der Keto, die zur Strafe für ihren Hochmut von den Göttern in schlangenhaarige Ungeheuer verwandelt wurden, mit Drachenschuppen auf der Haut, mit raubtierhaften Zähnen und mit Flügeln, die ihnen das Durcheilen der Luft erlaubten. So schrecklich anzusehen, daß jeder Mensch bei ihrem Anblick zu Stein erstarrte.

»Vielleicht ist die Geschichte von der Schlangenkönigin eine Sage, vielleicht steckt aber auch mehr dahinter«, erwiderte Apicius. »Finde es heraus, Hruodmar! Jedenfalls erscheint es mir mehr als wahrscheinlich, daß die Sumpfschlangen einen gewieften Anführer haben, mag es nun die sagenhafte Schlangenkönigin oder jemand anderes sein. Zu gezielt ist ihr Vorgehen, zu geschickt halten sie sich schon seit Jahren im Verborgenen, als daß es sich nur um einen losen Haufen Vogelfreier handeln kann.«

»Du scheinst mir sehr daran interessiert, ihrem Treiben ein Ende zu bereiten, Gavius Apicius.«

»Ist das ein Wunder? Schließlich hätten sie sich fast an meiner Tochter vergriffen! Und außerdem, wenn du in meinem Auftrag die Schlangenkönigin fängst, wäre das eine ruhmreiche Tat, die auch auf mich zurückfiele. Dann zählte ich wahrhaftig zu den hervorragendsten Bürgern Ravennas.« In froher Erwartung dieser Würde rollte er mit den Augen und seufzte: »Oh, all ihr Götter, mit diesem bescheidenen Ruhm mögt ihr mich segnen!«

»Ich hoffe, die Götter sind mit dir«, sagte Thorag.

»Ich hoffe, du bist mit mir, Hruodmar. Wie sieht es aus, nimmst du dich der Aufgabe an?«

Thorag spürte die fragenden Augen seiner Gastgeber auf sich gerichtet und überlegte. Auch ohne den Ruhm, das Nest der Sumpfschlangen ausgehoben zu haben, war Apicius zweifelsohne ein sehr angesehener und einflußreicher Bürger. In seinen Diensten zu stehen, von ihm mit Geld und aller möglichen Unterstützung versehen zu werden, konnte Thorag viele Türen öffnen. Eine Gelegenheit, die sich so schnell nicht wieder bot.

Er dachte an seine Auja und sagte: »Es gilt, Gavius Apicius, ich werde die Sumpfschlangen jagen!«

Kapitel 7
Das Tal der tausend Schreie

Armin hatte sich geirrt. Nicht auf dem Schlachtfeld sollten sich die beiden Brüder wiederbegegnen, sondern in der Nacht nach ihrem ersten Treffen, und wieder an der Weser. So wollte es Flavus, der im Schutze von Notts finsteren Schleiern einen Boten ins Cheruskerlager gesandt hatte – ohne Wissen der Römer, wie dieser Bote, ein dalmatischer Sklave, betonte. Er wollte nur zu Armin sprechen und teilte ihm mit, Flavus erwarte ihn um Mitternacht am diesseitigen Ufer, an der Stelle ihres ersten Treffens. Armin schickte den Dalmater mit der Antwort zurück, er werde kommen, allein, wie Flavus es verlangt habe.

Wie schon am Tag schlich Thorag heimlich hinter seinem Blutsbruder her. Er und Inguiomar waren die einzigen, die Armin in die Sache eingeweiht hatte, »für den Fall, daß ich nicht zurückkehre«, wie der Hirschfürst gesagt hatte. Und wenn Armin der Sache schon nicht traute, durfte, ja mußte auch Thorag vorsichtig sein.

Deshalb huschte er zur Weser, einer von vielen Schatten im kaum vorhandenen Mondlicht dieser wolkenverhangenen Nacht. Was hatte Flavus nach dem Streit, der unüberbrückbare Gegensätze offengelegt hatte, seinem Bruder noch zu sagen? Thorag fand keine Antwort, und das schürte seine Sorge. Zwar hatte Armin diesmal Schwert, Dolch und Ger mitgenommen, aber das konnte den Donarsohn nicht beruhigen.

Erneut wählte er die einsame Silberweide zum Versteck. Wie ein Wächter aus dem Riesenvolk stand der Baum am nächtlichen Ufer. Jedesmal wenn es Mani, dem

Lenker des Mondwagens, gelang, ein paar matte Licht-strahlen durch das dichte Geflecht der Wolkengeister zu schicken, schimmerten die hellen Unterseiten der Blätter silbrig. Leichter Wind kam auf, und die Blätter wirkten wie Hunderte leuchtender Elfen, die rund um den Stamm des Baumriesen tanzten.

Thorag sah, wie Armin ans Ufer trat, wo eine zweite Gestalt in die Höhe wuchs. War es Flavus, der den Bru-der bereits erwartet hatte?

Oder war es ein Attentäter?

Als der Wind, der vom Fluß herüberwehte, Thorag die Stimme von Armins Bruder zutrug, atmete der Donar-sohn nur kurz auf. Noch immer stand zu befürchten, daß Bruder gegen Bruder zum Schwert griff. Konnte es für die Römer etwas Besseres geben, als wenn Cherusker gegen Cherusker stritt, wenn ein Edeling den anderen niederstreckte? Schon immer hatte die Wölfin es verstan-den, die inneren Zwistigkeiten der Germanen zu benut-zen, um Stämme und Sippen gegeneinander aufzusta-cheln. Warum nicht auch Brüder?

»Notts kühler Mantel mag uns helfen, auch einen küh-len Kopf zu bewahren.« Flavus' Worte klangen, vom Rauschen der Weser und vom leisen Rascheln der Wei-denblätter halb überlagert, unwirklich wie ein Wispern aus der Geisterwelt. »Wir stehen auf verschiedenen Sei-ten, und es mag sein, daß wir im Kampf die Klingen kreuzen müssen. Aber ich sehe keinen Grund, unsere Mutter Adina zur Trauernden zu machen, weil einer von uns mit hitzigem Kopf den anderen erschlägt.«

Armins Antwort klang unversöhnlich: »Als Sunna noch über den Himmel zog, sah es anders aus.«

»Wir waren erregt, und der Zorn ist kein guter Ratge-ber. Aber wenn du unseren Zwist durch das Schwert beenden willst, stoße ruhig zu. Ich werde mich nicht wehren. Seit damals, als wir Blutborste erlegten, schulde ich dir ein Leben.«

»Bist du gekommen, um mir dein Leben anzubieten?«

Flavus holte tief Luft und erwiderte: »Ich schulde es dir, und du kannst es dir nehmen, Armin. Aber der eigentliche Grund dieses Treffens ist mein Wunsch, noch einmal das Wort an dich zu richten, ohne Zorn und Bitterkeit.«

»Um mir zu sagen, ich solle die Waffen strecken und mein Volk in die Sklaverei führen?«

»Nicht in die Sklaverei, sondern in ein friedliches Leben als Teil des mächtigen Römischen Reiches.«

»Schon einmal haben wir dieses *friedliche Leben* geführt«, entgegnete Armin mit unverhohlenem Spott. »Unsere Friedlichkeit führte dazu, daß die römischen Steuereintreiber uns ausplünderten.«

»Ein Fehler, der sich nicht wiederholen wird. Dafür werden Germanicus und Tiberius sorgen, wenn du dich entschließt, das Bündnis gegen Rom in einen Pakt *mit* den Römern umzuwandeln.«

»Sie werden dafür sorgen, daß unsere Krieger für das Römische Reich kämpfen und unsere Bauern für den Reichtum Roms arbeiten. Ein Volk kann nur sein eigener Herr sein. Sobald es sich in andere Hände, in die Abhängigkeit von fremdem Blut begibt, hat es seinen eigenen Untergang eingeleitet. Selbst wenn Tiberius das Beste für uns wollte, wie soll er im fernen Rom wissen, was für uns gut ist?«

»Ich sehe, daß unser Treffen vergebens ist«, sagte Flavus enttäuscht und fügte noch etwas hinzu.

Thorag achtete nicht länger auf die Worte. Ein seltsames Plätschern ganz in der Nähe seines Verstecks beanspruchte seine Aufmerksamkeit. Das Geräusch paßte nicht zum gleichmäßigen Rauschen der Weser. Es klang, als treffe das Wasser auf einen großen Fremdkörper, den es zu umfließen galt.

Angestrengt blickte er zu der nahen Uferstelle, von der das Geräusch kam. Er hielt den Atem an, als schemenhafte Gestalten aus dem Fluß wuchsen, eine Handvoll und mehr. Im ersten Augenblick glaubte er, Hakenmänner vor sich zu sehen, Abgesandte der Hel, die jedes Menschenwesen ins Wasser zogen und ins Totenreich verschleppten.

Dann erkannte er die Umrisse von Menschen, von Kriegern. Nackt bis auf einen Schurz, den sie um die Hüften gebunden und zwischen den Beinen hindurchgeschlungen hatten. Dafür waren sie gut bewaffnet, mit Dolchen, Schwertern, Framen und Geren.

Trotz seines Erschreckens über ihr plötzliches Auftauchen empfand er Bewunderung dafür, wie leise sie mit ihren Waffen den Fluß durchquert hatten. Hätte er nicht so nah bei ihnen gelegen, hätte er sie kaum gehört. Plötzlich wußte er, was für Krieger er vor sich hatte. Es waren die Männer vom Niederrhein, denen man nachsagte, im Wasser so gewandt zu sein wie Fische: Bataver.

In diesem Augenblick beleuchtete Mani das grobe Gesicht des Anführers, und Thorag erkannte Chariovaldas Unterführer Eggo. Die Bataver, acht an der Zahl, schlichen fast geräuschlos am Ufer entlang, zu der Stelle, wo sich Armin und Flavus unterhielten.

»Vorsicht, Armin, ein Hinterhalt!« schrie Thorag.

Er sprang auf und rannte auf die Bataver zu, die innehielten und sich verwirrt zu ihm umdrehten. Mit einem Feind in ihrem Rücken hatten sie nicht gerechnet.

Ein hagerer Bataver fing sich zuerst und wollte seinen Ger auf Thorag schleudern. Der Donarsohn war schneller. Sein Wurfspeer bohrte sich in die nackte Brust des Gegners, und Blut vermischte sich mit den perlenden

Wassertropfen auf der Haut des Getroffenen. Der Bataver sackte zusammen und konnte seinen Ger nur noch in den Boden rammen.

Ein wuchtiger, vollbärtiger Bataver sprang Thorag mit erhobenem Schwert entgegen. Der Cherusker unterlief den Hieb, der ihn knapp verfehlte, umklammerte die Hüften des anderen und riß ihn mit sich zu Boden. Während sich die beiden, ineinander verkeilt, durch Kresse und Weiderich wälzten, sah Thorag flüchtig, daß Armin und Flavus in den Kampf eingegriffen hatten. Jeder von ihnen war mit mehreren Gegnern beschäftigt. Der Donarsohn hatte wenig Zeit, sich darüber zu wundern, daß Flavus *gegen* die Bataver focht.

Thorag schaffte es, den Bataver unter sich festzunageln. Mit dem Knie auf dem rechten Arm des anderen verhinderte er, daß der Vollbärtige sein Schwert gebrauchte. Ein weiterer Krieger vom Niederrhein wollte Thorags Gegner zu Hilfe kommen und hob die Frame zum tödlichen Stoß. Der Donarsohn schnellte zur Seite, und die Frame durchbohrte den Mann, mit dem er eben noch gerungen hatte.

Der Cherusker zog sein eigenes Schwert und durchschnitt, noch am Boden liegend, mit einem schnellen Streich den linken Unterschenkel des Framenträgers. Der stöhnte vor Schmerz und Erschrecken laut auf und stürzte in Thorags rasch aufgerichtete Schwertklinge.

Als der Donarsohn aufsprang, sah er, daß Armin einen Gegner niedergestreckt hatte und einem anderen gerade das Schwert in den Hals stieß.

Flavus war weniger erfolgreich und konnte sich der drei übrigen Bataver nur mit Mühe erwehren. Sie versuchten, ihn einzukreisen und einen Stoß von hinten anzubringen. Der immer weiter Zurückweichende stand bis zu den Knien im Fluß.

Armin und Thorag sprangen ihm bei, und zwei Bataver fielen unter ihren Schwertern. Der letzte noch aufrecht stehende Gegner floh vor Flavus und stürzte sich in die Fluten. Er schwamm so gewandt davon, daß selbst ein hervorragender Schwimmer wie Thorag es nicht geschafft hätte, ihn einzuholen, zumal der Fliehende bald mit der Dunkelheit verschmolz.

»Das war Eggo, der uns heute vormittag zu Chariovalda gebracht hat«, stieß Thorag in einer Mischung aus Wut und Enttäuschung hervor. »Ich hätte ihn zu gern gefragt, wie er hierhergekommen ist.«

Armin, der aus einer Wunde am linken Oberarm blutete, blickte seinen Bruder an. »Anscheinend hast du deinen Besuch doch nicht vor deinen Römerfreunden geheimgehalten!«

»Doch, das habe ich.«

»Dann hat dein Bote geplaudert, dieser Dalmater!«

Flavus schüttelte heftig den Kopf, und Manis schwaches Licht enthüllte eine frische Schnittwunde unterhalb des fehlenden Auges. Da Flavus seinen Helm nicht trug, ging der Schnitt quer über die ganze linke Wange. Er zeigte über den Fluß, wo Notts Schleier das römische Heer verhüllten. »Wenn ich einem Mann da drüben vertrauen kann, dann ihm.«

»Falls das stimmt, muß der Verräter sich auf dieser Seite der Weser befinden«, schlußfolgerte Armin. »Aber ich bin es ebensowenig wie Thorag.«

»Womit wir bei Inguiomar wären«, sagte der Donarsohn grimmig. »Eine hübsche Gelegenheit für ihn, endlich alleiniger Herzog der Cherusker zu werden. Der Wunsch brennt schon lange in ihm und hat jetzt offenbar seine Ehre verschlungen. Man hätte den toten Armin neben seinem ebenfalls toten Bruder gefunden und vermutet, im Kampf gegen den hinterhältigen Feind hätte

Armin den Bruder mit in den Tod genommen. Ein geschickter Plan, mit dem Inguiomar den Verdacht von sich ablenken wollte.«

»Aber die Meuchler waren Bataver, nicht Inguiomars Krieger«, wandte Flavus ein.

»Das entlastet deinen Oheim nicht«, erwiderte Thorag. »Ich habe heute vor den Edelingen erzählt, daß Chariovalda alles darum geben würde, Armins Kopf aufzuspießen. Hätte Inguiomar einen besseren Verbündeten finden können?«

»Das alles hört sich stimmig an, aber es ersetzt keinen Beweis«, sagte Armin und blickte auf die gefällten Krieger. »Niemand wird glauben, daß die Bataver von Inguiomar ausgesandt wurden.«

»Soll das heißen, du willst Inguiomar ungeschoren davonkommen lassen?« fragte Thorag.

»Ich muß. Ein bloßer Verdacht würde eher mich in schlechtes Licht rücken als meinen Oheim, und das wiederum würde seine Stellung stärken. Außerdem könnte das Aussprechen dieses Verdachts zu einer Spaltung des Cheruskerstamms und unseres ganzen Bündnisses führen. Gerade jetzt, wo Germanicus uns den Todesstoß versetzen will!«

»Vielleicht finden wir einen Verwundeten und bringen ihn zum Reden«, meinte Thorag und untersuchte die gefällten Bataver. Nur in einem steckte ein letzter Lebensfunke, doch der Mann war ohne Bewußtsein und würde es wohl auch nicht wiedererlangen.

Armin wandte sich an seinen Bruder. »In den eigenen Reihen bin ich von Neid und Feindschaft umgeben. Wenn du neben Thorag an meiner Seite stündest, wäre vieles leichter, Isgar. Nicht nur für mich, für den ganzen Cheruskerstamm!«

Der Einäugige erwiderte leise: »Ich hasse den Verrat

und billige nicht, was die Bataver in dieser Nacht getan haben. Aber das ist kein Grund für mich, zum Verräter an meinem Imperator zu werden.«

»Dann möge der Schlachtengott Wodan mit dir sein«, sagte Armin, »aber nicht mit deinem Imperator!«

Schon am kommenden Morgen erhielten die verbündeten Stämme Gelegenheit, von Wodan den Sieg zu erbitten. Die Nebelgeister hatten sich noch nicht vom Flußufer zurückgezogen, da begannen die Römer schon mit dem Bau von Pontonbrücken. Sofort sandte Armin mehrere Hundertschaften aus, die das Unterfangen durch einen Hagel von Pfeilen und Geren stören sollten. Germanicus antwortete mit einem massiven Einsatz seiner Reiterei, deren Mannschaftsstärke höher lag als die sämtlicher Armin zur Verfügung stehender Krieger.

Viele Stammesfürsten hatten bislang gezaudert, ihre Männer zu Armin zu schicken. Sie wollten abwarten, wohin Germanicus sich wandte, und nötigenfalls genügend kampffähige Männer zur Hand haben, um einen Überfall der Römer auf das eigene Gebiet zurückzuschlagen. Jetzt rächte sich, daß Armin noch auf einen Gutteil seiner Streitmacht warten mußte. An mehreren Furten gelang den von Stertinius und dem Primipilaren Aemilius geführten Reitertruppen der Durchbruch. An die zwanzigtausend Feinde besetzten bald das rechte Weserufer und drängten die sich verzweifelt schlagenden Germanen immer weiter zurück.

Thorag befehligte seine Donarsöhne und mehrere Hundertschaften verbündeter Stämme, am Anfang der Schlacht eine berittene Streitmacht von tausend Kriegern. Jetzt, als Sunna sich mehr und mehr dem jenseitigen Ufer zuneigte, hatte er noch etwa siebenhundert kampffähige Männer übrigbehalten, von denen kaum einer ohne Verwundung war. Auch der Donarfürst, der nach alter germanischer Fürstensitte in der vordersten Reihe focht, hatte mehrere Blessuren davongetragen.

Immer wieder hatte er nach Flavus Ausschau gehalten, doch hatte er den einstigen Gefährten nicht wiedergesehen, nachdem dieser gestern abend in einem Einbaum über die Weser gefahren war, zurück zu den Römern.

Nach langem Standhalten hatte Thorag seine zusammengeschmolzenen Hundertschaften aus dem Kampf zurück auf eine bewaldete Anhöhe am Nordhang des langgestreckten Gebirgszugs gezogen, der von der Weser in zwei Hälften geteilt wurde. Ohne diesen Rückzug hätten nur wenige von seinen Männern den Tag überlebt. Kaum waren sie von den Pferden gestiegen, um einen Schluck Wasser zu trinken und etwas auszuruhen, da erscholl unterhalb ihres Lagerplatzes erneuter Kampfeslärm.

Die Geräusche kamen von der Donarpforte, wo die zusammengedrängte Weser sich mit großer Heftigkeit durch die Lücke im Gebirge zwängte. Weil der Fluß an dieser Stelle so reißend war, hatte Armin nur eine Hundertschaft der mit den Cheruskern verbündeten Brukterer dort postiert.

Jetzt flohen die Brukterer im wilden Galopp vor einer zehnfachen Übermacht, die mit solcher Leichtigkeit über den reißenden Fluß setzte, als befände sich dort eine seichte Furt. Thorags Männer, die das alles von ihrer Anhöhe aus entgeistert beobachteten, vermochten nicht zu sagen, wer besser schwimmen konnte: die feindlichen Reiter oder ihre Pferde. Immer mehr Berittene, die um der besseren Beweglichkeit willen ihre Oberkörper entblößt hatten, erstürmten das diesseitige Ufer. Dort sammelten sie sich, um die Brukterer zu verfolgen.

»Bataver!« rief Argast, der neben Thorag auf einem Felsen stand, von dem aus sie jede Einzelheit des unschönen Schauspiels verfolgen konnten. »Das ist Chariovalda mit seiner Streitmacht!«

»Ja, Chariovalda«, murmelte Thorag und dachte an den Hinterhalt der vergangenen Nacht. Bot sich nun die Gelegenheit, den Bataverfürsten selbst zu fragen, wer das nächtliche Treffen verraten hatte?

»Wenn wir uns beeilen, können wir Chariovaldas Männer zurück in den Fluß werfen«, schlug Argast vor. »Soll ich den Befehl zum Aufsitzen geben?«

»Ja, aber wir greifen nicht an.«

Der Kriegerführer starrte seinen Fürsten an wie einen Geist und fragte heiser: »Warum nicht?«

»Wir ziehen uns mit den Brukterern weiter in die Berge zurück und vereinigen uns mit den unberittenen Kriegern, die Armin dort als Reserve aufgestellt hat. Chariovalda wird uns in seinem blinden Haß verfolgen. Wir locken ihn ins Tal der tausend Schreie, und dort haben wir ihn sicher!«

Ein grimmiges Lächeln, bei dem Argast seine spitzen Raubtierzähne bleckte, legte sich auf das Fuchsgesicht des Kriegerführers. Er war mit Thorags Plan mehr als einverstanden. Das Tal der tausend Schreie verdankte seinen Namen den Bergwäldern, die es von fast allen Seiten umgaben und die alle lauten Geräusche seltsam verzerrt zurückwarfen, so daß es sich wie ein vielfaches Geschrei anhörte. Die ortsunkundigen Bataver wußten nicht, daß es nur einen Zugang in das Tal gab. Versperrte man den, saßen sie in der Falle.

Eilig lief Argast zu dem Hornisten und übermittelte ihm Thorags Befehl. Der kräftige Donarsohn, der auf den Namen Hilger hörte, stieß dreimal kurz in sein langes Urhorn: das Zeichen zum Aufsitzen. Sobald die Hundertschaften auf den Pferden saßen und sich gesammelt hatten, ertönte erneut das Horn, jetzt einmal lang und zweimal kurz: Rückzug!

Unterwegs nahm Thorag die Brukterer in seinen Verband auf und erläuterte ihrem Anführer in knappen Worten sein Vorhaben. Schon zuvor hatte er Boten ausgesandt, um die unberittenen Krieger am Wiehen, wie der Gebirgszug genannt wurde, zu sammeln. Wie von Thorag angenommen, setzten die Bataver seinen fliehenden Reitern in wildem Eifer nach.

Thorags Reiterei stürmte geradewegs auf den schmalen Eingang zum Tal der tausend Schreie zu. Kurz vor dem Tal sandte er Argast mit drei Hundertschaften der Donarsöhne aus, sich zu beiden Seiten des Einlasses in den Wäldern zu verbergen. Mit den übrigen Kriegern ritt der Donarfürst ins Tal und besetzte dort die Anhöhen. Aus mehreren Richtungen kamen auch schon die unberittenen Krieger heran. Thorags Boten übermittelten ihnen, wo sie in Stellung gehen sollten.

Chariovalda führte seine Krieger in die Falle, die der Bataverfürst erst erkannte, als Argast mit seinen Mannen den Einlaß versperrte. Wieder ließ Thorag ein Hornsignal erschallen: einmal kurz, zweimal lang, einmal kurz – Angriff!

Pferdegewieher, Hufgetrappeln und Waffenklirren, dazu die Hornsignale und das Kriegsgeschrei der Donarsöhne: »Donar! Donar! Donar!«

All das wurde von den ringsum aufragenden Waldungen zu einem ohrenbetäubenden Getöse verfremdet und ins Tal zurückgeworfen. Ein Bataver nach dem anderen fiel unter den Hieben der Angreifer, und mancher Sterbende hörte vielleicht als letztes seinen eigenen verzerrten Schrei.

Vergebens versuchten die Bataver, eine Verteidigungsstellung in Form eines mit eilends zusammengesuchten Baumstämmen halbwegs befestigten Kreises aufzubauen. Immer wieder durchbrachen Thorags Angriffskeile, teils beritten und teils zu Fuß kämpfend, die feindlichen Reihen und trieben die Bataver in ungeordneter Flucht auseinander.

Der Donarsohn erspähte Chariovalda, der auf einem großen Grauschimmel saß und seinen Kriegern verzweifelte Befehle zurief. Offenbar hielt er sie dazu an, die feindlichen Reihen in einer geschlossenen Formation zu durchbrechen, um sich so den Weg zum einzigen Durchlaß zwischen den bewaldeten Höhen freizukämpfen. Thorag scharte eine berittene Hundertschaft um sich und sprengte geradewegs auf den Bataverfürsten zu, in dessen unmittelbarer Nähe er auch Eggo erblickt hatte.

Auch wenn Chariovalda sein Feind und sehr kurzsichtig in Thorags Falle getappt war, mußte der Donarsohn ihn wegen seines unbeugsamen Mutes bewundern. Der Bataverfürst ritt und focht mit nie erlahmender Kraft. Bei Donar, warum nur mußten Germanen immer wieder gegen Germanen kämpfen? Was hätten Thorag und Armin alles erreichen können, wäre ihr Volk geeint und kein Opfer der elenden Zwietracht gewesen!

Chariovalda und Eggo führten den Ausbruchsversuch an und hatten Argasts Sperrtrupp schon ein gutes Stück zurückgedrängt, als Thorag mit seiner Hundertschaft, die nur noch höchstens siebzig Köpfe zählte, den Kampfplatz erreichte. Der Donarfürst und seine Krieger fielen den Batavern in die rechte Flanke, brachten Verwirrung in ihren Angriffskeil und nahmen dem feindlichen Gegenangriff den Schwung.

Der Bataverfürst bemerkte den Fürst der Donarsippe und riß, das narbige Wolfsgesicht zu einer wütenden Fratze verzerrt, seinen Grauschimmel herum. Gefolgt von Eggo und einigen anderen Batavern, galoppierte er Thorag entgegen.

Dieser wollte seinen Männern noch zurufen, sie sollten Chariovalda und Eggo nach Möglichkeit lebend überwältigen, aber es war schon zu spät. Von mehreren Geren und Schwerthieben getroffen, brach Chariovalda zu Thorag durch und sprengte im schnellen Galopp auf ihn zu. Er wollte den Blutsbruder des verhaßten Armin einfach über den Haufen reiten.

Thorag warf seinen letzten Ger und durchbohrte die Brust des Grauschimmels. Das Tier stolperte, knickte ein und schleuderte seinen Reiter nur wenige Schritte von Thorag entfernt zu Boden. Der Donarsohn sprang aus dem Sattel, zog sein Schwert und trat vorsichtig auf den Gestürzten zu.

Chariovalda regte sich nicht. Beim Nähertreten bemerkte Thorag den unnatürlich verrenkten Hals des Bataverfürsten. Er hatte sich das Genick gebrochen. Aber selbst im Tod blickten seine Augen haßerfüllt.

Einigen wenigen Batavern war der Ausbruch aus dem Talkessel gelungen. Sie schlossen sich den Truppen von Stertinius und Aemilius an, die das Schlachtfeld siegreich behaupteten.

Der Abend dieses Schlachtentages sah die Cherusker als Verlierer. Armin hatte es mit seinen zahlenmäßig unterlegenen Kräften nicht geschafft, die Bildung eines römischen Brückenkopfes am rechten Weserufer zu verhindern.

Und Thorag war es nicht gelungen, den Verräter zu entlarven. Der vermutlich einzige, der außer Chariovalda den Namen des Verräters kannte, war Eggo – und der lag mit durchschnittener Kehle in der Nähe seines Fürsten.

Thorag konnte keine rechte Freude darüber empfinden, die batavische Reiterei vernichtet zu haben. Angesichts der großen eigenen Verluste fühlte er sich nicht wie der Sieger dieses Kampfes. Das Hornsignal zum Rückzug, das auf seinen Befehl durch das Tal der tausend Schreie wehte, klang in seinen Ohren wie ein Klagelied.

Kapitel 8
Gaviana

»Ja, schlag zu, triff den Gegner dort, wo es weh tut! Er darf keine Zeit zur Besinnung finden, darf nicht dazu kommen, deine Schläge abzuwehren oder gar einen Gegenangriff zu unternehmen. Gut, gut so, schlag ihm den Schädel ein!«

Und Thorag schlug zu.

Er schwitzte, er keuchte, war noch immer ein wenig geschwächt von der langen Fieberkrankheit, doch unermüdlich schwang er das Schwert gegen Rumpf und Kopf des Gegners. Für ihn nahm das gesichtslose Haupt die Züge eines Batavers an, verwandelte sich in das narbige Antlitz Chariovaldas.

Immer schneller wurde der Rhythmus des dumpfen Klatschens, mit dem das Schwert auf die Lederhaut traf. Thorag genoß es, den Bataverfürsten noch einmal sterben zu lassen, stellvertretend für alle Germanen, die ihre Heimat und ihr Volk an Rom verraten hatten: Segestes, Marbod, Gerolf und auch Isgar – Flavus.

Der Holzpfahl, das Rückgrat seines Gegners, begann unter Thorags wütendem Angriff zu schwanken, obgleich der Pfosten beindick war und man ihn fest ins Erdreich des Übungsplatzes gerammt hatte. Für den Donarsohn war es Chariovalda, der wankte, der verzweifelt ums Überleben kämpfte.

Was Thorag im Tal der tausend Schreie nicht vergönnt gewesen war, wollte er jetzt nachholen: Der Römling Chariovalda sollte es nicht so einfach haben, sich das Genick zu brechen. Thorag wollte ihn unter seinen Schwerthieben zusammenbrechen sehen. Er wollte erleben, wie der Bataver vor ihm auf die Knie ging, wie er

117

Thorag vielleicht um Gnade anflehte. Zumindest aber wollte er in den Augen des Sterbenden die Erkenntnis lesen, daß er sein Leben für die falsche Sache geopfert hatte.

»Beim Zeus, Germane, du bist ja ein wahrer Berserker! So nennt man doch wohl die Wüteriche deines Volkes, die ohne Ermüdung und Schmerzen in den Kampf ziehen. Ich habe schon einige Germanen in der Arena fechten sehen, aber keiner war von solcher Wut und solchem Kampfgeist erfüllt. Fast möchte ich es Haß nennen ...«

Thorag hörte nicht länger auf das Geplapper des Griechen. Es ging unter im schnellen Klatschen der Schwertstreiche. Hieb auf Hieb. Und immer wieder auf den Kopf, der längst zerschunden sein mußte und doch von keinem einzigen Blutstropfen gezeichnet war.

Auf einmal nahm der Donarsohn ein kurzes Ratschen wahr. Der Kopf platzte von oben nach unten auf. Erst bildete sich ein Loch auf der Stirn, dann ging ein Riß mitten durch die Nase bis zum Kinn.

Blut spritzte ihm entgegen, in feinen Körnern.

Nein, kein Blut. Es war Sand.

Bei dieser Erkenntnis verwandelte Thorags Wut sich in Enttäuschung. Er konnte keinen Mann töten, der längst tot war, konnte keine Rache nehmen.

Die Bitterkeit über die mißlungene Rache entfachte neue Wut, und Thorag hieb wieder auf den ledernen Schädel ein, bis die Haut nur noch aus schlaff herabhängenden Lederfetzen bestand und die Füllung aus feinem Sand einen kleinen Haufen rund um den Holzpfahl der Übungspuppe bildete. Der Gegner erschien Thorag auf einmal so kümmerlich wie sein eigenes Gebaren, und er ließ das schwere Holzschwert einfach zu Boden fallen.

Die Waffe erinnerte ihn an die Harier, an die Schattenkrieger Katualdas, der sich auch als Verräter entpuppt hatte. Als ein Mann, der ein Dasein als Römling wählte, um sich die Macht über das Markomannenreich zu sichern. Er hatte sich mit Rom verbündet, während Thorag noch an seine Treue geglaubt und an seiner Seite gegen Marbod gekämpft hatte. Aber mochte seine Gesinnung auch verwerflich sein, der Mut und die Gefährlichkeit seiner Schattenkrieger waren unbestritten. Sie kämpften mit hölzernen Waffen, die kein unliebsames Klirren beim Annähern an den Gegner verursachten. Lautlos wie Schatten griffen sie an.

Im Vergleich zu den tödlichen messerscharfen Holzwaffen der Harier war Thorags Übungsschwert plump, im richtigen Kampf kaum zu gebrauchen. Und seine Raserei, mochte sie den Griechen auch beeindruckt haben, wäre in einem Kampf auf Leben und Tod kein Zeichen von Klugheit gewesen. Jeder römische Rekrut lernte, nicht blindlings auf den Feind einzuschlagen, sondern ihn mit gezielten kurzen Stößen in den Leib zu treffen, der ein größeres und sichereres Ziel als der Kopf war. ›Stoßen, nicht schlagen!‹ brachten die römischen Ausbilder den angehenden Legionären bei.

Thorag war mit Demetrius in die Palästra gegangen, um seinen vom Fieber geschwächten Körper zu ertüchtigen. Gestern, nach dem üppigen Frühmahl, das er mit Apicius und Gaviana eingenommen hatte, war er mit beiden über das ausgedehnte Anwesen geschlendert. Voller Besitzerstolz hatte der Römer ihm alles gezeigt, und Thorag hatte sich jede Kleinigkeit zu merken versucht. Im tiefsten Feindesland war genaue Ortskenntnis ebenso wichtig wie ein scharfes Schwert. Am Nachmittag hatte Thorag einen weiteren Spaziergang unternommen, diesmal begleitet von Demetrius. Und heute hatte der Grieche ihn nach dem Frühstück zu anspruchsvolleren körperlichen Ertüchtigungen abgeholt, die den Germanen auf seine Aufgabe vorbereiten sollten, die Sumpfschlangen zu jagen: Waffenübungen.

War es noch Fieberwahn, daß er dabei so in Raserei geriet? Die Träume, die ihn heimsuchten, so wie letzte Nacht der vom Kampf im Tal der tausend Schreie, waren so echt, als durchlebe er die Vergangenheit noch einmal. Auch das mochte eine Auswirkung des Viperngifts sein, doch er glaubte es nicht. Es war wie früher, als die Götter dem Abkömmling Donars durch die Träume Botschaften sandten. Jetzt aber waren es Botschaften, deren Sinn ihm verschlossen blieb.

»Du siehst reichlich erschöpft aus, Hruodmar. Ich hoffe, du hast dir nicht zuviel zugemutet. Möchtest du in dein Cubiculum gehen und dich etwas ausruhen?«

Der Gedanke an das kühle Zimmer mit dem bequemen, längst wieder instand gesetzten Bett war verführerisch. Thorag war schweißüberströmt und hätte seine Tunika auswringen können. Keine Wolke stand am Himmel, Sunna brannte gnadenlos auf den Übungsplatz herab. Als er mit dem Handrücken über sein nasses Gesicht wischte, kratzten unzählige kleine Körner über seine Haut. Der Sand, der aus dem aufgeplatzten Ledersack gespritzt war, klebte in seinem Schweiß wie der Schweiß an ihm.

»Vielleicht hat Fabius Crispus, als er dich gestern nachmittag untersuchte, deinen Zustand und damit auch seine Heilkünste überschätzt«, fuhr Demetrius fort. »Die Quacksalber neigen zuweilen dazu.«

Thorag sah den ruhigen, sachlichen Arzt vor seinem geistigen Auge und konnte sich nicht vorstellen, daß Marcus Gavius Apicius einen Quacksalber bezahlte. »Ertüchtige deinen Körper, Hruodmar«, hatte Crispus ihm geraten. »Erst wird du glauben, daß es dich umbringt, aber wenn du gut ißt, und das wirst du als Gast von Gavius Apicius zweifellos, wirst du schneller wieder bei Kräften sein, als in Rom der nächste Feiertag ausgerufen wird.«

Thorag wandte sich um und musterte den griechischen Sklaven, der ihn aus zusammengekniffenen Augen ansah. Blinzelte Demetrius gegen die Sonne, oder hatte der Donarsohn ihn bei einer wichtigen, Thorag betreffenden Überlegung gestört? Aus irgendeinem nicht näher bestimmbaren Grund war der kleine Grieche ihm nicht geheuer. Auch wenn er sich mit geradezu vorbildlicher Fürsorge um den Cherusker kümmerte, Thorag konnte sich des Eindrucks nicht erwehren, daß der andere hinter der leicht wulstigen Stirn Gedanken wälzte, die nichts mit den Pflichten eines Sklaven zu tun hatten.

»Möchtest du etwas ausruhen, Herr?« brachte Demetrius seine Frage in Erinnerung.

»Nein«, seufzte Thorag und dachte daran, weshalb er nach Ravenna gekommen war. Dadurch, daß er in seinem Cubiculum lag und sich von der Dienerschaft des Apicius verwöhnen ließ, kam er Auja, Thusnelda und Thumelikar nicht näher. »Ein kühles Bad wird meine Lebensgeister wecken und mich von Schweiß und Schmutz befreien.«

Sie gingen durch den Säulengang, der die Palästra umschloß, ins Innere des imposanten Thermenkomplexes, der zum Anwesen des Apicius gehörte, aber einer kleinen Stadt zur Ehre gereicht hätte. In einem engen Raum mit zwei Sitzbänken und einer Wandnische für Ölfläschchen und Werkzeuge sagte Demetrius, indem er zum Schabeisen griff: »Leg deine Kleider ab, Herr. Ich werde dich vom gröbsten Schmutz befreien, bevor du ins Bad steigst.«

»Das brauchst du nicht, Demetrius«, sagte eine helle Stimme vom Eingang her. »Ich werde mich um unseren Gast kümmern. Du bist für den Rest des Vormittags entlassen.«

Gaviana betrat das Apodyterium. Sie trug kaum Schmuck und hatte weder mit ihrer Frisur noch mit ihrer Kleidung großen Aufwand betrieben, und doch empfand Thorag ihren Anblick als überaus reizvoll. Vielleicht weil sie darauf verzichtete, ihre natürliche Schönheit durch Schminke, Flitterkram und fremde Haarteile noch verbessern zu wollen, überlegte er, während sein Blick langsam über ihre grazile Gestalt glitt.

Ihr einziger Schmuck war ein mit blauen Perlen besetztes Silberdiadem, das ihr Haar aus dem Gesicht hielt. An den Seiten und hinten fielen die blonden Locken ungehindert nach unten. Sie umspielten Gavianas Gesicht bei jeder Kopfbewegung wie ein sanftes Streicheln. Ihre blaue Tunika war farblich auf die Perlen des Diadems abgestimmt und ließ die Schultern weitgehend frei. Das helle Haar bildete einen reizvollen Kontrast zur bronzenen Haut. Die Tunika reichte nicht ganz bis zu den Knien. Die Füße steckten in einfachen Sandalen. Sie war mehr wie ein Mädchen gekleidet als wie eine Frau, und doch ging eine sinnliche, verführerische Ausstrahlung von ihr aus.

»Gavius Apicius, mein Herr, hat mich beauftragt, mich um den Gast zu kümmern«, wandte Demetrius ein.

»Ist dein Herr nicht mein Vater?« fragte Gaviana spitz.

»Doch, aber …«

»Also bin ich deine Herrin, nicht wahr?«

»J-ja, das bist du.«

»Gut, dann befolge meinen Befehl und laß uns allein! Oder glaubst du unseren Gast bei mir in schlechten Händen?«

»Nein, Herrin, natürlich nicht.«

Zögernd legte Demetrius das Schabeisen zurück in die Wandnische. Als er an Gaviana vorbeiging, hielt er kurz an und öffnete den Mund. Er überlegte es sich anders und verließ wortlos das Apodyterium.

Gaviana lächelte Thorag an. »Dieser Demetrius ist ein recht hilfreicher Kerl, aber zuweilen ein wenig lästig. Gut, daß wir ihn los sind. So, jetzt zieh dich aus!«

»Aber …«

»Muß ich heute nur Widerworte hören?« Sie sprach mit nur gespielter Strenge; die leicht nach oben gezogenen Mundwinkel verrieten ihre innere Belustigung. »Wollte Demetrius dich nicht gerade vom Schmutz befreien? Na also, dann werde ich damit fortfahren. Oder hast du etwas dagegen, daß ich mich bei meinem Retter erkenntlich zeige?«

Sie schien nicht mit sich reden zu lassen, also legte Thorag, eine unverständliche Antwort brummelnd, seine Tunika und die leichten Sandalen ab. Er konnte nur hoffen, daß Apicius seine Tochter und ihn nicht in dieser verfänglichen Situation überraschte.

»Du bist noch nicht fertig, Hruodmar.« Gaviana wies auf seinen Taillenschurz. »Oder wascht ihr Germanen euch halb angezogen?«

Als er auch noch seinen Schurz abgelegt hatte und völlig nackt vor ihr stand, gab sie sich keine Mühe, ihre bewundernden Blicke zu verbergen. Endlich wandte sie sich ab und griff nach einem Ölfläschchen.

»Dieser brutale Grieche wollte dir den Schmutz einfach so von der Haut kratzen. Auf diese rohe Art mag er vielleicht seine Gladiatoren behandelt haben, aber doch nicht dich, Hruodmar. Ich reibe dich vorher mit Öl ein, das den Schmutz bindet und leicht zu entfernen ist.«

Und schon glitten ihre Hände über seinen Körper,

spürte er ihren heißen Atem und das angenehme Kitzeln ihrer Locken auf seiner Haut. Gerade begann er, sich zu entspannen und die ungewöhnliche Behandlung durch die junge Römerin zu genießen, da verlangsamten sich die kreisenden Bewegungen ihrer flinken, geschmeidigen Hände, und Gaviana betrachtete aus der Nähe die unzähligen Narben, die Thorags Brust und Rücken bedeckten.

Leise, in einer Mischung aus Bewunderung und entsetztem Schaudern, sagte sie: »Du mußt viele Kämpfe geführt und viele Schmerzen erlitten haben, Germane.«

»Schmerzen gehören zum Kampf, und nur der Sieger kann seine Schmerzen genießen.«

»Das hört sich an, als seist du auf jede einzelne Narbe stolz.«

»Nicht auf die Narben, aber darauf, sie überlebt zu haben. Leider lohnt nicht jeder Kampf den Schmerz, doch das stellt man erst hinterher fest, wenn ein greifbares Ziel sich als Trugbild und ein scheinbarer Waffengefährte sich als hinterhältiger Verräter erweist.«

»Du scheinst nicht nur gegen wilde Tiere gekämpft zu haben.«

»Nein, auch gegen Sumpfschlangen.« Thorag grinste breit. »Aber ich glaube, wilde Tiere sind mir lieber.«

»Mir auch.«

Gaviana fuhr mit dem Einreiben fort und gab acht, nur keine Stelle seines Körpers zu vergessen. Er mußte sich zusammenreißen, um bei ihren sanften, verführerischen Berührungen nicht in wohlige Schauer auszubrechen. Vielleicht legte sie es genau darauf an, aber sowohl der Gedanke an Auja als auch der an Apicius halfen ihm, in der Römerin mehr die Betreuerin als die Verführerin zu sehen. Schon einmal hatte er Auja hintergangen, und es hatte zu nichts Gutem geführt.

Gavianas Beharrlichkeit machte es ihm nicht leicht, standhaft zu sein. Mehrmals kam ihr Leib dem seinen so nahe, daß er durch den dünnen Stoff ihrer Tunika die kleinen, festen Brüste spürte. Daß sie im Gegensatz zu vielen anderen Römerinnen kein Busenband trug, überraschte ihn nicht. Bei ihrer jugendlich festen Figur hatte sie es nicht nötig.

Fast war Thorag erleichtert, als sie endlich nach dem Schabeisen griff. Das kühle Metall auf seiner Haut half ihm, seine Gedanken auf etwas anderes zu richten als auf die verführerische Römerin. Er versuchte sich vorzustellen, wie es am besten anzufangen war, sich zum einen der Jagd auf die Sumpfschlangen zu widmen und zum anderen seine eigentliche Aufgabe zu erfüllen. Er kam zu keinem befriedigenden Ergebnis: Gaviana lenkte ihn zu sehr ab, als sie ihn zum Abschluß ihrer Behandlung am ganzen Körper mit einem dicken, weichen Wolltuch abrieb.

»Und jetzt ab ins Bad!« kommandierte sie und blieb auf dem Weg zum Frigidarium an seiner Seite.

Bewundernd glitt sein Blick über die stuckverzierten Wände, die marmorgetäfelte Decke und die den Weg säumenden Statuen von Satyrn und Mänaden. »Ein prächtiges Bauwerk, die Thermen deines Vaters, aber es wirkt wie ausgestorben.«

»Um diese Zeit wird üblicherweise gearbeitet, nicht gebadet. Außerdem habe ich alle Sklaven fortgeschickt, damit du dich in Ruhe erholen kannst.«

Im Frigidarium sprang er rasch in das große Becken, um seinen nackten Leib vor Gaviana zu verbergen. Er tauchte ganz unter. Im ersten Augenblick stach das kalte Wasser wie tausend kleine Nadeln, aber schnell gewöhnte er sich daran und genoß das belebende Gefühl. Mit kraftvollen Stößen durchschwamm er das Becken.

Als er sich umdrehte, tauchte gerade die nackte Römerin ins Wasser ein. Ihre Tunika, ihre Sandalen und das Diadem lagen, wie achtlos hingeworfen, am Beckenrand. Sie erwies sich als eine gute Schwimmerin und war in kurzer Zeit bei ihm, wo sie sich jauchzend auf die Zehenspitzen stellte und ihm einen Kuß auf den Mund drückte.

»Es ist schön, hier mit dir ungestört zu sein, Hruodmar. Auch wenn mein Vater reich ist und mir jeder nur erdenkliche Luxus zur Verfügung steht, sind mir nicht nur Freuden vergönnt. Du ahnst gar nicht, was für einen Lichtblick du darstellst!«

Wieder küßte sie ihn, während ihre Hände an seiner Brust hinabglitten, an seinem Bauch und dann, sanft und zugleich zielbewußt, zwischen seine Beine griffen. Seine Vorsätze mochten noch so fest sein, gegen die natürliche Reaktion eines Mannes kamen sie nicht an. Als Gaviana spürte, wie sein Fleisch in ihren Händen wuchs, begann sie, es kräftig zu reiben.

Er stieß sie von sich fort, stärker, als er es gewollt hatte. Sie fiel rücklings ins Wasser und tauchte für einige Augenblicke unter. Prustend erhob sie sich aus dem Naß und strich die Haarsträhnen, die ihr Gesicht verklebten, nach hinten.

»Was soll das?« Sie fauchte wie ein Wildkatze und klang zugleich verletzt. »Magst du mich nicht?«

»Ich darf dich nicht mögen, Gaviana. Du bist die Tochter meines Gastgebers und außerdem noch ein ...«

»Ein Kind?« Sie trat einen Schritt auf ihn zu und reckte ihm ihre spitzen Brüste entgegen, auf denen das Wasser perlte. »Sind sie dir zu klein? Magst du sie nur groß und fleischig wie Melonen?«

»Darum geht es nicht.«

»Worum dann?«

»Das weißt du genau. Wenn dein Vater uns hier

sieht, schickt er mich nicht auf die Jagd nach den Sumpfschlangen, sondern mit ihnen zusammen in die Arena.«

»Hast du etwa Angst vor ihm?« Eine Spur von Enttäuschung zeichnete ihr Gesicht. »Ich dachte, du wärst ein Mann, ein Krieger!«

»Ich habe dir eben gesagt, daß ich den Schmerz nicht fürchte, aber den unsinnigen Kampf verabscheue.«

»Ist es unsinnig, für mich zu kämpfen?«

»Nein. Aber was du dir vorstellst, ist unsinnig. Auch wenn dein Vater mich jetzt als Gast behandelt, sei es aus Dankbarkeit oder weil er meine Dienste bei der Jagd auf die Sumpfschlangen benötigt, niemals sähe er mich als gleichgestellt an. Ich will nichts Schlechtes über Gavius Apicius sagen, aber im Grunde ihres Herzens sehen alle Römer in uns Germanen nur wilde Barbaren, kaum besser als Tiere, falls überhaupt.«

»Ich nicht! Ich würde dich achten, als Mann und als Mensch. Und ich würde mit dir gehen, bis in die Urwälder deiner Heimat!«

Thorag hob die Hände aus dem Wasser und machte eine umfassende Handbewegung. »Beim ersten Herbststurm, der die Bäume entwurzelt und den Regen bis in die Häuser treibt, würdest du all das hier schmerzlich vermissen.«

»Schmerzlich?« fragte sie mit einem seltsamen Unterton und drehte sich langsam um, bis sie mit dem Rücken zu ihm stand. »Schmerzlicher als das hier?«

Thorag erschrak beim Anblick ihres nackten Rückens. Frische, kaum verheilte schwarzrote Striemen durchzogen die glatte Haut und kreuzten sich mit den Narben älterer Mißhandlungen. Ein kräftiger Mann hätte nach einer solchen Auspeitschung erhebliche Schmerzen empfunden. Wie mußte da ein Mädchen leiden!

»Wer war das?« fragte er mit trockener Stimme, obschon er die Antwort vorausahnte.

Gaviana drehte sich langsam wieder zu ihm um. »Mein mich liebender Vater hat mich dafür bestraft, daß ich allein in den Sumpf geritten bin. Er hat seinem Glück, mich lebend zurückzuerhalten, mit der Scutica Ausdruck verliehen.«

Die Scutica! Auch Thorag hatte den scharfen Biß dieser mit Pergament- oder Lederstreifen bestückten Peitsche schon gespürt, damals in der Ubierstadt, als Sejanus ihn zu Tode quälen wollte. Er sah sich wieder in jener düsteren Folterkammer und stellte sich vor, wie Gaviana sich statt seiner unter Schmerzen krümmte.

Wut auf Apicius stieg in ihm auf. Hatte Thorag die Römerin vor den Sumpfschlangen gerettet, nur damit sie daheim vom Vater mißhandelt wurde? Vielleicht war es ungerecht, so zu denken. Immerhin hatte Gaviana sich in Gefahr gebracht und ihrem Vater einen gehörigen Schrecken eingejagt. Aber in diesem Augenblick war der Haß, der sich von Sejanus auf Apicius übertrug, stärker als jede Vernunft.

Zu dem Haß gesellte sich Mitgefühl für Gaviana. Er trat auf sie zu, legte die Arme um sie, zog sie an sich und streichelte sie, ganz sanft, damit seine Berührungen ihre kaum vernarbten Wunden nicht mit neuem Schmerz erfüllten.

Sie klammerte sich an ihn wie eine Ertrinkende an ihren Retter und verkrallte ihre Finger in seinem Rücken, als wolle sie ihn nie mehr loslassen. Sie küßte ihn und streichelte ihn. Ihre Berührungen ließen ihn erschauern. Jede Selbstbeherrschung fiel von ihm ab. So lange hatte er keine Frau mehr geliebt, hatte er keine Leidenschaft mehr gespürt!

Er schwenkte sie herum und drückte sie gegen den

Beckenrand, während sie die Beine um ihn schlang und in seinem Rücken verschränkte. Ihre Körper verschmolzen miteinander. Halb im Wasser stehend, drang Thorag in sie ein.

Gaviana war eng, sehr eng sogar. Und als sich ihr Gesicht vor Schmerz verzerrte, wußte er, daß es für sie das erste Mal war. Er hielt in seinen rhythmischen Stößen inne. Für wenige Herzschläge gewann der Verstand die Oberhand über das Verlangen, und Thorag überlegte, ob er sich aus der Römerin zurückziehen sollte.

»Mach weiter!« keuchte sie in sein Ohr. »Bitte, Hruodmar, mach weiter!«

»Deine Schmerzen …«

»Diesen Schmerz nehme ich gern in Kauf für die Lust, die du mir bereitest.«

Sie stieß ihre Zunge tief in seinen Mund und rieb ihren Leib an seinem. Wenn es wirklich ihr erstes Mal war, dann mußte ihr das Wissen, wie man einen Mann erregte, angeboren sein. Thorag spürte heiße Wellen seinen Leib durchfluten, die das kalte Wasser des Frigidariums vergessen machten.

Er gab den letzten Rest Zurückhaltung auf und stieß erneut zu, schneller und fester als zuvor. In diesen Augenblicken kannte er nur ein Ziel, nur ein Verlangen: Er wollte sein Fleisch so weit wie möglich in ihres bohren, so tief, so fest, daß beider Leiber auf ewig miteinander verbunden sein würden.

Plötzlich war der Widerstand durchbrochen. Er spürte, wie Gaviana sich in seinen Armen versteifte. Sie riß den Mund weit auf wie zu einem gellenden Schrei, doch statt dessen kam ein langes, befriedigtes Stöhnen über ihre Lippen. Es klang in Thorags Ohren wie ein Laut der Erlösung. Das Wissen, Gaviana zum Höhepunkt gebracht zu haben, steigerte seine Erregung noch. Kurz nach der Römerin erstarrte auch er am ganzen Leib, und er ergoß sich in den engen, heißen, feuchten Schoß.

Als Thorag sich von Gaviana lösen wollte, hielt sie ihn fest, fast ängstlich, und flehte: »Nein, nicht, mein Liebster. Bitte, laß es uns noch einmal genießen! Bitte!«

Den zweiten Höhepunkt erreichten sie gemeinsam. Danach blieben sie noch lange eng beisammen, als fürchteten sie, einmal getrennt, nie wieder eine solche Nähe, eine solche Gemeinsamkeit zu genießen und nie wieder ihre Lust teilen zu können.

Als sich ihre Leiber schließlich doch voneinander lösten, bemerkte Thorag einen Anflug von Trauer in Gavianas Augen, und auch er hatte das Gefühl, etwas Wertvolles unwiderbringlich verloren zu haben. Vielleicht war es einfach nur das Wissen, daß es trotz der gemeinsam erlebten Lust nicht mehr an Gemeinsamkeit für sie beide gab – nicht geben durfte.

Die Erhitzung ihrer Leiber kühlte ab, und das kalte Wasser des Frigidariums begann, unangenehm zu werden. Thorag hob den leichten Körper der Römerin aus dem Becken, stützte die Hände auf die Fliesen am Beckenrand und wollte sich selbst ins Trockene ziehen.

Im selben Augenblick hörte er schnelle Schritte und ein lautes Schnaufen, sah er einen Schatten von rechts kommen. Ein beschuhter Fuß traf ihn hart an der Stirn.

Vor seinen Augen wurde es schwarz. Er verlor den Halt und fiel ins Wasser, das über ihm zusammenschlug.

Kapitel 9
Ariston

Vielleicht hätte der unvermittelte, feste Tritt gegen den Kopf Thorag für längere Zeit das Bewußtsein verlieren lassen. Doch das kalte Wasser ließ ihn schnell wieder zu sich kommen. Er schoß aus dem Naß hervor und blickte sich, da er die Orientierung verloren hatte, hastig nach allen Seiten um.

Dort war der Beckenrand, an dem die nackte Gaviana kauerte und furchtsam zum ihm herübersah. Neben ihr stand ein Ungetüm von Mann und richtete seine unter dichten schwarzen Brauen liegenden Augen ebenfalls auf Thorag. Der Cherusker las in dem Blick nichts als blanken Zorn.

Die über der wulstigen Nase zusammengewachsenen Brauen schienen die einzigen Haare am Körper des Unbekannten zu sein. Obwohl der Riese, er war knapp einen Kopf größer als der hünenhafte Cherusker, gewiß nicht älter war als Thorag, war sein Schädel vollkommen kahl.

Der Fremde war nicht nur größer als er, sondern auch um einiges massiger. Und diese Masse bestand aus Muskeln, nicht aus Fett, wie die kräftigen Arme mit den geballten Fäusten verrieten, die unter den eine Handbreit über den Ellbogen endenden Ärmeln der goldbestickten, roten Tunika hervorlugten. Da der Riese kein langes Übergewand trug, waren auch die kräftigen Beine deutlich zu sehen, eines so dick wie beide Beine eines normalen Mannes.

Das Gesicht des Unbekannten verstärkte den abstoßenden, brutalen Eindruck. Von etlichen Narben gezeichnete, fleischige Züge, denen wenig Menschliches anhaftete. Wie ein Raubtier, dem die Götter aus einer unverständlichen Laune heraus das Antlitz eines Menschen verliehen hatten.

Der Riese stand abwartend am Beckenrand. Worauf er wartete, wußte Thorag: auf ihn. Sobald der Donarsohn versuchte, aus dem Wasser zu steigen, würde er wiederum schmerzhaft den Fuß oder vielleicht die Faust des Kahlköpfigen fühlen. Den Grund kannte Thorag nicht, aber die gewalttätige Absicht stand überdeutlich in den rohen Gesichtszügen geschrieben.

Gewandt wie ein Fisch drehte Thorag sich im Wasser und strebte mit schnellen, kräftigen Schwimmzügen dem entgegengesetzten Beckenrand zu, wo Gavianas Sachen lagen. Dort wollte er aus dem Becken steigen, um sich dem Gegner zu stellen.

Als er den großen Schatten über sich wahrnahm, wurde ihm klar, daß er die falsche Taktik gewählt hatte. Der Riese war ihm am Becken entlang im Laufschritt gefolgt und hatte sich mit einem Hechtsprung auf ihn geworfen. Als Thorag das erkannte und wegzutauchen versuchte, war es längst zu spät.

Er hatte das Gefühl, ein Felsblock stürze auf seinen Rücken und zertrümmere sein Rückgrat. Sein ganzer Leib war von einem Augenblick zum nächsten von brennendem, stechendem Schmerz erfüllt.

Das Gewicht drückte ihn unter Wasser, und das Naß drang in seine Lungen ein. Die mächtigen Hände des anderen wollten ihn umklammern, um ihn unter Wasser zu halten, vermutlich bis Thorag ertrunken war. Wenn der Donarsohn etwas unternehmen wollte, dann sofort.

Von diesem Gedanken ergriffen, sammelte er alle Kräfte und rammte beide Ellbogen in den Leib des Angreifers. Dessen Griff löste sich, und der Riese kippte zur Seite.

Thorag war frei!

Er stieß nach oben, spuckte das geschluckte Wasser aus und schnappte gierig nach Luft. Der Kahlköpfige hatte sich von Schmerz und Überraschung erholt. Er drehte sich im Wasser, um erneut auf Thorag zuzuhalten.

Der Cherusker fühlte sich noch zu geschwächt von dem Aufprall und floh zum Beckenrand, wo er sich hochstemmte und auf die Fliesen aus grünem Marmor rollte.

Auf dem Rücken liegend, sah er den Kahlkopf über den Rand auftauchen. Thorags rechter Fuß schnellte vor und trat mitten in das häßliche Gesicht. Blut spritzte. Der Getroffene stöhnte auf und fiel zurück ins Wasser.

Thorag wollte aufstehen und hatte sich kaum erhoben, als ihn erneut der unsägliche Schmerz übermannte. Seine Beine waren weich wie geschmolzener Käse, und kraftlos fiel er auf die harten Fliesen.

Mit einem lauten Klatschen wuchtete der Riese sich an Land. Seine Nase schien gebrochen und war nach links gebogen. Blut schoß aus ihr hervor.

Als der Fremde zornig auf Thorag zukam, floh der Cherusker auf allen vieren. Sein Ziel war der von Säulen gesäumte Gang, der zum Tepidarium und zum Caldarium führte. Er hoffte, sich an einer der Säulen hochziehen und dem Gegner stehend gegenübertreten zu können.

Doch der war schneller und warf sich erneut auf Thorag, drückte ihn zu Boden und schnürte ihm mit einem Seil die Kehle zu. Nein, kein Seil, erkannte der Donarsohn, sondern Gavianas Tunika, die der Riese sich gegriffen und wie einen Strick zusammengedreht hatte.

Thorag wunderte sich, daß er überhaupt darauf achtete. Konnte es ihm nicht einerlei sein, womit er erdrosselt wurde? Kam man auf solch sinnlose Gedanken, wenn das Leben den Leib verließ?

Brandgeruch kitzelte seine Nase. Roch er schon das Feuer in Wodans Festhalle, wo die Eber, das Mahl für die Einherier, am Spieß gedreht wurden?

Thorag wähnte sich wahrhaftig schon in der jenseitigen Welt, als er vor sich die seltsame Fratze sah, die kaum einem Menschen gehören konnte. Er kannte das zerknitterte Gesicht mit den buschigen Brauen, der schiefen Nase und den wulstigen Lippen. Aus dem Dämmer des Durchgangs starrte ihn der Schwarzalb an.

Das Wesen streckte eine Hand aus, vielleicht um Thorag in sein dunkles Reich zu ziehen. War der Schwarzalb ein Gesandter der Hel? Trauer befiel Thorag bei dem Gedanken, daß ihm nicht vergönnt sein sollte, von den Walküren nach Walhall geführt zu werden.

Etwas schlitterte mit leisem Klirren über die Marmorfliesen, und schon zog der Schwarzalb seine Hand zurück, um sich im Zwielicht des Durchgangs aufzulösen. Der Gegenstand, den er geworfen hatte, rutschte genau in Thorags Hände.

Es war ein Dolch von recht einfacher Verarbeitung. Nicht die kleinste Verzierung schmückte den hölzernen Griff. Einerlei, Thorag war die Waffe so willkommen wie das kostbarste Schwert.

Er konnte kaum noch atmen. Ein mörderisches Brennen wütete in seiner Kehle. Die Luft flimmerte vor seinen Augen, und die Säulen des Durchgangs vollführten einen verrückten Tanz, wenn sie nicht gerade zu Brei zerflossen. Er wußte, daß ihm nur noch wenige Herzschläge blieben.

Mit einer letzten Kraftanstrengung stieß er den Dolch nach hinten, wo der Muskelberg auf ihm hockte. Ein genaues Zielen war Thorag unmöglich.

Innerlicher Triumph erfüllte ihn, als er einen langgezogenen Schrei hörte. Der würgende Griff um Thorags

Kehle löste sich, und der Riese krachte hinter ihm zu Boden.

Mühsam nach Luft ringend, drehte Thorag sich, noch immer auf allen vieren kauernd, zu dem anderen um. Der Donarsohn hielt den Dolch in der Rechten und sah jetzt, daß die Klinge blutbefleckt war.

Der Riese kniete ihm gegenüber und preßte die Hände gegen seine rechte Seite. Blut floß nicht nur aus seiner verbogenen Nase, sondern quoll auch zwischen den Fingern hervor.

Aber nicht nur der Körper des anderen war gewaltig, sein Kampfgeist stand dem in nichts nach. Schwankend erhob er sich zu einem neuen Angriff.

Thorag kam noch immer nicht auf die Beine. Seine Rechte umklammerte den Dolch. Mochte die Waffe aus dieser Welt oder aus dem Totenreich stammen, nur sie stand zwischen ihm und diesem wütenden Ungeheuer in Menschengestalt.

»Hört auf!« hallte eine Männerstimme durchs Frigidarium und fügte, als der Riese einen schwankenden Schritt auf Thorag zu machte, hinzu: »Hörst du nicht, Ariston? Ich habe befohlen, mit dem Kämpfen aufzuhören!«

Der Sprecher war Marcus Gavius Apicius. In Begleitung dreier Männer, einer davon war Demetrius, betrat er eiligen Schrittes das Frigidarium.

Die beiden anderen gehörten zur bewaffneten Leibwache des Apicius, deren Angehörige Thorag schon auf seinen gestrigen Spaziergängen gesehen hatte. Dunkelhäutige afrikanische Sklaven, sämtlich groß und kräftig, bewaffnet mit Schwertern und Speeren, ausgestattet mit goldglänzenden Rüstungen aus Beinschienen, Muskelpanzern und breitrandigen Helmen, wie die Gladiatoren sie trugen. Ihren groben Gesichtern war nichts zu ent-

135

nehmen, außer dem unbedingten Gehorsam gegenüber ihrem Herrn. Wahrscheinlich waren sie ihm überaus dankbar dafür, daß sie sein Leben bewachen durften und ihres nicht in der Arena riskieren mußten.

Thorags Gegner hielt drei Schritte vor ihm an und preßte eine Hand auf die Dolchwunde. Als das Blut weiterfloß und seine Hand binnen weniger Augenblicke rot färbte, stieß er ein wütendes Knurren aus und ballte die andere Hand zur Faust, um sie drohend gegen den Donarsohn zu schütteln.

Demetrius sprang an seine Seite. »Beruhige dich, Ariston! Du hast es gehört, der Kampf ist vorüber. Komm mit mir, ich werde mich um deine Wunden kümmern.«

Ariston kam aus dem Griechischen und hieß ›der Beste‹. Falls sich das auf seine Fähigkeiten als Kämpfer bezog, dachte Thorag, trug er den Namen vollauf zu Recht.

Ein Zittern lief durch Aristons Leib, als wolle er Demetrius, der neben ihm geradezu zwergenhaft wirkte, von sich abschütteln wie ein lästiges Insekt. Doch der Riese beruhigte sich zu Thorags Überraschung und sagte mit Blick auf den Donarsohn: »Der Germane muß sterben!«

Apicius trat vor und fragte: »Warum?«

Ariston zeigte auf Gaviana, die, nackt wie eine Nymphe, am jenseitigen Beckenrand hockte. Ängstlich sah sie zu den anderen und gab sich keine Mühe, ihre Blößen zu verdecken. Es schien, als sei sie sich ihrer Nacktheit gar nicht bewußt.

»Der Barbar hat sich Gaviana genähert. Sie waren zusammen im Bad!«

Wäre die Situation nicht so ernst und Thorag nicht so geschwächt gewesen, hätte er Belustigung darüber empfunden, ausgerechnet von dem grobschlächtigen Riesen als ›Barbar‹ bezeichnet zu werden.

Apicius blickte seine Tochter an. »Stimmt das, Gaviana?«

»Ja, wir haben zusammen gebadet.« Sie schluckte und fügte hinzu: »Mehr nicht!«

»Gaviana sagt die Wahrheit«, bemerkte Thorag.

Das Sprechen bereitete ihm Schmerzen. Seine Stimme hörte sich seltsam rauh an. Er log nicht für sich selbst, sondern um Gaviana zu schützen. Der Gedanke an die Striemen auf ihrem Rücken verursachte ihm ebensolche Übelkeit wie das drückende Gefühl in seinem Hals, als lägen Aristons Bärenpranken noch um seine Kehle.

Demetrius, den die Angelegenheit doch gar nicht betraf, meldete sich zu Thorags Erstaunen zu Wort: »Selbst wenn es wahr ist, es schickt sich nicht, daß Gaviana mit einem Mann das Bad teilt. Sie ist dadurch ebenso in ihrer Ehre verletzt wie Ariston. Eine Schande, die getilgt werden muß!«

»Das ist nicht zu bestreiten«, seufzte Apicius, während er den schweren Kopf mit den sich stark lichtenden Haaren von einer Seite zur anderen bewegte, als helfe ihm das, seine Gedanken zu ordnen. »Aber wie finde ich ein Urteil, das sowohl meinem besten Gladiator als auch dem Retter meiner Tochter, der mein Gastrecht genießt, gerecht wird?«

»Daß der Germane mit Gaviana ins Bad gestiegen ist, deutet nicht darauf hin, daß er sich des Gastrechts als würdig erweist«, meinte Demetrius.

»Mag sein, mag sein«, brummte Apicius. »Und doch verdanke ich ihm das Leben meiner Tochter.«

»Wie du Ariston, der schon viele Siege errungen hat, einen Teil deines Reichtums verdankst. Wirklich eine schwierige Lage, Herr, aus der es nach meinem Dafürhalten nur einen Ausweg gibt.«

»Welchen?«

»Laß Ariston und Hruodmar selbst entscheiden!«

»Gut, aber wie?«

»Sie standen sich bereits im Kampf gegenüber, einem recht ungleichen allerdings. Der Germane war bewaffnet!«

Über den Vorwurf des Demetrius erbost, rief Thorag: »Wenn mich jemand hinterrücks überfällt und zu erdrosseln versucht, ist es mein gutes Recht, mich mit jeder erreichbaren Waffe zu verteidigen!« In Gedanken setzte er hinzu: *Wer auch immer mir den Dolch hat zukommen lassen.*

»Hruodmar spricht wahr«, befand Apicius. »Was ist nun mit deinem Vorschlag, Demetrius?«

»Ariston hat, abgesehen von seiner gebrochenen Nase, nur eine Fleischwunde davongetragen. Schon morgen wird er sich von ihr so weit erholt haben, daß seine Kampfkraft nicht beeinträchtigt ist. Dann sollen die beiden ihren Zwist offen im Zweikampf austragen. Siegt Ariston, und das nehme ich an, ist die Schande getilgt.«

»Und wenn ich gewinne?« fragte Thorag.

Demetrius sah ihn mit einem Blick an, in dem Mitleid und Verachtung lagen, als sei für ihn ein Sieg Thorags unvorstellbar. »Dann soll bewiesen sein, daß du ein ehrenhafter Mann bist und Gaviana nicht ungebührlich belästigt hast.«

Ein Lächeln erhellte das Gesicht des Apicius. »Das scheint mir ein guter Vorschlag zu sein. Ariston und Hruodmar, nehmt ihr beide ihn an?«

»Von mir aus kämpfe ich jetzt und hier gegen den Germanen!« knurrte Ariston, während Demetrius mit einem Trockentuch die Dolchwunde verband.

»Morgen genügt.« Apicius sagte es freundlich, doch in einem Tonfall, der keinen Widerspruch duldete. »Und du, Hruodmar, bist du auch bereit, deine Ehre im Zweikampf zu verteidigen?«

»Ja, wenn es ein ehrlicher Kampf ist und dadurch auch Gavianas Ehre wiederhergestellt wird.«

Sein Blick kreuzte sich mit dem der jungen Römerin. Thorag las in ihren Augen Dankbarkeit, aber auch Angst.

»So soll es sein«, verkündete Apicius. »Morgen nach dem Mittagsmahl werden Ariston und Hruodmar sich in der Palästra gegenübertreten und mit der Ausrüstung von Pägnariern gegeneinander kämpfen, bis einer von ihnen den Kampf verloren gibt.«

Kapitel 10
Nigrinus

Die Wärme des Caldariums linderte Thorags Schmerzen. Er hatte nicht mit den anderen die Thermen verlassen, sondern das Warmwasserbad aufgesucht. Er wollte allein sein und in Ruhe über die jüngsten Ereignisse nachdenken, die unerwartet über ihn hereingebrochen waren und Anlaß zur Besorgnis gaben.

Er hätte sich nicht mit Gaviana einlassen dürfen. Doch was half es, um verschüttete Milch zu trauern? Es machte die Sache ebensowenig ungeschehen wie die Überlegung, daß die Römerin ihn regelrecht verführt hatte. Er war der Ältere, er war der verheiratete Mann. An ihm wäre es gewesen, der Verführung zu widerstehen.

Verschüttete Milch!

Jetzt hatte er in Ariston einen unversöhnlichen Feind und, wie es schien, einen weiteren in Demetrius, auch wenn Thorag nicht verstand, weshalb der dürre Grieche so fest zu dem riesenhaften Gladiator hielt. Es schien mehr zu sein als die bloße Verbundenheit eines Sklaven mit dem anderen, viel mehr.

Je länger er darüber nachdachte, desto weniger glaubte Thorag, daß Ariston zufällig im Frigidarium erschienen war. Hatte einer der von Gaviana fortgeschickten Sklaven ihm einen Hinweis gegeben? Vielleicht gar Demetrius? Auch wenn der Tonsor Ariston davon abgehalten hatte, auf Thorag loszugehen, hielt der Donarsohn es für möglich, daß Demetrius ihn und Gaviana verraten hatte.

Aber warum? Bloß aus Ärger, weil Gaviana ihn fortgeschickt hatte? Das war kein ausreichender Anlaß. Es mußte für Demetrius einen Beweggrund geben, entweder Gaviana oder Thorag bei Apicius in Mißkredit zu bringen.

Thorag, der rücklings auf den abgerundeten Stufen am Beckenrand lag, tauchte den Kopf für einige Augenblicke unter, erhob ihn dann wieder und schüttelte ihn, ließ das Wasser nach allen Seiten spritzen. Mit dieser Bewegung wollte er seinen Geist von dem verwirrenden Gedankenknäuel befreien. Er durfte sich nicht in etwas hineinsteigern.

Vielleicht war der Grieche ganz unschuldig, und einer der anderen Thermensklaven war der Verräter. Auch fand Thorag keine Erklärung dafür, weshalb Ariston sich in seiner Ehre verletzt sah. Haltloses Spekulieren brachte ihn nicht weiter. Er konzentrierte sich auf den Kampf, der ihm bevorstand.

Er kannte die Pägnarier und ihre Art zu kämpfen. Traditionell eröffneten sie die Spiele in der Arena mit Waffen, die nicht so gefährlich waren: Knüppel, Peitschen und eiserne Haken. Geschützt waren sie nur durch Lederbandagen an den Unterschenkeln und am linken Arm. Oft wurden unerfahrene oder sich noch in der Ausbildung befindende Gladiatoren für diese Kämpfe abgestellt, war hier die Gefahr für Leib und Leben doch relativ gering, wenn es auch vorkam, daß ein Eisenhaken ins Auge fuhr oder ein Knüppelschlag den Schädel spaltete. Das Publikum wurde langsam auf die späteren, gefährlicheren Kämpfe eingestimmt, konnte aber gleichwohl schon am Anfang das Blut fließen sehen, nach dem es so sehr verlangte.

Weshalb hatte Gavius Apicius ausgerechnet den Pägnarierkampf ausgewählt? War Ariston tatsächlich sein bester Gladiator, so war dieser Kampf für ihn, als bitte man einen Gelehrten, eins und eins zusammenzuzählen. Wollte Apicius seinem Favoriten einen leichten Sieg bescheren oder ihn vor ernsthaften Verletzungen bewahren? Vielleicht galt seine Sorge auch dem germanischen Gast, den er noch für die Jagd auf die Sumpfschlangen benötigte. Thorag seufzte schwer. All das waren Gedanken, die auf schwammigem Grund standen.

Gerade hatte er beschlossen, ein wenig zu schwimmen, um seine vom Kampf mit Ariston angespannten Muskeln zu lockern, als er das unbestimmte Gefühl einer Gefahr verspürte. Die Sinne des erfahrenen Jägers und Kriegers sprachen auf etwas an, noch ehe sein Verstand es erfaßte.

Sein erster Gedanke war, aus dem Wasser zu springen und nach dem Dolch zu greifen, der oben auf dem Beckenrand lag. Thorag hatte die hilfreiche Gabe des Schwarzalben dort achtlos abgelegt, nicht ahnend, daß er sie so schnell wieder benötigen würde.

Er blieb im Wasser liegen und tat, als hätte er nichts bemerkt. Hätte er nach dem Dolch gegriffen, hätte er vielleicht selbst eine Klinge ins Fleisch gejagt bekommen. Jede schnelle Bewegung hätte dem mutmaßlichen Feind in seinem Rücken verraten, daß Thorag gewarnt war.

Selbst wenn der Donarsohn schnell handelte, verlangsamte das ihn bis zum Hals umschließende Wasser jede seiner Bewegungen. Er hatte im Frigidarium erlebt, wie der am Beckenrand laufende Ariston den schwimmenden Cherusker einholte. Nein, er mußte auf eine bessere Gelegenheit warten.

Thorag sah nichts und hörte nichts Verdächtiges. Und doch wußte er um den anderen hinter ihm. Was tat der Unbekannte? Näherte er sich? Belauerte er den Donarsohn? War es Ariston, der zurückgekehrt war, weil er nicht bis zum nächsten Tag warten wollte?

Der Cherusker spannte sämtliche Muskeln an, machte sich bereit zum Angriff oder zum Ausweichen. Er spürte, wie heftig sein Herz klopfte, und doch atmete er so gleichmäßig wie zuvor, lag er wie ein das Bad Genießender äußerlich vollkommen ruhig am abgestuften Beckenrand.

Noch immer hörte er nichts von dem anderen, aber seine Nase und seine Augen nahmen etwas wahr: den Geruch von Verbranntem und das verzerrte Abbild einer zwergenhaften Gestalt im Wasser.

Der geheimnisvolle Schwarzalb stand dicht hinter ihm und schien sich nach vorn zu beugen, seine Hand nach dem Dolch auszustrecken.

Thorag warf sich nach hinten und nahm dabei in Kauf, daß sein von Ariston mißhandelter Rücken durch den harten Aufprall auf die Stufen neuen Schmerz aushalten mußte. Sein rechter Arm schnellte über den Beckenrand und warf den Zwerg ins Wasser. Sofort stürzte Thorag sich auf ihn, doch der Schwarzalb war schon im Besitz des Dolches und drückte die Klinge, an der noch Aristons Blut klebte, gegen den Hals des Cheruskers.

»Laß mich los!« zischte das Wesen. »Ich habe dir geholfen, und du willst mich ertränken!«

Zum erstenmal sah Thorag den Schwarzalb bei hellem Licht. Er erschien dem Cherusker so häßlich wie in seinem vermeintlichen Fiebertraum, vielleicht noch häßlicher.

Aber er schien kein Wesen aus der Geisterwelt zu sein. Sonst hätte er wohl kaum in Thorags eisernem Griff gestrampelt und ihn mit seiner angstverzerrten Fratze angestarrt. Unerklärlich war Thorag allerdings der starke Brandgeruch, der den Zwerg umwehte.

»Ich hoffe, du bist ein guter Schwimmer«, sagte Thorag ruhig. »Wo ich noch stehen kann, befindest du dich in gefährlicher Tiefe. Soll ich dich trotzdem loslassen?«

»Ja, aber auf den Stufen, wo ich auch stehen kann.«

»Sobald du den Dolch fallen läßt.«

»Ich nehme ihn von deiner Kehle, sowie ich festen Boden unter den Füßen verspüre.«

»Ein unsicherer Handel für mich. Weshalb sollte ich mich darauf einlassen?«

»Weil du mich ins Wasser geworfen hast. Außerdem befindet die Klinge sich an deiner Kehle, Germane, nicht an meiner.«

»Das ist ein gutes Argument.« Thorag setzte den Zwerg auf den Stufen ab und sah ihn abwartend an.

Langsam ließ der Kleine den Dolch sinken, hielt ihn aber weiterhin in der Hand. »Warum hast du mich angegriffen?«

»Weil du dich von hinten an mich angeschlichen hast.«

»Ich wollte nur meinen Dolch zurückholen.«

»Du hättest mich einfach fragen können, kleiner Mann.«

Die Bezeichnung verärgerte den anderen, und er verzog sein Gesicht zu einer noch merkwürdigeren Grimasse. »Ich heiße Nigrinus!«

Ein passender Name, dachte Thorag. Er hatte mit der Bezeichnung ›Schwarzalb‹ gar nicht so weit daneben gelegen. Nigrinus hieß ›der Dunkle‹ oder ›der Schwarze‹. Tatsächlich wies die Haut des Kleinwüchsigen eine sehr dunkle Färbung auf, als habe man ihn wie einen Schinken zum Räuchern über den Herd gehängt. Die Vorstellung belustigte Thorag, gerade weil sie ihm gar nicht so abwegig erschien. Es wäre zumindest eine Erklärung für den starken Brandgeruch gewesen, der Nigrinus anhaftete wie eine zweite Haut.

»Entschuldige, Nigrinus, ich wollte dich nicht beleidigen. Was hältst du davon, wenn wir im Trockenen weiterreden? Du bist zwar gerade erst ins Becken gekommen, aber ich habe heute die römische Badekultur überreichlich genossen.«

»Einverstanden.«

Als sie das Becken verlassen hatten und nebeneinander auf den Fliesen standen, die im Frigidarium aus rotem Marmor bestanden, reichte Nigrinus dem Cherusker gerade bis zum Bauchnabel. Sie gingen zu einer Steinbank, die den Raum auf seiner ganzen Länge durchzog und auf der ein Stapel weißer Wolltücher lag. Thorag rieb sich mit einem Tuch ab, wickelte sich in ein zweites und setzte sich auf die Bank.

Nigrinus streifte seine durchnäßte Tunika ab und tat es ihm nach. Schuhe oder Sandalen mußte er nicht ausziehen, da er barfuß lief. Er legte den Dolch an der Thorag abgewandten Seite neben sich, scheinbar beiläufig, doch in Wahrheit griffbereit.

Thorag tat, als merke er das nicht, streckte die Beine aus, an den Fußsohlen die angenehme Wärme der Hypokaustenheizung verspürend, und sagte: »Ich schulde dir Dank für deinen Beistand, Nigrinus. Aber weshalb hast du mir mit dem Dolch gegen Ariston geholfen?«

»Weil ich den Gladiator nicht leiden kann. Er ist ein Dummkopf und ein Angeber, der sich zuviel auf seine Muskeln einbildet. Obwohl er selbst nur ein Sklave ist, hält er sich für etwas Besseres. Er hat mich und andere Sklaven oft schikaniert. Ich war froh, es ihm heimzahlen zu können.«

»Wie kamst du zum rechten Zeitpunkt ins Bad?«

»Ich arbeite hier und habe euren Streit gehört.«

»Aber Gaviana hatte alle Sklaven weggeschickt.«

»Nur die, die man sieht, nicht die Unterirdischen.«

»Was heißt das? Willst du damit sagen, du lebst unter der Erde?« Thorag blickte ihn voller Zweifel an. Hatte er es doch mit einem Schwarzalb zu tun?

»Zumindest arbeite ich unter diesen Fliesen.«

Der Cherusker blickte zu Boden. »Im Hypokaustum?«

»Jetzt hast du es begriffen, Germane.«

Das Hypokaustum also. Man konnte den Römern wahrlich viel Schlechtes ankreiden, aber die Hyopkaustenheizung war eine Erfindung, die den Ruhm der Nachwelt verdiente. Der Fußboden ruhte auf Stützpfeilern von ungefähr drei bis vier Fuß Höhe. In dem Gewölbe darunter zog in einer Ofenanlage erzeugte Heißluft entlang und erwärmte den Boden, bevor sie durch Kanäle in den Wänden und im tonnenartigen Dachgewölbe abgeleitet wurde. Den warmen Boden zu spüren war ein überaus angenehmes Gefühl, wenn man aus dem Bad stieg.

»Was tust du da unten, Nigrinus?«

»Ich beheize den Ofen, kontrolliere das Heizgewölbe, untersuche es auf Schäden und säubere es.«

»Erstickst du nicht dort unten?«

»Ich bin einiges gewöhnt, und wenn es zu heiß wird, gehe ich natürlich nicht da rein.«

Das erklärte, weshalb der Kleine roch wie ein halbverkohlter Räucherschinken.

Thorag fragte sich, ob Nigrinus wirklich zufällig auf den Streit zwischen ihm und Ariston aufmerksam geworden war oder ob der Hypokaustensklave schon länger auf der Lauer gelegen hatte. Hatte er alles mit angesehen, auch die Vereinigung von Thorag und Gaviana?

»Was ist mit Gaviana?« fragte der Donarsohn. »Warum ist dieser Fleischberg von Gladiator so versessen darauf, ihre Ehre zu verteidigen?«

»Wärst du das nicht, wenn du deine Braut mit einem Fremden im Bad vorfändest? Nackt!«

Thorag brauchte eine Weile, um das Gehörte zu verarbeiten. »Nigrinus, du willst doch nicht behaupten, Gaviana sei diesem … diesem Ariston versprochen!«

»Ob ich's behaupte oder nicht, es ist so.«

»Das kann ich nicht glauben.«

»Dann laß es.«

»Erklär es mir!« bat Thorag.

»Gaviana ist der Preis für Aristons Siege. Mein Herr Gavius Apicius ist reich, aber er hat auch viele kostspielige Leidenschaften. Dieses Anwesen kündet davon. Also benötigt er ständig Geld.«

»Bringen ihm die Gladiatorenkämpfe nicht einiges ein?«

»Du sagst es, Germane. Aber Apicius verdient nicht nur an der Ausrichtung der Spiele. Er schließt auch Wetten auf die Kämpfer ab, hohe Wetten. Und Ariston hat ihn noch nie enttäuscht. Er ist halt *der Beste*.«

»Hält überhaupt noch jemand dagegen?«

»O ja! Die Wettquoten versprechen jedem, der gegen Ariston setzt, einen vielfachen Gewinn, wenn der Liebling meines Herrn nur einmal verliert. Es ist geradezu Mode geworden, gegen Ariston und damit auch gegen Apicius zu wetten. Die reichen Bürger von Ravenna haben sich zu großen Wettgemeinschaften zusammengeschlossen, weil kaum einer das Risiko allein eingehen will. An sich eine reichlich dumme Angelegenheit, aber mein Herr profitiert prächtig davon.«

»Sklaven, die in der Arena siegen, werden mit Geschenken entlohnt, mit Geld oder auch mit ihrer Freilassung. Aber mit der Tochter ihres Herrn? Das habe ich noch nie gehört!«

Thorag redete sich in Wut und ballte dabei die Hände zu Fäusten.

Die Vorstellung der zierlichen, mädchenhaften Römerin in den Armen von Ariston, diesem halben Tier, wollte ihm nicht gefallen. Es erschien ihm, als werfe man Gaviana einem Ungeheuer zum Fraß vor. Das unglaublichste aber war, daß Apicius, ihr Vater, Ariston dieses Opfer offenbar freiwillig darbrachte.

»Du gehst zu selten ins Bad, Germane, da hört man vieles und auch reichlich Ungewöhnliches«, kicherte Nigrinus. »Es gibt ein geheimes Abkommen zwischen Apicius und Ariston, dessen Einzelheiten ich nicht kenne. Ariston muß eine bestimmte Zahl Siege erringen oder durch seine Siege Apicius eine gewisse Summe einbringen, irgend etwas in der Art. Dann erhält Ariston seine Freiheit und Gavianas Hand.«

»Sehr ungewöhnlich, daß ein reicher Römer seine Tochter einem freigelassenen Sklaven gibt.«

»Hier gewöhnt man sich an Ungewöhnliches, ich sagte es schon. Außerdem nehme ich an, daß Ariston einmal der Nachfolger meines Herrn werden soll, da Gaviana seine einzige Tochter ist.«

»Keine Söhne?«

»Es gibt keine und wird keine geben.«

»Wie kannst du da so sicher sein, Nigrinus?«

»Männer mögen Kinder erzeugen können, aber sie bringen sie nicht zur Welt.«

»Und?«

»Laß es mich so sagen, Germane: Wenn Apicius neue Sklaven einkauft – *Frischfleisch* nennt er das –, befinden sich wenig junge Frauen darunter, aber ganze Kohorten hübscher Knaben.«

»Ich verstehe«, murmelte Thorag. »Aber Gaviana?«

»Vermutlich hat Apicius einen Glückstreffer erzielt, als er in der Hochzeitsnacht nicht anders konnte und seinen ehelichen Pflichten nachkommen mußte.«

»Warum hat er überhaupt geheiratet?«

»Weil Salvia, seine Gemahlin, sehr viel Geld und dieses hübsche Landgut in die Ehe einbrachte.«

»Und warum hat sie ihn genommen?«

»Sie mußte. Ihr Vater Salvius Plenus hat sie dazu gezwungen. Es heißt, er war in irgendwelche dunklen Machenschaften mit Apicius verstrickt. Apicius soll viel über ihn gewußt und ihn gleichsam in der Hand gehabt haben. Genaueres wird man wohl nie erfahren, da Salvius Plenus kurz nach der Hochzeit seiner Tochter starb.«

»Apicius beerbte ihn?«

»So sah es sein Testament vor.«

»Wo ist Salvia jetzt?« fragte Thorag mit großem Interesse. Er spürte, daß diese Ereignisse, wenn auch schon vor vielen Wintern geschehen, Auswirkungen bis in die Gegenwart hatten und wichtig sein konnten für ihn und seine Mission. »Ist sie tot?«

»Vermutlich.«

»Man weiß es nicht?«

»Nicht genau. Wie du dir vorstellen kannst, war Salvia mit ihrem Gemahl nicht allzu glücklich. Sie entfernte sich so oft von ihm, wie es ihr nur möglich war. Möglicherweise hat Gaviana die Begeisterung für weite Ausritte von ihrer Mutter geerbt. Eines Tages, Gaviana war gerade drei oder vier Jahre alt, kehrte Salvia nicht mehr heim. Ein reisender Händler hatte sie in der Nähe der Sümpfe gesehen. Sofort schickte Apicius jeden Mann, der aufrecht gehen konnte, auf die Suche. Wir fanden Salvia nicht, nur ihr verendetes Pferd. Beide Vorderläufe waren gebrochen, als sei es in eine Falle gelaufen. Jemand hatte Mitleid mit dem Tier gehabt und hatte ihm mit dem Speer den Todesstoß versetzt.«

»*Wir* sagst du. Du warst damals schon hier?«

»Ja, Germane, ich bin schon lange hier. So lange, daß ich zur Einrichtung gehöre und die meisten vergessen haben, daß es mich gibt.«

»Wer hat das Pferd getötet? Die Sumpfschlangen?«

»Das nimmt man allgemein an. Man glaubt, sie hätten

Salvia verschleppt und dazu benutzt, wozu Männer Frauen halt brauchen, wenn sie nicht Gavius Apicius heißen.«

»Apicius scheint die Sumpfschlangen nicht gerade zu lieben.«

»Wundert dich das, Germane, nach dem, was du eben erfahren hast?«

»Allerdings!« sagte Thorag und blickte den Kleinen durchdringend an. »Müßte dein Herr den Sumpfschlangen nicht dankbar sein?«

»Warum?«

»Sie haben ihn von einer Gemahlin befreit, mit der er sowieso nichts anzufangen wußte. Mehr noch, durch ihren Tod ist das Vermögen des Salvius Plenus vollends in seine Verfügungsgewalt übergegangen, wenn ich die römischen Gesetze richtig kenne.«

Nigrinus hob die Schultern an und ließ sie langsam wieder sinken, gleich einem Kind, das mit einer Frage des Lehrers überfordert war. »Ich kenne mich mehr mit Öfen und Feuerschächten aus.«

»Was einst dem Salvius Plenus gehörte, soll also bald in den Händen eines grobschlächtigen Gladiators liegen. Ihr Römer hantiert mit riesigen Vermögen wie andere mit ihrem Handwerkszeug«, entfuhr es Thorag.

»Ich bin kein Römer!«

»Was dann?«

»Keine Ahnung. Meine Eltern waren, so nehme ich an, Sklaven und hatten mich ohne Erlaubnis ihres Herrn gezeugt. Man fand mich ausgesetzt auf diesem Anwesen. Lästerzungen behaupten, ich sei das Kind reicher Eltern und ausgesetzt worden, weil ich so häßlich sei. Was soll's, es bleibt sich gleich.«

»Da du deine Eltern nicht kennst, könntest du sehr wohl ein Römer sein.«

»Könnte sein, wäre aber nicht gut für mich. Die Römer lieben das Häßliche nicht, aber wenn es nicht von ihnen stammt, nehmen sie es hin und amüsieren sich sogar darüber.«

»Woher stammt Ariston? Der Name klingt griechisch.«

»Er und sein Bruder stammen ja auch aus Griechenland, von der Insel Kreta.«

»Er hat einen Bruder?«

»Was dachtest du?«

»Ich wußte das nicht.«

»Aber du kennst doch Demetrius!«

»Demetrius …« Thorag sprach leise, mehr zu sich selbst. Diese Erkenntnis warf ein neues Licht auf Ariston. Dem dürren Griechen traute er Machtgelüste eher als seinem Bruder zu. Sie bildeten ein perfektes Gespann, Hirn und Hände. »Nigrinus, das Gespräch mit dir ist so erhellend wie ein Blick in den Sommerhimmel. Nur eines ist mir noch unklar: Was hast du in jener Nacht in meinem Cubiculum gesucht?«

»Ich?«

»Versuch nicht, mir einen Fiebertraum einzureden! Dann hätte der Mahr, der mir diesen Traum eingeflüstert hat, nämlich genau so ein Gesicht gehabt wie du. Und, verzeih mir, zwei von der Sorte kann ich mir, bei allen Göttern und Geistern, nicht vorstellen.«

»Also gut, Herr, ich gebe es zu.« Nigrinus klang auf einmal sehr unterwürfig, was in einem zu krassen Gegensatz zu seiner vorher so respektlosen Art stand, um auf Thorag glaubwürdig zu wirken. »Ich war neugierig auf den Mann aus Germanien, der es gewagt hat, den gefürchteten Sumpfschlangen zu trotzen. Ich kam in dein Cubiculum, um dich im Schlaf zu betrachten. Leider bist du dabei erwacht.«

»Die Tatsachen glaube ich dir, denn ich habe sie selbst

151

erlebt. Was den Grund für deinen Besuch angeht, so habe ich schon viel bessere Lügen gehört.«

»Herr, ich lüge nicht!«

»Was ich auch für gelogen halte.« Mit einem drohenden Unterton fuhr Thorag fort: »Die Wahrheit, Nigrinus, und zwar rasch!«

»Ja, ich habe gelogen. In Wahrheit ahnte ich von vornherein, daß du der Mann sein könntest, der Ariston die Stirn bietet. Deshalb wollte ich dich sehen und mich überzeugen, ob du trotz des Schlangengifts gesunden könntest.«

Der Zwerg wirkte über alle Maßen zerknirscht, zu sehr, fand Thorag. Kopfschüttelnd erwiderte er: »Wenn du eine Lüge durch eine andere ersetzt, werden wir der Wahrheit nicht näher kommen.«

»Das war jetzt aber wirklich die Wahrheit!«

»Die Wahrheit ist, daß ich allmählich ungeduldig werde!«

Thorags Zorn war echt. Er hatte das Gefühl, daß alle ihn ausnutzten und für ihre Zwecke mißbrauchten. Selbst Gaviana, der vielleicht weniger an ihm gelegen war als an der Möglichkeit, der drohenden Verheiratung mit Ariston zu entkommen. Und jetzt auch noch dieser Hypokaustenzwerg, der ihm eine Lüge nach der anderen auftischte und sich insgeheim wohl köstlich über den dummen Barbaren amüsierte.

Er wollte Nigrinus ergreifen und ihn gehörig durchschütteln. Vielleicht vertrieb der Schreck seinen Hang zur Lüge.

Der Kleine mußte etwas geahnt haben. Mit einer flinken Bewegung tauchte er unter Thorags Händen weg und sprang auch schon, das Wolltuch abstreifend, von der Bank. Den Dolch und seine nasse Tunika ergreifen, war eine einzige Bewegung.

Nigrinus lief aus dem Caldarium, blieb aber in sicherer Entfernung zu Thorag stehen und rief: »Du solltest über unser Gespräch lieber schweigen, Germane! Wenn andere wissen, was man über sie weiß, kann das sehr ungesund für einen selbst sein. Am besten erwähnst du den armen, kleinen Nigrinus nicht, ja?«

Er bog um eine Ecke und war verschwunden. Mit seinen nackten Füßen lief er so leise, daß keine Schritte zu hören waren, als wäre er es vom Anfang aller Zeiten so gewohnt.

Wie ein Schwarzalb, dachte Thorag, und empfand plötzlich Unbehagen. Ihm war eingefallen, daß ›Nigrinus‹ noch weitere Bedeutungen hatte:

Der Boshafte.

Der Schreckliche.

Der Unheilvolle.

Kapitel 11
Die Elfenwiese

Die Elfen weinten, und vor Thorags geistigem Auge verwandelten sich ihre Tränen in Ströme von Blut. Aber wenn die Idisen, denen das weite Feld unter ihm geweiht war, Trauer empfanden, hieß das dann nicht, daß heute Cheruskerblut fließen würde und nicht das der Römer? Der Gedanke ließ ihn frösteln, und er zog den bunt gemusterten Wollumhang, den eine goldene Miölnirfibel an der rechten Schulter zusammenhielt, über seiner nackten Brust zusammen.

Nicht Angst vor dem Tod bedrückte ihn. Wenn er heute in der Schlacht gegen Germanicus fiel, würde sein Tod ein ehrenhafter sein. Im jenseitigen Reich würden die Walküren ihn aufnehmen und nach Walhall geleiten. Aber falls Thorag in die Arme der Totenwählerinnen sank, würde er Auja niemals wiedersehen und auch nicht seinen kleinen Sohn Ragnar, der auf dem fernen Donarhof weilte. Seine gedrückte Stimmung rührte von diesem Gedanken und von dem Verlust, den eine Niederlage mit sich brachte: Die freien Stämme würden nicht länger frei sein.

Der Falbe unter ihm schnaubte und begann leicht zu tänzeln. Spürte der Hengst, daß eine Schlacht bevorstand? Roch er schon das Blut, das bald die Wiesen, die sich von der Weser am Wiehen entlang bis weit nach Osten erstreckten, rot färben würde?

Hier hatten einst die Idisen, elfenhafte Kriegerinnen, den Frauen der Cherusker im Kampf um die Freiheit des Stammes beigestanden. So erzählten es die Alten und die Priester. Es war in jeder fernen Zeit gewesen, als der Cheruskerstamm sich entzweit hatte und von bösen Mächten beherrscht zu werden drohte. Um den Kampf zu gewinnen, boten die Unterdrückten auch ihre Weiber als Streitmacht auf. Von soviel Opfermut gerührt, traten die Idisen den Cheruskerinnen bei und führten sie zum Sieg. Seitdem nannte man das Gebiet auf der Nordseite des Wiehens Idisiaviso, die Elfenwiese.

Gestern abend, bei der großen Opferfeier im Donarhain, hatten Armin und Inguiomar als Herzöge der Cherusker die Idisen um ihren Beistand angefleht. Und Thorag, als Donars Abkömmling, hatte den mächtigen Kriegsgott und Riesentöter, den Verteidiger der Götter und der Menschen, um seine Hilfe gebeten. Doch all das stimmte Thorag nicht zuversichtlich. Auch die Römer opferten vor der Schlacht ihren Gottheiten, und schon oft hatten sich die römischen Götter als übermächtig erwiesen. Nicht nur Germanen und Römer, auch Wodan und Jupiter, Donar und Mars würden auf der Elfenwiese ihre Kräfte messen.

Armin und sein Kriegerführer Ingwin lenkten ihre Pferde heran, und der Hirschfürst streckte eine Hand aus, die rasch benetzt war.

»Die Himmelsgeister weinen, und wir halten die Anhöhen besetzt. Es ist alles so wie damals, als Varus in den Untergang zog.« Armin lächelte. »Die Götter sind mit uns!«

Thorag sah über den Bergrücken, der sich von Ost nach West durch das Land zog. Von da drüben im nebelverhangenen Westen, wo die Weser den Wiehen durchschnitt, rückten die Legionen und Auxilien des Gaius Julius Caesar Germanicus an. Und hier warteten die Cherusker auf den waldreichen Anhöhen, knapp zwanzigtausend Krieger. Noch einmal so viele Männer der verbündeten Stämme lagen unten in der Ebene, hinter Böschungen und in Hainen verborgen. Sie sollten den

Marsch der römischen Armee aufhalten, und dann wollten Armin und Inguiomar mit ihren Männern vom Wiehen hinunterstürmen, um Tod und Vernichtung unter den Feind zu tragen. Ein guter Plan, ausgeführt von tapferen Kriegern – und doch gab es kaum Aussicht auf einen Sieg.

Germanicus standen zwei- bis dreimal mehr Männer zur Verfügung als den Herzögen der Cherusker. Deshalb traten die freien Stämme heute auch nicht an, um die Römer zu vertreiben. Sie wollten den Feind beschäftigen, ihn aufhalten, bis die aus allen Gauen herbeieilende Verstärkung vor Ort war. Bis dahin würden noch einige Nächte vergehen.

»Warum so schweigsam, Thorag?« fragte Armin. »Du siehst so düster drein, als hättest du ein schlechtes Vorzeichen geschaut. Glaubst du nicht, daß unser Überraschungsschlag gelingt?«

»Einige Edelinge haben berichtet, daß Männer aus ihren Hundertschaften heimlich unsere Lager verlassen haben.«

Armin seufzte schwer. »Ja, ihnen dauerte die Trennung von Hof und Familie zu lang.«

»Vielleicht suchten sie aber auch den Schutz des Germanicus, zogen sie die Sicherheit in der Knechtschaft dem mühsamen Kampf um die Freiheit vor. Wenn es so ist, kennt der Brudersohn des Tiberius unsere Pläne.«

»Selbst wenn, er weiß nicht, wann und wo wir losschlagen.«

»Und doch ist es nicht wie damals, als wir gegen Varus ritten. Jener hatte nur drei Legionen bei sich. Germanicus stehen acht Legionen und zwei prätorianische Kohorten zu Verfügung, von seinen Hilfstruppen ganz zu schweigen. Auch glaubte Varus sich sicher und hielt uns für seine Verbündeten. Germanicus weiß, daß wir ihn irgendwo hier in den Bergen erwarten. Und er weiß wohl auch, daß wir derzeit zu schwach sind, ihn zu besiegen. Das heißt, daß er nicht nur auf den Kampf vorbereitet ist, er wird die Entscheidungsschlacht geradezu suchen!«

Ingwin verzog sein ohnehin bedrohlich wirkendes Narbengesicht zu einer mißbilligenden Grimasse. »So kenne ich dich gar nicht, Thorag. Hast du etwa Angst vor dem Kampf?«

»Die habe ich«, antwortete der Donarsohn zur Verblüffung des Hirschkriegers. »Wer ohne Angst in die Schlacht zieht, hat sich über die Gefahr keine Gedanken gemacht. Er handelt nicht aus Mut, sondern aus Dummheit. Nur wer Angst hat und trotzdem kämpft, ist tapfer.«

Ingwin spie aus. »Ich habe keine Angst vor den römischen Hunden, die sich unter Helmen und hinter riesigen Schilden verstecken!«

Thorag blickte ihn ernst an. »Du solltest ihre Kampfweise nicht verachten. Mit ihr haben die Römer Land um Land, Volk um Volk unterworfen. Das weißt du selbst, hast du doch, wie Armin und ich, einst in römischen Diensten gestanden.«

»Der eine bekämpft schweigend seine Angst, der andere mit lauten Worten«, bemerkte Argast mit einem leicht verächtlichen Seitenblick auf Armins Kriegerführer.

Ingwin wollte zu seinem Schwert greifen, doch Armin beugte sich schnell vor und hielt die Waffenhand fest. »Kein Streit jetzt, wo die Römer nahen. Hört doch, dort im Westen! Klingt das nicht wie Schlachtgesang und Kampfgetümmel?«

»Ja«, bestätigte Thorag nach kurzem Lauschen und fügte besorgt hinzu: »Aber wer immer sich dort im Schutz der Nebelgeister schlägt, es ist viel zu früh! Wir wollten Germanicus erst angreifen, wenn wir seine ganze Marschkolonne zu Füßen haben.«

»Wir schon«, knurrte Armin durch seine zusammengepreßten Lippen. »Aber ich fürchte, mein Oheim Inguiomar spielt einmal mehr sein eigenes Spiel. Ich hätte es ahnen müssen, als er sich erbot, den Oberbefehl auf der westlichen Flanke zu übernehmen.«

»Warum sollte er so dumm sein?« fragte Argast.

»Nicht dumm, sondern unbeherrscht und machtgierig«, belehrte Thorag seinen Kriegerführer. »Schon lange möchte er alleiniger Herzog der Cherusker werden. Gelänge ihm allein der Triumph über Germanicus, könnte sein Siegesruhm ihn auf diesem Weg ein gutes Stück voranbringen.«

Argast legte die Stirn in Falten. »Allein ist Inguiomar viel zu schwach, um die Römer zu vernichten.«

»Vernichten kann er sie nicht«, schnaubte Armin. »Aber er könnte hoffen, sie mit einem Überraschungsangriff zurückzuwerfen. Alles zu wagen, selbst das Schicksal der freien Stämme, nur um sich selbst als Sieger hinstellen zu können, genau das ist Inguiomars Art!«

Die mit Wut und Verachtung vorgetragenen Worte des Hirschfürsten erwiesen sich als richtig. Schon bald sprengte ein Ingkrieger heran, ein Bote Inguiomars, und erbat von Armin Verstärkung: »Dein Oheim ist in schwere Kämpfe mit den römischen Auxilien verwickelt, Herzog. Wenn du nicht sofort deine Reiterei schickst, könnte es dem Feind gelingen, Fürst Inguiomars Angriffskeile zu zerschlagen.«

»Inguiomar hätte gar nicht angreifen dürfen.« Armin warf dem Boten strafende Blicke zu, als habe er seinen Oheim vor sich. »Warum hat er die Spitze der römischen Kolonne nicht vorbeigelassen, wie wir es besprochen hatten?«

Der Ingkrieger wußte keine Antwort und flehte nur: »Du mußt sofort eingreifen, Armin, sonst ist Inguiomar verloren!«

Armins Mundwinkel zuckten, schienen beinah zu lächeln, so als freude er sich gerade mit dem Gedanken an, durch die Römer von dem neidischen Oheim und Mitherzog befreit zu werden. Dann aber sagte er: »Thorag, führe unsere Reiter in den Kampf! Du mußt Inguiomar helfen, die Römer in den Flanken zu packen. Germanicus wird dann den Marsch durch seine Auxilien sichern und die Legionen vorrücken lassen. Sobald die Legionäre unser Gebiet erreichen, greife ich mit den Fußtruppen an.«

Thorag gehorchte, wenn auch voller Zorn auf Inguiomar. Am liebsten hätte er ihn den Römern überlassen, aber das hätte zugleich den Verlust vieler Krieger bedeutet. Berittene und unberittene Cherusker, die eigentlich Armins und Inguiomars Hauptstoß hätten ausführen sollen und viel zu früh in die Schlacht geworfen worden waren. Nun fochten sie verzweifelt gegen eine Übermacht gallischer und germanischer Auxiliarreiter, deren Kreis sich enger und enger um die Voreiligen schloß.

Die zum Entsatz herangaloppierenden Cherusker sahen vor sich ein wildes Getümmel ineinander verkeilter Reiter. Viele ursprünglich berittene Krieger kämpften zu Fuß, weil die Pferde verletzt unter ihnen zusammengebrochen waren. Einige schwangen sich auf andere Tiere, sobald deren Reiter durch Schwerthieb oder Lanzenstoß fielen. Blut spritzte unter scharfem Eisen, und Erdreich spritzte unter Pferdehufen. Die Schreie der Menschen vermischten sich mit denen der Tiere. Schwertklingen prallten mit metallischem Dröhnen aufeinander und fuhren mit dumpfem Krachen in gegnerische Schilde. Gellende Hornsignale hallten über das

Schlachtfeld und klangen wie Lokis Ungeheuer, die das Zeitenende ausriefen.

Thorag führte seine dreitausend Reiter in den Rücken einer gallischen Auxilie. Die Gallier, die eben noch erbittert gegen Inguiomars Männer angeritten waren, rissen erschrocken ihre Pferde herum. Sie waren überrascht, plötzlich auf zwei Seiten kämpfen zu müssen. Der Donarfürst trieb die Seinen zu höchster Eile an. Der Durchbruch zu Inguiomar mußte gelingen, bevor der Feind sich von der Überraschung erholte und frische Kräfte heranzog.

Immer wieder fuhr Thorags rechte Hand mit dem Schwert auf die gallischen Reiter nieder, während er mit der Linken den Falben lenkte. Der Donarsohn ritt an der Spitze seiner Männer, ohne auf die zahlreichen kleinen Wunden zu achten, die er sich dabei einfing.

Irgendwann – es mochten Augenblicke oder Ewigkeiten des Reitens und Kämpfens, des Tötens und Sterbens vergangen sein – sah er Inguiomar. Inmitten seiner zusammengeschmolzenen Kriegergefolgschaft erwehrte der Ingfürst sich der Gegner, indem er mit seiner blutigen Schwertklinge Streich um Streich führte.

Er blutete aus mehreren Wunden am Leib und aus einer ziemlich großen am Hinterkopf. Das lange Haar, sonst blond und von grauen Strähnen durchzogen, schimmerte rötlich und klebte, vermischt mit Blut und Schweiß, wie ein Helm an seinem Kopf. Der goldleuchtende Eberkopf auf seiner nackten Brust, Symbol des von Ing gerittenen Ebers Goldborste, war schweißverschmiert und von Blut halb verdeckt. Inguiomar mochte ein hinterhältiger, machtgieriger Neiding sein, doch zugleich war er ein starker, tapferer Krieger, der Tod und Verderben über seine Feinde brachte.

»Führe deine Krieger nach Osten, Herzog!« rief Thorag ihm zu, nachdem die Männer des Donarfürsten sämtliche Gallier zwischen sich und Inguiomars Kriegern niedergekämpft hatten. »Wir müssen die Umklammerung zersprengen, ehe sie zu fest geworden ist.«

Inguiomar verstand und rief seinen Edelingen den Befehl zu, zusammen mit Thorags Streitmacht nach Osten durchzubrechen. Dort, vor der römischen Angriffsspitze, konnte man sich neu sammeln, um den von Armin geplanten Flankenangriff durchzuführen. Noch hatten die Gallier sich nicht ganz erholt und waren zu schwach, die Cherusker an ihrem Absetzmanöver zu hindern.

Der zweite Teil von Armins Plan mißlang gründlich. Die Cherusker erhielten keine Gelegenheit, der römischen Marschkolonne in die Flanken zu fallen. Noch vom Kampf geschwächt und ohne rechte Ordnung, wurden die cheruskischen Krieger selbst von den gallischen und germanischen Auxilien an beiden Flanken angegriffen.

Als Thorag sah, wie seine Reiter niedergemacht wurden, krampfte sich sein Herz zusammen. Besonders schmerzlich war der Anblick, weil hier zum Teil Germanen gegen Germanen kämpften. Die Römer selbst griffen nicht in den Kampf ein, verharrten in ihrer Marschordnung, dem Agmen Quadratum, und warteten darauf, daß ihre Hilfstruppen ihnen unter großen Blutopfern den Weg freikämpften.

»Wir müssen so schnell wie möglich zu Armin!« rief Thorag inmitten des Kampfgetümmels dem Ingfürsten zu. »Nur mit vereinten Kräften kann es uns noch gelingen, den feindlichen Ansturm aufzuhalten.«

»Nein!« schrie Inguiomar wie ein Rasender. »Wir fliehen nicht vor den Römern. Dies ist heilige Erde, das Land der Idisen, und wir geben keine Handbreit davon freiwillig auf!«

Vergeblich versuchte Thorag, ihn davon zu überzeugen, daß ein Tod im Kampf zwar ehrenvoll, aber zu diesem Zeitpunkt sinnlos war. Ohne feste Schlachtordnung und ohne die Verstärkung durch Armins Kriegerhaufen waren die Cherusker dem Feind zum Abschlachten ausgeliefert.

»Du bist ein Gaufürst und Armins Blutsbruder, aber ich bin Herzog der Cherusker, mein Wort ist Befehl! Und ich befe...«

Inguiomars Worte erstarben mit einem gurgelnden Laut, gleichzeitig sackte er auf seinem Pferd zusammen. Ein Pfeil war tief in seine Brust gefahren.

Die feindlichen Bogenschützen zu Fuß, die hinter den gallischen und germanischen Auxiliarkohorten marschiert waren, hatten Aufstellung genommen und sandten ihre todbringenden Pfeile über die Köpfe der eigenen Leute in die Reihen der Cherusker. Mit jeder Pfeilwelle verdunkelte sich der Himmel und erfüllte ein vielhundertfaches Sirren die Luft, bedrohlich wie das Raunen der Luftriesen, die sich zum alles verheerenden Sturm zusammenrotten.

»Gebt das Zeichen zum Rückzug!« schrie Thorag den nächsten Edelingen zu. Jetzt war *sein* Wort Befehl.

Während die Hörner der Cherusker den Befehl weitergaben, beugte er sich über Inguiomar. Der Pfeil war durch den goldenen Eberkopf gedrungen und irgendwo zwischen den Rippen steckengeblieben. Das aus der Wunde sprudelnde Blut erweckte den Eindruck, Goldborste stoße roten Auswurf hervor.

Inguiomars halb geschlossene Lider flatterten, und seine knochigen Hände verkrampften sich in der Mähne des Braunen. Der Verwundete befand sich in einem Zustand zwischen Bewußtsein und Ohnmacht, unfähig zu Worten und Taten, aber noch ein Stück diesseits von der Schwelle zum Totenreich.

162

Thorag brach den hölzernen Pfeilschaft eine Handbreit über der Wunde ab und rief zwei Männer aus Inguiomars Kriegergefolgschaft herbei, die sich um ihren Fürsten kümmern sollten. Solange Inguiomars verräterisches Bündnis mit den Batavern nicht erwiesen war – und das würde es vielleicht niemals sein –, hatte er sein Leben in Thorags Augen nicht verwirkt.

Inguiomar hatte vollends das Bewußtsein verloren, und dafür konnte er seinem Sippengott Ing dankbar sein. Der Schmerz hätte ihm sonst leicht das Leben rauben können, als die junge Priesterin Astrid mit einem scharfen dünnen Messer in seine Brust schnitt. Die Pfeilspitze hatte sich an einer Rippe verhakt, und die heilkundige Priesterin wollte sie herausschneiden. Das war der einzige Weg, Inguiomars Leben zu retten.

Thorag und Armin standen in der großen Hütte, die aus Astwerk erbaut und mit Laub und Farn gedeckt war. Ein Verletzter lag neben dem anderen, und die heilkundigen Frauen, die nach altem Brauch die Krieger begleiteten, mühten sich um jedes einzelne Leben.

Der Donarfürst interessierte sich weniger für Inguiomar als für dessen Pflegerin. Er hatte die dunkelhaarige Frau gekannt, als sie noch eine Leibeigene gewesen war. Später, als Priesterin bei den Heiligen Steinen, hatte sie den schwerverwundeten Thorag gesund gepflegt. Und sie hatten sich geliebt, für kurze Zeit nur. Eine Liebe, mehr eine Leidenschaft, die längst im Netz der Zeit verloren war. Wie so vieles in diesen Sommern des Kampfes und Wintern des Bangens verlorenging.

Astrids Hände waren blutbeschmiert, ebenso ihr Messer und ihr weißes Gewand. Vorsichtig zog sie an dem abgebrochenen Pfeilschaft, doch noch immer saß das Geschoß fest in der aufgeschnittenen Brust.

»Widerhaken«, brummte Armin. »Sie lassen das Leben, in das sie sich einmal verbissen haben, nicht los. Du mußt tiefer schneiden, Astrid.«

Sie wandte ihnen das Gesicht zu, und der flackernde Schein des Herdfeuers, das in der Mitte der Hütte unter dem Rauchfang brannte, überzog ihre ebenmäßigen Züge mit einem geisterhaften Rot. »Wenn ich tiefer schneide, verliert er zuviel Blut und mit dem Blut sein Leben. Und das willst du doch nicht, Herzog Armin, oder?«

Astrid wartete Armins Antwort nicht ab. Sie griff nach einer Zange, mit der sie den Pfeilschaft umfaßte. Ein schneller Ruck, und sie hatte die blutbeschmierte Eisenspitze herausgezogen. An den Widerhaken hingen Fleischfasern. Achtlos ließ sie die Zange mit ihrer Beute fallen und wandte sich wieder dem Verwundeten zu.

Obwohl nicht bei Bewußtsein, schien er den Schmerz gespürt zu haben. Als Astrid die Pfeilspitze herausriß, ging ein Beben durch seinen Leib. Sein kantiger Kopf fiel von einer Seite auf die andere, und die geschlossenen Augenlider zuckten. Blut schoß aus der Wunde. Mit schnellen, geübten Griffen preßte die Heilerin einige Hanfblätter auf die Wunde, und schon nach kurzer Zeit versiegte der rote Strom. Sie ersetzte die Blätter durch frische und wickelte einen Verband um Inguiomars Brust, die sich kaum merklich hob und senkte.

»Er braucht jetzt Schlaf und Ruhe«, verkündete die Priesterin. »Dann wird die Wunde verheilen und neue Lebenskraft in seinen Körper strömen.«

Armin sah seinen Oheim mißmutig an. »Inguiomar schläft, während die Römer gegen unsere Stellungen anrennen. Er hat unseren Schlachtplan mißachtet und

164

das Leben vieler Krieger geopfert. Mir bleibt es überlassen, die Schlacht zu beenden. Und an mir bleibt der üble Geruch der Niederlage hängen.«

Er nickte Astrid zu und zog Thorag mit sich nach draußen. Mehrere der einfachen Hütten waren hier in einer Senke auf dem Bergrücken errichtet worden, um die Verwundeten aufzunehmen. Immer neue Verletzte schleppten sich mit letzter Kraft herbei oder wurden von ihren nicht ganz so schwer verwundeten Gefährten getragen. Es sah so aus, als reichten die Hütten der Heilerinnen nicht für alle.

Thorag blickte zwischen den Kronen der weit auseinanderstehenden Buchen zum Himmel hinauf. Sunna hatte ihren höchsten Punkt längst überschritten, aber noch würden einige römische Stunden vergehen, bis sie ihren Tagesweg vollendet hatte. Lag dort im Westen, wohin sie allmählich wanderte, die Rettung?

»Vielleicht ist der Rückzug die einzige Möglichkeit, unser Heer vor der völligen Vernichtung zu bewahren«, murmelte er.

»Das ist er, aber erst wenn Notts Schleier erlauben, daß wir uns von den Römern absetzen.« Armin blickte hinunter ins Tal, aus dem der Schlachtenlärm immer lauter heraufdrang. Der Feind rückte näher. »Wir müssen alle Kräfte sammeln und versuchen, die Römer zurückzuwerfen. Sie dürfen nicht die Oberhand gewinnen, solange Dagr und Sunna den Himmel beherrschen.«

»Nicht die Römer«, sagte Thorag mit düsterer Miene. »Die Legionen haben noch gar nicht in die Schlacht eingegriffen. Germanicus hält sie zurück, weil er weiß, daß die Auxilien leichter zu ersetzen sind und ihr Verlust eher zu verschmerzen ist. In Rom wird es heißen, er habe die Schlacht behauptet, ohne einen einzigen Mann zu verlieren. Denn Barbaren, und kämpfen sie auch für

Rom, zählen in der Stadt der Wölfin nicht mehr als Tiere.«

»Auch Tiere kämpfen um ihr Leben«, knurrte Armin. »Zeigen wir es Germanicus!«

Kapitel 12
Der Beste

Armins entschlossenes Gesicht löste sich auf. Seine Worte verhallten zwischen dem Jetzt und dem, was einmal war. Thorag lag schweißnaß in zerwühlten Decken, begriff nur allmählich, daß die Schlacht auf der Elfenwiese längst geschlagen war und die Gefallenen schon seit drei Wintern an Wodans Tafel saßen. Der Traum war wie die Wirklichkeit gewesen, und doch verstand er ihn nicht. Warum zeigten die Götter ihm all das?

Ein Kratzen schärfte seine Sinne, alarmierte seinen Verstand. Er hatte das leise Geräusch eben schon gehört. Es hatte ihn aus dem Schlaf gerissen, aus dem Traum, der noch gar nicht zu Ende war. Doch jetzt ging die größte Gefahr nicht vom Heer des Germanicus aus, sondern offenbar von seinem Fenster mit den leicht geöffneten Läden.

Wieder dieses Kratzen!

Da versuchte jemand, das Drahtgitter zu entfernen, das den Schlafenden vor nächtlichem Ungeziefer schützte. Jemand, der in Thorags Cubiculum eindringen wollte.

Der Cherusker war auf einen Schlag hellwach, sprang aus dem Bett und griff nach seinem Schwert, das er neben dem Bettgestell auf den Boden gelegt hatte. Nach seiner Genesung hatte es für Apicius keinen Anlaß gegeben, ihm die Waffen länger zu verwehren. Jedenfalls keinen, den der Römer gegenüber seinem Gast vertreten konnte.

Thorag huschte mit nackten Füßen zum Fenster, so lautlos, wie Nigrinus sich am Vormittag in den Thermen bewegt hatte. Durch die zwei Handbreit offenstehenden Läden fiel der blasse Schimmer, mit dem Mond und

Sterne das schlafende Ravenna beleuchteten. Ein Schatten bewegte sich davor, ein Mensch. Er keuchte.

Ein leises Klirren ertönte, und das Drahtgitter löste sich aus den Verankerungen. Der Fremde vor dem Fenster bückte sich, um es möglichst geräuschlos auf den Boden zu legen.

Als er sich wieder erhob, riß Thorag die Läden auf und zog ihn mit der Linken halb durch die Fensteröffnung. In der rechten Hand hielt der Donarsohn sein Schwert, dessen Spitze er gegen die Brust des anderen drückte.

»Nicht!« keuchte eine helle Stimme, und im Licht der Gestirne erkannte Thorag Gavianas verängstigte Züge.

Er legte das Schwert zu Boden und zog die Römerin ganz herein. Auch sie war barfuß, trug nur eine leichte Tunika, ihr Nachtgewand. Das Haar fiel lose auf ihre Schultern.

»Sei leise!« flüsterte sie. »Niemand darf wissen, daß ich hier bin.«

Thorag griff zum hinteren Saum ihrer Tunika und hob das Gewand bis zum Nacken. Die kaum verheilten Striemen waren aufgeplatzt, aufgerissen durch neue Peitschenhiebe. Eine gelbliche Paste hatte die Blutung gestillt, aber Gaviana mußte höllische Schmerzen erleiden. Er ließ die Tunika vorsichtig wieder herunter, bemüht, den wunden Rücken möglichst wenig zu streifen, und schloß die Fensterläden.

»Unseretwegen?« fragte er leise.

Gaviana nickte. »Ich weiß nicht, ob mein Vater geglaubt hat, was wir ihm erzählten. Vielleicht war es ihm auch egal. Manchmal denke ich, er haßt mich.«

»Warum sollte er das?«

»Weil ich ihn an meine Mutter erinnere.«

»Haßt er deine Mutter?«

»Ich weiß nicht. Zuweilen, wenn wir von ihr sprechen,

habe ich den Eindruck. Sein Gesicht nimmt dann einen harten, gnadenlosen Ausdruck an. So wie er aussieht, wenn er zur Scutica greift.«

Ihre letzten Worte gingen in einem Schluchzen unter, Tränen rannen über ihr Gesicht.

Thorag legte vorsichtig die Arme um sie und führte sie zum Bett, wo sie sich niedersetzten. Eine ganze Weile saßen sie still da. Gaviana hatte den Kopf auf seine Schulter gelegt, und er spürte die Feuchtigkeit ihrer Tränen durch den Stoff seiner Tunika dringen. Obschon kein Wort fiel, war ihm, als lerne er sie von einer ganz neuen Seite kennen. Nach der stolzen und der verführerischen Römerin entpuppte sie sich nun als die innerlich Verzweifelte.

Irgendwann, als ihre Tränen nicht länger rannen, sagte sie: »Vielleicht kann ich froh sein, daß es Vater ist, der mich züchtigt. Wenn ich Aristons Gemahlin bin, wird der Schmerz womöglich ein vielfacher sein.«

Sie schien auf seine Reaktion zu warten und sah ihn an, soweit das in dem dunklen Raum möglich war. Durch die Ritzen der geschlossenen Läden fielen dünne Lichtschleier, die nicht mehr als Umrisse enthüllten.

»Ich habe von dem Abkommen gehört, daß Apicius mit seinem Gladiator geschlossen hat«, erklärte Thorag. »Und ich kann nicht sagen, daß es mir gefällt.«

»Mir auch nicht, aber wir können es verhindern.«

»Wie?«

Sie krallte ihre Finger in seinen Arm, schob ihr Gesicht ganz nah an das seine und flehte: »Geh mit mir fort von hier, Hruodmar, jetzt gleich!«

»Wäre das nicht ein übereilter Entschluß?«

»Kaum, denn morgen wäre es zu spät.«

»Du scheinst wenig Vertrauen in meine Kraft und Gewandtheit zu haben.«

»Auch wenn du das Fieber überwunden hast, das Viperngift steckt noch in deinem Körper, schwächt deinen Geist und deine Muskeln. Außerdem ist das Töten Aristons Beruf. Er ist sehr gut darin, und er liebt es. In deinem Fall wird er es genießen wie nie zuvor.«

»Abwarten.«

»Dann ist es zu spät! Was hast du nur, Germane? Gefalle ich dir nicht?«

»Wie sehr du mir gefällst, habe ich dir im Frigidarium gezeigt.«

»Was ist es dann?« Ihre Stimme klang verzweifelt, zitterte. »Fühlst du dich von mir hintergangen?«

»Sagen wir, ich hätte einen Hinweis auf den Mann, dem du versprochen bist, dankbar entgegengenommen.«

»Ich kann es nicht mehr rückgängig machen. Aber ich schwöre dir, fortan aufrichtig zu dir zu sein. Bitte, Hruodmar, komm mit mir!«

»Es geht nicht.«

»Warum nicht? Ist dir das Geld meines Vaters mehr wert?«

»Das ist es nicht.«

»Was dann?«

»Ich habe bereits eine Gemahlin.«

Gaviana schluckte. Diese Antwort schien sie nicht erwartet zu haben. Sie rückte ein Stück von ihm weg, als sei er ihr mit einemmal fremd geworden.

Nach einer Weile fragte sie: »Wo ist deine Gemahlin? In deiner Heimat?«

»Ja«, log er.

»Und … liebst du sie?«

»Ja.« Diesmal sprach er die Wahrheit.

Ruckartig stand sie auf. »Ich hätte nicht kommen dürfen. Es war dumm von mir. Und gefährlich. Vater läßt mich bewachen. Ich mußte einiges von meinem Schmuck opfern, um den Posten vor meinem Cubiculum zu bestechen.«

Auch Thorag erhob sich. »Es wäre nicht dumm gewesen, wäre ich ein anderer. Es tut mir leid.«

»Mehr kann ich wohl nicht erwarten«, seufzte sie und ging zum Fenster.

»Was hast du vor? Willst du allein fliehen?«

»Allein? Wozu? Wohin? Um als Dirne in den Hafenbordellen zu enden?«

»Was dann?«

»Was wohl? Ich werde Aristons Gemahlin – falls er den morgigen Tag überlebt.«

Ariston sah nicht so aus, als zweifle er an seinem Sieg. Ganz im Gegenteil, er schien es kaum erwarten zu können, auf Thorag loszugehen. Immer wieder sprach Demetrius beschwichtigend auf seinen Bruder ein.

Vielleicht war Aristons Ungeduld der Weg zum Sieg für Thorag, überlegte der Cherusker, während ein junger Sklave vor ihm kniete und die Lederbandagen um seine Unterschenkel wickelte. In der Arena mochte Ariston einen kühlen Kopf bewahren, aber hier, wo er sich in seiner Ehre beleidigt fühlte, sah Thorag gute Aussichten, ihn zu Unbedachtsamkeiten zu verleiten.

Dieser Tag war noch heißer als der gestrige. Thorag beneidete die Zuschauer, die den Schutz des Säulengangs genießen konnten, während die beiden Kontrahenten sich in der offenen Palästra gegenübertraten. Gavius Apicius hatte eine große Zahl von Gästen eingeladen. Ariston war, auch wenn er außerhalb der Arena und mit den einfachen Waffen eines Pägnariers kämpfte, eine Sensation. Die aufgedonnerten Römerinnen musterten die beiden Kämpfer mit interessierten, manchmal auch mit gierigen Blicken, während ihre Männer fleißig Wetten abschlossen. Wieviel hoffte Apicius an Thorags Niederlage zu verdienen?

Der Hausherr saß in einem breiten, mit einem dicken Kissen gepolsterten Klappstuhl, trank Wein aus einem Murrapokal und unterhielt sich mit einer Gruppe teuer gewandeter Römer. Seine Tochter ließ sich nicht blicken. Thorag hatte sie auch beim Essen nicht gesehen. Vielleicht rechnete sie so fest mit der Niederlage des Germanen, daß Gaviana sie nicht auch noch mit ansehen wollte. Oder hatte Apicius ihr das Zusehen untersagt, damit ihre angeblich befleckte Ehre nicht weiter ins Gerede kam? Aber wäre ihm soviel am guten Namen seiner Tochter gelegen, hätte er kaum Gäste zu dem Kampf geladen.

Der junge Sklave brachte das dicke Lederstück zum Abfangen der gegnerischen Schläge, legte es um Thorags linken Unterarm und zurrte es dort mit mehreren Riemen fest zusammen. Es war ein ungewohntes Gefühl. Der Cherusker empfand das schwere Leder, das in seine Armbeuge kniff, als hinderlich. Das Armleder und die Beinriemen waren der ganze Schutz, der einem Pägnarier zustand. Thorag und Ariston trugen ansonsten nur ihre Tuniken und Ledersandalen.

Ein weißhaariger Sklave, im weißen Kittel des Kampfrichters und mit einem Stock in der Hand, trat in die Mitte des sandigen Platzes, und die Gespräche ebbten ab. »Ich, Celsus, wurde von meinem ehrwürdigen Herrn Gavius Apicius beauftragt, die Kämpfer vorzustellen und den Kampf zu leiten. Gekämpft wird mit den Waffen der Pägnarier. Jeder Kämpfer erhält einen Eisenhaken, um den Armschutz des Gegners wegzuziehen. Eine Peitsche und ein hölzerner Knüppel werden in die Mitte des Platzes gelegt, wo ich jetzt stehe. Es hängt vom

Geschick der Kämpfer ab, wer welche Waffe zuerst ergreift. Der Kampf endet, wenn ein Kämpfer Hand und Finger erhebt zum Zeichen, daß er den anderen als Sieger anerkennt, oder wenn das Leben einen der Kämpfer verläßt. Sind die Regeln verstanden worden?«

Er sah erst Ariston und dann Thorag an, und beide nickten ihm zu.

»Jeder Kämpfer tritt an, um seine Ehre zu behaupten«, fuhr Celsus fort. »Der eine heißt Hruodmar und kommt aus dem fernen Germanien. Der Krieger vom Stamme der Ubier ist den Kampf gegen wilde Tiere gewohnt. Er wird uns zeigen, ob er auch gegen einen ausgebildeten Gladiator bestehen kann. Immerhin hat er die Tochter meines Herrn vor den Sumpfschlangen gerettet.«

Der letzte Satz löste ein halb überraschtes, halb bewunderndes Raunen aus. Vorher an dem Germanen nur mäßig interessiert, warfen ihm die Gäste des Apicius nun neugierige Blicke zu, und ein paar Römer, die Morgenluft witterten, schlossen noch schnell eine Wette auf Thorag ab.

Celsus sprach lauter, um das Geraune zu übertönen: »Der zweite Kämpfer ist der allseits bekannte, vom Publikum verehrte und von seinen Gegnern gefürchtete Ariston. Jeder hier weiß um seinen Mut und seine Kraft. Man nennt ihn auch den Töter, weil keiner seiner Gegner die Arena lebend verläßt.«

Die Verehrung des Publikums schien besonders von den Frauen auszugehen, die in stürmische Beifallsrufe ausbrachen. Ihre Männer dagegen, die schon manchen Aureus an Apicius verloren hatten, standen eher auf Thorags Seite.

»Die Regeln sind bekannt, ich werde über ihre Einhaltung wachen.« Celsus trat langsam zurück, hob seinen Richterstock und ließ ihn mit einer schnellen Bewegung sinken. »Möge der Beste siegen!«

Der Beste!

In Thorags Ohren klang es wie Hohn, als habe der Kampfrichter keinen Zweifel am Ausgang des Kampfes. Ariston würde einen weiteren Sieg verzeichnen und seinem Namen gerecht werden. So mochte Celsus es sehen und Apicius auch, doch Thorag war fest entschlossen, sie zu enttäuschen.

Der Sklave, der Thorags Lederbandagen angelegt hatte, reichte ihm eine knapp armlange Eisenstange, deren oberes Ende zu einem stumpfen Haken umgebogen war. Demetrius übergab seinem Bruder die gleiche Waffe. Ein weiterer Sklave rannte zu der Stelle, an der Celsus seine Ansprache gehalten hatte, legte dort Peitsche und Holzknüppel nieder und machte sich eilig aus dem Staub.

Da ging Ariston auch schon unter vereinzelten Beifallsrufen auf die Mitte des Kampfplatzes zu. Falls die Dolchwunde ihm noch Schmerzen verursachte, ließ er es sich nicht anmerken. Der Verband unter der Tunika schien straff zu sitzen. Die Nase, vorher schon wulstig und recht häßlich, stand nach dem Bruch weit zur Seite ab und würde die krumme Stellung wohl auch beibehalten. Der Gladiator ging gemessenen Schrittes und schien sich seines Sieges sicher. Daß es für ihn kein Kampf wie jeder andere war, verriet der haßerfüllte Ausdruck seiner Augen.

Auch Thorag, der es Ariston gleichtat und den Eisenhaken mit der linken Hand hielt, setzte sich in Bewegung. Schon nach zwei oder drei Schritten spürte er ein flaues Gefühl in der Magengegend, dann einen krampfartigen Schmerz. Wie eine Faust, die in seinen Eingeweiden wühlte.

Behielt Gaviana recht? Machte ihm das Schlangengift noch zu schaffen?

174

Ausgerechnet jetzt!

Er stieß einen stillen Fluch aus und ging weiter. Er durfte dem Gegner die Schwäche nicht zeigen.

Vielleicht war es auch nur der fehlende Schlaf, versuchte er sich zu beruhigen. Nach Gavianas Besuch hatte er kein Auge zugetan. Er hatte an die junge Römerin gedacht und an die Enttäuschung, die er ihr bereitet hatte. Doch fand er keinen anderen Weg für sich selbst. Die Vereinigung mit ihr hatte ihm Lust bereitet, aber er empfand keine tiefe Liebe für sie. Sein Herz gehörte Auja.

Fast war er froh darüber gewesen, nicht wieder einzuschlafen. Die Träume von vergangenen Kämpfen beunruhigten ihn, weil er sie nicht verstand. Er war nicht wild darauf, den Ausgang der Schlacht auf der Elfenwiese noch einmal zu erleben. Gab es im Hier und Jetzt nicht genug Gefahren zu bestehen?

Eine davon hieß Ariston und machte so plötzlich einen gewaltigen Satz nach vorn, daß die Zuschauer ebenso überrascht waren wie Thorag. Nur Demetrius und Apicius nicht, wie er aus den Augenwinkeln wahrnahm. Befriedigung breitete sich auf ihren Gesichtern aus. Sie kannten Ariston gut, hatten ihm vielleicht sogar die Taktik empfohlen.

Während die Zuschauer begeistert johlten, sprang auch Thorag nach vorn.

Aristons Vorsprung war zu groß. Schon beugte er sich über Scutica und Knüppel und streckte die rechte Hand aus. Thorag konnte nichts tun als zusehen, welche Waffe sein Gegner erwählte.

Doch als Ariston sich aufrichtete, lagen beide Waffen noch an ihrem Platz. Die zusammengeballte Rechte des Gladiators schnellte vor, und etwas spritzte in Thorags Gesicht.

Schützend hob der Donarsohn die freie Hand, wandte den Kopf zur Seite und schloß die Augen. All das geschah rein instinktiv. Erst als ihn die groben Körner trafen, wußte er, daß Ariston Sand nach ihm geschleudert hatte.

Er hatte rechtzeitig genug reagiert, um seine Augen vor der Blendung zu schützen. Trotzdem hatte Ariston seinen Vorteil aus der Aktion gezogen, vielleicht den, auf den er es von vornherein abgesehen hatte. Thorags Ablenkung hatte ihm Zeit verschafft, den Knüppel an den Rand des Kampfplatzes zu schleudern und sich mit der Peitsche zu bewaffnen.

Schon schwang der bullige Gladiator den Elfenbeingriff, und die fünf Fuß lange, sich nach vorn verjüngende Lederzunge leckte schmerzhaft über Thorags linke Schulter, zerfetzte den Stoff der Tunika und hinterließ einen dicken roten Striemen.

Wieder schrie das Publikum. Selbst wer kein Freund von Apicius war, begeisterte sich für die gelungene Aktion des Gladiators. Ariston beherrschte den Kampfplatz, hatte den Germanen an der Nase herumgeführt und ihn gedemütigt. Jetzt schien Thorags Niederlage allen sicher. Die Frage war nur noch, auf welche Weise Ariston den Sieg erringen würde.

Vollends verloren erschien ihnen der Germane, als er auch den zweiten und dritten Peitschenhieb über sich ergehen lassen mußte. Der zweite Biß der Lederschlange traf seine rechte Schulter mit ähnlicher Wirkung wie der erste. Beim dritten Mal fuhr das Leder sogar über das Gesicht des Cheruskers und riß die linke Wange auf. Die Folgen waren ein schmerzhaftes Brennen und Blut, das an seinem Hals hinunterlief.

Thorag achtete nicht darauf. Während sein Gegner die Peitsche schwang, hielt er festen, aber nicht übereilten

Schrittes auf ihn zu. Dabei wechselte er den Eisenhaken in die rechte Hand. Nach dem dritten Peitschenhieb war er Ariston so nah, daß der Gladiator zurückweichen mußte, um die nötige Distanz zum Führen der Scutica aufrechtzuerhalten. Die von Ariston erwählte Waffe war für den Nahkampf nur eingeschränkt geeignet, und darauf fußte Thorags Plan.

Die Lederzunge zuckte zum vierten Mal nach vorn. Thorag blieb stehen und riß den linken Arm mit dem Lederschutz hoch. Ein leises Klatschen ertönte, und Leder wickelte sich um Leder.

Der Donarsohn zielte auf den ungeschützten Kopf des Gegners und schleuderte den Eisenhaken gegen Ariston. Daß jemand die zur Verteidigung gedachte Waffe als Wurfgeschoß für den Angriff zweckentfremdete, überraschte sogar den erfahrenen Gladiator. Er duckte sich, um dem Eisen zu entgehen. Thorag packte derweil mit beiden Händen das Peitschenleder und entwand Ariston die Waffe mit einem heftigen Ruck.

Ariston stieß einen Wutschrei aus und stürmte, die Linke mit dem Eisenhaken zum Schlag erhoben, auf Thorag zu. Der hatte sich der Peitsche bemächtigt und schwang sie gegen den Angreifer. Das Leder schlang sich um den rechten Fuß des Gladiators. Ein erneuter Ruck, und Thorag brachte den anderen zu Fall, kurz bevor Ariston ihn erreichte.

Der Kahlköpfige fiel auf die Seite. Sand wirbelte hoch. Der Gladiator schien nicht verletzt zu sein, nur überrascht. Er erholte sich schnell davon, aber nicht schnell genug. Als er sich taumelnd erhob, sprang Thorag ihn von hinten an und warf ihn erneut in den Sand. Diesmal kam der Gestürzte auf Bauch und Gesicht zu liegen.

Die Anstrengung verursachte neuen Schmerz in Thorags Magen. Es mußte doch das Schlangengift sein. Statt allmählich wieder zu Kräften zu gelangen, hatte der Cherusker seiner angegriffenen Gesundheit mit den Kämpfen gegen Ariston an zwei aufeinanderfolgenden Tagen zuviel zugemutet. Die unsichtbare Faust hörte gar nicht mehr auf, seine Eingeweide durchzukneten. Eine Schmerzwelle nach der anderen durchströmte ihn, begleitet von immer heftigerer Übelkeit. Eines war ihm klar: Wenn er den Kampf gewinnen wollte, mußte es schnell geschehen.

Er sprang auf den Rücken des Gegners, schlang die Peitschenschnur um dessen dicken Hals und zog das Leder fest zusammen. Ariston spuckte, würgte und rang nach Luft, wie der Donarsohn gestern in seinem Würgegriff nach Luft gerungen hatte. Einen Versuch Aristons, sich zu erheben, vereitelte Thorag, indem er blitzschnell seine Fäuste auf den kahlen Hinterkopf fahren ließ.

Und schon zog er die Schlinge wieder zusammen. Ariston keuchte schwer und griff nach der Peitschenschnur. Die saß so fest, daß die klobigen Finger des Gladiators nicht zwischen Leder und Haut drangen. Ariston warf den Kopf hin und her wie ein Fisch, der in wilden Zuckungen verreckt, nachdem man ihn an Land gezogen hat. Aber auch das half ihm nichts. Thorag legte alle Kraft in seinen Würgegriff und hoffte, daß sie ausreichte.

Als Aristons Gesicht eine bläuliche Färbung annahm und die Augen aus den Höhlen quollen, zischte Thorag: »Gib auf, Ariston, und ich lasse los! Mach schon, du sturer Bock, heb die Hand!«

Der Gladiator hob keine Hand. Er verkrallte alle zehn Finger im Sand, als wolle er sich selbst gewaltsam hindern, den Kampf verloren zu geben.

Doch er hatte unweigerlich verloren. Für Ariston gab es nichts mehr zu gewinnen als sein Leben.

Plötzlich wurde Thorag an den Schultern gepackt und

vom Rücken des Gladiators gerissen. Zwei Männer aus der afrikanischen Wache des Apicius hielten ihn fest.

Ihr Herr stand mit Celsus daneben und rief laut: »Ich erkläre den Kampf für beendet und Hruodmar zum Sieger! Schonen wir Aristons Leben in Anbetracht all der Verdienste, die er sich in der Arena erworben hat.«

Zustimmende Rufe brandeten über die Palästra. Die Anhänger Aristons, deren Schar im Verlauf des Zweikampfes geschmolzen war, freuten sich, daß ihr Favorit mit dem Leben davonkam. Alle anderen waren mehr als zufrieden, endlich einmal die Wetten gegen Ariston und Apicius gewonnen zu haben.

Apicius' Eingreifen entsprach nicht ganz den Regeln der Arena und auch nicht denen, die Celsus vor dem Kampf verkündet hatte. Solange der im Kampf Unterlegene nicht die Hand hob und einen Finger in die Luft streckte, hatte niemand das Recht, ihm Gnade zu gewähren, nicht einmal der Sieger. Es wäre nicht nur Thorags Recht, sondern seine Pflicht gewesen, Ariston zu töten. Das hatte auch Apicius erkannt und den Kampf unterbrochen, um sich nicht um seinen erfolgreichsten Gladiator zu bringen, der eine unerschöpfliche Geldquelle und sein zukünftiger Schwiegersohn war.

Vielleicht hatte auch der verschlagene Demetrius seinen Herrn zum Einschreiten bewegt. Als der kleine Grieche sich über seinen röchelnden Bruder beugte, streifte er Thorag mit einem finsteren Blick.

Auch wenn Thorag die Vorstellung einer Heirat zwischen Ariston und Gaviana betrübte, war er froh, daß der Gladiator überlebt hatte. Er empfand es als entwürdigend, einen Menschen langsam zu erdrosseln wie eine Mastgans, die man zum Braten aufspießen will.

Jetzt, wo die Anspannung vorüber war, erlahmten

Thorags Kräfte. Seine Knie wurden weich, und er wäre gestürzt, hätten die Afrikaner ihn nicht gestützt.

Apicius bemerkte seine Schwäche und befahl den Wachen, ihn in sein Cubiculum zu bringen. Als sie ihn von den Thermen wegführten, begleiteten ihn laute Jubelrufe: »Der Beste! Er ist der Beste! Ja, der Beste!« Nur unterschwellig nahm er die Rufe wahr und den Umstand, daß sie nicht Ariston galten, sondern ihm.

Menschen und Gegenstände tanzten um Thorag und kamen erst zur Ruhe, als er, völlig ermattet, endlich im Bett lag. Doch jetzt wurde alles durchscheinend. Das Bett und der ganze Raum verblaßten, damit längst Vergangenes Gestalt annehmen konnte.

Kapitel 13
Als die Elfen weinten

»Die römischen Hunde sind zu besiegen, und wenn sie der Mut verläßt, laufen sie davon wie verschreckte Hasen. Als wir Varus zum Kampf stellten, haben wir es erlebt. Und auch diesmal wird es uns gelingen, sie aus der Deckung ihrer Schilde und Rüstungen zu locken und ihnen den schwachen Kampfgeist zu rauben. Wie gering ihr Mut ist, haben sie vor zwei Sommern bewiesen, als sie sich, um dem Kampf zu entgehen, gegen ihren Feldherrn Germanicus stellten. Warum sollten sie jetzt das Leben für ihn wagen? Und daß sie Angst vor uns haben, zeigen die Schiffe, mit denen sie in unser Land gekommen sind. Warum bauten die Römer diese Flotte? Doch nur aus Furcht, auf dem Landweg von uns angegriffen zu werden. Lieber setzten sie sich Sturm und Wellen aus, den unberechenbaren Launen der Wasserriesen, als sich unseren Schwertern, Framen und Geren zu stellen. Und bedenkt, meine tapferen Krieger, was sie in unser Land bringen: nichts als Habsucht, Grausamkeit und Hochmut. Selbst wenn die Römer mutigere Männer wären, bliebe uns nichts anderes übrig, als an unserer Freiheit festzuhalten und den letzten Tropfen Blut für unsere Frauen und Kinder zu vergießen, um zu verhindern, daß sie in römischer Sklaverei verenden!«

Mit diesen anfeuernden Worten schürte Armin den Kampfgeist seiner geschwächten und zum großen Teil bereits verwundeten Krieger, die sich erwartungsvoll um den Herzog versammelt hatten. Er, Thorag und die anderen Fürsten wußten es besser, kannten die bittere Wahrheit, daß die Niederlage nicht mehr zu verhindern war, daß es nur noch darum ging, die Römer an der Zerschlagung des germanischen Heerbanns zu hindern. Aber allein mit dem Ziel, eine vollständige Niederlage in eine nicht ganz so vollständige zu verwandeln, ließ sich kein Kampfgeist entfachen.

Und so führte Armin seine ausgedünnten Hundertschaften in einen begeisterten Gegenangriff. Das Truggespinst des möglichen Sieges vor Augen, folgten Reiter und Fußkämpfer ihrem Herzog und brüllten seinen Namen in die Wölbungen ihre Schilde: »Ar-min! Ar-min! Ar-min!«

Die Auxilien des Germanicus, die den Sieg bereits vor Augen sahen, wichen entsetzt zurück. Auch sie waren abgekämpft, erschöpft, durch hohe Verlustzahlen ausgedünnt. Mit einem entschiedenen Gegenangriff der zurückgedrängten Feinde, mit solchem Kampfesmut und solcher Todesverachtung hatten sie nicht gerechnet. Für die kurze Zeit, in der die Nornen einen Knoten im Schicksalsnetz knüpfen, sah es so auch, als könne der Sieger der Schlacht wirklich Armin heißen.

Dann aber rächte sich, daß Inguiomar den Schlachtplan mißachtet und die als Reserven gedachten Cherusker zu früh in den Kampf geführt hatte. Germanicus dagegen konnte ausgeruhte Truppen nach vorn werfen und mußte dazu nicht einmal seine Legionen antasten. Die Auxilien, die das Ende der römischen Marschkolonne gebildet hatten, drängten heran.

Ausgeruhte Räter und Vindeliker fingen den Vorstoß der Cherusker und ihrer Verbündeten auf.

Berittene Bogenschützen schwärmten an den Flanken der römischen Schlachtordnung aus und schossen vielfachen Tod in Armins Angriffskeil.

Stertinius und Aemilius führten Reiterangriffe gegen die Germanen und trieben sie immer weiter auseinander.

Je mehr die von Armin mühsam errichtete Angriffsordnung zerbrach und die Hundertschaften zersplitterten, desto leichter fielen sie der römischen Übermacht zum Opfer.

Es versetzte Thorag einen tiefen Stich ins Herz, als er immer mehr Krieger davonlaufen sah. Die römische Reiterei jagte ihnen nach wie flüchtigem Wild. Einige Germanen suchten in hohen Baumkronen Zuflucht, und die feindlichen Bogenschützen machten sich einen Spaß daraus, sie aus dem Geäst zu schießen. Armin hatte den erhofften Zeitgewinn erreicht, aber zu welchem Preis!

Vielleicht sogar um den des eigenen Lebens. Als Sunna hinter den westlichen Bergen versinken wollte und erste Dämmerschleier über das Land fielen, wurde die Spitze des germanischen Angriffs mit Armin, Thorag, Ingwin und Argast von der Hauptmacht des Herrbanns getrennt und immer tiefer in eine enge, gewundene Schlucht abgedrängt. Die Feinde waren Chauken, seit zwanzig Wintern treue Verbündete Roms. Thorag erkannte sie an ihren zu Knoten geflochtenen Haaren, den großen Flachschilden und den überlangen Framen.

Reiter und Fußkämpfer bedrängten die Cherusker. Es war eine Cohors Equitata, eine berittene Kohorte: ein Mischverband aus Chauken zu Pferd und zu Fuß.

Der kleine Trupp um die beiden Blutsbrüder und ihre Kriegerführer schmolz immer mehr zusammen, und dann erkannten die Chauken den Herzog.

»Armin!«

Der Name flog von Mund zu Mund und beflügelte ihren Kampfeseifer.

Ob als Gefangener oder tot, der Herzog war eine mehr als willkommene Beute. Sich seines Hauptfeindes ledig zu wissen, war Germanicus bestimmt einen großen Sack Goldes wert. Ohne Rücksicht auf das eigene Leben drangen die Chauken auf die Cherusker ein.

Nur mit Mühe konnte Thorag sich die Angreifer vom Leibe halten. Er sah nichts mehr außer den entschlossenen Gesichtern mit den über ihnen thronenden Suebenknoten, sein immer wieder niederfahrendes Schwert – und Blut; sein eigenes Blut und das seiner Feinde.

Noch einmal konnten sie die Chauken zurückschlagen, aber der eigene Blutzoll war hoch. Nur noch sechs Cherusker saßen auf ihren Pferden: die beiden Fürsten und ihre Kriegerführer, der junge Donarsohn Jorit und Thorags Hornist Hilger.

»Die Götter haben sich von uns abgewandt«, flüsterte Jorit, während sein Blick über das leichenübersäte Gelände wanderte.

»Schlimmer!« schnaubte Ingwin und fuhr mit der flachen Hand über seine blutverklebten Augen. »Sie haben unseren Herzog in die Hände der Feinde gegeben. Die Chauken, die vor unseren Schwertern geflohen sind, werden mit vielfacher Verstärkung zurückkehren. Und alle werden nur eines suchen: Armins Kopf!«

Armin reckte sein markantes Kinn vor, als wolle er selbst den Göttern trotzen. »Wir müssen durchbrechen, bevor die Chauken den Ausgang der Schlucht abriegeln.«

»Aber dort werden sie uns erwarten«, warf Argast ein. »Und wenn sie dich erkennen, Herzog, werden sie sich auf dich stürzen wie Geier und Krähen auf die Leichen der Gefallenen.«

»Dann dürfen sie Armin nicht erkennen«, sagte Thorag und starrte in Ingwins Narbengesicht, in dem das verschmierte Blut klebte.

Thorag stieg von seinem Falben und beugte sich über die Leiche eines Chauken. Ein Schwerthieb des Donarsohns hatte den Hals des Feindes durchschnitten. Der unnatürlich weit zur Seite gerollte Kopf hing nur noch an einem dünnen Hautlappen. Immer größer wurde die Blutlache. Thorag griff mit beiden Händen hinein und beschmierte sein Gesicht mit der klebrigen, warmen Flüssigkeit. Als das Blut des Chauken auf seine Lippen und in seinen Mund floß, spürte er einen süßlichen und zugleich herben Geschmack, unangenehm und Übelkeit erregend.

»Nun, wie sehe ich aus?« fragte er, als er sich erhob und zu den anderen umdrehte.

»Anders«, entfuhr es Ingwin.

»Wie ein Untier vom Ende der Zeiten«, setzte Argast hinzu.

»Jedenfalls nicht mehr wie Thorag, der Fürst des Donargaues.« Armins Gesicht offenbarte den Anflug eines Lächelns. »Ein guter Einfall, mein Bruder, so machen wir es.«

Auch er stieg vom Pferd und beschmierte sein Gesicht mit dem Blut des Chauken. Argast, Ingwin, Jorit und Hilger taten es ihm nach. Sie alle sahen aus wie Geisterwesen. Wie Berserker im unersättlichen Blutrausch.

Ingwin stieß ein zufriedenes Knurren aus. »Das Blut und die Nachtschleier, die in diesem engen Tal schon recht lang sind, werden Armins Antlitz vor den verräterischen Chauken verbergen.«

Als der Herzog seinen Rappen besteigen wollte, hielt Thorag ihn zurück und bot ihm seinen Falben an. »Wir sollten die Pferde tauschen, das wird die Chauken noch mehr verwirren.«

»Ich kann nicht verlangen, daß du dein Leben einsetzt, um meines zu retten«, sagte Armin.

»Doch, das kannst du und das mußt du!« widersprach Thorag. »Es ist deine Pflicht als Herzog der Cherusker, dem Stamm erhalten zu bleiben. Es ist nicht sicher, ob

Inguiomar durchkommt. Selbst wenn, so wäre es nicht gut für unseren Stamm, ihn als alleinigen Anführer zu haben.«

Nach kurzem Überlegen nickte Armin. Und so ritt jeder der Blutsbrüder das Pferd des anderen, als sie aus dem Tal galoppierten, gefolgt von den übrigen vier Cheruskern.

Die Felsen traten weiter auseinander, und schon glaubte Thorag den Trupp in Sicherheit, da wuchsen geradewegs vor ihnen die langen Chaukenframen aus dem Boden. Die Krieger von der Küste hatten sich in einer Bodenwelle verborgen gehalten und waren mit den Schatten der Dämmerung verschmolzen gewesen. Jetzt sprangen sie auf und reckten den Reitern ihre Framen entgegen, deren Schäfte eine doppelte Manneslänge maßen. Vorn mit eisernen Spitzen bewehrt, waren die Holzschäfte auch am hinteren Ende zugespitzt. Die Chauken rammten die hinteren Enden in den Boden und hielten die Eisenspitzen schräg nach oben. Ein tödlicher Sperriegel, der sich von einem Augenblick zum anderen vor den Cheruskern erhob.

»Zur Seite!« rief Thorag dem neben ihm reitenden Armin zu, und beide rissen ihre Pferde herum.

Die Nachfolgenden hatten nicht soviel Glück. Argasts Pferd lief in eine der Framen und warf den Reiter in hohem Bogen ab. Sofort stürzten sich zwei, drei Chauken auf den Kriegerführer.

Ingwin und Jorit rissen ihre Tiere zurück, konnten aber nicht aus der Falle entkommen. Augenblicklich stürmten chaukische Krieger heran und bedrängten sie mit Schwert und Frame.

Hilgers Rotfuchs scheute unmittelbar vor den Framenspitzen. Der Reiter verlor den Halt und fiel in zwei der Lanzen. Eine durchbohrte seine Brust, die andere den Hals. Der Donarsohn würde nie wieder das Urhorn erschallen lassen.

Thorag sah das alles aus den Augenwinkeln, konnte sich aber nicht weiter darum kümmern. Schon kam eine neue Gefahr aus einem kleinen Birkengehölz. Etwa zehn berittene Chauken sprengten aus ihrem Versteck und kreisten die Blutsbrüder ein.

Der Donarfürst fing einen Schwerthieb mit seinem Schild ab. Als der Chauke ein zweites Mal zuschlagen wollte, war Thorag schneller. Seine Klinge fuhr ins Handgelenk des Gegners. Die abgetrennte Schwerthand fiel zwischen die Hufe der unruhig tänzelnden Pferde. Ungläubig starrte der Chauke auf den blutigen Stumpf, bevor er zur Seite kippte und unter seinen Braunen stürzte.

Armin focht gegen vier Gegner zugleich. Thorag wollte den Rappen antreiben, um dem Herzog zu helfen. Da spürte er eine Framenspitze, die von hinten gegen seinen Hals drückte. »Bleib still sitzen, Herzog Armin, sonst stoße ich zu!«

Thorag verstand die fremde Mundart gut, denn die Chauken waren Nachbarn der Cherusker. Und selbst wenn nicht, das Eisen in seinem Nacken sprach eine eigene, deutliche Sprache.

Trotz der bedrohlichen Lage empfand der Donarfürst Genugtuung. Das Täuschungsmanöver mit den Pferden zeigte Wirkung. Die Chauken hielten ihn tatsächlich für Armin.

Der wiederum mißverstand Thorags Lage und rief: »Tut ihm nichts! Ich bin der, den ihr sucht. Ich bin Armin, Sohn des Segimar!«

Enttäuscht mußte Thorag mit ansehen, wie sein Blutsbruder sich ergab.

Auch Argast, Ingwin und Jorit waren überwältigt

worden. Daß sie nur Verwundungen und nicht den Tod davongetragen hatten, war ein Umstand, der sich jeden Augenblick ändern konnte. Wenn es den Chauken auf Armin ankam, würden sie die vier anderen vielleicht ohne viel Federlesens töten.

Zu Thorags Überraschung wurden alle fünf Gefangenen gefesselt und auf ihre Pferde gesetzt. Argast mußte Hilgers Rotfuchs nehmen.

»Wohin bringt ihr uns?« rief Jorit, als sich der Trupp der Chauken mit den Gefangenen in der Mitte in Bewegung setzte.

Die Antwort gab Ingwin: »Zunächst zu Germanicus, der für diesen Fang sicher gern ein paar Säckchen mit Goldstücken springen läßt. Und dann geht's weiter in die Sklaverei.«

Der Regen, der den ganzen Tag über gefallen war, wurde stärker. Im Verein mit der fortschreitenden Dämmerung erschwerte er die Sicht so stark, daß alles, was jenseits des Chaukentrupps lag, nur schemenhaft zu erkennen war.

Als sie anhielten, sah Thorag vor sich undeutlich die Umrisse eines anderen Reitertrupps, mehr nicht. Aber da sie nicht weit geritten waren, hielt er es für ausgeschlossen, daß sie Germanicus gegenüberstanden. Der würde sich mit seinen Prätorianern im sicheren Schutz der Legionen aufhalten, viel weiter östlich.

Die Chauken teilten sich und machten einem einzelnen Reiter Platz, der seinen Braunschecken langsam heranlenkte und die Gefangenen mit strengem Auge musterte – mit seinem einzigen Auge. Das narbige Gesicht unter dem federbuschgeschmückten Helm war unbewegt. Regentropfen rollten über die Wangen und über die Uniform eines römischen Präfekten.

»Isgar!« entfuhr es Thorag.

»Flavus!« widersprach der Einäugige. »Wird Zeit, daß ihr euch daran gewöhnt.«

»Warum?« fragte Armin. »Damit wir, wenn wir römische Sklaven sind, dich um einen Krug Wein oder einen Denar anbetteln können?«

»Ich sehe keinen Grund, weshalb ihr römische Sklaven werden solltet«, erwiderte Flavus kühl.

»Ah, ich verstehe«, nickte Armin. »Unsere Hinrichtung ist schon geplant. Deshalb also hast du deine chaukische Kohorte auf uns gehetzt. Ein Sonderauftrag von Germanicus? Wann rollen unsere Köpfe, vor oder nach seinem Triumphzug durch Rom?«

»Du verstehst nichts, Armin«, seufzte Flavus. »Du nimmst einfach das Schlechteste von den Menschen an, die du für deine Feinde hältst. Dann ist es leicht, Feinde in ihnen zu sehen, Haß zu empfinden und ihn auf andere zu übertragen.« Er zeigte in die stärker werdende Dunkelheit. »Wie viele Cherusker liegen dort in Regen und Blut? Wie viele Krieger deiner Verbündeten? Hunderte? Nein, eher Tausende. Geopfert von dir, Bruder, für deinen unversöhnlichen Haß!«

Aus Armins Augen schossen zornige Blicke zu seinem jüngeren Bruder. »Sie starben für das, wofür sie kämpften: ihre Freiheit, die Freiheit ihrer Familien und ihrer Heimat.«

Mit einer schnellen Bewegung wischte Flavus den Regen aus seinem Gesicht. »Sie starben für dich, Armin, und du weißt das!«

»Beleidige mich nur. Ein Gefesselter kann sich nicht wehren.«

Flavus trieb seinen Schecken dicht an Thorags Falben, den Armin noch immer ritt. Der Einäugige zückte den Dolch und durchtrennte Armins Fesseln.

Der Cheruskerherzog rieb die schmerzenden Handgelenke und starrte seinen Bruder erstaunt an. »Willst du einen Zweikampf?«

»Um was zu beweisen?« Flavus schüttelte den Kopf. »Genug Blut ist geflossen an diesem Schlachtentag. Die Erde ist so getränkt mit dem Lebenssaft, daß sie kaum noch die Himmelstränen aufnehmen mag. Nein, Nott soll endlich Frieden bringen, keinen neuen Tod.«

Er ritt von einem Gefangenen zum nächsten und schnitt jedem die Handfesseln durch.

»Armin und Thorag, erinnert ihr euch an Blutborste? Ich auch, denn damals habt ihr mein Leben gerettet und mir zusätzlich den Ruhm geschenkt. Schon lange suchte ich nach einer Gelegenheit, mich dafür erkenntlich zu zeigen. Doch wie bedankt man sich für ein Leben? Nur mit einem anderen Leben. Dann, vor wenigen Nächten, habt ihr mich erneut vor dem Tod bewahrt, als die verräterischen Bataver uns überfielen. Zweimal schon schulde ich euch das Leben, einmal soll diese Schuld nun beglichen sein.«

»Du … du läßt uns frei?« fragte Armin ungläubig. »Was wird Germanicus dazu sagen?«

Flavus zeigte in die Runde, auf die Chauken. »Das ist *meine* Kohorte, und es sind Germanen. Auch wenn sie seit vielen Wintern treu zu Rom stehen, bewundern sie Tapferkeit und Kampfgeist. Die Namen Armin und Thorag sind bei ihnen hoch geachtet. Sie werden euch nicht verraten und auch mich nicht. Und jetzt reitet, ehe andere Truppen hier eintreffen. Reitet einfach nach Westen und taucht, wie Dagr und Sunna, in Notts schützende Schleier ein. Die schwarze Riesentochter wird euch umfangen und euch Ruhe schenken. Vielleicht seht ihr dann ein, daß weiterer Widerstand zwecklos ist. Möge dies die letzte sinnlose Schlacht gewesen sein!«

»Ich werde niemals aufgeben, solange auch nur ein

römischer Legionär durch die Wälder unserer Ahnen marschiert«, entgegnete Armin.

Flavus sah ihn ernst an, nicht böse, eher traurig. Und er sagte nur ein Wort: »Reitet!«

So ritten die fünf Cherusker in die einbrechende Nacht hinein. Der Schmerz ihrer zahlreichen Wunden wurde von dem Schmerz über die verlorene Schlacht verdrängt.

Nur noch vereinzelter Kampflärm drang an ihre Ohren, kaum so laut wie die Schreie der Verwundeten und Sterbenden. Am lautesten aber war das Rauschen des Regens, das Weinen der Elfen.

Thorag fühlte sich befreit, als er erwachte. Die Tränen der Elfen von Idisiaviso waren längst getrocknet, die Wunden der blutigen Schlacht vernarbt. Der Donarsohn kannte die Bedeutung seiner Träume noch immer nicht, doch er glaubte, daß die Götter ihn nicht erneut in die Vergangenheit schicken würden. Einen konkreten Grund für diese Annahme konnte er nicht nennen. Vielleicht hatte sein Ahnherr Donar im Schlaf zu ihm gesprochen.

Helle Lichtfinger drangen durch die geschlossenen Fensterläden und griffen nach ihm. Er stand auf und öffnete die Läden. Die Sonne stand hoch am Himmel. Demnach konnte er nicht lange geschlafen haben, konnte seit dem Sieg über Ariston kaum eine Stunde vergangen sein, und doch fühlte er sich erfrischt und gestärkt. Der krampfhafte Schmerz hatte seinen Leib verlassen, als hätte es dazu nur dieses kurzen Schlafes bedurft. Ein anderes Gefühl beherrschte seinen Magen: unbändiger Hunger.

Gebot Apicius oder einer seiner Bediensteten über hellseherische Fähigkeiten? Auf der Bank neben der Tür stand ein silbernes Tablett mit handtellergroßen Küchlein. Sie schmeckten deftig, nach Speck und Garum, und Thorag vertilgte schnell die Hälfte von ihnen. Er nahm das Tablett mit zum Bett, spülte mit Wasser aus der immer bereitstehenden Karaffe nach und machte sich daran, den Rest der Speckküchlein aufzuessen. Während er eifrig kaute, wanderten seine Gedanken zurück in die Zeit der Germanicus-Feldzüge.

Nachdem Armin und Thorag dank Isgar/Flavus entkommen waren, zogen sie im Schutze der Nacht ihre Krieger zurück. Germanicus feierte diesen Tag als Sieg und ließ stolz ein Ehrenmal errichten.

Doch die Cherusker und ihre Verbündeten waren nicht geschlagen. Sie wandten sich nordwärts, dorthin, wo das Land zwischen einer östlichen Biegung der Weser und dem Angrivariersee, einem großen Binnenmeer, eng wurde. Zwischen Weser und See erhob sich ein großer Erdwall, der Angrivarierwall, der das Land der Cherusker von dem der Angrivarier trennte. Jetzt sollte er beiden Stämmen dienen, ihr Land gegen die Römer zu verteidigen.

Armin ließ den Wall ausbauen und mit hölzernen Palisaden befestigen. Aus nahen und fernen Gauen eilten Edelinge und Bauern, Männer und Frauen, Alte und Kinder herbei, um bei den Schanzarbeiten zu helfen. Als Germanicus mit seinen Legionen anrückte, sah er sich einem wehrhaften Bollwerk gegenüber und zudem einer großen Zahl zu allem entschlossener Gegner.

Die herbeigeströmten Germanen wußten, daß sie nicht nur ihre Freiheit und ihr Land verteidigten, sondern auch ihr Leben und das ihrer Frauen und Kinder. Denn Germanicus hatte den Befehl gegeben, keine Schonung zu zeigen und das ganze Volk der freien Germanen auszurotten: Nur ihre Vernichtung werde dem Krieg ein

Ende bereiten. Armin ließ den Aufruf zum Völkermord überall bekanntmachen, und wer auf germanischer Seite noch unentschlossen war, griff jetzt zur Waffe, wollte lieber im Kampf sterben als in Ketten.

Und der Kampf war fürchterlich.

Diesmal überließ Germanicus ihn nicht nur den Auxilien. Er suchte die Entscheidung durch den massiven Einsatz der kriegserfahrenen Legionen. In immer neuen Angriffswellen rannten die Legionäre gegen das Bollwerk an.

Dicht an dicht standen die Verteidiger hinter den Palisaden. Die Lücken, die von römischen Bogenschützen und feindlichen Wurfmaschinen gerissen wurden, wurden umgehend wieder geschlossen. Angefeuert von Armin, der in vorderster Reihe focht, standen Tausende von Kriegern wie ein Mann.

An den Flanken kämpfte die Reiterei ebenso tapfer, die eine Hälfte von Thorag befehligt, die andere von Inguiomar. Obwohl er noch unter seiner schweren Verwundung litt, hatte der Ingfürst darauf bestanden, an der Schlacht teilzunehmen. Und was immer man von ihm halten mochte, er kämpfte mit so großer Zähigkeit, flog auf seinem Roß vor seinen Hundertschaften so unermüdlich dahin, daß allein sein Beispiel soviel wert war wie tausend Krieger.

Als Nott ihre Schleier über das Land warf, waren die Römer nicht zurückgeschlagen, aber auch die Germanen nicht vernichtet. Schon frühzeitig hatte Germanicus eine Legion aus der Schlacht gezogen, um ein Nachtlager errichten zu lassen. Er selbst führte die Prätorianer zu einem letzten Angriff, um doch noch den Sieg zu erzwingen, bevor die Dämmerung jeden Unterschied zwischen Freund und Feind aufhob.

Und wieder nutzten die Germanen die Finsternis, um

sich vom Feind zu lösen. Das Ziel, die Römer weit von ihren Versorgungsschiffen wegzulocken, die noch an der Donarpforte lagen, war erreicht. Thorag führte Reitertrupps zur Weser, die immer wieder römische Versorgungslager überfielen. So manches römische Schiff löste sich in Flammen und Rauch auf.

Auch wenn Germanicus sich rühmte, die Schlacht am Angrivarierwall gewonnen zu haben – eine durchaus zweifelhafte Sicht der Dinge –, das Ziel seines Feldzugs hatte er nicht erreicht. Er mußte mit seinem Heer umkehren, um seine Versorgung zu sichern. Mit jedem Marschtag rückte der Winter näher, und der römische Vorstoß zur Elbe blieb eine bloße Absicht.

Da viele römische Schiffe vernichtet waren, mußte ein Teil der Truppen den beschwerlichen Landweg zum Rückmarsch wählen. Der Rest fuhr auf Schiffen zum Rhein zurück, doch die scheinbare Bequemlichkeit verwandelte sich in tödlichen Schrecken, als Wettergott Donar seinem Volk beistand und in einem mächtigen Sturm viele der römischen Schiffe untergehen ließ.

Die Verluste, die Germanicus nach diesem Sommer zu beklagen hatte, waren viel höher, als es einem vermeintlichen Sieger zukam. Er mußte dem Drängen seines Adoptivvaters Tiberius nachgeben und nach Rom heimkehren. Versüßt wurde ihm das durch einen Triumphzug, doch dieser mußte Germanicus mehr nach Galle als nach Honig geschmeckt haben.

Als Thorag daran dachte, hatte auch er plötzlich einen galligen Geschmack im Mund. Er spie den Rest des letzten Küchleins auf das Fußbodenmosaik und trank ordentlich Wasser. Doch die Bitterkeit blieb.

Er dachte an Auja, die als Gefangene des Germanicus in seinem Triumphzug mitmarschieren mußte. So wurde es Thorag später berichtet.

Und er dachte an Isgar, den er seit der Schlacht von Idisiaviso nicht wiedergesehen hatte. Doch wurde Thorag und Armin zugetragen, daß der Mann, der sich nun Flavus nannte, den Kampf am Angrivarierwall ebenso überlebte wie die stürmische Heimkehr zum Rhein. Und daß der Römling Flavus als treuer Offizier des Germanicus dessen Triumph begleitete.

Trotz des zweifelhaften Ausgangs seiner Feldzüge wurde Germanicus in Rom als Kriegsheld und Bezwinger Germaniens gefeiert und verehrt. Tiberius sah in ihm einen Konkurrenten um den Kaiserthron und ernannte ihn zum Oberbefehlshaber der östlichen Provinzen. Was für die Öffentlichkeit wie ein verdienter Siegeslohn aussah, war in Wahrheit eine Wegbelobigung, eine Kaltstellung. Im Osten war Germanicus weit entfernt von ruhmbringenden Feldzügen, von Rom und vom Kaiserthron.

Das Schicksal von Germanicus war bekannt, selbst im fernen Germanien. Nicht aber das von Isgar, dem es einst offengestanden hatte, neben seinem Bruder Armin die Cherusker anzuführen. Hatte er seinen Imperator Germanicus in den Osten begleitet?

Thorag wußte es nicht, aber er ahnte, daß er recht bald von Flavus hören würde. Seine Träume wiesen darauf hin. Mochten sie auch schwer zu deuten sein, belogen hatten sie ihn noch nie. Froh war er darüber nicht. Wem die Götter Träume sandten, den bereiteten sie auf eine schwere Prüfung vor.

Kapitel 14
Der Skorpion

Während Thorag auf dem Bett saß und darüber brütete, welche Bedeutung die Vergangenheit für die Gegenwart haben mochte, strich er mit der Hand über sein bartstoppeliges Kinn. Es war eine unbewußte Geste, ein Ausdruck seiner inneren Unruhe. Auf einmal stutzte er und wiederholte die Bewegung, ganz langsam und mit vollem Bewußtsein.

Der Bart!

Erst war es ihm gar nicht aufgefallen, wie sein Bart gewachsen war, obwohl er sich am Morgen rasiert hatte, mit eigener Hand und gründlich.

Demetrius sorgte nach dem Zwischenfall in den Thermen nicht länger für ihn, doch auch den anderen Sklaven vertraute Thorag nicht so weit, daß er ihnen gestatten mochte, seine Kehle mit einer scharfen Klinge zu bearbeiten. Ein Wort von Demetrius oder Ariston, ein paar Denare zur Bestechung, und auch einem geübten Tonsor würde das Rasiermesser nur allzu leicht ausrutschen.

Deshalb hatte Thorag sich selbst rasiert. Doch jetzt, nur einige Stunden später, war davon nichts mehr zu merken.

Ein unerklärlicher Vorgang? Nein, eine Erklärung gab es. Doch sie erschreckte den Cherusker.

Hastig schlüpfte er in die Sandalen und lief, nur mit der vom Schlaf zerknitterten Tunika bekleidet, hinaus ins Peristylium. Zwischen den Säulen blieb er stehen und spähte in den Garten, von wo er ein leises Hüsteln vernahm. Ein älterer Sklave hantierte dort mit einem Wasserkrug und einem feuchten Lappen, um die Statuen von Vogeldreck und anderen Verunreinigungen zu befreien.

Thorag lief zu ihm und riß ihn so heftig an der Schulter herum, daß der Alte ihn aus seinen faltigen Augen erschrocken ansah.

»Wie lange habe ich geschlafen?« rief Thorag.

»Herr?«

»Kennst du mich nicht?«

»Natürlich, Herr. Du bist der Germane, der meine Herrin Gaviana vor den Sumpfschlangen gerettet hat.«

»Und weißt du auch, daß ich gegen Ariston einen Zweikampf nach Pägnarierart ausgetragen habe?«

»Natürlich weiß ich das. Hier spricht man kaum von etwas anderem. Noch nie hat Ariston den Kampfplatz als Besiegter verlassen.«

»Wann hat dieser Kampf stattgefunden?«

»Aber, Herr, du mußt das doch am besten wissen!« Der Alte wich vorsichtig einen Schritt zurück, als habe er einen Geist vor sich.

»Ich will es aber von dir hören, klar?«

Mit einem zaghaften Nicken antwortete der Sklave: »Gestern nach dem Mittagsmahl war es, daß du in der Palästra gegen Ariston angetreten bist.«

»Gestern?« vergewisserte Thorag sich mit schriller Stimme. »Bist du sicher?«

»Ich schon. Was hast du, Herr? Ist dir nicht wohl? Soll ich dich in dein Cubiculum begleiten, damit du dich ausruhen kannst?«

»Nein«, knurrte Thorag. »Ich habe mich schon viel zu lange ausgeruht!«

Er hatte von gestern bis heute mittag geschlafen! Kein Wunder, daß er sich so erfrischt fühlte und daß er zugleich einen Bärenhunger verspürt hatte. Es hätte ihm gleich sein können, wäre heute nicht ein besonderer Tag gewesen.

»Wo ist Gavius Apicius?« fragte er den Sklaven.

»Er ist mit seiner Tochter zum Hafen aufgebrochen, Herr. Dort werden heute der Präfekt Aelius Sejanus und der Markomannenkönig Maroboduus empfangen.«

»Sejanus ...«

»Ja, Herr, Sejanus kommt!«

»Wann sind Apicius und Gaviana aufgebrochen?«

»Vor etwas mehr als einer Stunde.«

»Und wann soll Sejanus in Ravenna eintreffen?«

»Ich weiß nicht genau, Herr. Irgendwann im Laufe des Tages. Das hängt davon ab, wie günstig Neptun seinem Schiff gesinnt ist.«

»Gibt es eine Möglichkeit, schnell zum Hafen zu gelangen?«

»Aber, Herr, du bist der Gast des Gavius Apicius. Ich kann dir jederzeit eine Sänfte rufen, wenn ...«

»Tu das!« fiel Thorag ihm ins Wort. »Ich kleide mich nur schnell an.«

Der Taillenschurz und eine frische Tunika waren schnell angezogen. Aufs Rasieren verzichtete Thorag aus Zeitgründen. Waffen konnte er nicht mitnehmen, ohne unangenehm aufzufallen, jedenfalls keine, die offen zu tragen waren. Wieder steckte er das Lederfutteral mit dem Rasiermesser unter seine Kleidung. Ein letzter Blick, bevor er das Cubiculum verließ, galt der Truhe mit dem skorpionverzierten Schwert.

Das Schwert des Sejanus!

Ravenna, die volkreiche Stadt in der fruchtbaren und reichen Provinz Gallia Cisalpina, blickte auf eine lange Geschichte zurück, so lang, daß der Ursprung des schon in alter Zeit besiedelten Fleckens selbst für die traditionsbewußten Römer im Dunkel lag. Etrusker, Umbrier und Ligurier, die einst in dieser Landschaft gelebt hatten, waren längst von den Söhnen der Wölfin verdrängt worden, und Ravenna war unter Gaius Julius Caesar zum Municipium erhoben worden, zur freien Stadt, womit die freien Einwohner Ravennas das römische Bürgerrecht erlangten. Und von Ravenna aus eroberte Caesar im Bürgerkrieg gegen Pompeius Italien.

Augustus, der Adoptivsohn und Erbe des göttlichen Caesar, erkannte die volle militärische Bedeutung Ravennas. Die Stadt an der Adriaküste war auf Inseln gebaut und mit dem Festland durch einen Damm verbunden. Von den Lagunen des Flusses Padus im Norden, ausdehnten Sümpfen im Westen und weiteren Flüssen umrahmt, war sie eine natürliche Festung, leicht zu verteidigen und schwer zu erobern. Die unmittelbare Nähe zum Meer veranlaßte Augustus, hier einen der größten römischen Flottenstützpunkte anzulegen. Drei Meilen südlich der eigentlichen Siedlung entstanden der Vorort Classis sowie ein neuer, gewaltiger Hafen, der Portus Augusti, Stützpunkt der Adriatischen Flotte, die neben der Misenischen Flotte Roms maritime Hauptstreitmacht bildete.

Rasch entwickelte Ravenna sich zum Hauptkriegshafen Roms, der eine Flotte von zweihundertfünfzig Schiffen beherbergte. Mehrere Werften siedelten sich am Portus Augusti an. Ausreichend Holz wurde entweder in den ausgedehnten Pinienwäldern nahe Classis geschlagen oder aus Oberitalien auf dem Padus herangeflößt. Der Fluß wurde durch den Fossa Augusta, den Augustuskanal, mit dem Hafen verbunden.

Mit der militärischen Macht und Sicherheit Ravennas stieg die Bedeutung als Handelsstützpunkt. Geschützt von der Adriatischen Flotte, fanden Handelsschiffe aus allen Teilen des Reiches hier einen sicheren Anlaufhafen, brachten Salz und Purpur aus Karthago, Papyrus und

Textilien aus Alexandria, Rosinen von Kreta, Wein von Rhodos, Keramiken aus Ephesus und Nüsse aus Sinope. Von Sonnenauf- bis Sonnenuntergang liefen die Frachtschiffe, die riesigen Getreidetransporter und die kleinen Küstensegler ein, löschten ihre Ladung oder verließen nach einem Opfer an Neptun, verbunden mit der Bitte um ruhige See und günstige Winde, den Hafen, um mit den Erzeugnissen der reicher und reicher werdenden Stadt Gallien, Griechenland oder die Hauptstadt Rom zu beliefern.

Prächtige Bauten zeugten vom Reichtum Ravennas: Tempel, Standbilder, Thermen, Theater und das große Amphitheater, das mit seinen Gladiatorenspielen die Schaulustigen in Scharen anzog. Die Kämpfer kamen aus der berühmten Gladiatorenschule, die nach den Plänen Caesars erbaut worden war. Einst eine kaiserliche Ausbildungsstätte, hieß ihr Herr nun Marcus Gavius Apicius.

Er mußte mit seiner Tochter Gaviana irgendwo in dem bunten Gewimmel stecken, das sich vor Thorag am Portus Augusti ausbreitete. Der Cherusker hatte die Sklaven mit der Sänfte zurückgeschickt, weil die Straßen immer voller wurden, je näher sie dem Hafen kamen. Jeder in Ravenna wollte, so schien es, den berühmten Prätorianerpräfekten und Vertrauten des Kaisers sowie den berüchtigten Markomannenkönig, der Rom so lange die Stirn geboten und sich als dem römischen Herrscher ebenbürtig betrachtet hatte, bestaunen. Was würde hier erst los sein, wenn in einer Woche der Kaiser selbst und sein Sohn nach Ravenna kommen würden!

Aufdringliche Gaukler und Straßenhändler versperrten die Wege zusätzlich und bedrängten jeden, der auch nur ein einziges As im Geldbeutel zu haben schien. Ein buntkostümierter Dudelsackpfeifer hüpfte vor Thorag auf und ab und belästigte ihn mit den ohrenbetäubenden Klängen seines seltsamen Instruments. Ein Vogelhändler schwenkte seinen hölzernen Käfig mit den wild durcheinanderzwitschernden Gefiederten vor der Nase des Cheruskers und rief immer wieder: »Nur zwei Asse für das Pfeifen des Blauspechts, drei für das Lied des Waldlaubsängers und vier für den wunderschönen Gesang der Nachtigall!«

Thorag stand nicht der Sinn nach einem trällernden Vogel. Er stieß den lästigen Händler, der ihm den Weg zum Hafen versperrte, so unsanft zur Seite, daß der Römer stolperte und zu Boden fiel. Der Käfig zersprang, und ein Dutzend Vögel flatterte hinauf in den blauen Sommerhimmel, in die unverhoffte Freiheit.

Der Händler, ein Jüngling mit lockigem Haar und schmalem Gesicht, rappelte sich unter dem spöttischen Gelächter schadenfroher Zuschauer auf, zog seine verrutschte Tunika gerade und blickte betrübt auf die auseinandergefallenen Holzstäbe. Dann hob er den Kopf und blickte zu dem Cherusker auf, der ihn um Haupteslänge überragte.

»Der Käfig zerbrochen, alle Vögel fort! Ich habe drei Tage im Wald gehockt, um sie zu fangen. Weißt du, was für eine Arbeit es ist, Stunde um Stunde im Geäst eines Baums zu kauern und darauf zu hoffen, daß der Gesang des im Käfig sitzenden Lockvogels einen anderen Gefiederten anlockt? Und damit ist es noch nicht getan. Setzt sich endlich ein Vogel auf den Ast, mußt du den Rohrstock so vorsichtig zu ihm schieben, daß er nichts bemerkt und an dem leimbestrichenen Ende kleben bleibt. Diana, die Göttin der Jagd, sei meine Zeugin, das gelingt wahrlich nicht jedesmal! Und jetzt … alles vergebens …«

»Das war nicht meine Absicht.«

»Was nutzt es mir? Wie soll ich jetzt Geld verdienen? Meine Mutter und meine Geschwister haben Hunger!«

Er klang wirklich verzweifelt, nicht wie jemand, der aus einem Unglück Kapital schlagen wollte. Thorag öffnete den ledernen Geldbeutel an seinem Gürtel. Er war prall gefüllt mit römischen Münzen. Beute aus der Hauptstadt Marbods, der zwar immer auf politischer und militärischer Unabhängigkeit von den Römern bestanden, mit ihnen aber regen Handel getrieben hatte.

Als der Cherusker dem Vogelhändler drei Denare in die Hand drückte, starrte der Jüngling zweifelnd auf die Silbermünzen mit dem Porträt des Tiberius auf der einen und dem Bild einer sitzenden Frau mit Ölzweig und Zepter auf der anderen Seite. Es handelte sich um Livia Augusta, die Witwe des Augustus und machtbeflissene Mutter des Herrschers.

»Du siehst so skeptisch drein«, sagte Thorag. »Wer gefällt dir nicht, der Princeps oder seine Mutter?«

»Es ist zuviel Geld! Die Vögel waren nur die Hälfte wert.«

»Vergiß den Käfig nicht.«

»Selbst dann hast du zuviel bezahlt.«

»Ein ehrlicher Straßenhändler, das grenzt an ein Wunder«, rief Thorag mit breitem Grinsen aus. »Nimm den Rest für die rohe Behandlung, die ich dir angedeihen ließ. Oder, besser noch, sag mir, wie ich näher zum Hafen komme.«

»Willst du Maroboduus bestaunen?«

»Den und Sejanus.«

»Du kommst nicht von hier, wie?«

»Richtig.«

»Du hast Glück, Fremder, ich kenne das Hafenviertel so gut wie ein Priester die Beinamen Jupiters. Auch wenn

Classis überlaufen ist, ich zeige dir einen Platz, von dem aus du das Schiff des Sejanus aus der Nähe bestaunen kannst.«

»Genau das, was ich brauche«, seufzte Thorag zufrieden und folgte dem Vogelhändler durchs Gedränge.

Der Römer hieß Titus, entnahm Thorag seinem munteren Geplapper. Er war ganz zufrieden, daß Titus soviel von sich und Ravenna erzählte. Um so weniger dachte der Vogelhändler daran, Thorag auszuhorchen.

Titus hatte nicht zuviel versprochen. Über gewundene Treppen und durch enge, finstere Gassen führte er den Cherusker am Hauptstrom der Menge vorbei, bis ihr Weg vor riesigen Stapeln mit Baumstämmen endete. Eine frische Brise trug den Duft von Salz und Meertang zu ihnen, Möwen kreisten schreiend über ihren Häuptern, und doch sah Thorag keinen Tropfen Wasser und kein einziges Schiff.

»Und jetzt?« wollte er wissen.

Der Römer zeigte auf den größten der Baumstammstapel. »Da hinauf. Von dort haben wir einen prächtigen Ausblick auf den Hafen.«

»Bist du sicher?«

Empört zog Titus die Augen zusammen. »Ich habe hier schon oft gearbeitet, wenn Gavius Apicius billige Lohnarbeiter suchte. Die Vogelfängerei macht einen nicht reich, mußt du wissen.«

»Apicius?« entfuhr es Thorag.

»Er ist einer der reichsten Patrizier in Ravenna und einer der mächtigsten. Diese Werft gehört ihm. Heute wird hier, den hohen Gästen zu Ehren, nicht gearbeitet.«

Thorag tat, als kenne er Apicius nicht näher, und folgte dem flink kletternden Vogelhändler auf die Baumstämme. Hoffentlich waren sie gut zusammengebunden. Falls nicht, würden sie die beiden Männer so mühelos zerquetschen, wie man eine Mücke zwischen Daumen und Zeigefinger zerdrückt.

Wieder erwies sich, daß Titus zwar viel plapperte, aber keine falschen Versprechungen machte. Sobald Thorag oben auf dem Stapel angelangt war, sah er das beeindruckende Hafenbecken, wo dicht an dicht die Schiffe der Adriatischen Flotte lagen, Dutzende an der Zahl, überwiegend Triremen.

»Der Handelshafen befindet sich weiter nördlich«, erklärte Titus. »Aber das Schiff des Sejanus soll hier anlegen, wie man sieht.«

Man sah es in der Tat. Das Volk drängte sich so dicht auf den Kaimauern, daß hin und wieder ein besonders Vorwitziger ins Wasser fiel. Als es eine wohlbeleibte Matrone erwischte, die nur unter größten Mühen wieder an Land gehievt werden konnte, meinte Thorags Begleiter: »Wir können mit unserem Aussichtspunkt höchst zufrieden sein. Kein Gedränge, und dazu noch ein feiner Sitzplatz. Nur ein Sonnensegel fehlt uns noch.«

Sie hockten rittlings auf dem obersten Stamm und betrachteten das Spektakel am Hafen wie Götter, die zur Erbauung auf die Welt der kleinen Menschen hinabblickten. Nicht überall drängelte und rempelte der Plebs um den besten Platz. In mit Seilen abgesperrten und von Soldaten bewachten Bereichen versammelten sich die Patrizier unter großen Sonnensegeln und ließen sich die Wartezeit mit Wein und Leckereien versüßen.

»Man hat sogar hölzerne Tribünen errichtet, damit die feinen Herren und Damen sich nicht die Füße in den Bauch stehen«, gackerte Titus. »Es wird sich schon lohnen, da in ein paar Tagen zur Ankunft von Tiberius und Drusus dasselbe Stück auf dem Programm steht.«

Thorag nahm an, daß auch Apicius und Gaviana sich unter einem der weißen Sonnensegel aufhielten, konnten sie aber nirgends erspähen. Sein Blick wanderte weiter zu den Soldaten, die mit glänzenden Helmen und Panzern in der Nachmittagssonne schwitzten. Auch ein Musikantenzug gehörte dazu.

Dem Cherusker fiel in der Gruppe der Offiziere ein Mann auf, der offenbar ihr Oberbefehlshaber war. Unruhig blickte er immer wieder zur Hafeneinfahrt, die von zwei massigen Türmen flankiert wurde.

Dieses Gesicht!

Das längliche Antlitz kam Thorag bekannt vor, nur zu bekannt. Aber weil der Offizier in der goldbestickten Uniform zumeist mit dem Rücken zu ihm stand, konnte Thorag ihn nicht genau erkennen. Er fragte Titus nach ihm.

»Das ist der Präfekt der Reichsflotte, dem zugleich die Stadtverwaltung untersteht.«

»Wie ist sein Name?«

»Foedus.«

»Gnaeus Equus Foedus?«

»Ja, genau.« Titus kicherte heftig. »Aber das ›Equus‹ hört er nicht so gern. Wer wie ein Pferd aussieht, wird nicht gern so gerufen. Kennst du ihn etwa?«

»Ich habe ihn früher mal gesehen, als er am Rhenus Dienst tat. Als Präfekt der Reichsflotte ist er wohl ein mächtiger Mann.«

»Ein sehr mächtiger, jedenfalls seit kurzem. Er hat den alten Präfekten erst vor wenigen Wochen abgelöst. Es kam für die Bürger von Ravenna sehr überraschend. Man sagt, Sejanus habe sich für das Pferdegesicht stark gemacht.«

Der ehrgeizige Foedus hatte es weit gebracht. Ihn ausgerechnet hier wiederzusehen, erstaunte Thorag. Er fragte sich, ob das ein Zufall war. Fast schien es so, als sollte sich hier im fernen Ravenna das Schicksal vieler

Menschen erfüllen, die sich schon in Germanien gegenübergestanden hatten.

Thorag kam nicht dazu, diesen Gedankengang weiter-
zuverfolgen. Ein paar Kommandorufe gellten über die
angetretenen Legionäre, und die Musikanten setzten
ihre Trompeten und Posaunen an. Die laute Musik über-
tönte die Geräusche der Menschenmenge.

»Sie müssen ein Zeichen bekommen haben, daß Sejanus kommt«, sagte Thorag.

»Hm«, machte Titus und wiegte den Lockenkopf
zweifelnd hin und her. »Vielleicht wollen sie sich und
den Wartenden auch nur die Zeit vertreiben.«

»Kaum, sie spielen das Classicum, die Hymne des
Feldherrn. Ihr Feldherr ist Foedus. Wie ich den kenne,
gönnt er das Classicum keinem anderen. Aber dem
mächtigen Sejanus kann er es kaum verwehren.«

Der Cherusker hatte noch nicht ganz ausgesprochen,
als ein großes Schiff in der Hafeneinfahrt erschien, eine
Quinquereme. Auf dem roten Tuch des vordersten Segels
erkannte er das gleiche Zeichen wie auf dem Schwert,
das er Sejanus abgenommen hatte: der goldene Skorpion
der Prätorianergarde.

Die Matrosen refften die Segel. Im Hafen verließ sich
der Trierarch ganz auf die Rojer, die ihre Riemen zu
einem langsamen Takt ins Wasser tauchten. Die dumpfen Taktschläge, die allmählich lauter wurden, standen
in einem seltsamen Kontrast zu den schmetternden
Klängen von Foedus' Bläsern.

Die Menge geriet in noch größere Aufregung, als das
Schiff näher glitt, und mußte von Soldaten gewaltsam
zurückgedrängt werden. Trotz der gewaltigen Größe der
Quinquereme wirkten ihre Bewegungen elegant, hatten
etwas Erhabenes an sich. Am Bug prangte in großen
Goldlettern ihr Name: *Scorpio* – Skorpion.

Ein Name, der nicht nur zum Schiff des Sejanus paßte, sondern auch zu ihm selbst, dachte Thorag. Der Prätorianerpräfekt war so gefährlich wie ein Skorpion, schlug ebenso unerwartet und erbarmungslos zu. Wen Sejanus in seinen Fängen hatte, den hielt er so unerbittlich fest, wie es die Scheren des Skorpions taten. Und der Haß des Präfekten war so tödlich wie das Gift des Skorpions.

Der Anlegeplatz für die *Scorpio*, ganz nah bei Foedus und seiner Empfangskohorte, war mit roten Fahnen gekennzeichnet. Das Schiff hielt zielsicher darauf zu und verlangsamte die Fahrt. Lotsen standen am Rand des Kais und unterstützten ihre Kollegen an Bord der Quinquereme durch Zurufe und Flaggensignale. Der schwere Schiffsrumpf drehte sich langsam, bis er mit dem Heck zur Kaimauer ausgerichtet war. Sandgefüllte Prallsäcke fielen über die Heckwand, damit die *Scorpio* nicht am steinernen Kai zerbarst. Die Seeleute am Heck warfen Kieselsäckchen an Land, mit denen die Festmachleinen verbunden waren. Die Helfer auf dem Kai fingen die Leinen auf und zurrten sie an den Kragsteinen fest. Der schwere Anker klatschte in Wasser und bohrte sich in den Grund des Hafenbeckens. Die *Scorpio* hatte festgemacht. Ihre Skorpionsflagge flatterte heiter im anlandigen Wind.

Drei weitere Schiffe, statt mit fünf nur mit drei Ruderreihen an jeder Seite ausgestattet, durchfuhren nacheinander die Hafeneinfahrt. Auch auf den Segeln der Triremen prangte der Skorpion. Die Schiffe schickten sich an, neben der *Scorpio* festzumachen.

»Sejanus kommt nicht mit kleiner Gefolgschaft«, brummte Thorag. »Aber das war auch nicht zu erwarten.«

Der Präfekt der Prätorianergarde wartete nicht auf seine Begleitschiffe. Ein breiter Laufsteg wurde ausgefahren und von den Helfern an Land in die Halterungen auf dem Kai geschoben, damit er nicht wegrutschen konnte. Ein Prätorianertrupp kam im Laufschritt an Land und nahm zu beiden Seiten des Stegs Aufstellung.

Als Thorag die beiden Männer sah, die ihnen folgten, schlug sein Herz schneller. Zuletzt hatte er sie in jener Schlucht nahe Marbods Bergfestung gesehen, in der die Jägerin Canis den Tod und der Markomannenkönig durch das Eingreifen des Prätorianerpräfekten unverdiente Rettung gefunden hatten: Sejanus und Marbod. Der Skorpion und das Raubtier! Vor Anspannung knirschte Thorag mit den Zähnen und ballte seine Hände zu Fäusten.

Die beiden konnten nicht ahnen, daß er sie beobachtete. Und doch duckte er sich unwillkürlich, als Sejanus' Blick, gewiß zufällig, über das Werftgelände glitt.

Der Präfekt wandte sich zu Marbod um und bedeutete ihm, ihn zur Ehrenformation zu begleiten. Der gestürzte Markomannenkönig trug eine seltsame Mischung aus einer römischen Uniform und der Kleidung eines germanischen Edelings.

Während Gnaeus Equus Foedus die Gäste begrüßte, verließen weitere Männer die *Scorpio*. Edelinge aus Marbods Gefolge, wie es aussah, und hohe römische Offiziere. In der Gruppe der Offiziere ging ein Mann, bei dessen Anblick Thorag alles andere vergaß, sogar seinen Erzfeind Sejanus.

Der hochgewachsene, hagere Offizier hatte ein narbenübersätes Gesicht, in dem statt des linken Auges nur ein düsteres Loch saß. Es war ein Gesicht, das kein Lächeln zu kennen schien. Thorag wußte, daß es einmal anders gewesen war. Damals, als der Offizier noch einen anderen Namen getragen hatte.

Der Donarsohn mußte sich an dem Baumstamm festhalten, so schwindlig fühlte er sich plötzlich. Er wußte genau, daß es nicht die Nachwirkungen des Viperngifts waren. Dem Gift der Schlangen konnte man entkommen, dem Schicksal nicht.

Seine Träume begannen einen Sinn zu erlangen. Urds Schicksalsfäden des Gestern verbanden sich mit den gegenwärtigen Verdandis, und nur Skuld wußte, was daraus im Morgen entstehen würde. Doch was das Morgen auch brachte, es würde nicht ohne Kampf, nicht ohne Blut und Schmerz abgehen.

Gebannt folgte Thorags Blick dem Einäugigen, und immer wieder stieß der Donarsohn halblaut einen Namen hervor: »Flavus!«

ZWEITER TEIL
KAMPF UM DAS MORGEN

Kapitel 15
Alte Feinde

»Was hast du?« Titus starrte Thorag entgeistert an. »Was für einen Namen rufst du da ständig aus?«

»Flavus.«

»Der Blonde?«

Thorag nickte, während sein Blick an Armins Bruder klebte. Dessen Züge schienen seit ihrem letzten Zusammentreffen noch härter geworden zu sein. War es mit solchen Mühen verbunden, seine Herkunft zu vergessen und ein Römer zu werden?

»Wen meinst du?« riß Titus ihn aus seinen Gedanken.

»Den Einäugigen. Ich glaubte, ihn von früher zu kennen.«

»Ach so.«

Titus bedachte Thorag mit einem milden Lächeln. Vermutlich hielt er den Cherusker für einen Aufschneider, weil er sich zuvor schon gerühmt hatte, Foedus zu kennen. Thorag war es nur recht so, ersparte ihm das doch unangenehme Fragen des Vogelhändlers.

Endlich verstummten die Bläser des Musikzugs und setzten ihre Instrumente ab. Einige wischten verstohlen den Schweiß aus ihren Gesichtern. Gnaeus Equus Foedus betrat mit seinen beiden hohen Gästen ein aus Holz erbautes und mit teuren Teppichen ausgelegtes Podium, das von einem kleinen Sonnensegel geschützt wurde. Sie genossen den Schatten, während die Soldaten weiterhin in der heißen Sonne standen und unter ihren Helmen und Panzern schwitzten. Der Präfekt der Reichsflotte hielt eine Ansprache, um Sejanus und Marbod in Ravenna willkommen zu heißen.

Foedus erwähnte die Herkunft des Prätorianers aus

einer in Volsinii ansässigen und höchst angesehenen Ritterfamilie, die mit vielen bedeutenden Patrizierfamilien Roms verwandt sei und schon mehrere Konsuln hervorgebracht habe. Er sprach über Sejanus' ehrwürdigen Vater Lucius Sejus Strabo, der zusammen mit seinem Sohn die Prätorianergarde befehligt hatte, bis die ehrenvolle Aufgabe dem Sohn allein zufiel. Foedus nannte Sejanus einen engen Freund und Vertrauten des Kaisers, schilderte, wie der Prätorianerpräfekt dem Kaisersohn Drusus im Illyricum zur Seite gestanden und wie er geholfen hatte, im Markomannenreich für Ordnung zu sorgen.

Den letzten Teil der Rede nahm Marbod mit versteinertem Gesicht auf. Seine Züge wirkten noch verkniffener als sonst, seine dunklen Augen, zumeist ruhelos wie eine zwischen der dies- und der jenseitigen Welt verirrte Seele, waren starr auf den Sprecher gerichtet. Es schien, als hätte Marbod den Römer am liebsten erwürgt. Er mußte sich aber zurückhalten, um sich nicht Roms Wohlwollen zu verscherzen.

Sein Gesicht hellte sich auch nicht auf, als Foedus ihn als Gast in Ravenna begrüßte und ihm versicherte, sein Ruhm eile ihm stets voraus. Marbod war nicht dumm und verstand sehr wohl die Anspielung, daß ihm nichts geblieben sei außer dem Ruhm vergangener Tage. Er bedankte sich mit knappen, kalten Worten bei Foedus, bei Sejanus sowie bei Tiberius und seinem Sohn Drusus für die erwiesene Freundschaft, ihm das Gastrecht zu gewähren.

Marbods gutes Latein verriet seine römische Erziehung. Vor vielen Wintern war er, wie so viele junge germanische Edelinge, am Hofe des Augustus unterrichtet worden. Jung und leicht beeinflußbar, ließen sie sich leicht von römischer Lebensart und von römischem Denken beeindrucken. Auf diese Art innerlich zu Römern geworden und nur noch der Abstammung nach Germanen, waren sie die geeignetsten Vertreter römischer Interessen in ihren Heimatländern. Von den Ihrigen als Fürsten und Könige aus eigenem Blut begrüßt, regierten sie in Wahrheit von Roms Gnaden und nach römischen Anweisungen.

Doch Marbod hatte den Plan des Augustus durchkreuzt. Von römischem Prunk und römischer Macht zwar geblendet, aber doch vom festen Willen zur selbstbestimmten Herrschaft beseelt, hatte er das erworbene Wissen genutzt, um ein riesiges Reich aufzubauen, das mehr dem römischen Vorbild folgte als germanischen Traditionen und sich doch von Rom nichts vorschreiben ließ. Er hatte sich als dem römischen Kaiser gleichgestellt empfunden und hatte sich mit seinem starken Heer unangreifbar gefühlt. Letztlich hatte er das Spiel um die Macht verloren, hatte sich das wahre Rom dem nachgeahmten als überlegen gezeigt. Wieviel Bitterkeit mochte der gestürzte König empfinden?

Ein anderer Gedanke schoß durch Thorags Kopf: War Armin ebenfalls der Untergang bestimmt?

Auch der Cheruskerherzog hatte sein in Rom erworbenes Wissen, besonders auf dem Gebiet der Kriegsführung, benutzt, um sein Volk vom römischen Joch zu befreien. Hätte Marbod nach dem Sieg über Varus nicht Armins Bündnisangebot ausgeschlagen, hätten die beiden einflußreichen germanischen Führer eine Bedrohung für Rom bilden können, die Augustus und seine Nachfolger für alle Zeiten von einem Angriff auf Germanien abgeschreckt hätte. Marbods hochmütige Einstellung, er könne allein gegen Rom bestehen, hatte ihn um den Thron gebracht. Wie lange würde Armin, der immer wieder von Neidingen aus dem eigenen Stamm angefeindet wurde, seine Herzogswürde und die Freiheit der Seinen verteidigen können?

Wären im Krieg gegen Marbod nicht so viele tapfere Donarsöhne gefallen, darunter Thorags treuer Kriegerführer Argast, hätte der Cherusker vielleicht Mitleid mit dem Markomannenkönig empfunden. Seine große Gestalt wirkte nicht mehr so beeindruckend wie früher; die Schultern waren, wie unter schwerer Last, nach vorn gekrümmt. Erst hatte er sein Reich verloren, und jetzt mußte er sich von den Einwohnern Ravennas bestaunen lassen wie ein gefangenes Fabeltier. Marbod blickte starr zu Boden und tat es auch noch, als Sejanus auf dem Podium zwei Schritte vortrat und zu seiner Dankesrede ansetzte. Er sprach in den üblichen Lobpreisungen über Tiberius und Drusus, die Ravenna bald durch ihren Besuch ehren würden, und über Marbods Ruhmestaten.

Doch einmal blickte der Markomanne auf, nur ganz kurz. Gleichwohl glaubte Thorag zu bemerken, daß die Blicke von Marbod und Sejanus sich in einem seltsamen Einverständnis trafen, wie zu einer stummen Verabredung. Er hatte den Eindruck, zwei Schauspielern zuzuschauen, die sich auf offener Bühne durch geheime Gesten über den nächsten Auftritt verständigten. Ein beunruhigender Gedanke durchfuhr Thorag: »Ist das Ganze in Wahrheit nur ein Schauspiel?«

»Ich verstehe nicht, was du meinst.«

Erst Titus' Worte machten Thorag bewußt, daß er den plötzlichen, ungeheuerlichen Verdacht laut ausgesprochen hatte.

»Ich finde es merkwürdig, daß Sejanus mit Maroboduus eine Woche vor Tiberius und Drusus in Ravenna erscheinen«, beschrieb Thorag seinen Verdacht; Titus war ein einfacher Geist, aber vielleicht gerade deshalb geeignet, komplizierte Fragen auf den Punkt zu bringen.

216

»Wäre es nicht ausreichend gewesen, zusammen mit dem Princeps hier anzukommen?«

Titus machte eine Gebärde der Ratlosigkeit. »Was weiß ich? Vielleicht waren die Schiffe des Kaisers nicht so schnell bereit wie die des Prätorianerpräfekten.«

»Mag sein«, sagte Thorag ohne innere Überzeugung, während er dem Gedanken weiter nachhing.

Bedurfte es eines so hochgestellten Mannes wie Sejanus, um den Markomannenkönig in seinem Exil abzuliefern? Doch nur dann, wenn Marbod ein Gast gewesen wäre, dem man aus politischen Gründen hätte schmeicheln müssen. Aber der Markomanne befand sich in den Händen der Römer, war ihnen auf Gedeih und Verderb ausgeliefert und durfte sich über nichts beschweren, ohne Gefahr zu laufen, die Gunst des Tiberius zu verlieren. Also mußte es einen anderen Grund für die frühe Ankunft des Sejanus geben. Einen, der mit Marbod in Zusammenhang stand, wie die heimlich gewechselten Blicke zu verraten schienen.

Sejanus war ein geübter Redner, der gewiß bei einem guten und teuren Lehrer aus einer griechischen Rhetorenschule studiert hatte. Er schmeichelte in süßen Worten den Bürgern der ›reichen und berühmten Stadt Ravenna‹, die seit kurzem in Gnaeus Equus Foedus einen Präfekten hätten, wie sie ihn sich besser nicht wünschen könnten.

»Nur ein Schatten verdunkelt den weithin strahlenden Glanz Ravennas«, fuhr Sejanus fort und fügte nach einer bedeutungsvollen Pause hinzu: »Die Sumpfschlangen! Das elende Banditengezücht, das Recht und Ordnung genausowenig achtet wie Leib und Leben, wie Freiheit und Eigentum der gesetzestreuen Bürger. Die Rechtlosen haben sich zu einer Plage entwickelt, teilte mir mein Freund Foedus mit, zu einer regelrechten Gefahr für

Ravenna. Des Nachts, wenn die Straßen im Dunkel und ehrbare Bürger in ihren Betten liegen, verlassen sie sogar ihre schmutzigen Sümpfe und begeben sich in die Stadt, um zu stehlen, zu rauben und zu morden.«

Nach einer Pause, die den Zuhörern Zeit ließ, sich ihre allnächtliche Angst zu vergegenwärtigen, verkündete er mit erhobenen Armen und geballten Fäusten: »Um all dem ein Ende zu bereiten, habe ich einen Mann nach Ravenna gebracht, der schon überall im Römischen Reich seinen Mut und seine Härte unter Beweis gestellt hat. Der Flottenpräfekt Foedus wird ihn mit besonderen Vollmachten zur Jagd auf die Sumpfschlangen ausstatten und ihn zum Praefectus Arcendibus Latronibus ernennen.«

Auf ein Zeichen des Sejanus erstieg der neue ›Präfekt zur Abwehr von Banditen‹ das Podium und gesellte sich zu dem Prätorianer. Schon als Sejanus begonnen hatte, von den Sumpfschlangen zu sprechen, hatte Thorag ihm mit erhöhter Aufmerksamkeit zugehört. Immer wieder tauchten diese Sumpfbanditen auf, es konnte kaum ein Zufall sein. Und er fühlte sich seltsamerweise auch nicht überrascht, als der Banditenpräfekt kein anderer war als Flavus. Die Fäden verknoteten sich, die Schemen nahmen Gestalt an, das Gestern und das Morgen trafen sich im Heute.

»Dies ist Gaius Julius Flavus«, rief Sejanus aus. »Er stammt aus dem fernen Germanien und ist ein Bruder des Fürsten Arminius.«

Schon das genügte, um unter den Zuhörern für erstaunte Ausrufe zu sorgen. Marbod warf Flavus einen finsteren Blick zu. Armin hatte den Markomannen bezwungen, und ein Bruder des Cheruskerherzogs, mochte er auch auf römischer Seite stehen, war für Marbod eine unliebsame Erinnerung an seine Niederlage, ein glühender Dorn in seinem Fleisch.

»Im Gegensatz zu seinem aufrührerischen Bruder steht Flavus treu zu Rom«, fuhr Sejanus fort und begann, die Feldzüge aufzuzählen, an denen der Cherusker teilgenommen hatte.

Thorag hörte nur mit einem Ohr zu. Ein bestimmter Gedanke beschäftigte ihn: Hatte Sejanus den Einäugigen wirklich nach Ravenna gebracht, um dem Treiben der Sumpfschlangen ein Ende zu bereiten?

Erst Foedus und jetzt Flavus, das hielt Thorag für mehr als ein zufälliges Zusammentreffen.

Zwei alte Bekannte des Donarsohns.

Zwei Feinde Thorags, der eine aus verblendetem Haß, der andere aus Überzeugung.

Sie würden Thorag erkennen, sollte er ihnen bei dem Versuch auffallen, Auja, Thusnelda und Thumelikar zu befreien. Sejanus kannte Thorags Absicht, nach Ravenna zu kommen. Der Skorpion öffnete seine Fangscheren und wartete auf die Beute.

Erst nach einer Weile bemerkte Thorag, daß Titus aufgeregt am Ärmel seiner Tunika zupfte und sagte: »Er heißt wirklich Flavus! Du kennst ihn ja doch. Der Kerl sieht ziemlich gefährlich aus. Wo hast du ihn getroffen?«

»Ich sah ihn einmal in der Provinz Germanien.«

»Du bist einer Menge berühmter Männer begegnet, scheint mir.«

Täuschte Thorag sich, oder schwang in Titus' Worten ein unterschwelliges Mißtrauen mit? War der Vogelhändler doch nicht so einfachen Geistes, wie der Cherusker angenommen hatte?

»Reisen bildet, und ich bin viel herumgekommen«, sagte Thorag, um ihn zu beruhigen. »Und auch du kannst in einer Woche behaupten, nicht nur den gefürchteten Maroboduus und den berühmten Präfekten Aelius

Sejanus mit eigenen Augen gesehen zu haben, sondern selbst den Princeps und seinen Sohn.«

»Das ist wahr.« Titus nickte mit glänzenden Augen, als gehe allein durch den Anblick der hochgestellten Persönlichkeiten ein Teil ihres Ruhms auf ihn über.

Sejanus hatte seine Ansprache beendet. Prätorianerabteilungen marschierten unter Hörnerklang von den Schiffen und nahmen am Kai Aufstellung. Die Prätorianer und die Kohorte des Foedus schienen sich zum Abmarsch vorzubereiten.

»Wohin werden sie gehen?« überlegte Thorag.

»Vermutlich nach Germania minor, falls sie Maroboduus zu seinem neuen Heim begleiten.«

»Germania minor?« wiederholte Thorag verständnislos. »Klein-Germanien?«

Titus ließ ein kurzes Lachen hören. »Das ist keine offizielle Bezeichnung. Die Einwohner von Ravenna nennen so die Insel, auf der Tiberius seine germanischen Gäste, wie er es bezeichnet, ansiedelt. Andere sprechen von der Germaneninsel.«

Thorag verbarg seine starke Erregung und fragte wie beiläufig: »Was für eine Insel ist das?«

»Ein kleines Stück Land zwischen Ravenna und dem Hafen, das durch teils versumpfte Gewässer vom Rest der Stadt abgetrennt ist. Man braucht nur die beiden einzigen Brücken mit Soldaten zu besetzen, und schon werden aus Gästen gutbewachte Gefangene.«

»Sehr schlau«, sagte Thorag. »Auf dieser Insel könnte man Sejanus und Maroboduus bestimmt ganz aus der Nähe betrachten, wenn man vor ihnen dort wäre, nicht wahr?«

Er spielte den Neugierigen, den Schaulustigen, um vor Titus sein wahres Interesse an der Insel zu verbergen. Wenn die Germanen von Ravenna auf ihr lebten, mußte er dort auch Thusnelda mit ihrem Sohn finden. Und Auja!

»Das könnte man«, bestätigte Titus. »Aber die Wachen würden uns nicht über die Brücken lassen.«

Thorag sah Titus fest in die Augen. »Ein findiger Bursche wie du kennt doch bestimmt einen anderen Weg.«

»Vielleicht, aber es ist gefährlich. Wenn wir erwischt werden ...« Titus griff an seine Kehle und tat, als würde er sie zusammendrücken. »Equus Foedus ist dafür bekannt, daß er keinen Spaß versteht.«

»Ich habe nicht vor, mich erwischen zu lassen. Ich möchte nur ein kleines Abenteuer erleben, um damit ein wenig anzugeben. Schließlich komme ich aus Germanien. Wenn ich daheim erzählen könnte, ich hätte ganz aus der Nähe die Germanen von Ravenna gesehen! Heißt es nicht, selbst die Gemahlin des berühmten Arminius lebe hier?«

»Ja, sie und ihr kleiner Sohn. Und auch ihr Vater Segestes mit seiner Sippe. Bald gibt es hier mehr Germanen als in Germanien.«

»Fürwahr ein hübsches Abenteuer«, sagte Thorag und drückte Titus drei Denare in die Hand. »Beflügelt das deinen Unternehmungsgeist?«

Titus steckte lächelnd die Münzen ein und kletterte flink den Holzstapel hinab. »Komm schon, Germane, auf nach Germania minor!«

Kapitel 16
Germania minor

»Donars Blitze mögen alles verbrennen, was Flügel hat!«
fluchte Thorag, als er einen stechenden Schmerz am Hals
verspürte. Seine Rechte klatschte gegend die betreffende
Stelle, und ein zerquetschtes Insekt klebte blutver-
schmiert an seinen Fingern. Er wischte die Hand an der
Tunika ab und wünschte sich, eine germanische Hose zu
tragen, statt nach Römerart mit nackten Beinen durch
den Sumpf zu gehen. Fast gleichzeitig bohrten sich winzige Stachel in den linken Unterschenkel und in den
rechten Fuß. Thorag trug nur offene Sandalen, weil er es
bei seinem eiligen Aufbruch im Haus des Apicius ver-
säumt hatte, sie gegen festes Schuhwerk einzutauschen.

Der vorausgehende Titus, der über das unschätzbare
Glück fester, bis zu den Waden reichender Lederschuhe
verfügte, blickte ihn über die Schulter an. »Was sagst
du?«

Thorag hatte den Fluch in seiner Muttersprache ausgestoßen und übersetzte ihn ins Lateinische.

Titus blieb stehen und runzelte die Stirn, was seinem
jugendlichen Antlitz einen ungewöhnlichen Faltenreich-
tum bescherte. »Nimm den Fluch zurück, Germane!«

»Weshalb?«

»Wenn alles stirbt, was Flügel hat, wovon soll ich dann
leben?«

Eine Stechmücke in der Luft abfangend und in der
zusammengepreßten Faust erdrückend, erwiderte Thorag mit einem gequälten Lächeln: »Also gut, ich bitte
Donar, die Vögel zu verschonen.«

»Und hört er auf dich, dein Donar?«

»Manchmal wünschte ich es mir.«

»Ist er wenigstens mächtig?«

»Nicht weniger als dein Mars.«

»Dann ist er sehr mächtig«, befand Titus und folgte weiter dem unsichtbaren Weg durch das öde Sumpfland.

Weitverästelte und oft nur mit wenig Blattwerk geschmückte Bäume standen auf winzigen Inseln, verlorene Vorposten festen Landes im mal grünlich, mal bräunlich schimmernden Morast. Die Bäume wirkten auf Thorag wie sterbende Krieger, die ihre Arme zu den Walküren emporreckten und hofften, von Wodans Jungfrauen erhört zu werden, bevor die gierige Hel sie in ihr freudloses Reich zog.

Wenn er sich umsah, gewann Thorag den Eindruck, dem Land der Hel hier um einiges näher zu sein als Walhall. Obwohl reichlich Sonnenlicht durch das spärliche Blattwerk fiel, was die beiden Männer ins Schwitzen brachte, machte die Landschaft einen vom Leben verlassenen, düsteren Eindruck.

Einst war hier ein Nebenarm des Padus oder ein anderer Fluß entlanggeflossen, um sich ins nahe Meer zu ergießen. Mit jedem Winter und jedem Sommer trug der Fluß mehr Erdreich und Gestein aus dem Landesinnern herbei. Es türmte sich auf und bildete neues Land, wo einst Wasser gewesen war. Jetzt war das Wasser größtenteils verdunstet oder im Erdreich versickert, der einstige Fluß nur mehr zu erahnen.

Aber noch hatte das Land keine ausreichende Festigkeit gefunden, und ein falscher Schritt bedeutete den Tod, das unweigerliche Versinken im Sumpf. Titus hatte den Cherusker eingehend gewarnt und ihn ermahnt, nur in die Fußstapfen des Römers zu treten.

»Woher kennst du den Weg, Titus?«

»Als mein Vater noch lebte, wanderte er schon über diesen Pfad zur Insel.«

»Aber warum?«

»Um Vögel zu fangen. Auf der Insel gibt es viele seltene Vögel, die man sonst nirgends in dieser Gegend findet. Schade, daß ich weder Leimrute noch Käfig bei mir habe.«

Angesichts der Ödnis rings um sie konnte Thorag kaum glauben, was der Römer erzählte. Doch wünschte er sich, statt von unzähligen Stechmücken lieber von Vogelschwärmen umschwirrt zu werden.

An die Mücken zu denken, steigerte nur die Pein der vielen kleinen Wunden. Um sich abzulenken, sagte Thorag: »Dein Vater lebt nicht mehr. Was wurde aus ihm?«

»Der Sumpf hat ihn gefressen. Eines Tages, es war im zweiten Jahr von Tiberius' Prinzipat, ging er wieder auf die Insel zur Vogeljagd und kam nicht zurück.«

»Aber er kannte doch den geheimen Pfad.«

»Vielleicht war er unvorsichtig und kam bei dem Versuch, einen besonders schönen Vogel zu fangen, vom Weg ab. Vielleicht haben die Wachen, die Germania minor abschirmen, ihn entdeckt und in den Sumpf getrieben. Oder der Nebenpfad, dem er folgte, war auf einmal verschwunden. Auch das kommt vor. Der Sumpf ist wie ein Weib, stets schwankend und veränderlich.«

Wie zum Beweis seiner Worte rutschte Titus mit einem Fuß zur Seite und geriet ins Straucheln. Gerade noch rechtzeitig, bevor er das Gleichgewicht verlor, hielt er sich mit einer Hand an den Ästen einer krummgewachsenen Moorbirke fest. Thorag sprang hinzu und zog ihn auf den Pfad zurück.

»Bist du sicher, daß wir auf diesem Weg vor Sejanus und Maroboduus auf der Insel ankommen?«

Titus strich das in die Stirn fallende Haar zurück und trocknete mit einem Zipfel seiner Tunika den Schweiß in seinem Gesicht. »Ja, falls wir nicht in den verfluchten

Sumpf fallen. Wir nähern uns der Insel auf geradem Weg, gehen genau auf die Südspitze zu. Die anderen müssen über eine der beiden Brücken kommen, und die führen von der Insel aus nach Norden und Westen.«

»Wenn dies ein gerader Weg ist, mögen wir vor ungeraden verschont bleiben!« seufzte Thorag und ging weiter hinter Titus her.

Er stellte seinem Führer keine weiteren Fragen. Die Hitze dörrte Mund und Kehle aus. Seine Zunge fühlte sich ledrig und schwer an wie nach langem Fieberschlaf. Mit jedem Wort verstärkte sich Thorags unbändiger Durst. Hätte er nicht gewußt, daß das Wasser im Sumpf nicht weniger giftig war als der Biß einer Viper, hätte er sich über eines der zahlreichen Wasserlöcher gebeugt und das brackige Naß in vollen Zügen genossen, als sei es der süßeste Met.

Der Sumpf schien jedes Leben abzutöten, auch das im Donarsohn. Bald stapfte Thorag wie ein willenloser Sklave hinter Titus drein, von Hitze, Durst und den unablässigen Angriffen der Mückenschwärme geplagt und von nichts angetrieben außer dem Wissen, daß er den Vordermann nicht aus den Augen verlieren durfte, wollte er hier nicht elendig verrecken.

»Glaubst du mir jetzt, daß dies ein Paradies für Vogelsteller ist?«

Erst die Worte des Römers machten Thorag auf den vielfältigen Vogelgesang aufmerksam. Er atmete tief durch und dankte laut den Göttern, daß die Luft, die jetzt reiner war und nicht länger nach Fäulnis stank, endlich von Vögeln und nicht mehr von blutrünstigen Mücken beherrscht wurde.

»Ich glaube, ich habe deine Worte verstanden, wenn du auch wieder in deiner fremden Sprache geredet hast.« Titus grinste. »Und ich gebe dir recht. Wenn ich die Insel zur Vogeljagd aufsuche, reibe ich mich mit einer von meiner Mutter hergestellten Paste ein, die mich vor den Mücken schützt. Leider habe ich sie heute nicht dabei.«

»Leider, in der Tat«, sagte Thorag, während er seine zerstochenen Gliedmaßen betrachtete.

Der Wald rings um die beiden Männer war ein weitaus erfreulicherer Anblick. Keine vermoderten Sumpfgewächse, sondern gesunde Bäume, wenn auch ein wenig von der Sommersonne ausgedörrt. In ihrem Schatten tummelten sich zahlreiche bunte Vögel und pickten in den grasbewachsenen Boden.

»Der Sumpf und seine Tücken liegen hinter uns, jedenfalls so lange, bis wir den Rückweg antreten«, erklärte Titus. »Jetzt droht uns eine andere Gefahr.«

»Die Wachen.«

»So ist es, Germane.«

So sicher, wie der Römer Thorag durch den Sumpf geführt hatte, geleitete er ihn auch durch den Wald. Bäume und Strauchwerk wichen mehr und mehr zurück, und bald sah der Donarsohn ein weißliches Schimmern durch das Blattwerk: die Mauern von Germania minor.

Titus zeigte auf eine alte Schwarzpappel mit starken Ästen, die ihre mehrteilige, ausladende Krone in Richtung der Mauern neigte. »Klettern wir da hinauf, und du hast eine gute Übersicht.«

Sie stiegen hoch genug, um fast die ganze Insel zu überblicken. Eine richtige Insel war es eigentlich nicht, dachte Thorag. Der verlandende Sumpf und die festen Wege, die hindurchführten, ließen den Namen unpassend erscheinen. Andererseits lebten die Menschen hier – Roms Gäste oder Geiseln, es blieb sich gleich – von den übrigen Einwohnern Ravennas ebenso isoliert wie vom Rest der Welt. Insofern konnte man durchaus von einer Insel sprechen.

Nach Norden hin durchmaß Germania minor eine knappe römische Meile, von Osten nach Westen ungefähr das Doppelte. Man konnte weder von einer Festung sprechen noch von einem Kerker, und doch hatte der weitläufige Gebäudekomplex, der etwa drei Stadien vor dem Waldrand begann, etwas von beidem an sich. Neben Häusern im römischen Villenstil mit weitläufigen Gärten gab es kasernenartige Gebäude und Wachtürme, über deren Zinnen federbuschbesetzte Helme im Sonnenlicht blinkten.

»Die Mauern sind so niedrig wie bei normalen römischen Landhäusern«, stellte Thorag fest. »Warum baut man sie nicht höher? Dann wäre die Gefahr einer Flucht geringer.«

»Die Germanen sollen sich wie Gäste fühlen, nicht wie Gefangene. Außerdem kennt kaum jemand die Sumpfpfade, und die Brücken werden Tag und Nacht bewacht. Rund um die Insel patrouillieren Wachen, und bei Nacht führen sie scharfe Hunde mit sich. Wer sollte da entkommen?«

Auja, dachte Thorag, *Thusnelda und Thumelikar!*

Laut aber fragte er: »Heißt das, niemand von denen, die hier leben, verläßt jemals die Insel?«

»Ganz und gar nicht. Oft sieht man welche von den germanischen Gästen in der Stadt. Zumindest die, die mehr Gäste als Gefangene sind. Aber genau weiß ich nicht, wer von den Germanen das Vertrauen des Stadtpräfekten genießt.«

»Sprichst du von Foedus?«

»Ja, als Flottenpräfekt ist er auch Stadtpräfekt und als solcher wiederum auch für Germania minor verantwortlich.«

»Wie stark sind die hier stationierten Wachen?«

Titus, der auf einem etwas niedrigeren Ast hockte, sah

erstaunt zu Thorag auf. »Du willst es aber genau wissen! Wahrscheinlich genauer, als ich selbst es weiß.«

»Ich denke, jemand, der oft zum heimlichen Vogelfang auf die Insel kommt, wird sich gut mit der Stärke und den Gepflogenheiten der Wache auskennen.«

»Verursacht soviel Klugheit nicht zuweilen Kopfschmerz?« Titus faßte in seine Locken und rieb seinen Schädel, als leide er selbst unter der Krankheit. »Wenn sich nichts geändert hat, sind hier zwei Zenturien und eine Turme Reiter stationiert.«

»Also rund zweihundert Mann«, sagte Thorag und fand, daß es angesichts der wenigen Fluchtwege ausreichend war. Zumal in Ravenna und Classis weitere Truppen lagen, die man im Notfall schnell heranführen konnte, um die ganze Insel abzuriegeln. Er zeigte auf den großen, düster wirkenden Gebäudekomplex im Nordwesten. »Liegen dort die Unterkünfte der Wachen?«

»Ganz recht, Germane. Wie hast du das erkannt?«

»Nach gemütlichen Wohnhäusern sieht mir das nicht aus. Außerdem ist die Lage für die Truppenunterkünfte gut gewählt, genau zwischen den beiden Brücken.«

Titus nickte bedächtig, wie zu einer inneren Bestätigung, und murmelte: »Du mußt oft unter Kopfschmerzen leiden.«

Thorag achtete kaum auf seine Worte. Andere Laute, die noch sehr fern klangen, wie heranrauschende Brandungswellen, beanspruchten seine Aufmerksamkeit. Als er sich konzentrierte, identifizierte er sie als ein Gemisch aus Marschmusik und dem harten Tritt Hunderter nägelbeschlagener Soldatenstiefel.

Auch Titus hörte es jetzt. »Das muß der Festzug mit Sejanus und Maroboduus sein. Er marschiert auf der Via Porta, die Classis im Westen von Germania minor mit Ravenna verbindet, jenseits der Sümpfe und des Flusses, über den die Inselbrücken führen. Die Musik wird immer lauter. Ich schätze, bald kommen die ersten über die westliche Brücke. Tja, freigebiger Freund aus dem fernen Germanien, viel mehr von den hohen Gästen Ravennas wirst du von diesem Baum aus auch nicht sehen.«

»Eben darum müssen wir näher heran. Los, nach unten!«

Thorag hatte es eilig, und Titus merkte das. Er kletterte flink zu Boden und lief, gefolgt von dem Cherusker, ein Stück in den Wald zurück, um nicht von den Wachen bemerkt zu werden. Sobald sie vor den Blicken der Soldaten sicher waren, wandten sie sich nach Norden.

Thorag fiel auf, wie willig Titus alles mitmachte. Tat er es nur für die von Thorag erhaltenen Denare? Der Donarsohn glaubte, es besser zu wissen, den wahren Grund zu kennen, weshalb der Vogelhändler sein Leben in Gefahr brachte. Falls Thorag recht hatte, tat Titus es nicht für ihn.

Die Brücke war an einer schmalen Stelle des Flusses errichtet worden und daher nicht besonders groß. Ein steinerner Wölbbogen ohne Stützpfeiler, vielleicht etwas über fünfzig Fuß lang, reichte aus, um das schwerfällig dahinplätschernde Gewässer zu überspannen. Titus erklärte Thorag, daß der Fluß an der Nordseite der Insel breiter und die Strömung dort stärker sei. Im Norden ergoß der Fluß, ein Nebenarm des Padus, sich ins Meer. Dies hier war gleichsam ein Nebenarm des Nebenarms, der weiter südlich im Sumpfland versickerte.

Zwischen dem Waldrand und der Brücke lag ein hundert Fuß breiter Wiesenstreifen, den Thorag und Titus nicht betreten konnten, ohne den römischen Wachen aufzufallen. Auf jeder Seite der Brücke stand ein halboffenes Wachhäuschen. Vor jedem Häuschen nahmen fünf Soldaten Aufstellung, um den herannahenden Festzug zu empfangen.

Aber nicht die Soldaten auf der Brücke und auch nicht der jetzt laut und deutlich hörbare Umzug beanspruchten Thorags Interesse. Er beugte sich weit in dem stark und unangenehm riechenden Schwarzbeerenstrauch vor, der ihm und Titus als Versteck diente, und blickte nach Osten, zum Rand der germanischen Kolonie.

Aus der Kaserne rückten die Wachzenturien aus und marschierten auf das freie Feld zwischen den Gebäuden und der Brücke. In ihrer Mitte gingen Männer und Frauen in ziviler Kleidung, die Männer zumeist in teuren Tuniken, einige, die sich des römischen Bürgerrechts rühmten, obwohl sie Germanen waren, auch in der hellen Toga. Einer der Germanen in römischer Bürgertracht war ...

»Segestes!«

»Du hast schon wieder jemanden von deinen germanischen Brüdern erkannt«, stellte Titus im Flüsterton fest. »Reisen bildet offenbar wirklich. Doch solltest du deine Erregung zügeln, willst du uns nicht an die Wachen ausliefern. Nur ein bißchen lauter, und wir sähen uns jetzt von eisernen Pilenspitzen umkreist.«

Thorag biß auf seine Unterlippe und richtete die Augen auf den Mann, der einst ein Cherusker und der Fürst des Stiergaus gewesen war: Segestes, der nach dem Tod des Herzogs Segimar mit Armin um die Nachfolge gestritten hatte.

Der Donarsohn sah die beiden Rivalen vor sich, wie sie auf dem Stammesthing im Schatten der Heiligen Steine versuchten, den stolzen Schimmel, eines der heiligen Rosse, zu besteigen. Wem es gelang, dem gehörte die Gunst der Götter und die Würde des Herzogs. Schließlich war es Armin gewesen, der den weißen Hengst bezwungen hatte. Seit jenem Tag, als Segestes den Jüngeren als seinen Herzog hatte anerkennen müssen, war sein Haß auf Armin stetig gewachsen.

Zu dem persönlichen Neid hatte sich politischer Zwist gesellt. Während Armin versucht hatte, die Cherusker und die benachbarten Stämme zum Aufstand gegen Rom zu einen, übte der überzeugte Römling Segestes Verrat. Wohl nur mit der Hilfe der Götter war es Armin im Sommerlager des Publius Quintilius Varus gelungen, den römischen Statthalter weiter in falscher Sicherheit zu wiegen. Die Voraussetzung dafür, ihn und seine Legionen in den Teutoburger Wald zu locken – in den tödlichen Hinterhalt.

Ausgerechnet die Tochter des Segestes, Thusnelda, mußte es sein, die Armin sich zum Weib erkor. Natürlich verweigerte Segestes seine Einwilligung zu der Verbindung, und so raubte Armin die Geliebte nach altem Brauch. Erst dann, halb unter Zwang, willigte der Stierfürst in die Hochzeit ein. Doch Segestes rächte sich, indem er Armins Burg überfiel und sich die Tochter, die in ihrem Leib schon die Frucht der Liebe trug, zurückholte. Damals geriet auch Auja in seine Hände. Als Armin und Thorag die Burg des Segestes belagerten, rief der Stierfürst Germanicus zu Hilfe. Der Römling ging endgültig zu den Römern über, und mit ihm gingen gezwungenermaßen die gefangenen Frauen.

Auja und Thusnelda!

Thorag hielt nach ihnen Ausschau. Am liebsten wäre er aus dem Gebüsch gesprungen und zu der großen Menschengruppe gelaufen, um seine Auja zu suchen und sie endlich wieder in den Armen zu halten.

Nur mit Mühe konnte er sich zurückhalten. Er hatte einen langen Weg zurückgelegt und manche Gefahr überstanden, um nach Ravenna zu gelangen. Hier, so kurz vor dem Ziel, durfte er all das nicht durch unüberlegtes Handeln aufs Spiel setzen. Wenn er versagte, gab es für die Verschleppten keine Aussicht auf Rettung. Und Ragnar würde nie wieder mit Vater und Mutter vereint sein.

An die hundert Germanen scharten sich um Segestes. Dicht bei dem ehemaligen Stierfürsten standen sein Sohn Segimund, sein Bruder Segimer und dessen Sohn Sesithar. Von ihnen trug nur einer die Toga: Segimund, der einmal römischer Priester in der Ubierstadt gewesen war.

Segimer und Sesithar hatten während der Germanicus-Feldzüge versucht, zu den freien Germanen überzulaufen. Aber war deshalb Hilfe von ihnen zu erwarten? Sie schienen freiwillig neben Segestes zu stehen, keine Kette hielt sie fest.

Einen Schritt hinter Sesithar ging eine Frau mit rötlichem Haar und dunklen Augen, sehr schön anzusehen, wenn auch ihre Züge eine seltsame Kälte ausstrahlten. Das mußte Rhamis sein, die Thorag nur vom Hörensagen kannte: die Tochter des Chattenfürsten Ukromir und Gemahlin des Sesithar.

Sie drehte sich halb zur Seite und sprach zu einer anderen Frau, die in der zweiten Reihe stand und bislang hinter den Rücken von Segestes und Sesithar verborgen gewesen war. Diese Frau war von großem, geradem Wuchs und trug keine römische Kleidung wie die meisten anderen, sondern ein ärmelloses, bis zu den Füßen reichendes Gewand, das nach germanischer Sitte von Schulterfibeln zusammengehalten wurde. Zwei rote Gürtel unter der Brust und um die Hüften sorgten für eine üppige Bauschung des Stoffes. Das Gesicht war schön und ernst, wenn die Nase auch ein wenig zu lang und leicht gebogen war. Wie bei Segestes, dessen Antlitz es ähnelte, wenngleich der Frau die bedrohliche Schärfe abging, die den Zügen des Römlings anhaftete. Thusneldas Gesicht schien in den Wintern und Sommern ihrer Gefangenschaft verschlossener geworden zu sein, sonst hatte es sich nicht verändert.

Wo Thusnelda war, mußte doch auch Auja zu finden sein! Erneut suchte Thorag die Gruppe der Germanen nach seiner Gemahlin ab. Aber wenn Auja sich unter ihnen befand, mußte sie so weit hinten stehen, daß sie von seinem Versteck aus nicht zu erkennen war.

Sein unruhig umherirrender Blick kehrte zu Thusnelda und Rhamis zurück, die über irgend etwas stritten. Der Vergleich beider Frauen fiel eindeutig zugunsten von Armins Gemahlin aus. Rhamis mochte mit ihren vollen, sinnlichen Lippen und den hochstehenden Wangenknochen in den Augen der meisten Männer die begehrenswertere Frau sein, aber nur, wenn man den Blick auf das Offensichtliche beschränkte. Sah man tiefer in die Gesichter beider Frauen, erkannte man die stille, innere Würde und Schönheit Thusneldas, einen Stolz, der nichts mit falschem Hochmut zu tun hatte. Die Züge der schönen Rhamis hingegen zeigten jene ungnädige Schärfe, die man eher bei der Tochter des Segestes gesucht hätte. Vielleicht tat Thorag der Chattin unrecht. Ihr Gezänk mit Thusnelda und die offensichtliche Verärgerung mochten das Antlitz entstellen. Und doch, sprach es nicht für Thusnelda, daß die Cheruskerin ihre Ruhe und ihre Würde bewahrte?

Die Ursache für Rhamis' Entrüstung schien Thusneldas germanisches Gewand zu sein, mit dem Armins Gemahlin ihre antirömische Gesinnung zeigte. Die Chattin, die nach der Art der Römerinnen eine knöchellange Tunika trug, von leuchtendem Purpur und verziert mit breiten Goldborten, zupfte an Thusneldas

Kleid herum und hätte es ihr am liebsten vom Leib gerissen.

Thusnelda drehte ihr einfach den Rücken zu und bückte sich, um ein kleines blondes Kind auf den Arm zu nehmen. Das konnte niemand anderes als Thumelikar sein, Armins Sohn. Für einen vierjährigen Knaben war er groß und kräftig, doch er schien verschreckt und weinte in den Armen der Mutter. Vermutlich hatte Rhamis' Gekeife ihm Angst eingejagt.

Thorag sah den Jungen weinen, hören konnte er ihn nicht. Zu laut war inzwischen das Schmettern der Hörner und Trompeten. Der Musikzug überschritt die Brücke, gefolgt von der endlosen Marschreihe einer Prätorianerkohorte. Ihr folgten zu Pferd Sejanus mit Marbod, Foedus, Flavus, weitere hohe Offiziere und Edelinge aus Marbods Gefolge. Ihnen schlossen sich ein paar beladene Wagen an, die vermutlich die Habe der Markomannen transportierten. Dann kam die Kohorte, die am Hafen zur Begrüßung der Gäste angetreten war.

Selbst wenn Thorag seine Auja in der Menge entdeckt hätte, wäre es jetzt kaum möglich gewesen, Kontakt zu ihr aufzunehmen. Alles in allem befanden sich rund eintausendfünfhundert römische Soldaten auf der Germaneninsel.

Die Prätorianer schwenkten nach rechts und Foedus' Kohorte nach links. Unter den bellenden Befehlen der Zenturionen nahmen die beiden Kohorten nach Manipeln getrennt Aufstellung. Thorag konnte kaum noch etwas erkennen, weil die Rücken der Prätorianer eine lebende Mauer zwischen ihm und Titus auf der einen Seite und den hochgestellten Römern und Germanen auf der anderen bildeten.

Selbst den hünenhaften Segestes erblickte er nicht. Doch erkannte Thorag seine Stimme, als der einstige

Fürst des Stiergaus Sejanus und Marbod in lateinischer Sprache begrüßte. Thorags Eindruck, daß Segestes für die in Ravenna ansässigen Germanen so etwas wie ein Anführer war, schien sich damit zu bestätigen.

Nachdem Segestes den Prätorianerpräfekten in ebenso rühmenden wie inhaltsleeren Worten gepriesen hatte, kam er auf Marbod zu sprechen und schloß: »Dich, König Maroboduus, und mich einen die Freundschaft zu Rom und die Feindschaft zu dem verblendeten, aufsässigen Arminius. Laß uns hoffen, daß wir den verschlagenen Feind, der sich mit dem Titel des Cheruskerherzogs schmückt und seinen Stamm immer tiefer ins Verderben führt, mit vereinten Kräften schlagen können! Sei darum doppelt willkommen, edler Maroboduus!«

In seiner Dankesrede verlieh auch Marbod dieser Hoffnung Ausdruck, und ein ungutes Gefühl beschlich Thorag. Der Wunsch, Armin zu besiegen, schien mehr zu sein als die Rachegelüste eines zum Feind übergelaufenen Gaufürsten und eines gestürzten Königs. Was machte Segestes und Marbod hier, fern von den germanischen Wäldern, so gewiß, daß ihre Niederlagen gegen Armin sich in Triumphe verwandeln würden? Thorag hatte das – leider nur unbestimmte – Gefühl, einem großen Geheimnis auf der Spur zu sein. Aber noch fehlten ihm konkrete Anhaltspunkte, war alles so ungreifbar wie Nebelgeister, die sich im erstarkenden Licht Sunnas verflüchtigten.

Weitere Worte wurden gewechselt, auch Sejanus hielt eine kurze Ansprache. Thorag fragte sich, was Thusnelda von den Worten Marbods und ihres Vaters halten mochte. Hatte sie Flavus erkannt? Sprachen sie vielleicht gerade miteinander? Oder war der Bruder ihres Gemahls für sie ein Fremder, ein Feind?

Die Bläser spielten ein feierliches Lied. Jenseits der

Prätorianermauer begleiteten die Germanen von Ravenna den Neuankömmling aus dem Markomannenreich zu seinem neuen Heim, das gewiß bescheidener ausfiel als seine einstige prächtige Residenz über der Flußstadt. Die germanischen Exilanten kehrten in ihre römischen Häuser zurück, und Thorag hatte nicht einen einzigen Blick auf Auja werfen können, wußte nicht einmal, ob sie in der Gruppe gewesen war. Enttäuschung paarte sich mit Angst: Woher wollte er wissen, daß Auja noch am Leben war?

»Weg von hier, Germane, schnell!«

Titus zerrte an Thorags Arm. Während der Cherusker verzweifelt ein paar Blicke auf die Germanen zu erhaschen versuchte, hatte der Vogelhändler die Soldaten beobachtet. Zwei Prätorianer hatten ihr Manipel verlassen und kamen auf das Gebüsch zu, offenbar um sich zu erleichtern.

Als Thorag das erkannte und dem aufgeregten Titus folgte, zerbrach ein Zweig des Schwarzbeerenstrauchs mit lautem Knacken.

»Da ist was im Gebüsch!« rief einer der beiden Prätorianer. »Irgendein Tier.«

»Ein Tier, das eine Tunika trägt?« fragte sein Kamerad spöttisch und alarmierte mit lauten Rufen seinen Zenturio.

Thorag und Titus rannten tiefer in den Wald hinein, jede Vorsicht aufgebend. Nur Schnelligkeit konnte sie jetzt retten. Sie mußten sich absetzen, bevor eineinhalbtausend römische Soldaten Jagd auf sie machten.

Die Sorge um Auja war nicht vergessen, aber für den Augenblick trat sie vor dem Problem zurück, das eigene Leben zu retten. Nur ein lebender Thorag konnte nach Auja suchen, konnte Ragnar – vielleicht – die lang entbehrte Mutter zurückbringen.

Deshalb rannte er, so schnell er konnte. Bäume und Sträucher flogen an ihm vorbei. Hin und wieder peitschten tiefhängende Zweige schmerzhaft sein Gesicht, ohne daß er sich darum scherte. Nur als Titus über eine Baumwurzel strauchelte und hinfiel, hielt er kurz an, um den jungen Römer wieder hochzuziehen.

Hinter ihnen erklangen lateinische Befehle, das Klirren von Waffen und heiseres Hundegebell.

»Die Hunde!« Die Stimme des Vogelstellers überschlug sich bei diesem Ausruf. Panik trat in seine Augen. Daß er sich bei seinem Sturz die Stirn und das rechte Knie aufgeschlagen hatte, schien er vor lauter Angst nicht zu bemerken. Wie beiläufig wischte er das blutige Rinnsal beiseite, das über die Stirn in sein rechtes Auge laufen wollte. »Wenn die Götter nicht mit uns sind, werden uns die Hunde zerfleischen! Du hast solche Tiere bestimmt noch nicht gesehen, Germane. Groß und schwarz, mit Fangzähnen, die nichts loslassen, was sie einmal erwischt haben. Man nennt sie deshalb die Packer. Schwer zu sagen, was am gefährlichsten ist: ihre starken Zähne, ihre schnellen Beine oder die feine Nase. Es heißt, sie könnten ihr Opfer sogar gegen den Wind wittern.«

Sie liefen weiter und erreichten unbehelligt den Rand des Sumpfes. Aber das Hundegebell hinter ihnen war lauter geworden. Die Packer irrten nicht ziellos umher; sie hatten die Fährte der beiden Flüchtenden aufgenommen.

Thorag und Titus rannten noch schneller, obwohl auf dem schmalen Sumpfpfad jeder falsche Schritt verhängnisvoll sein konnte. Sie mußten sich beeilen, wollten sie den Hetzhunden entkommen. Aber konnte der Wind dem wütenden Sturm davoneilen?

Einmal klang ein Bellen gefährlich nah, doch dann ging es in ein panisches Jaulen über, das sehr schnell erstarb. Es gab nur eine Erklärung: Ihr vierbeiniger Verfolger war vom rechten Weg abgekommen und vom Sumpf verschluckt worden.

»Bald haben wir es geschafft«, stieß Titus unter heftigem Keuchen hervor und blickte sich zu Thorag um. »Noch etwa drei Stadien, dann liegt der Sumpf hint…«

Mitten im Wort brach er ab und starrte den Cherusker aus weit aufgerissenen Augen an. Nein, sein Blick galt nicht Thorag, sondern dem Wesen, das hinter dem Donarsohn über den Sumpfpfad hetzte.

Der Vogelsteller hatte mit seiner Beschreibung der Packer nicht übertrieben. Das rabenschwarze Tier flog förmlich heran, so schnell, daß Thorag es kaum richtig sehen konnte. Es schien nur aus unendlich langen Beinen und einem riesigen Maul voller weißblitzender Zähne zu bestehen.

»Lauf, Titus!« schrie der Donarsohn und bückte sich nach einem armlangen Ast am Wegesrand.

Der Packer sprang aus dem Laufen heraus, noch ehe Thorag sich wieder ganz erhoben hatte. Der Cherusker schwang den Ast wie eine Keule dem jetzt tatsächlich heranfliegenden Schatten entgegen. Ein dumpfes Schlaggeräusch ertönte, gleich gefolgt von einem trockenen Krachen. Thorag spürte einen Ruck in seinen angespannten Armmuskeln. Der Packer jaulte nur ganz kurz auf und fiel neben ihm zu Boden.

Thorag wollte ein zweites Mal zuschlagen und merkte erst jetzt, daß der Ast morsch gewesen und zerbrochen war. Daher das Krachen, das er nach dem Schlag gehört hatte.

Schon regte sich der Hetzhund. Er wandte den Kopf seinem Widersacher zu, zog die Lefzen zurück und fletschte die erschreckend langen Zähne.

Der Cherusker warf sich auf ihn und stieß den knapp

unterarmlangen Rest des Astes tief in das aufgerissene Maul. Der Packer war aufs Zubeißen abgerichtet, und das tat er auch jetzt. Ein Fangzahn brach ab, und Holzsplitter bohrten sich in Zunge und Gaumen.

Thorag hockte auf dem Tier, hielt mit beiden Händen die Kehle fest und drückte aus Leibeskräften zu. Er bemerkte einen Schatten, der an ihm vorbeihuschte, konnte sich aber nicht weiter darum kümmern. Er mußte sich ganz auf den Packer unter ihm konzentrieren und alle Kräfte aufbieten, damit die Bestie sich nicht befreite. Alle Versuche des Hundes, den Kopf durch heftiges Schütteln freizubekommen, fruchteten nichts. Das Tier jaulte, winselte, und blutiger Schaum troff aus seinem Maul, bis es endlich still lag. Tot.

Taumelnd stand Thorag auf und wischte mit dem Arm die rötlichen Schaumflocken aus seinem Gesicht. Sein Arm kam ihm furchtbar schwer vor, als hätte ein hinterhältiger Waldgeist einen Baumstamm darangehängt. Er hatte seine Muskeln bis an die Grenze beansprucht.

Zeit zum Erholen blieb ihm nicht. Wütendes Knurren mischte sich mit angsterfüllten Schreien. Keine zwanzig Schritte vor sich sah er Titus mit einem Packer ringen. Der Schatten, der eben an ihm vorbeigehuscht war!

Titus war nicht schnell genug gelaufen, hatte sich vermutlich nach Thorag umgesehen. Ob aus Neugier oder Sorge um den Germanen, es wurde dem Römer zum Verhängnis. Er blutete aus schlimmen Wunden. Arm und Bein an der linken Seite waren bis auf die Knochen zerbissen. Es war ein Wunder, daß er sich überhaupt so lange gegen das wütende Tier wehren konnte.

Thorag rannte los und sah im selben Augenblick, wie sich die langen Fänge in Titus' Kehle bohrten. Blut spritzte nach allen Seiten.

Mit einem Aufschrei taumelte der Vogelsteller zur

Seite und fiel in den Sumpf. Dabei umklammerte er den Hund und riß ihn mit sich. Es sah so aus, als habe Titus beschlossen, wenigstens nicht allein zu sterben.

Noch im Sumpf rangen Mensch und Hund miteinander, doch sie versanken schnell. Als der Packer seine verzweifelte Lage erkannte, ging das wuterfüllte Knurren in ein verzweifeltes Jaulen über. Das erstarb innerhalb weniger Herzschläge – die Zeit, die der Sumpf benötigte, um Mensch und Tier zu verschlucken.

Als Thorag die Stelle erreichte, wo Titus vom Pfad abgekommen war, war nur noch ein Fuß des Römers zu sehen. Ein letztes Gurgeln und Schmatzen der grünbraunen Brühe, und Titus war bloß noch Erinnerung. Der Packer ebenso.

Thorag konnte nichts mehr für den Römer tun. Er lief weiter und hoffte, den kurzen Rest des Sumpfpfads auch ohne seine kundige Führung zu bewältigen. Zwar sah er keine Verfolger, doch er hörte Stimmen und Gebell.

Mit einem lautlosen Fluch verwünschte er die römischen Soldaten und ihre todbringenden Hunde. Und er verwünschte sich selbst, weil er die Aufmerksamkeit der Prätorianer erregt hatte. War es ein Trost, daß Titus sich nie mehr vor den Wachen und vor den Packern fürchten mußte?

Thorag ahnte, daß ihn nicht nur die Vögel auf die Germaneninsel gelockt hatten. Titus hatte mehr gesucht: seinen verschwundenen Vater.

Waren sie jetzt vereint?

Kapitel 17
Die Überraschung des Abends

Stunde um Stunde wanderte Thorag nordwärts, zumeist im Schutz von Waldungen oder Buschwerk. Er hielt sich abseits der Via Porta, weil er nicht wußte, ob die Römer die Hafenstraße nach dem Mann absuchten, der durch den Sumpf geflohen war.

An einem abgelegenen kleinen Weiher ruhte er sich aus und trank von dem klaren Wasser. Dann legte er seine Kleider ab und stieg in den Teich, um sich von Schmutz und Blut zu reinigen. Als er danach sein Spiegelbild in dem ruhigen Gewässer betrachtete, mußte er zugeben, daß er trotz aller Mühe mit seiner zerrissenen, fleckigen Tunika, dem stoppelbärtigen Gesicht und der von den Sumpfmücken zerstochenen Haut keinen sehr vertrauenerweckenden Eindruck machte.

Auf dem weiteren Weg war es unmöglich, sich abseits der römischen Siedlungen zu halten, wollte er nicht Tage unterwegs sein. Er kam an kleinen Landgütern vorbei und durchwanderte schließlich auch die westlichen Vororte Ravennas, ohne auf römische Streifen zu treffen. Vermutlich wußten die Römer gar nicht, ob jemandem die Flucht durch den Sumpf gelungen war. Und wenn doch, hatten sie keine Ahnung, wohin der Fliehende sich gewandt hatte.

Trotzdem blieb Thorag vorsichtig und vermied es, mit anderen Menschen in näheren Kontakt zu kommen. Auch wenn ihm die Schenken und Garküchen, an denen er mit knurrendem Magen vorbeiging, mit ihren köstlichen Gerüchen höchst verführerisch erschienen. Seit den Speckküchlein nach dem Erwachen hatte er nichts mehr gegessen, und jetzt stand Sunna schon tief im Westen.

Bislang hatten die Aufregungen des Tages ihn davon abgehalten, auch nur an Hunger zu denken. Die hinter ihm liegenden Anstrengungen hatten seine Kräfte stark beansprucht, und er konnte sich kaum etwas Verlockenderes vorstellen als ein saftiges Stück Fleisch. Doch er versagte sich jeden Aufenthalt in Ravenna und beschritt die nordwärts führende Straße, auf der die Sklaven ihn vor vielen Stunden in der Sänfte getragen hatten.

Das Anwesen des Apicius tauchte vor Thorag auf, als der rotglühende Sonnenwagen hinter den westlichen Hügeln verschwinden wollte. Thorag stand auf einer kleinen Anhöhe und blickte über die Dächer von Häusern und Ställen zum nahen Meer, in dem sich die letzten Sonnenstrahlen spiegelten. Feurig schillernde Fäden, die schlangengleich über das silbriggraue Wasser zuckten und sich unter der Wellen Kraft bogen, wie Sunna sich jeden Abend der mächtigen Riesentochter Nott beugte. Aber nur, um am nächsten Morgen mit neuer Pracht zu erstehen und die Welt der Menschen wieder mit Licht und Wärme zu erfüllen. Nur wer biegsam war, konnte auf Dauer gegen übermächtige Gewalt bestehen. Aber konnte, wer sich zu sehr verbog, noch aufrechter Haltung und ehrlicher Gesinnung sein?

Thorag dachte an die Germanen von Ravenna, an die Stiersippe des Segestes. Floß noch germanisches Blut in ihren Adern? Oder schlugen ihre Herzen nicht nur aus Zwang, sondern auch aus Überzeugung für Tiberius Julius Caesar Augustus?

Zumindest Thusnelda schien sich noch nicht zu weit verbogen zu haben. Das glaubte Thorag ihrem germanischen Gewand und dem Umstand, daß Rhamis sich darüber ereifert hatte, entnehmen zu können.

Und die anderen, die unter römischem Schutz lebten, was in Wahrheit römische Herrschaft bedeutete? Waren sie sich einig in ihrer prorömischen Gesinnung? Gab es einige unter ihnen, die lieber wieder freie Germanen gewesen wären, mögliche Verbündete für Thorag und Armin?

Gab es vielleicht noch etwas dazwischen?

Nach allem, was er heute im Hafen und auf der Germaneninsel gesehen und gehört hatte, keimte ein ungewisser Verdacht in Thorag. Ein Gedanke, der noch nicht ganz greifbar war und doch alles in ein neues Licht tauchte.

Sunnas eben noch kräftige Strahlen verblaßten, wurden von der unergründlichen See verschluckt wie Titus vom gierigen Sumpf. Thorag bedauerte seinen Tod und fühlte sich schuldig. Schon so viele, die den Weg des Donarsohns gekreuzt hatten, mußten dafür mit dem Leben bezahlen.

Eine lange Kette einmal vertraut gewesener Gesichter zog an seinem inneren Auge vorüber, und ihre Namen lebten nur noch in der Erinnerung: Eiliko, Radulf, Hakon, Flaminia und Primus, Eibe und Tebbe, Thidrik, Gueltar und Guda, Argast, Canis. Und jetzt der junge Titus, dessen einziger Fehler gewesen war, Thorag zu helfen.

In Thorag brannte die quälende Frage, ob auch ein weiterer Name bald nur noch Erinnerung sein würde: Auja.

Mit Sunnas leuchtenden Strahlen schien auch sein Lebensmut verschwunden zu sein. Als er in der einsetzenden Dämmerung auf das breite Tor zuhielt, das zum Anwesen des Apicius führte, nagten Trauer und Verzweiflung an ihm. Waren alle Mühen umsonst? Wie konnte ein einzelner Mann hoffen, sich gegen das mächtige Rom durchzusetzen? Wäre es so leicht, wären dann die Geiseln nicht längst geflohen?

Die beiden Torflügel standen offen. Drei Mann von Apicius' afrikanischer Leibgarde hielten davor Wache. Zwar musterten sie den abgerissenen Germanen verwundert, aber sie erkannten den Gast ihres Herrn und ließen ihn anstandslos passieren. Vermutlich handelten sie nach dem Motto vieler Sklaven: den Mund halten und bloß nicht auffallen.

Ihre Waffen und die glänzenden Rüstungen täuschten darüber hinweg, daß ihr Leben in der Hand ihres römischen Herrn lag. Thorag erschien es als üble Laune des Schicksals, daß die Afrikaner das Leben des Mannes schützten, der ihnen die Freiheit genommen hatte und eine ständige Gefahr für ihr eigenes Leben war, sollten sie einmal nicht so wollen wie er.

Mußten die in Ravenna ansässigen Germanen, die ›Gäste‹ des Tiberius, nicht ähnlich empfinden? Sie konnten sich frei bewegen, zumindest auf ihrer Insel und viele auch in der Stadt, und doch waren sie Gefangene, kaum freier als Sklaven. Thusnelda und Thumelikar, die Gemahlin und der Sohn seines Herzogs und Blutsbruders – Sklaven. Und vielleicht auch Auja.

Thorag straffte sich, fest entschlossen, bis zum letzten Atemzug dagegen anzukämpfen. Er hatte seine Aufgabe und seinen Siegeswillen wiedergefunden. Wenn er den Kampf um das Morgen verlieren sollte, dann nicht als Gebeugter, nur als Zerbrochener.

Als er auf dem von Birnenbäumen gesäumten Weg zum Haus des Apicius um eine Krümmung bog, fand er das Gebäude hell erleuchtet vor. Vielfältiges Gelächter, vermischt mit Musik und Gesang, drang nach draußen. Auf einem steingepflasterten Platz erblickte er Wagen und Sänften, bei denen Sklaven herumlungerten und sich an Wein, Käse und Hühnerkeulen labten.

Der Cherusker blieb stehen. Er hatte nicht gewußt, daß

Apicius an diesem Abend Gäste zu einem Festmahl geladen hatte. Seine Aufmachung war für einen gesellschaftlichen Auftritt denkbar ungeeignet. Außerdem war ihm nicht nach ausgelassener Fröhlichkeit. Nur der Hunger hätte ihn verleiten können, das Mahl als Umbra, als Schatten, zu besuchen, wie die Römer ungeladene, aber willkommene Gäste nannten. Seine Erschöpfung und seine ernste Stimmung waren stärker. Er brauchte Ruhe und Zeit, um sein weiteres Vorgehen zu überdenken. Deshalb beschloß er, gleich sein Cubiculum aufzusuchen. Vielleicht ließ sich auch so etwas Eßbares auftreiben. Wenn nicht, würde er hungrig schlafen gehen.

Von seinen Spaziergängen auf dem Anwesen kannte er eine kleine Pforte, durch die er ins Peristylium gelangte, ohne das Haus zu betreten. Er fand auch den Garten in ungewohnter Beleuchtung vor. Girlanden und Laternen aus buntem Papyrus hingen über den Wegen. An den Wegesrändern waren im gleichmäßigen Abstand Fackeln in den Boden gerammt, in deren unstetem Schein die Statuen zum Leben erwachten. An der Seite des Portikus, an die sich die Küche und die Eßräume anschlossen, standen plaudernd und lachend einige Römer. Einige von ihnen sahen einem Flötenspieler mit angeklebten Bockshörnern und falschem Schwanz zu, der zu den Klängen seiner Hirtenflöte wilde Sprünge vollführte.

Offenbar sollte der junge Musikant den griechischen Hirtengott Pan verkörpern. Oder den römischen Gott Faunus. Soweit Thorag sich erinnerte, gab es da keinen großen Unterschied. Wie die Römer überhaupt die Angewohnheit besaßen, fremde Götter schnell mit neuen Namen zu versehen und zu ihren eigenen Gottheiten zu machen. Warum hätten sie auch vor einem fremden Glauben haltmachen sollen, wenn sie sich schon fremdes

Land als neue Provinzen und fremde Menschen als Unterworfene und Sklaven einverleibten?

In der Hoffnung, im allgemeinen Trubel nicht aufzufallen, durchquerte Thorag den Garten. Kurz vor der Tür zu seinem Cubiculum, er wollte gerade in den Schatten des Säulengangs eintauchen, wurde er von einer Hand am Unterarm gepackt. Er fuhr herum und starrte in ein faltiges Gesicht, das sich zu einem falschen Lächeln verzog.

»Sei gegrüßt, Herr«, flötete Demetrius in einem Anfall überbetonter Höflichkeit. »Du kommst spät heim und siehst reichlich mitgenommen aus. Eine Stärkung wird dir guttun. Komm mit, ich geleite dich zum Festmahl.«

Von Geleiten konnte keine Rede sein. Der kleine Grieche zerrte ihn förmlich durch den Garten, bis Thorag sich gewaltsam losriß und ihm erklärte, er wolle sich lieber in seinem Cubiculum ausruhen.

»Aber, Herr, das darfst du mir nicht antun! Gavius Apicius hat mich beauftragt, nach dir Ausschau zu halten und dich zum Festmahl zu führen, sobald du auftauchst. Leider vergaß er, dich von dem Essen in Kenntnis zu setzen. Natürlich bist du kein Schatten. Ein Ehrenplatz an der Tafel des Apicius erwartet den Mann, der Gaviana vor den Sumpfschlangen gerettet hat.«

Die Fackeln und die bunten Papyruslaternen verbreiteten genügend Licht, um Demetrius den ramponierten Zustand des Cheruskers zu enthüllen. Vermutlich deshalb bereitete es dem Griechen eine geradezu diebische Freude, ihn zum Festmahl zu bringen. Die fein herausgeputzten Römer würden sich über den abgerissenen Barbaren die Mäuler zerreißen. Dies schien Demetrius' Rache dafür zu sein, daß Thorag seinen Bruder im Kampf besiegt hatte. Und wohl auch dafür, daß Thorag durch seine Vereinigung mit Gaviana Aristons Heiratspläne und damit den Aufstieg der beiden Griechen von Sklaven zu angesehenen und wohlhabenden Freigelassenen gefährdet hatte.

Als Thorag einwilligte, Demetrius zu begleiten, war ihm gleichgültig, ob das dessen kleinliche Rachgelüste befriedigte. Für die Entscheidung verantwortlich war zum kleineren Teil Thorags leerer Magen, der, vielleicht durch die in den Garten strömenden Küchengerüche gereizt, durch einen plötzlichen Schmerz auf seine Leere aufmerksam machte. Hauptsächlich folgte er Demetrius aufgrund der Überlegung, daß viele einflußreiche Bürger Ravennas bei Apicius zu Gast sein würden. Von ihnen konnte Thorag mehr über die germanischen Exilanten erfahren und vielleicht auch einen Hinweis auf Auja erhalten.

Demetrius führte ihn an dem tanzenden Pan vorbei ins Haus. Apicius kam gerade aus der Küche und legte ein breites Lächeln auf sein Mondgesicht. »Da bist du ja endlich, Hruodmar. Ich dachte schon, du wolltest mein Festmahl verpassen. Doch du hast Glück und kommst gerade rechtzeitig zur Überraschung des Abends. Da ich zur Begrüßung von Sejanus und Maroboduus im Hafen war, konnte ich mich nicht selbst um das Essen kümmern. Aber es ist gleichwohl gelungen! Meine Köche haben gut daran getan, sich genau an meine Anweisungen zu halten. Auch wenn es eine Überraschung ist, dir will ich verraten, was man in Ravenna noch lange nach diesem Abend als Höhepunkt des Mahls preisen wird: Es ist Wildschweinbraten!«

»Wildschweinbraten?« wiederholte Thorag leidenschaftslos.

»Ja, du magst in deiner germanischen Heimat schon oft Wildschwein gegessen haben, aber sicher war es nie auf diese spezielle Art zubereitet. Damit es eine besondere Würze erhält, habe ich das Schwein zusammen mit Lorbeerzweigen in Meerwasser kochen lassen, bis es weich wurde. Dann wurde ihm das Fell abgezogen, und das Fleisch wurde mit einer Soße aus Salz, Senf und Essig bestrichen. Als Füllung ließ ich Eschenpilze und Schnecken in das aufgeschnittene Schwein legen. Die Pilze wurden gekocht und in gepfeffertes Garum getaucht. Die Schnecken ließ ich eine ganze Woche mit Milch mästen, damit ihr Fleisch dick und weich wird. Dann wurden sie in Öl geschmort und dabei mit Oenogarum übergossen.« Apicius leckte über seine fleischigen Lippen. »Na, was sagst du, klingt das nicht zum Anbeißen lecker?«

Thorag zwang sich zu einem unverbindlichen Lächeln. »Du sagst es, Bester aller Köche.«

»Nicht wahr? Komm mit, mein germanischer Freund, ich werde dich meinem Ehrengast vorstellen und ihm ein wenig den Mund wäßrig machen.«

Apicius faßte Thorag am Ellbogen und führte ihn in einen großen Raum mit mehreren überreichlich gedeckten Tischen, an denen die Gäste lagen. Der Gastgeber war so begeistert von seinem eigenen Essen, daß ihm Thorags alles andere als festlicher Aufzug gar nicht aufgefallen war. Dem Cherusker konnte es nur recht sein. An der Seite des mit einer perlenbestickten Tunika bekleideten Römers durchschritt er den von zahlreichen Öllampen erleuchteten Saal, in dem ein Lyraspieler mit den Klängen seines Instruments und mit melodischem Gesang vergeblich um Aufmerksamkeit buhlte.

Der Hausherr geleitete ihn zu einem großen Rundtisch in der Mitte des Raums. Der Tisch war von einer halbkreisförmigen Liege umgeben, auf der ein halbes Dutzend Gäste Platz genommen hatte, darunter auch Gaviana und Ariston. Daß der Sklave an einem Festmahl

248

teilnahm, zu dem die angesehensten Bürger Ravennas geladen waren, unterstrich seinen Ruhm als Gladiator und wohl auch seine Bedeutung als zukünftiger Schwiegersohn des Apicius.

Ariston erzählte einen Witz, was Thorag ihm kaum zugetraut hätte. Die Zuhörer lachten herzhaft. Entweder war der Witz wirklich gut, oder sie wollten dem Helden der Arena schmeicheln. Als Thorag auch Gaviana kichern sah, versetzte ihm das einen kleinen Stich.

Apicius blieb vor einem großen, lockenköpfigen Mann in weißer Tunika stehen, der ihnen den Rücken zudrehte und sich umwandte, als der Gastgeber zu sprechen begann: »Hruodmar, dies ist der Mann, dem zu Ehren ich das Festmahl ausrichte und dem meine Überraschung des Abends gewidmet ist. Ein Held auf vielen Schlachtfeldern und enger Freund unseres verehrten Princeps Tiberius. Und ein alter Freund von mir, wie ich voller Freude sagen darf. Du wirst ihn nicht kennen, sein Name ist ...«

»Sejanus!«

Thorag stieß es völlig entgeistert hervor, als er in das Gesicht seines alten Feindes blickte. Auch in den schmalen Augen des Prätorianerpräfekten las Thorag grenzenlose Überraschung. Der Präfekt schnaubte wie ein erschrockenes Pferd, aber Schrecken war es nicht, was sich zu seiner Überraschung gesellte. Es sah aus wie ein Gemenge aus Haß und Befriedigung.

Sein verkniffener Mund öffnete sich, und Lucius Aelius Sejanus sagte mit leiser, scharfer Stimme: »Ich hatte gehofft, daß wir uns in Ravenna wiedersehen, Barbar. Aber ich hatte nicht geglaubt, daß es so schnell geht.«

»Ihr kennt euch?« Apicius blickte verwirrt von einem zum anderen. »Aber, Hruodmar, warum hast du mir das nicht gesagt?«

»Wie nennst du ihn?« fuhr Sejanus dazwischen.

»Das ist Hruodmar, ein Germane vom Stamm der Ubier. Ich habe dir doch vom Retter meiner Tochter erzählt, Sejanus. Aber warum fragst du, wenn ihr euch …«

»Dieser Mann heißt nicht Hruodmar und gehört ganz gewiß auch nicht zum Stamm der Ubier«, erklärte Sejanus, während seine rechte Hand ganz langsam an seiner Brust entlangwanderte, hinunter zur rechten Hüfte, wo ein Dolch mit goldverziertem Griff in der ebenfalls goldblitzenden Scheide saß.

»Was?« ächzte Apicius. »Nicht Hruodmar und kein Ubier? Gleich erzählst du mir noch, er sei nicht mal ein Germane!«

»Doch, der Barbar kommt aus den germanischen Wäldern«, erwiderte Sejanus, als seine Rechte schon den halben Weg zurückgelegt hatte. »Allerdings ist seine Heimat der Teil Germaniens, der Rom immer wieder zum Krieg reizt. Er ist ein Fürst der Cherusker, ein Aufrührer und Verräter, ein Führer des Widerstands gegen den Caesar Tiberius. Seine Name ist Thorag!«

Er war mit jedem Satz lauter geworden, und Thorags Name war auch im hintersten Winkel des Festsaals zu hören. Entweder war es der Klang dieses Namens oder die laute Stimme des Präfekten, jedenfalls zogen Thorag, Sejanus und Apicius alle Aufmerksamkeit auf sich. Selbst der unermüdliche Lyraspieler zupfte nicht länger an den Saiten des Instruments und hielt in seinem Gesang inne.

Viele Gäste erhoben sich von ihren Liegen, um den Germanen besser sehen zu können. Nur aus den Augenwinkeln nahm Thorag einen Mann im hinteren Teil des Raums wahr, groß und hager, mit einer ledernen Klappe vor dem linken Auge: Flavus. Neben ihm erhob sich der pferdegesichtige Flottenpräfekt Foedus von der Liege.

Thorag konnte den beiden keine weitere Aufmerksamkeit widmen. Die Hand des Prätorianerpräfekten hatte ihr Ziel erreicht und schloß sich unendlich langsam um den Dolchgriff. Der Donarsohn bewunderte Geduld und Selbstbeherrschung seines Gegenübers. Tugenden, die gewiß nützlich waren, um einer der mächtigsten Männer im Römischen Reich zu werden.

Das Aufblitzen in Sejanus' Augen – Zeugnis seiner inneren Erregung und seines Entschlusses, jetzt zu handeln – warnte Thorag. Auf diesen Augenblick, in dem der Römer ganz auf sich selbst und seinen geplanten Angriff konzentriert war, hatte er gewartet. Wenige Herzschläge Zeit für Thorags Ablenkungsmanöver.

Bevor der Präfekt den Dolch ziehen konnte, packte Thorag Apicius mit beiden Händen und schleuderte ihn gegen Sejanus. Erschrocken und in einer panikartigen Reaktion auf der Suche nach einem festen Halt, klammerte Apicius sich an seinen ›alten Freund‹ und riß ihn mit. Beide Männer stürzten auf den Rundtisch, mitten in die Silberplatten mit gefüllten Datteln, Gemüsezwiebeln in Liquamen, gepfefferten Lammkoteletts und gegrillten Schweineeutern. Das Silber schepperte, Karaffen und Portale aus sündhaft teurem Murra zerbrachen klirrend, roter Wein tränkte das weiße Tischtuch wie vergossenes Blut.

Mehr sah Thorag nicht von dem, was er angerichtet hatte. Er wandte sich um und rannte, floh zum zweiten Mal an diesem Tag vor der römischen Übermacht. Wer ihm im Weg stand, ob Gast oder Sklave, wurde unsanft beiseite geschubst.

Vor dem Durchgang zur Küche tauchte das Faltengesicht des Demetrius auf. Der Grieche war klug und sprang freiwillig zur Seite, bevor Thorags bereits geballte Faust ihm einen Hieb versetzen konnte. Als der Cherusker an ihm vorbeilief, sah er Demetrius lächeln, und das wollte ihm gar nicht gefallen.

Thorag lief zum Haupteingang. Er hatte keine Zeit zu verlieren, mußte so schnell wie möglich von Apicius' Anwesen verschwinden. Hier war er nicht länger ein Gast, sondern ein Gefangener wie die anderen Germanen in dieser Stadt. Vorbei an den erstaunt blickenden Sklaven bei den Wagen und Sänften, rannte er, geradewegs und nicht dem gewundenen Pfad folgend, zum Eingangstor.

Erst als er das offene Tor und die drei Wachen erblickte, mäßigte er seinen Schritt. Immer noch schnell, aber nicht so, daß es Verdacht erregen mußte, ging er auf das Tor zu. Die Afrikaner hatten ihn vor kurzem eingelassen. Es gab keinen Grund, weshalb sie ihn nicht wieder hinauslassen sollten.

Bis hinter Thorag ein schriller Schrei erscholl: »Haltet den Germanen auf! Er hat Gavius Apicius und Aelius Sejanus angegriffen!«

Er erkannte die Stimme: Demetrius. Der Grieche mußte einen Nebeneingang benutzt haben, um das Haus zu verlassen, noch während Thorag auf den Haupteingang zulief. Das erklärte sein verschlagenes Lächeln.

Nur noch zwanzig Schritte von dem Tor entfernt, hielt Thorag an. Zwei Afrikaner rissen ihre Speere hoch, der dritte zog hastig die schweren eisernen Torflügel zu. Der Fluchtweg war versperrt.

Während Thorag sich nach einem anderen Weg in die Freiheit umsah, fiel ihn etwas Schweres an und riß ihn zu Boden. Er stürzte auf den Rücken, und das massige Wesen kauerte sich mit seinem ganzen Gewicht auf ihn. Hände wie Bärenpranken legten sich um Thorags Hals und drückten schmerzhaft zu.

Triumph lag auf dem narbenzerfurchten Gesicht mit

der krummen, gebrochenen Nase. Geifer troff auf Thorags Wange, als Ariston knurrte: »Jetzt werde ich vollenden, was mir im Frigidarium versagt geblieben ist!«

Thorags Gedanken überschlugen sich auf der Suche nach einem Ausweg. Einem schnellen Ausweg!

Der Schmerz in seiner Kehle war nicht das schlimmste. Er hatte bereits Schwierigkeiten zu atmen. Er dachte an den Kampf in den Thermen und sah gleichzeitig Sejanus vor sich, wie dieser vorhin nach seinem Dolch getastet hatte.

Der Cherusker ging nicht so langsam und geduldig zu Werke. Schon tanzten bunte Ringe vor seinen Augen. Trotz des unglaublich schweren Gladiators, der ihn zu Boden preßte und ihm fast jede Bewegungsfreiheit raubte, konnte er die rechte Hand zur Hüfte unter seiner Toga schieben und das Rasiermesser aus der Scheide im Taillenschurz reißen.

Ihm blieb nur die Kraft für einen Stoß. Der scharfe Stahl fuhr durch den Stoff der prunkvoll verzierten Tunika mitten in Aristons Herz. Die Augen des Gladiators blickten erst ungläubig, dann erschrocken und schließlich glasig. Der starre Ausdruck des Todes. Er kippte zur Seite, die Bärenpranken noch immer um Thorags Hals gelegt.

Mit zitternden Händen befreite Thorag sich von ihnen und keuchte, nach Atem ringend: »*Ich* habe es vollendet, Donar sei Dank!«

Obwohl seine sämtlichen Glieder zitterten, mußte er aufstehen. Er schaffte es bis auf die Knie, dann hatten ihn die drei Afrikaner umstellt, und vor seinen Augen schwebten die eisernen Speerspitzen. Sie waren gefertigt wie manche der Waffen, die römische Gladiatoren benutzten: an den Seiten gezahnt wie eine Säge und an den Enden mit Widerhaken versehen, damit das Eisen besonders leicht eindrang und beim Herausziehen große Wunden riß. Die kalten, entschlossenen Augen in den dunklen Gesichtern zeigten Thorag, daß die Afrikaner nicht zögern würden, ihre gefährlichen Waffen zu benutzen.

Demetrius eilte herbei und warf sich über seinen Bruder. Erst jetzt schien er zu erkennen, daß der Gladiator tot war. In seinem Gesicht stand dasselbe ungläubige Entsetzen geschrieben, das auch Ariston bei seinen letzten Atemzügen ereilt hatte. Demetrius' bebende Lippen formten unhörbare Worte, vielleicht eine Totenklage oder der Ausdruck seines Zorns.

Plötzlich sprang er auf und riß das Rasiermesser aus Aristons Brust. Blut tropfte zu Boden.

»Ich hätte das Messer schon eher dazu benutzen sollen, die Welt von dir zu befreien, Germane!« Er trat, die Waffe in der halb erhobenen Rechten, auf Thorag zu, ohne daß die Wachen auch nur einen Finger rührten, um ihn aufzuhalten. »Du sollst dem Schicksal nicht entgehen, das mein Bruder dir zugedacht hatte.«

»Doch!« rief eine scharfe Stimme hinter ihm. »Zumindest einstweilen.«

Sejanus eilte in Begleitung einer Handvoll bewaffneter Prätorianer herbei. Thorag hatte die Soldaten zuvor nicht bemerkt. Mochten die Götter wissen, wo sie gesteckt hatten. Hätte Thorag sie gesehen, wäre er nicht blindlings ins Verhängnis gelaufen, in die Arme von Sejanus.

Demetrius starrte den Präfekten erbost an. »Laß mich, Herr, das hier geht dich nichts an!«

»Oho!« stieß Sejanus in einem Ton hervor, der halb belustigt und halb verärgert klang. Sein Blick brannte auf dem Griechen wie flüssiges Feuer, das aus seinen Augen schoß. »Hat der Senat von Rom ein neues Gesetz erlassen, daß die Sklaven jetzt befehlen und römische Ritter ihnen Gehorsam schulden?«

»Ich … ich will dir nichts befehlen, erhabener Aelius Sejanus«, stammelte Demetrius. »Aber dieser Mann hat meinen Bruder getötet!«

»Das ist nicht zu leugnen«, stellte Sejanus nach einem Blick auf Ariston fest. »Doch sag mir, kleiner Rachegott, was wiegt schwerer: eines Mannes Blut und Leben oder seine Ehre?«

Demetrius sah verwirrt aus und antwortete nach kurzem Überlegen: »Die Ehre wohl.« Es klang nicht überzeugt.

»Schön, daß du mir recht gibst. Vielleicht finden wir einen Weg, auf dem wir uns gütlich einigen können, hochgeschätzter Sklave.« Sejanus lächelte falsch, aber dabei so gewinnend, wie nur er es vermochte. »Der Barbar hat deines Bruders Blut vergossen und sein Leben ausgelöscht. Eine schwerwiegende Tat, gewiß. Aber er hat sich schon früher großer Schandtaten schuldig gemacht und dabei meine Ehre verletzt. Nun sag mir noch einmal, mein gelehrter Grieche, welches Gut du höher einschätzt: das Leben eines griechischen Sklaven oder die Ehre eines römischen Ritters?«

Demetrius war deutlich anzusehen, wie er mit sich rang. Am liebsten hätte er das Messer Thorag *und* Sejanus ins Herz gestoßen. Aber die Prätorianer wären ihm zuvorgekommen und hätten seine Rache für Aristons Tod, die jetzt vielleicht nur aufgeschoben war, auf alle Zeit vereitelt – durch seinen eigenen Tod. Die Demütigung, die sich zu seiner Verzweiflung gesellte, ließ ihn am ganzen Leib zittern. Die rechte Hand öffnete sich zuckend, und das Messer fiel zu Boden.

»Die Ehre eines römischen Ritters wiegt ungleich mehr als das Leben eines Sklaven«, brachte er mühsam hervor.

Die Stimme zitterte wie sein Leib und wollte ihm bei

jeder Silbe den Dienst versagen. Seine Augen waren auf den Boden gerichtet, und nur der kniende Thorag konnte den unbändigen Haß darin erkennen. Haß, der nicht länger nur dem Cherusker galt, sondern jetzt auch Sejanus.

Der stellte noch immer sein falsches Lächeln zur Schau. »Ich stimme dir zu, Sklave. Gegenüber der Ehre eines Ritters ist das Leben eines Sklaven unbedeutend, zumal das eines Gladiators, der über kurz oder lang ohnehin in der Arena verreckt wäre.«

Er trat auf Thorag zu und schob Demetrius beiseite. Daher konnte Sejanus nicht sehen, wie der Grieche aufsah und seinen Blick auf den Rücken des Präfekten richtete. Jetzt waren es die Augen des Sklaven, die flüssiges Feuer verströmten.

»Endlich, Barbar!« Sejanus' Worte klangen wie ein Stoßseufzer. »Ich muß sagen, die Überraschung des Abends ist meinem Freund Gavius Apicius wahrlich gelungen!«

Kapitel 18
Das Schwert der Rache

Die Prätorianer, die Thorag abführten, brachten ihn nicht ins Haus zurück. In einem weit abgelegenen Stall, in dem die Reise- und Transportwagen untergestellt waren, wurde er mit Gesicht und Bauch an einen massiven Stützpfeiler gepreßt und mit einem dicken Seil so fest angebunden, daß er kaum noch einen Finger bewegen konnte. Der rauhe Hanf schnitt schmerzhaft in seine Haut und riß blutige Schürfwunden.

Sejanus hatte ihn nicht begleitet. Nachdem Thorag gefesselt worden war, blieben zwei Prätorianer als Wachen zurück. Eine kleine tragbare Öllampe, die auf einer Werkzeugkiste stand, warf mehr Schatten als Licht.

Das leise Flüstern seiner Bewacher drang so undeutlich an Thorags Ohren, daß er es nicht verstehen konnte. Wie das fremdartige Wispern von Nachtdämonen. Doch vermutete er wohl kaum zu Unrecht, daß ihre Unterhaltung sich um ihn drehte, um den verhaßten Barbaren Thorag.

Er litt noch an den Folgen von Aristons Würgegriff: ein unangenehmes Stechen in der Kehle, Kopfschmerz und Schwindel. Und er hatte sein Zeitgefühl verloren. Deshalb konnte er nicht sagen, wie lange er schon gefesselt war, als zwei Prätorianer in den Stall traten und ihren Kameraden den Befehl überbrachten, den Gefangenen loszubinden. Durch das geöffnete Stalltor konnte Thorag erkennen, daß tiefe Nacht über Ravenna lag.

»Was soll mit dem Germanen geschehen?« fragte einer seiner Bewacher.

»Wir bringen ihn in die Schmiede«, antwortete einer der beiden Neuankömmlinge. »Befehl von Sejanus.«

257

Was immer er in der Schmiede sollte, Thorag schöpfte neue Hoffnung. Vielleicht konnte er unterwegs entkommen. Doch kaum hatten die Prätorianer ihn von dem Stützbalken befreit, fesselten sie seine Hände auf den Rücken und schlangen einen zweiten Strick um seine Fußgelenke, was ihm nur sehr kleine Schritte erlaubte.

»Damit du keine großen Sprünge machst, Barbar«, kicherte ein Gardist.

Die Schmiede lag ganz in der Nähe des Wagenschuppens, höchstens zehn Doppelschritte entfernt. Mit seinen gefesselten Füßen benötigte Thorag einige Zeit, um die kurze Distanz zu überwinden. Dabei bemerkte er durch den halb geöffneten Eingang rötlichen Flammenschein, und aus dem Rauchabzug quollen dunkle Schwaden, die sich rasch in Notts Schleiern verloren.

Thorags Erwartung, Sejanus in der Schmiede vorzufinden, erfüllte sich nicht. Ein bulliger Mann, der eine gewisse Ähnlichkeit mit Ariston besaß und wohl ein in der Schmiede beschäftiger Sklave war, vielleicht der Schmied selbst, preßte im gleichmäßigen Rhythmus den riesigen Blasebalg zusammen, um die Glut der Holzkohlen auf der Esse noch stärker zu entfachen. Hin und wieder griff er zu einem eisernen Schürhaken und rührte in der heißen Kohle herum.

Etliche Werkzeuge steckten in eigens für sie gebauten Halterungen oder hingen an Eisenhaken, die man in die Querverstrebungsbalken der Decke getrieben hatte. Die Prätorianer lösten Thorags Handfessel, aber nur, um seine Hände hochzureißen und an einen der Eisenhaken zu binden. Ein Gardist kam mit einem schweren Hammer und einem Haken, wie sie in den Balken steckten, herbei. Er schlug den Haken vor Thorag in den Boden. Dann wurden seine Füße dort angebunden.

»Ganz schön viel Aufwand für einen Barbaren«, schimpfte ein Prätorianer.

»Befehl von Sejanus«, erwiderte grinsend ein anderer. »Er sagt, der Germane keilt aus wie ein störrischer Esel.«

Kurz darauf betraten Sejanus und Apicius die Schmiede. Der Präfekt befahl den Soldaten und dem Sklaven, hinauszugehen und das Tor zu schließen.

Neben dem Feuer in der Esse sorgte nur eine von der Decke hängende verrußte Öllampe für etwas Licht. Doch es genügte, um das Schwert in Sejanus' Hand zu erkennen. Auch wenn die Rechte des Präfekten den vergoldeten Griff umfaßte, wußte Thorag, daß auf jeder Seite ein Skorpion eingraviert war. Auf seinem langen Weg nach Ravenna hatte er die Waffe oft genug betrachtet und sich vorzustellen versucht, unter welchen Umständen er Sejanus wiederbegegnen würde. Kein einziges Mal hatte er daran gedacht, daß seine Lage derart hoffnungslos sein könnte.

Sejanus trat vor und sah in Thorags Augen. »Vielen Dank, daß du mein Schwert so lange für mich aufbewahrt hast, Barbar. Du verzeihst mir hoffentlich, daß ich deine Sachen durchsucht habe.«

Thorag hielt seinem durchdringenden Blick stand und erwiderte: »Seit wann entschuldigt ein Römer sich dafür, daß er einem *Barbaren* etwas wegnimmt?«

»Immerhin bist du ein Fürst, wenn im Augenblick auch ein reichlich machtloser. Sieht so aus, als reiche die Macht deiner Götter nicht über Germaniens Grenzen hinaus.«

Der Cherusker schwieg, wenn er Sejanus auch insgeheim recht geben mußte. Es sah ganz so aus, als hätte Donar seinen Abkömmling verlassen.

Thorag wollte seinen göttlichen Ahnherrn um Beistand anflehen, aber ihm fehlte die Kraft, vielleicht auch der Mut. Wer immer nur kämpfte, ohne zu siegen, war irgendwann leer und ausgebrannt, wie es die Esse nach dem Verlöschen der Kohlenglut sein würde.

Schon einmal war Thorag in Sejanus' Händen gewesen. War er vor zwei Sommern aus dem Folterkeller in der Ubierstadt nur entkommen, um nach so vielen Kämpfen und Gefahren hier das Schicksal zu erleiden, das ihm damals erspart geblieben war?

Sejanus hob das Schwert und hielt die im Feuerschein blitzende Klinge dicht vor Thorags Augen. »Dieses Schwert der verlorenen Ehre wird bald das Schwert der wiedererlangten Ehre sein. Zuvor aber, Barbar, wird es zum Schwert der Rache werden. Die reinigende Kraft des Feuers wird die Schande tilgen, mit der du meine Waffe und mich befleckt hast.«

Er trat zur Esse und legte die Klinge auf die glühenden Kohlen. Der Haß, den Thorag in seinen Augen gelesen hatte, war nicht das Schlimmste. Der Cherusker hatte noch etwas anderes gesehen: unbändige Vorfreude, die Lust an Qual und Schmerz.

Jetzt trat auch Apicius vor und war im Lichtkreis der Öllampe besser zu erkennen. In der perlenbestickten Tunika und den ebenfalls perlenbesetzten Sandalen schien er in der Schmiede fehl am Platze zu sein. Daß die Tunika mit Wein, Soße und Fett befleckt war, verstärkte den lächerlichen Eindruck. Sein ernster Gesichtsausdruck stand dazu in krassem Widerspruch. Thorag las darin eine ähnliche Feindseligkeit wie in den Zügen des Präfekten und wußte, daß er von Apicius keine Hilfe zu erwarten hatte.

»Vergiß bei all deiner Ehre nicht, was der Germanenhund mir angetan hat, Sejanus.« Apicius rieb seine fleischigen Hände umeinander, als ringe er um Fassung. »Erst kommt er unter falschem Namen in mein Haus und erschleicht sich meine Gastfreundschaft, und dann ermordet er meinen besten und wertvollsten Gladiator, dessen Ruhm bis über die Grenzen des Reiches bekannt ist.«

»Er wird seine Strafe erhalten«, erwiderte Sejanus, der sehnsuchtsvoll die von bläulichen Flammen umzüngelte Schwertklinge anstarrte. »Du solltest nicht zu viele Tränen um deinen Gladiator vergießen, Apicius. Wenn dieser Ariston wirklich so gut war, hätte er sich nicht von dem Germanen abschlachten lassen wie ein Opferlamm. Außerdem scheinst du deine Sklaven mit zu sanfter Hand zu behandeln. Das kommt wohl davon, wenn die Sklaven mit ihren Herren bei Tische liegen.«

Apicius warf dem Präfekten einen verwirrten Blick zu. »Was meinst du damit?«

»Der Bruder des toten Gladiators ist so aufsässig, als entstamme er einem hohen Patriziergeschlecht und nicht griechischem Sklavengezücht.« Sejanus berichtete von dem Disput mit Demetrius und offenbarte Apicius, daß er sich durch den Sklaven tief beleidigt fühle.

»Dafür wird Demetrius büßen«, versprach Apicius. »Nach Aristons Tod ist er mir sowieso nicht mehr von Nutzen.«

»Zunächst wird dieser da büßen!« knurrte Sejanus, trat vor Thorag und riß ihm erst die Tunika und dann den Taillenschurz vom Leib; der Donarsohn trug nur noch die Sandalen an seinen Füßen. »Du siehst reichlich zerstochen aus, Barbar. Waren das die Mücken in den Sümpfen der Germaneninsel?«

Thorag versuchte zu grinsen und erwiderte: »Die Stiche römischer Mücken stören mich nicht.«

»Du wirst schon noch reden«, seufzte Sejanus und nahm das Schwert aus dem Feuer. »Der Griff fühlt sich warm an, da wird die Spitze recht heiß sein. Glaubst du nicht, Barbar?«

Sejanus erwartete keine Antwort. Er trat wieder vor den Gefangenen und drückte die Klingenspitze mit der flachen Seite gegen Thorags kaum behaarte Brust.

Der Schmerz, der Thorag durchfuhr, erschien ihm stärker, als wenn der Präfekt mit dem Schwert zugestoßen hätte. Wie eine Flamme, die sich in seinen Leib fraß. Thorags Nase nahm den üblen Geruch von verbranntem Fleisch auf, von seinem Fleisch.

»Alles ist eine Frage des Schmerzes, erinnerst du dich, Barbar?« Sejanus brannte ihn ein zweites Mal an derselben Stelle. »Als ich am Nachmittag Maroboduus zur Germaneninsel brachte, wurden meine Prätorianer auf Spione aufmerksam. Sie entkamen in die Sümpfe, aber wir entdeckten ihre Fährte. Die Spuren von zwei Männern. Eine Fußspur brach plötzlich ab. Vermutlich wurde der Mann von einem unserer Hunde angefallen und ist im Sumpf versunken. Der zweite Mann ist entkommen. In den Sümpfen um die Germaneninsel wimmelt es von blutgierigen Mücken. Der entwischte Spion muß am ganzen Leib zerstochen sein. So wie du, Thorag!«

Der Cherusker unterdrückte den Schmerz, der in seiner Brust brannte, obwohl Sejanus die heiße Schwertspitze nicht länger gegen ihn drückte, und sagte: »Du erzählst hübsche Geschichten, sehr unterhaltsam. Zumindest amüsanter als der Vortrag des Lyraspielers vorhin. Jetzt verstehe ich, weshalb Apicius dich als Ehrengast geladen hat.«

Sejanus legte das Schwert wieder ins Feuer. »Du sträubst dich vergebens, Germane. Ich habe mehr Zeit und Geduld, als du Schmerzen ertragen kannst. Dein Leugnen ist sinnlos. Alles spricht dafür, daß du der entkommene Spion bist. Außerdem brauche ich keine Beweise, ich weiß es!«

»Wenn du es weißt, mußt du nicht weiter fragen.«

»Nicht danach, aber nach deinem Gefährten. Wer war es?«

»Ein Sumpfgeist, der mich ein Stück des Wegs begleitet hat. Als ihm die Sache schließlich zu langweilig wurde, verschwand er wieder im Morast.«

»Auch deine spöttischen Reden werden dich nicht mehr lange von deinen Schmerzen ablenken«, versprach Sejanus und brannte Thorag dreimal: am Bauch, am Penis und an den Hoden.

Hätte er den Unterleib des Cheruskers mit glühenden Kohlen überschüttet, hätte Thorags Schmerz nicht größer sein können. Es fühlte sich an wie scharfe Klingen, die tief in sein Fleisch gestoßen wurden und seine Eingeweide durchtrennten. Übelkeit stieg in ihm hoch wie aufloderndes Feuer, und er spuckte galligen Schleim aus.

Sejanus schien mit dieser Reaktion Erfahrung zu haben und war rechtzeitig zur Seite getreten. Nachdem er das Schwert auf die Esse gelegt hatte, wandte er sich zu Thorag um und fragte: »Bist du jetzt bereit zu antworten, Barbar? Wer war dein Begleiter auf der Germaneninsel?«

Die Stimme klang dumpf und unwirklich, weil das Blut so laut in Thorags Ohren pochte. Trotzdem verstand er die Frage. Die Versuchung, seine Qualen durch ein einziges Wort – ›Titus‹ – zu beenden, war groß.

Der kühle Verstand siegte über den heißen Schmerz. Thorag glaubte, Sejanus gut genug zu kennen, um zu wissen, daß ihn auch die wahrheitsgetreue Beantwortung aller Fragen nicht vor weiteren Mißhandlungen bewahren würde. Auch wenn der Präfekt an der Identität von Thorags Begleiter interessiert war, eigentlich ging es ihm um seine Rache, um die Lust am Quälen.

Sein Freund Apicius schien ganz ähnlich zu empfinden. Gierig hing sein Blick an Thorags nacktem, schmerzgeschütteltem Körper. Er leckte über seine Lippen, als freue er sich auf einen seiner kulinarischen Hochgenüsse. Schließlich trat er sogar vor und streckte die Hände zwischen Thorags Beine, »um die Wunden zu befühlen«, wie er es nannte.

Allen Schmerzen und Erniedrigungen zum Trotz schwieg Thorag mit zusammengebissenen Zähnen. Nicht nur, weil er nicht an ein Ende seiner Qualen glaubte. Er wollte auch Titus, der sein Leben für den Cherusker gegeben hatte, nicht nachträglich verraten. Dem Vogelsteller konnte Sejanus zwar nichts mehr anhaben, wohl aber dessen Familie. Der Präfekt würde Thorag nicht glauben, daß Titus eine Zufallsbekanntschaft war. Gab Thorag den Namen preis, lieferte er Titus' Angehörige wahrscheinlich der Folter aus.

Und einen dritten Grund zu schweigen gab es: Solange Sejanus Thorags Verbündeten nicht kannte, hatte das Leben des Donarsohns für den Prätorianer einen gewissen – wenn auch geringen – Wert.

Die Tür zur Schmiede wurde geöffnet. Jemand trat ein und beschwerte sich, daß Sejanus und Apicius nicht auf ihn gewartet hätten. Da Thorag alles nur noch durch einen verwaschenen Schleier sah, erkannte er den Pferdegesichtigen erst, als Foedus dicht vor ihm stand.

Ein Grinsen spaltete das längliche Antlitz. »Du hast es weit gebracht, Gaufürst Thorag. Aber jetzt stehst du am Ende deines Weges. Ich dagegen werde es noch viel weiter bringen.«

Sejanus schob ihn beiseite, das frisch erhitzte Schwert in der Hand. »Wenn du gestattest, Foedus. Ich führe hier ein Verhör durch.«

Er hielt das Schwert zwischen Thorags Oberschenkel, ohne die Haut des Donarsohns zu berühren. Aber Thorag spürte die Hitze, und allein die Vorstellung des kommenden Schmerzes löste Panik in ihm aus. Sein Herz raste, Schweiß strömte aus allen Poren, und er japste nach Luft wie ein Ertrinkender.

»Angst ist die Voraussetzung der Tapferkeit«, sagte Sejanus. »Aber du bist lange genug tapfer gewesen, Barbar. Erlöse dich und nenn mir den Namen!«

Thorag sammelte die hochsteigende Galle in seinem Mund und spuckte den zähen Schleim in das verhaßte Gesicht des Prätorianers.

Dessen Vergeltung folgte sofort: glühender Stahl an Thorags Genitalien.

Das Schwert der Rache fraß sein Fleisch. Der Schmerz wuchs ins Unendliche, verdrängte jedes Gefühl und jeden Gedanken. Thorag stürzte in eine andere Welt, in eine Welt aus Schmerz, die ihn begierig verschluckte.

Das letzte, was er wahrnahm, waren Wortfetzen, und nur ein kleiner, kümmerlicher Rest seines Bewußtseins ordnete den Worten Namen zu.

Foedus: »Er ist tot!«

Sejanus: »Nein … zäh wie frisches Leder …«

Apicius: »… was für eine Kraft … erstklassiger Gladiator …«

Foedus: »… sollten ihn töten …«

Sejanus: »… nichts übereilen … auf Tiberius warten … könnte noch nützlich sein für die Verwirklichung unserer Pläne …«

Kapitel 19
Die Flucht

»Der Schmerz ist die Brücke zur anderen Seite des Lebens. Wird er zu stark, ist es ein Weg ohne Wiederkehr.«

Eine vertraute Stimme, aber das zu ihr gehörende Gesicht war verschwommen, ein teigiger Klumpen ohne feste Konturen, ohne Mund, Nase und Augen. Vielleicht sahen so die Wesen aus, die einen über die Brücke des Schmerzes führten, in die andere Welt, aus der es keine Rückkehr gab.

In Hels Reich.

Oder war es Walhall, das auf Thorag wartete?

Er fühlte sich an einem weichen Busen geborgen, von zärtlichen Händen sanft gestreichelt. Hatte eine der göttlichen Jungfrauen ihn errettet, ihn zum Einherier erkoren?

»Ein nettes Bild, wie er in deinen Armen schlummert«, meldete die vertraute Stimme sich wieder; sie gehörte einem Mann. »Ich könnte richtig neidisch werden.«

»Auch auf das, was er erlitten hat?« herrschte die Walküre den anderen an. »Sieh dir doch die Wunden an!«

»Wirklich übel, ja«, gab die männliche Stimme zu. »Darauf bin ich wahrlich nicht neidisch. Ich an seiner Stelle hätte es nicht überlebt. Was mich daran erinnert, daß wir uns beeilen sollten. Sonst überlebt keiner von uns. Aber tragen können wir diesen Hünen nicht.«

»Wir müssen ihn aufwecken«, riet die Walküre, von der Thorag nicht mehr länger annahm, daß sie eine Walküre war. Auch ihre Stimme klang vertraut.

Der Mann sagte: »Wer in deinen zarten Armen liegt, Gaviana, hat nicht den Wunsch, jemals zu erwachen. Mal sehen, in einer Schmiede muß es doch Wasser zum Abschrecken geben ...«

Gaviana. Der Name gab der weiblichen Stimme ein Gesicht, jedenfalls in Thorags Erinnerung. Noch immer konnte er nichts sehen außer Schatten, die sich in einer Welt aus Nebel bewegten.

Eine kalte Sturzflut überschwemmte ihn. Er schluckte Wasser und versuchte prustend, es wieder auszuspucken.

Die Schleier vor seinen Augen zerrissen. Aus den Schatten wurden Menschen. Die Nebelwelt verwandelte sich in die finstere, nicht länger von Kohlenglut und Öllampe erleuchtete Schmiede. Die Tür war ein kleines Stück weit geöffnet. Durch diesen Spalt und durch die Deckenöffnung für den Rauchabzug drang gerade genug vom Licht der Gestirne herein, daß Thorag die beiden Menschen erkennen konnte.

Gaviana hockte am Boden, mit dem Rücken gegen einen wuchtigen Holzklotz gelehnt, auf dem der Schmied das heiße Eisen zurechthämmerte. Thorag lag in ihren Armen, ohne zu wissen, wie er an diesen höchst angenehmen Ort gekommen war.

Vor ihm stand ein zwergenhaftes Wesen mit unglaublich schiefen Gesichtszügen und hielt noch den großen Tonkrug in der Hand, den es über ihn ausgegossen hatte.

»Nigrinus!« rief Thorag aus. »Was ... tust du hier?«

»Wie sieht's denn aus?« Der Hypokaustenzwerg setzte den leeren Krug ab. »Denkst du, ich geistere nachts in der Schmiede herum, weil ich keinen Schlaf finde?«

»Ohne die Hilfe von Nigrinus hätte ich dich nicht befreien können, Hruodmar oder ...«

»Thorag heiße ich, wie Sejanus es sagte. Alles, was er über mich ...«

Der Donarsohn brach ab und schrie vor Schmerz auf, als er seine Lage ein wenig verändern wollte, um Gaviana in die Augen zu sehen. Die kleine Bewegung hatte genügt, um in seinem Unterleib ein rasendes Feuer zu entfachen. Es war, als sei der Drache Fafner in seinen Leib gekrochen, um dort alles mit seinem Flammenatem zu verbrennen.

»Ja, schrei nur!« stieß Nigrinus im Flüsterton hervor. »Schrei nur Apicius' Wache und die Prätorianergarde zusammen, wenn du wieder an den Haken gehängt werden willst!«

Gaviana bedachte den Zwerg mit einem strafenden Blick. Nigrinus sah nicht so aus, als schüchtere ihn das ein.

Thorag blickte vorsichtig nach oben, zu dem Eisenhaken, dann zu dem, an den man seine Füße gebunden hatten. Sämtliche Fesseln waren gelöst.

»Habt ihr mich losgeschnitten?« Jetzt flüsterte auch der Cherusker.

Nigrinus nickte. »Es ist dir hoffentlich recht.«

»Hat Sejanus keine Wachen vor der Schmiede aufgestellt?«

»Doch, zwei«, antwortete der Kleine.

»Nigrinus hat sie mit seinem Blasrohr in den Schlaf geschickt ... oder in den Tod«, ergänzte Gaviana.

»Womit?« fragte Thorag.

»Hiermit.«

Nigrinus hielt ein Blasrohr hoch, das der Waffe ähnelte, mit der einer der Sumpfbanditen Thorag vergiftet hatte. Aber das Blasrohr des Zwergs war nur ungefähr halb so lang.

»Schlangengift?«

»Ja.« Nigrinus grinste. »Gaviana hat den Prätorianern schöne Augen gemacht und mir Gelegenheit gegeben, nah genug an sie heranzukommen. Jetzt liegen sie vor der Schmiede und schlafen tief.«

»Werden sie aus dem Schlaf erwachen?«

»Schon möglich, wenn Fortuna mit ihnen ist. Jedenfalls ruhen sie nicht in so zarten Armen wie du.«

Wären die kaum auszuhaltenden Schmerzen in seinem Unterleib nicht gewesen, hätte Thorag seine Lage vielleicht genießen können. Aber so empfand er Nigrinus' letzte Bemerkung nur als billigen Hohn. Der Cherusker wurde sich seiner Nacktheit bewußt, aber nicht aus Scham starrte er auf seine Genitalien.

»Ist noch alles dran«, meinte Nigrinus. »Nur wirst du in nächster Zeit wenig Freude daran haben. Und Gaviana auch nicht.«

»Schmutziges Lästermaul!« fuhr die Römerin den Zwerg an.

»Beschimpf mich nicht, sei mir lieber dankbar. Es war meine Idee, Thorag zu befreien. Ohne meine Hilfe hättest selbst du die Wachen nicht flachgelegt, *Herrin*. Außerdem weiß nur ich, wo ich die Pferde versteckt habe, die uns in die Freiheit bringen.«

»Pferde?« wiederholte Thorag erregt. Zum erstenmal, seit er aus der Ohnmacht erwacht war, sah er eine greifbare Möglichkeit, Sejanus zu entkommen. »Für uns drei?«

»Drei Pferde, das sollte wohl reichen«, antwortete Nigrinus.

»Wann hast du die Pferde versteckt?«

»Als man dich gefangen hatte und abführte. Wachen sind immer dann am unaufmerksamsten, wenn sie meinen, nichts mehr bewachen zu müssen.«

»Du scheinst ziemlich gerissen zu sein, Nigrinus.«

»Danke, Germane. Aus deinem Mund ist das gewiß ein Kompliment.«

»Wir sollten zusehen, daß wir zu den Pferden kommen«, drängte Thorag. »Aber ich fürchte, ohne Hilfe komme ich noch nicht mal aus dem Schuppen raus.«

»Zunächst solltest du deine Wunden etwas schützen«, riet Nigrinus. »Beim Reiten wird der Schmerz bestimmt nicht geringer.«

Er und Gaviana schlangen vorsichtig den Taillenschurz um Thorags Unterleib, so locker wie möglich, und trotzdem war es schmerzhaft. Der Donarsohn war froh, nicht länger auf seine verbrannten Genitalien starren zu müssen. Der Anblick gemahnte ihn an eine der größten Erniedrigungen, die er jemals erlitten hatte. Ein Gedanke, der fast schlimmer war als seine Schmerzen.

Gaviana streifte ihm die zerfetzte Tunika über und half ihm beim Aufstehen. Ihr schönes Festkleid, das sie für das Gastmahl angezogen hatte, war vom Schmutz der Schmiede verdreckt, doch schien sie das nicht zu kümmern. Thorags Achtung vor ihr wuchs mit jedem Augenblick.

Nachdem Nigrinus sich vergewissert hatte, daß die Luft draußen rein war, verließen auch Thorag und Gaviana die Schmiede. Nigrinus schloß die Tür.

Neben ihr lagen die gefällten Prätorianer so dicht an der Mauer, daß sie mit den Umrissen des Gebäudes verschmolzen. Einer hatte beim Fallen seinen Helm verloren. Thorag beugte sich über den Mann und sah den winzigen, gefiederten Pfeil in seinem Nacken. Als er wieder Nigrinus ansah, lief ein Schauer über Thorags Rücken.

Zielsicher führte Nigrinus die kleine Gruppe über das Anwesen und hielt sich dabei fast immer im Schatten von Gebäuden oder Bäumen. Als vor ihnen eine Gruppe von Obstbäumen auftauchte, sagte der Zwerg: »Dahinter ist eine kleine Pforte, und jenseits der Pforte habe ich die Pferde angebunden.«

»Stehen hier keine Wachen?« fragte Thorag mißtrauisch.

Nigrinus grinste verschwörerisch. »Kaum einer kennt die Pforte, sie ist fast völlig zugewachsen. Ich glaube, selbst Apicius weiß nicht von ihr. Mir ist sie noch aus alter Zeit bekannt, als Salvius Plenus der Herr dieses Hauses war. Hier gibt es keine Wachen.«

»Doch!« rief eine Stimme aus dem Dunkel.

Die Gestalt eines großen Mannes löste sich aus dem Schatten der Obstbäume und trat auf sie zu, ein blankes Soldatenschwert in der Rechten. Es war Flavus. Er trug keinen Panzer und keinen Helm, aber noch die lederne Augenklappe, die er offenbar nur zu besonders festlichen Anlässen anlegte.

»Ich habe mich bei einem alten Sklaven, Celsus hieß er wohl, nach versteckten Ausgängen erkundigt, als ich Gavianas Verschwinden bemerkte.« Flavus blickte den Donarsohn an. »Eine hübsche Streitmacht hast du da um dich versammelt, Thorag. Ein kaum erwachsenes Mädchen und einen häßlichen Zwerg. Willst du damit Roms Legionen bezwingen?«

»Das Mädchen und der Zwerg haben schon zwei Prätorianer auf den Weg ins dunkle Reich geschickt«, erwiderte Thorag.

»Und jetzt kommt noch ein Präfekt hinzu!« Nigrinus rief es ebenso überraschend, wie er handelte. Schon hielt er das Blasrohr gegen seinen Mund.

Flavus war schneller, und das Rohr zerbrach unter seinem Schwerthieb.

Nigrinus tastete ungläubig nach seiner Unterlippe und blickte auf seine Hand. »Blut!«

»Gleich wirst du noch viel mehr bluten, Giftzwerg!« knurrte Flavus und hob das Schwert.

»Nein!« Thorag stellte sich zwischen die beiden und hielt sich, als der Schmerz seine Knie weich werden ließ, an einem Baumstamm fest. »Mein Leben ist es doch, auf das es dir ankommt, Flavus. Nimm es, oder liefere mich Sejanus aus. Aber laß Gaviana und Nigrinus gehen!«

»Dein Leben, Thorag?« Flavus lächelte grimmig und ließ das Schwert langsam sinken. »Wieviel ist es wert, selbst wenn dir die Flucht gelingt?«

»Wie meinst du das?«

»Sieh dich doch an, Donarsohn! Du bist am Ende, nur noch ein Wrack. Sejanus hat dich besiegt und kann es jederzeit wieder tun.«

»Er soll es versuchen!«

»Das wird er«, sagte Flavus mit fester, überzeugter Stimme.

»Wie soll ich das wieder verstehen?«

»Ich lasse dich gehen, Thorag. Erinnerst du dich nicht mehr? Ich schulde dir noch ein Leben. Für die Errettung vor Blutborste habe ich mich in der Schlacht von Idisiaviso bedankt. Aber ich stehe noch in deiner Schuld, weil du und Armin mir in jener fernen Nacht an der Weser gegen die hinterhältigen Bataver geholfen habt. Nach der heutigen Nacht aber ist unsere Rechnung ausgeglichen!«

Thorag konnte es kaum glauben und fragte: »Du hast uns hier aufgelauert, nur um mir das zu sagen?«

»Nicht nur«, gab Flavus zu. »Ich wollte mit dir reden, Thorag, und dich fragen, ob Armin seine Einstellung geändert hat.«

»Seine Einstellung wozu?«

»Zu mir, zu Tiberius und zu Rom. Hat er mittlerweile erkannt, wie sinnlos sein Widerstand gegen Rom ist?«

»Sinnlos? Was redest du, Flavus? Wir haben den Krieg gewonnen! Germanicus hat unser Land verlassen, und auch die Intrige, die Drusus und Sejanus zusammen mit Marbod geschmiedet haben, ist zerschlagen. Unsere Heimat gehört wieder uns!«

»Wenn Armin Rom besiegt hat, weshalb ist er dann nicht selbst nach Ravenna gekommen und hat ein Heer mitgebracht? Du solltest dich in einem Spiegel betrachten, Thorag, und dich selbst fragen, ob du in dir einen Anführer einer siegreiche Armee erkennst!«

Natürlich hatte Flavus nicht ganz unrecht. Die römischen Legionen waren über den Rhein zurückgedrängt. Rom war zurückgeschlagen, aber nicht besiegt. Links des Stroms lagen die römischen Städte, Legionslager und Flottenbasen. Jederzeit konnte ein neuer Überfall erfolgen, und Armin mußte darauf vorbereitet sein. Deshalb war der Herzog der Cherusker daheim geblieben, war Thorag allein gen Ravenna gezogen.

»Ich sehe schon, Armin ist verbohrter als je zuvor«, seufzte Flavus. »Jedes weitere Wort zwischen uns wäre Verschwendung. Geh jetzt, Thorag!«

»Noch eine Frage, die du mir hoffentlich beantwortest. Und sei es auch nur der vergangenen Sommer willen, als wir zusammen auf die Jagd und in den Kampf zogen. Bitte sag mir, was mit Auja ist!«

»Was soll mit ihr sein?«

»Als ich heute Marbods Ankunft auf der Germaneninsel beobachtete, habe ich Thusnelda gesehen, aber nicht Auja.«

»Sie ist krank und liegt zu Bett.«

»Was hat sie?«

»Irgendein Fieber. Das Leben auf dieser Insel ist nicht besonders gesund. Die vielen Mücken, verseuchtes Wasser ...«

»Ist es schlimm? Wird Auja es überstehen?«

»Ich weiß es nicht. Ich habe sie nicht gesehen.«

Noch während er sprach, griff Flavus mit der linken Hand nach Thorags Tunika und riß einen Stoffstreifen aus dem schon reichlich zerfetzten Hemd.

»Was soll das?« entfuhr es dem Donarsohn.

»Sejanus wird mich fragen, weshalb ich euch nicht aufgehalten habe. Ich werde antworten, ich hätte es versucht. Aber als ich dich festhalten wollte, sei ich rücklings von deinen Helfern angefallen und niedergeschlagen worden.« Er blickte Nigrinus an. »Was ist, Giftzwerg, traust du dir das zu?«

»Mit Vergnügen.« Nigrinus packte einen niedrig hängenden Ast und brach ihn ab. »Wenn du dich ein wenig bücken könntest, wäre es einfacher für mich, Einauge.«

Flavus beugte sich vor, und schon sauste der Ast auf seinen Schädel. Es gab ein trockenes Krachen, und Flavus sackte zu Boden. Er war wirklich bewußtlos, zumindest arg benommen. Aus der Kopfwunde sickerte Blut.

»Es war nicht nötig, so hart zuzuschlagen!« rügte Thorag.

Nigrinus sah ihn mit gespielter Unschuld an. »Es soll doch echt aussehen.«

»Ich glaube eher, es hat dir Spaß gemacht.«

»Warum auch nicht. Der Einäugige hat es sicher verdient.« Nigrinus sah den reglosen Flavus kalt und mitleidslos an. »Wir sollten ihn töten, solange er wehrlos ist.«

»Nein!« widersprach Thorag. »Er hat uns gerade das Leben gerettet. Schon allein deshalb schulden wir ihm das seine.«

»Das ist ein Fehler«, sagte Nigrinus düster. »Von diesem Mann kommt nichts Gutes!«

Kapitel 20
Die Wasserburg

Auf verschlungenen Wegen führte Nigrinus sie durch unbewohntes Gebiet nordwärts, zu den Sümpfen, wo Thorags erste Begegnung mit Gaviana stattgefunden hatte. Und sein Zusammentreffen mit den Sumpfschlangen, schoß es ihm durch den Kopf. Einen erneuten Überfall der Banditen würde er, waffenlos und in seinem geschwächten Zustand, kaum abwehren können. Nur ihre Pferde konnten sie dann retten. Schnell genug schienen sie zu sein, gehörten sie doch, wie Nigrinus grinsend versichert hatte, zu den besten Tieren in Apicius' Reitstall.

Ein blaßrosa Schimmer über dem Adriatischen Meer kündigte Sunnas Heimkehr zur Menschenwelt an. Das unwirkliche Morgenlicht, das gedämpft und noch schwach durch Notts Schleier sickerte, fiel vor den drei Reitern auf eine scheinbar undurchdringliche Mauer aus Sträuchern, Farnen und Dornenranken.

»Sieht so aus, als hättest du den falschen Weg genommen, Nigrinus«, sagte Gaviana vorwurfsvoll und stieß ein langgezogenes Gähnen aus.

Der fehlende Schlaf machte sich bemerkbar. Auch Thorag spürte die Erschöpfung. Ihm machten zusätzlich Hunger und vor allem der brennende Schmerz in seinem Unterleib zu schaffen. Bei jedem Schritt seines Braunen durchflutete ihn eine neue Schmerzwelle. So gut es ging, stützte er sich mit den Händen im Römersattel auf, um den Druck gegen sein verbranntes Fleisch möglichst gering zu halten.

Nigrinus rutschte aus dem Sattel seines kleinen Grauschimmels. »Genau hierher wollte ich. Wir müssen absteigen und die Pferde am Zügel führen. Auch wenn es nicht so aussieht, es gibt einen verschlungenen Weg durch das Dickicht.«

»Und dahinter können wir weiterreiten?« fragte Gaviana zweifelnd.

»Nein.«

»Warum lassen wir die Pferde dann nicht zurück?«

Thorag stieg ebenfalls ab, was ihm erneute Schmerzen einbrachte, und antwortete für Nigrinus: »Wenn wir die Pferde hierlassen, könnte dadurch unser Fluchtweg verraten werden. Wir müssen sie an einen Ort bringen, wo man sie nicht findet.«

»Wahr gesprochen, Germane«, sagte Nigrinus. »Und jetzt mir nach!«

Thorag half Gaviana beim Absteigen, und sie folgten Nigrinus, der vorsichtig ein paar Dornenranken beiseite bog und ihnen so den Eingang in das Dickicht öffnete. Der Weg war wie ein enger Tunnel. Über ihnen schlossen sich die ineinander verschlungenen Pflanzen zu einem so dichten Dach, daß Sunnas noch zaghafte Strahlen es kaum zu durchdringen vermochten. Die Menschen und ihre Pferde waren nur schemenhaft sichtbar, wie Nebelgeister. Feuchter Modergeruch drang in ihre Nasen.

Nigrinus ging mit seinem Grauschimmel voran, als nächstes kam Gaviana mit ihrem Rappen und schließlich Thorag mit dem Braunen. Immer wieder verfingen Thorags Haare sich in dem Gestrüpp über seinem Kopf. Er beneidete Nigrinus, der dieses Problem nicht hatte.

Zuweilen sah es so aus, als höre der Tunnel im Dickicht einfach auf, aber der Zwerg wußte, wo er ein paar Sträucher wegbiegen mußte, damit sie weiterkamen. Ganz offensichtlich hatte er seine Zeit nicht nur in den rauchgeschwängerten Gängen der Hypokaustenheizung verbracht.

Häufig mußten die Pferde gewaltsam weitergezerrt werden. Spitze Dornen stachen durch das Fell in ihre Haut. Rund um ihre Hufe wimmelte es von raschelndem Getier: Kröten, Eidechsen und wohl auch Schlangen. Hoffentlich keine Giftvipern, dachte Thorag, dessen nur mit Sandalen bekleidete Füße kaum geschützt waren.

Die wirklich gefährlichen Schlangen begegneten ihnen kurze Zeit später, als das dichte Dach über ihren Köpfen verschwand und auch das Gestrüpp um sie herum zurückwich, um sich zu einer Lichtung zu erweitern. Sunna stand noch tief im Osten und hatte längst nicht ihre volle Kraft entfaltet, doch nach dem dämmrigen Dickicht fühlte Thorag sich regelrecht geblendet. Er kniff die Augen zusammen und erkannte die fünf Gestalten, die wie aus dem Nichts erschienen, viel zu spät.

Drei Männer und zwei Frauen mit unfreundlichen Gesichtern umstanden die von Nigrinus geführte Gruppe. Zwei der Männer hatten Blasrohre auf Thorag und Gaviana gerichtet, der dritte war mit einem Speer bewaffnet. Eine der Frauen hielt einen Gladius in der Hand, die andere einen Dreizack, wie er in der römischen Arena üblich war. Auch wenn sie sich nicht mit Grasbüscheln und Schlamm getarnt hatten, wußte Thorag, daß es Sumpfschlangen waren.

Die Frau mit dem Dreizack trat vor und sah Nigrinus an, ohne ihn mit ihrer Waffe zu bedrohen. »Du schreckst die Morgenvögel auf, kleiner Mann. Und du hast den geheimen Weg verraten!« Beim letzten Satz warf sie einen düsteren Blick auf Thorag und Gaviana.

Die bewaffnete Fremde trug fast kniehohe Stiefel und eine einfache Tunika, um die ein Gürtel mit einer Dolchscheide geschlungen war. Trotz dieses nicht gerade weiblichen Aufzugs wirkte sie auf Thorag anziehend.

Für eine Frau war sie sehr groß, nur einen knappen

Kopf kleiner als der Cherusker. Sie trug das dunkle Haar kurz wie ein Mann. Auch das Gesicht, das zwei rote Narben auf der Stirn und der rechten Wange aufwies, besaß trotz der sinnlichen Lippen und der katzenhaften Augen einen herben Ausdruck. Aber die Rundungen unter der grünen Tunika bewiesen, daß sie eine Frau war. Ihre Narben und ihr kriegerischer Aufzug standen dem nicht entgegen, verliehen ihr vielmehr eine seltsame, zwiespältige Anziehungskraft.

»Es ging nicht anders, Severina«, beteuerte Nigrinus. »Sejanus, Foedus und Apicius hätten dem Germanen fast die besten Teile weggebrannt. Und die Tochter des Apicius wird, wie du vielleicht weißt, schon lange hier erwartet.«

Severina – der Name paßt zu ihr, dachte Thorag. In der Sprache der Römer hieß es soviel wie ›die Ernsthafte‹, ›die Strenge‹ oder auch ›die Harte‹, ›die Grausame‹. Tatsächlich nahmen ihre Züge einen noch ernsteren Ausdruck an und wirkten, als die große Frau einen langen Blick auf Thorag warf, geradezu feindselig.

»Das ist also der Germane, der vor einigen Tagen gegen die Unsrigen kämpfte.«

Der Ton, in dem Severina das sagte, beunruhigte Thorag. Es klang, als habe sie auf diese Begegnung gewartet.

»Nicht nur irgendein Germane, wie sich herausgestellt hat.« Nigrinus warf sich in die Brust, um die Wichtigkeit seiner Worte zu unterstreichen. »Sein Name ist Thorag, und er ist ein Waffenbruder des gefürchteten Arminius. Und ein alter Feind von Sejanus, was gewiß nicht gegen ihn spricht.«

»Was habt ihr gegen Sejanus?« fragte Thorag.

»Das fragst ausgerechnet du?« wunderte Nigrinus sich. »Sejanus ist ein enger Freund von Gavius Apicius, der uns alles andere als wohlgesonnen ist. Erst hat der

Prätorianer uns diesen Foedus vor die Nase gesetzt, der die Bewachung Ravennas verschärft hat. Und jetzt hat Sejanus uns auch noch den einäugigen Banditenpräfekten angeschleppt, den ich zu seinen Göttern geschickt hätte, wärst du nicht dagegen gewesen.«

Severina forderte Nigrinus auf, ihr seine letzten Worte zu erklären. Thorag dagegen begann, immer mehr zu verstehen. Wenn Nigrinus, wie es offenkundig war, zu den Sumpfschlangen gehörte, hatte es ihn natürlich danach gelüstet, den neuen Präfekten zur Abwehr von Banditen aus dem Weg zu räumen.

»Du hast den Banditenjäger verschont, Germane? Warum?«

»Nigrinus hat es dir doch erklärt, Severina. Flavus hat uns nicht an Sejanus verraten.«

»Aber du hast scheinbar noch einen Grund gehabt, hast ihn von früher gekannt.«

»Früher ist er mein Jagdgefährte und Waffenbruder gewesen.«

Ein Ruck ging durch Severina, und sie hob den Dreizack, als wolle sie ihn durchbohren.

Thorag spannte seine Muskeln, um dem Stoß auszuweichen.

Aber sie besann sich und fragte: »Der Banditenpräfekt ist dein Waffenbruder?«

»Er *war* es.«

»Das mußt du erklären!«

»Ich bezweifle, daß ich dir eine Erklärung schulde. Aber ich will es dir trotzdem sagen. Der Mann, der sich jetzt Flavus nennt und von Foedus oder, um genau zu sein, von Sejanus zum Banditenpräfekten ernannt wurde, ist der Bruder meines Herzogs Arminius.«

»So ist das also«, sagte Severina leise und wandte sich wieder an Nigrinus. »Ich hoffe für dich, daß du richtig entschieden hast, als du die beiden hierherführtest. Ihr folgt mir zum See. Die anderen werden sich um eure Pferde kümmern.«

»Versteckt sie gut, sie gehören Apicius.« Nigrinus winkte Thorag und Gaviana. »Kommt nur, kommt, bald haben wir's geschafft!«

Die zweite fremde Frau steckte ihr Schwert zurück in die Lederscheide an ihrer Hüfte und übernahm die Pferdezügel. Thorag und Gaviana folgten Nigrinus, der wiederum hinter Severina herging. Die Frau mit dem Dreizack durchschritt das Buschwerk ebenso zielsicher, wie zuvor Nigrinus die Tochter seines Herrn und den Cherusker geführt hatte. Ohne sich auch nur einmal nach ihnen umzusehen, geleitete Severina sie an einen Ort, der nach dieser Nacht voller Schmerzen und Gefahren auf wundervolle Art beruhigend und im überirdischen Morgenlicht geradezu magisch wirkte.

»Was ist das?« fragte Thorag nach einer Weile des Schauens und Bewunderns.

»Das«, sagte Nigrinus, »ist die Wasserburg.«

Sie standen am Ufer eines Sees, dessen Wasser seine Färbung ständig veränderte. So sah es jedenfalls im allmählich erstarkenden Licht Sunnas aus, die sich gerade als rötlich glühender Ball über das ausgedehnte Schilfdickicht und die verwachsenen Sumpfbäume im Westen erhob. Die Menschen standen am Südufer des Sees, der, soweit Thorag blicken konnte, von Dickicht umgeben war. Am Ufer traten die hinderlichen Pflanzen stellenweise zurück, auch an ihrem Standort. Bis auf diese kleinen, mit Gräsern und bunten Kräutern bewachsenen Flecken ging der See nahtlos ins Dickicht über. Oder das Dickicht in den See, wenn man es vom Ufer aus betrachtete.

Der Durchmesser des Gewässers betrug etwa zwei

Meilen. Genau in seiner Mitte erhob sich eine Insel, deren Durchmesser Thorag auf zwei Stadien schätzte. Genau konnte er es nicht erkennen, da sich eine Mauer aus hölzernen Pfählen rings um das Eiland zog. Den Menschen gegenüber, also am Südende der Insel, saß ein Kasten auf der Palisade, ein überdachtes Wachhäuschen mit einem Tor darunter. Trotz dieser Befestigung erweckte die Insel einen friedlichen Eindruck. Man hörte kein Geräusch außer dem leisen Plätschern des Wassers und dem gelegentlichen Zwitschern der mit Sunna erwachten Sumpfvögel.

Ein dumpfer, durchdringender Ton, der sich anhörte wie der Brunftschrei einer Großen Rohrdommel, störte den Frieden des Sees. Dreimal schallte er über das Gewässer, so laut, daß man ihn auf der Insel hören mußte. Und genau das war die Absicht, die Severina verfolgte. Sie hatte eine kleine Flöte aus einem Beutel an ihrem Gürtel gezogen und mit ihrer Hilfe die Rohrdommel nachgeahmt.

Kurz darauf wurde das Tor hochgezogen, und ein Boot glitt durch die enge Öffnung. Ein von zwei vorn und hinten knienden Männern mit Paddeln angetriebener Einbaum, der in dem ruhigen Gewässer rasch Fahrt gewann und genau auf die vier Menschen am Ufer zuhielt.

»Wir werden abgeholt«, sagte Gaviana überflüssigerweise und umfaßte Thorags Unterarm.

Sie wirkte beklommen, vielleicht sogar furchtsam. Angesichts der unglaublichen Wasserburg, die voller Sumpfschlangen stecken mußte, war das kein Wunder.

Thorag hatte sich während des ganzen Wegs, wenn seine Gedanken nicht gerade sorgenvoll um Auja kreisten, gefragt, weshalb Gaviana ihren Vater verlassen hatte. Welche Geheimnisse dieses versteckte Eiland auch bergen mochte, es bot sicher nicht die Annehmlichkeiten, die sie zu Hause genossen hatte. Thorag brannte darauf, mit ihr allein zu sein und sie zu fragen, weshalb sie das wohlbehütete Leben aufgab und sich den Geächteten und Rechtlosen anschloß. Nach dieser Nacht und der Hilfe, die sie Thorag geleistet hatte, konnte es kaum ein Zurück für sie geben. Vielleicht würde ihr Vater sie wieder aufnehmen, aber dem nachtragenden, rachsüchtigen Sejanus würde das gar nicht gefallen.

Gaviana sah Thorag an, als erwarte sie, daß er etwas sagte, ein paar beruhigende Worte vielleicht. Doch das einzige, was ihm einfiel, war: »Ich verstehe nicht, warum die Sumpfschlangen solche Umstände machen. Es wäre einfacher gewesen, ein Boot hier am Ufer zu vertäuen.«

Severina wandte sich um und bedachte ihn mit einem abschätzigen Blick. »Die Art, wie wir verfahren, ist sicherer. Ein Boot am Ufer könnte von Feinden gefunden und benutzt werden, um zur Wasserburg zu gelangen.«

»Aber was machen du und deine Leute, wenn ihr von einer Übermacht angegriffen werdet? Bis ein von euch gerufenes Boot von der Insel gekommen ist, seid ihr längst tot oder gefangen.«

»Die Schilfwachen haben nicht die Aufgabe, sich auf die Insel zu retten. Ihre einzige Aufgabe ist es, das Ufer zu bewachen und, werden sie angegriffen, zu kämpfen und zu sterben.«

Verachtung lag in ihren Worten und in ihrem Blick, als traue sie ihm den Mut zum aussichtslosen Kampf nicht zu. Doch dann schien Thorag, daß etwas anderes für ihre Abneigung verantwortlich war, ohne daß er den Grund kannte oder erraten hätte.

Der Einbaum brachte sie zur Insel. Sunna stand jetzt hoch genug, um sich im Wasser zu spiegeln, während das Boot auf die Palisadenwand zuglitt. Die gleichmäßig ins Wasser getauchten Paddel der beiden kräftigen Männer zerrissen immer wieder für kurze Zeit den großen Spiegel und warfen Falten auf das Abbild der Sonnenscheibe. Einmal sah es aus wie ein Mund, der Thorag aufmunternd zulächelte.

Daß Sunna hier im fernen Ravenna dieselbe war wie in den heimatlichen Wäldern, hatte etwas Tröstliches für Thorag. Die Sonnenjungfrau blickte auf ihn herab, war bei ihm und wärmte ihn. Solange sie sich jeden Morgen aus den kalten, finsteren Armen Notts erhob, solange durfte er Hoffnung schöpfen, Auja trotz aller Widrigkeiten wiederzusehen. Wenn Sunna ihm zulächelte, mochten auch die anderen Götter nicht fern sein, mochte sein Ahnherr Donar die schützende Hand über ihn ausbreiten.

Thorag lehnte sich zurück und blickte in den Himmel, zu Sunna. Er fühlte sich von ihren leuchtenden Armen umfangen und gewärmt. Für kurze Zeit erstarb der peinigende Schmerz in seinem Unterleib, und er murmelte ein Dankgebet.

Die Palisadenwand vor ihnen war immer größer geworden, bis sie Sunnas Abbild verschluckte. Deutlich sah Thorag eine Handvoll Männer in dem Wachhaus über dem offenen Tor. Genauso neugierig, wie er zu ihnen hinaufsah, blickten sie auf das Boot hinab. Es durchfuhr die Öffnung, und schon wurde das schwere Holztor, das an dicken Seilen hing, wieder hinuntergelassen.

Erstaunt nahm Thorag zur Kenntnis, daß sie die Insel noch nicht erreicht hatten. Die Palisaden bildeten nur den äußeren Verteidigungsring, allerdings einen gut befestigten. Innen zog sich ein Wehrgang an der Holzwand entlang. Über eine hölzerne Brücke, die im Falle eines feindlichen Vorstoßes über die Palisaden zur Insel gezogen werden konnte, gelangten die Verteidiger vom Eiland zum Wachhaus und von da aus zum Wehrgang.

Beim Verlassen des Ufers hatte Thorag sehen können, daß es im Osten und im Westen weitere Tore mit Wachhäusern gab. Seine Annahme, daß ein viertes Tor nach gleicher Art sich im Norden der Insel befand, sollte sich später bestätigen. Alle Außentore waren durch einziehbare Stegbrücken mit inneren Toren verbunden.

Der Rand der eigentlichen Insel war durch eine zweite Palisadenwand geschützt. Das sich darin befindende Südtor, über dem sich ein weiteres Wachhaus erhob, stand jetzt offen. Auch hier sollte sich Thorags Vermutung, daß es an den drei anderen Inselseiten ähnliche Tore gab, als richtig erweisen. Zwischen beiden Palisadenwänden lag ein Wassergraben, dessen Breite fünf bis sechs Bootslängen betrug.

Etliche Einbäume waren vor den inneren Toren an aus dem Wasser ragenden Pfählen und an den Stegen festgebunden, aber keiner so weit an den äußeren Palisaden, daß ein Eroberer, der den ersten Verteidigungsring genommen hatte, die Boote benutzen konnte, um zur Insel überzusetzen. Der friedliche Eindruck, den das kleine Eiland von draußen gemacht hatte, täuschte. Die Menschen, die es bevölkerten, lebten mit der ständigen Gefahr eines Überfalls.

Die beiden Männer, die den Einbaum über den See gepaddelt hatten, brachten das Boot seitlich an den Steg. Einer beugte sich zu einem Stützpfeiler und schlang ein Seil darum. Der andere kletterte geschickt auf die offene Brücke und half den anderen beim Aussteigen.

Als Thorag auf den hölzernen Bohlen stand, glaubte er erst, die Brücke schwanke heftig. Aber er selbst stand auf wackligen Beinen. Im Boot hatte er nicht gemerkt, wie geschwächt er durch die Ereignisse des letzten Tages und der langen Nacht war. Solange er geritten und gelaufen war, hatte sein Körper mitgespielt. Aber nun, einmal ans Ausruhen gewöhnt, versagten seine Beine ihm den Dienst.

Severina bemerkte das und gab dem Mann, der Thorag beim Verlassen des Einbaums die Hand gereicht hatte, einen Wink, den Germanen festzuhalten. Ihr Gesicht nahm dabei einen abschätzigen, spöttischen Ausdruck an, als sinke Thorag in ihrem Ansehen immer tiefer.

Als Gaviana auf die Brücke geklettert war, trat sie an Thorags andere Seite und stützte ihn. Ihr Blick war – ungleich dem Severinas – warmherzig, voller Mitgefühl und Sorge. Als Gaviana ihre Mundwinkel nach oben zog, lag kein bißchen Spott darin. Ihr Lächeln sollte ihn aufmuntern. Er dankte es ihr, indem er zurücklächelte.

Hinter Severina und Nigrinus durchschritten sie das innere Südtor und betraten eine dichtbebaute Insel, die, wie die Welt irgendwo da draußen hinter den Sümpfen, zum morgendlichen Leben erwachte. Fischer trugen ihre Netze zu den Booten. Frauen heizten die Öfen an, um Brot zu backen. Kinder fütterten das Federvieh, das zwischen den eng beieinanderstehenden Gebäuden herumstolzierte. Wieder mußte Thorag sich klarmachen, daß der Eindruck einer friedlichen Siedlung täuschte. Dies hier waren die berüchtigten Sumpfschlangen: Banditen, Räuber, Totschläger, Giftmörder.

Die Inselsiedlung hatte nichts mit dem prachtvollen Anwesen des Apicius und auch nichts mit den Wohnblöcken römischer Städte gemeinsam, bestand zum größten Teil nicht einmal aus Stein. In ihrer einfachen Art erinnerten die Holzgebäude an die Behausungen in Thorags Heimat. Einige der äußeren Gebäude standen auf Pfählen, an denen das Wasser mit leisem Gurgeln beständig leckte.

Die Bewohner der Wasserburg warfen den Fremden mißtrauische Blicke zu, sagten aber nichts und kamen auch nicht zusammen, um sie zu bestaunen. Jedem schien seine Aufgabe wichtiger zu sein. Dabei hatte Thorag nicht den Eindruck, daß Besucher sich häufig hierherverirrten.

Er wurde in ein kleines, düsteres Haus geführt, eher ein Stall. Darauf deutete auch das muffig riechende Stroh hin, auf das er sich fallen ließ. Gaviana wollte bei ihm bleiben, aber Severina winkte ihr. Der Mann, der ihn festgehalten hatte, schob das Tor zu.

Thorag war allein. Fenster gab es nicht. Durch die Ritzen im Holz drang ein Minimum an Licht herein. Es hinderte ihn nicht, den Schlaf der Erschöpfung zu schlafen.

Kapitel 21
Die Schlangenkönigin

Als Thorag erwachte, war er nicht länger allein. Eine kleine Lampe stand abseits des brandgefährdeten Strohs. Der durch die Wandritzen ziehende Wind ließ die Flamme unstetig hin und her zucken, als wisse sie nicht, wohin sie vor dem Luftzug fliehen solle. Wie ein Volk, das von den römischen Legionen bedrängt wurde und an allen Grenzen nur noch Feinde hatte.

Die Lampe stand hinter dem Wesen, das vor ihm kniete und sich mit gebeugtem Haupt an seinem Unterleib zu schaffen machte. Die Fetzen von Thorags Tunika waren hochgeschoben, sein Taillenschurz entfernt. Fremde Hände strichen über seine Wunden, sehr vorsichtig, und doch verursachte jede Berührung brennenden Schmerz. Schmerz, der ihn aus dem Schlaf gerissen hatte. Der Cherusker stöhnte leise.

Die fremden Hände unterbrachen ihre Tätigkeit, der fremde Kopf hob sich und sah ihn mit katzenartigen Augen an. »Sei ein wenig tapfer, Germane! Die Salbe wird den Schmerz bald lindern und helfen, daß deine Wunden heilen.«

In Severinas Gesicht lag wieder der spöttische Ausdruck, den Thorag schon kannte. Als sie ihren Kopf bewegte, fiel der Lampenschein auf die Narbe an ihrer rechten Wange, und zu dem Spott trat etwas Grausames, Gnadenloses.

Sie tauchte ihre Fingerspitzen in eine kleine Tonschale, die neben ihr auf dem Boden stand, und fuhr damit fort, den Donarsohn einzureiben. Ihre Griffe wurden stärker und riefen trotz der Schmerzen, die sie verursachten, bei Thorag die natürliche Reaktion eines Mannes hervor.

Verwirrt sah er Severina an. Ihr Gesicht hatte den spöttischen Ausdruck verloren, war allein von Grausamkeit
beherrscht.

»Die Salbe ist genug verteilt, hör auf!« stöhnte er.

Severina hörte nicht auf, fragte nur: »Was hast du?
Schämst du dich?«

Als ihr Griff noch fester wurde, als wolle sie Thorag
zerquetschen, winkelte er das rechte Bein an und rammte
den Fuß in ihr Gesicht. Sie fiel nach hinten und hätte fast
die Öllampe umgerissen. Mit einem wütenden Fauchen
kam Severina auf die Knie, was ihr noch größere Ähnlichkeit mit einer Katze verlieh. Mit einer großen, zorni-
gen Raubkatze. Ein dünner Blutfaden rann aus ihrem linken Mundwinkel.

»Was willst du von mir?« fragte er.

»Rache!«

Bevor er eine Erklärung von ihr fordern konnte,
wurde die Tür aufgerissen, und helles Tageslicht flutete
den Stall. Gaviana stand mit einem Kleiderbündel in der
Öffnung und sah die beiden anderen erstaunt an. Sie
machte einen erfrischten Eindruck, was vielleicht daran
lag, daß sie ihr von der Flucht zerrissenes Kleid durch
eine saubere Tunika ersetzt hatte. Thorag fühlte sich über
ihr Erscheinen erleichtert.

»Was ist hier los?« wollte sie wissen.

»Ich habe den Germanen mit der heilenden Salbe eingerieben, wie es mir die Königin befohlen hat.« Severina
stand auf und drängte sich an Gaviana vorbei nach draußen, ohne sich noch einmal nach Thorag umzusehen.

»Das war doch nicht alles«, sagte Gaviana zweifelnd.

Sie zog die Tür halb zu, so daß noch immer genügend
Licht einfiel, und trat näher. Ihr Blick blieb auf Thorags
Unterleib haften, und ihr Antlitz verfinsterte sich. Tho-
rag las darin Ärger und Eifersucht.

»Es ist nicht so, wie es aussieht«, murmelte er und griff nach dem Taillenschurz, um ihn über Bauch und Schenkel zu legen.

»Ich wußte bisher nicht, daß dieser Anblick Möglichkeiten zur Interpretation läßt.« Gaviana hatte sich ein wenig gefangen und legte das Kleiderbündel neben Thorag. »Frische Sachen zum Anziehen, Cherusker.«

»Severina hat mich wirklich eingerieben.«

»O ja, man sieht es.«

»Was auch immer sie für mich empfindet, Zuneigung ist es bestimmt nicht. Sie wollte mir Schmerzen bereiten und sprach von Rache.«

»Sie hat wohl Grund dazu, und die Schuld daran trifft mich.«

»Mir ist nicht nach Rätselraten«, knurrte Thorag.

»Erinnerst du dich an die Sumpfschlangen, vor denen du mich gerettet hast?«

»Lebhaft.«

»Der Mann, den du über den Haufen geritten hast, hieß Tucca und war so etwas wie Severinas Gemahl. Du hast ihn getötet.«

»Die Schleier lichten sich«, seufzte Thorag und war trotzdem nicht zufrieden. Statt seinem Ziel näher zu kommen, häufte sich für ihn eine Schwierigkeit auf die andere. Kaum war er Sejanus und Apicius entkommen und wähnte sich wenigstens zeitweilig in Sicherheit, schon hatte er eine neue Todfeindin gefunden.

»Du solltest ihren Haß ernst nehmen«, riet Gaviana. »Severina war eine der besten Gladiatorinnen meines Vaters, bevor ihr die Flucht gelang. Sechzehn Siege in der Arena, von denen elf mit dem Tod des Gegners endeten.«

»Stimmt, ihr Römer schickt sogar Frauen in die Arena«, sagte Thorag verächtlich.

»Tu nicht so überheblich, Germane! Tötet ihr keine

Frauen, wenn ihr römische Lager oder feindliche Dörfer überfallt?«

»Der Krieg ist eine Sache, schlimm genug zuweilen. Aber etwas ganz anderes ist es, Menschen in den Tod zu schicken, nur um sich daran zu erfreuen. Und dann auch noch Frauen und Kinder!«

»Vielleicht wird sich das eines Tages ändern. Der Princeps Tiberius schätzt die Kämpfe in der Arena nicht besonders.«

»Solange es Männer wie deinen Vater gibt, wird sich rein gar nichts daran ändern. Die Macht des Princeps findet da ihre Schranken, wo der römische Pöbel nach Blut und Kämpfen schreit und wo die Reichen eine Möglichkeit sehen, noch reicher zu werden.«

»Mag sein«, gab Gaviana mit leiser Stimme zu und hockte sich neben Thorag auf das Stroh. »Lassen wir das, es führt zu nichts. Erzähl mir lieber von Auja!«

»Woher kennst du den Namen?«

»Du hast diesen Einäugigen nach ihr gefragt. Sie ist deine Gemahlin, nicht wahr?«

Thorag erinnerte sich an das nächtliche Zusammentreffen mit Flavus, als das Gestern zum Heute geworden war. Doch das Morgen hatte, als er den einstigen Freund nach Auja fragte, in düsteren Schleiern verhüllt gelegen.

»Auja ist meine Gemahlin. Zusammen mit Thusnelda wurde sie von Segestes entführt und an Germanicus ausgeliefert.«

»Sie lebt also auf der Germaneninsel.« Gaviana hatte leise gesprochen. Als sie fortfuhr, klang ihre Stimme lauter und nahm einen vorwurfsvollen Tonfall an: »Aber du hast mir gesagt, sie warte in deiner Heimat auf dich!«

»Da war ich für dich noch Hruodmar, nicht Thorag. Ich konnte nicht ganz aufrichtig zu dir sein. Und du warst es, was Ariston betraf, auch nicht zu mir.«

Gaviana nickte einsichtsvoll. »Sag mir eins, Thorag: Liebst du diese Auja?«

Thorags Gedanken wanderten durch Winter und Sommer zurück in jene Zeit, als er und Auja noch halbe Kinder gewesen waren und sich dennoch ihre Liebe gestanden und geschworen hatten. Lange hatte es nicht so ausgesehen, als würden sie zusammenfinden. Aujas Vater Arader, der inzwischen längst in Hels Reich weilte, hatte die Tochter an den cheruskischen Edeling Asker verschachert, Sohn des Eberfürsten Onsaker. Sie mußte Asker heiraten, um ihren verschuldeten Vater zu retten. Erst nach Askers und Onsakers Tod und nach der Schlacht im Teutoburger Wald konnte Thorag die Geliebte zu seiner Gemahlin machen. Die Nornen gönnten ihnen ein paar Sommer und Winter der Ruhe und des Glücks, und sie schenkten ihnen einen Sohn: Ragnar. Dann aber kehrten Zwietracht und Krieg in die Cheruskergaue zurück, um Thorag die Gemahlin und Ragnar die Mutter zu rauben. Vier Sommer waren seitdem den Frostriesen gewichen, und Auja begann für Thorag zur schmerzvollen Erinnerung zu werden.

»In meiner Sprache bedeutet Auja Glück«, sagte Thorag. »Sie zurückzuhaben wäre das größte Glück für meinen Sohn und für mich.«

»Du hast einen Sohn?«

»Auja gebar ihn, und nun wächst er ohne seine Mutter heran. Sein Name ist Ragnar. Auch er wurde von Segestes an Rom ausgeliefert, doch mit viel Glück konnte ich wenigstens ihn retten. Ein guter Freund gab dabei sein Leben.«

Thorag sprach von Thidrik, der vom erbitterten Feind des Donarsohns zum Vertrauten und Freund geworden war. Thidrik hatte mit seinem Leib den Speer abgefangen, der Ragnar töten sollte. Als Thidriks Leichnam verbrannt wurde, hatte Thorag die Seele des Toten, die mit dem Rauch himmelwärts stieg, gebeten, sich bei den Göttern für Aujas Rettung einzusetzen. Je öfter die Frostriesen seitdem ihre kalten weißen Mäntel über das Land geworfen hatten, desto größer wurden Thorags Zweifel, ob die Götter sein Flehen erhört hatten.

Er spürte eine sanfte Berührung an seinem linken Arm. Gaviana hatte ihre Hand auf seinen Unterarm gelegt und sagte: »Was immer ich tun kann, um deine Gemahlin und Ragnars Mutter zu befreien, werde ich tun.«

Thorag lächelte dankbar. Selbst wenn es nur Worte waren, tat Gavianas Zuspruch ihm gut. Und er war froh, daß sie keinen Haß auf ihn hegte.

»Und was wird aus dir, Gaviana?«

Sie wiegte den Kopf leicht hin und her. »Vielleicht habe ich hier eine neue Heimat gefunden. Jetzt zieh dich an. Die Königin dieser Insel möchte dich sehen.«

»Die Schlangenkönigin?«

»Ja.«

Dieser Begegnung fieberte er entgegen. Gaviana wollte ihm nicht mehr über die geheimnisumwitterte Herrscherin der Sumpfschlangen verraten.

Mit ihrer Hilfe legte er eilig die Tunika und den Taillenschurz an, die sie ihm gebracht hatte. Zu dem Kleiderbündel gehörten auch feste Lederstiefel, gegen die er die schmutzigen Sandalen austauschte. Er stand noch ein wenig wacklig auf den Beinen, aber Gaviana meinte, nach einem stärkenden Mahl gäbe sich das. Sie löschte die Lampe und nahm ihn wie ein Kind an der Hand, um ihn ins Tageslicht zu führen.

Er hatte länger geschlafen, als er geglaubt hatte. Sunna hatte ihren höchsten Punkt schon überschritten und neigte sich deutlich dem Sumpfdickicht im Westen zu.

Wenige kleine Wolken zogen durch den blauen Himmel, den zahlreiche ansehnliche Vögel bevölkerten, vornehmlich Große Rohrdommeln, Fischreiher und Störche. Kurz darauf sollte Thorag seine Annahme bestätigt finden, daß die Sumpfschlangen sich hauptsächlich von Fisch und Geflügel ernährten.

Noch immer betrachteten sie den Germanen in einer Art scheuer Neugier. Ihr Verhalten gegenüber Gaviana war anders, fast ehrerbietig. Viele neigten vor ihr das Haupt. Thorag glaubte, den Grund zu wissen.

Die Römerin führte ihn zwischen mehreren Hütten hindurch. Gierig atmete er die frische Luft, die in deutlichem Gegensatz zum modrigen Geruch des alten Strohs im Stall stand. Die Luft hier war auch viel besser als auf der Germaneninsel.

Er gewöhnte sich wieder daran, seine Beine zu benutzen. Der Schlaf hatte ihm gutgetan und die Schwäche vertrieben, die ihn bei Erreichen der Insel befallen hatte. Zudem spürte er schon die lindernde Wirkung der Salbe. Fast hätte er Dankbarkeit für Severina empfunden, hätte er sich nicht so deutlich an ihren schmerzhaften Griff und ihren unversöhnlichen Blick erinnert.

Gavianas Ziel war ein großes Haus in der Inselmitte, eines der wenigen aus Stein erbauten Gebäude, neben dem sich ein hölzerner Wach- und Aussichtsturm erhob. Trotz der Größe sah es nicht wie das Haus eines wohlhabenden Römers aus. Durch Anbauten, die offenbar im Laufe der Zeit erfolgt waren, hatte es so viele Ecken bekommen, daß es fast schon rund wirkte. Auch das Dach war nicht nach römischer Bauweise mit Schindeln, sondern mit Schilf gedeckt. Obwohl die Hütten sonst eng beieinanderstanden, lag rings um das Steinhaus ein breiter unbebauter Streifen. Ein Zeichen des Respekts? Oder der Furcht?

Vor einem mit einer Schilfmatte verhängten Eingang standen zwei kräftige Wachen. Ihre narbigen Gesichter verrieten, daß sie schon manchen Kampf bestanden hatten. Sie trugen ähnliche Tuniken und Stiefel wie Thorag. Ausgerüstet war jeder mit einem Speer und einem Gurt, an dem Gladius und Dolch hingen.

Thorag fiel beim Nähertreten ein seltsames Mal auf dem linken Unterarm eines Wächters auf. Eine sich windende Schlange, die vom Ellbogen bis zum Handgelenk reichte, war dort eingebrannt; gewiß eine schmerzhafte Prozedur. Dann sah er den anderen Mann an und entdeckte auch auf seinem Unterarm das Schlangenzeichen.

Leise sagte er zu Gaviana: »Das ist also der Palast der Schlangenkönigin, und dies hier sind die Palastwächter.«

Lächelnd erwiderte sie: »So könnte man es bezeichnen.«

Noch immer starrte er auf die eingebrannten Schlangen. »Kein Wunder, daß man sich hier mit brandheilenden Salben auskennt.«

Die beiden Wächter traten zur Seite. Aus Respekt vor Gaviana, nicht vor Thorag, wie ihm schien. Er schlug die Schilfmatte beiseite, und sie betraten einen kurzen Gang, der von einer einsamen Öllampe erleuchtet wurde. Zwei weitere Wächter, auch sie mit dem Schlangenzeichen am Arm, standen am Ende des Ganges, wieder vor einer Schilfmatte. Und wieder ließen sie Gaviana und Thorag ungehindert passieren.

Der fensterlose Raum, den sie betraten, war geräumig und auf eine gewisse Weise luxuriös. Nicht für einen Palast, wohl aber für diese abgelegene Insel. Die Wände waren mit gemusterten Vorhängen geschmückt, und in teuren Silberlampen brannte ein stark duftendes Öl. Zwar gab es keinen Tisch und keine Liegen nach römischem Muster, doch zahlreiche Decken und Kissen auf dem Boden glichen das aus. In ihrer Mitte standen Karaffen und Schüsseln, deren Anblick schlagartig Thorags Appetit entfachte. Sein leerer Magen zog sich schmerzhaft zusammen.

»Bedien dich, Cherusker, das Knurren deines Magens hallt über die ganze Insel.«

Die Stimme einer Frau. Thorag nahm die Sprecherin erst jetzt wahr, so stark verschmolz ihr langes, bis zu den Knöcheln reichendes Gewand mit den Wandvorhängen. Fast sah es aus, als hätte das Weib die Wand in ihrem Rücken durchschritten und den Raum gerade erst betreten. Wenn das schon merkwürdig war, so war es ihr Haupt erst recht. Es war der Kopf einer Schlange.

Thorag zwinkerte mehrmals, weil er glaubte, daß sein Eindruck ihn täuschte und vielleicht von dem diffusen Licht der Öllampen hervorgerufen wurde. Doch es blieb ein Schlangenkopf, der auf einem menschlichen Körper mit deutlich erkennbaren weiblichen Formen saß. Aus den weiten Ärmeln schauten die Arme und Hände einer Frau hervor, und rotbraunes Haar umspielte in weichen Wellen die runden Schultern.

Apicius' Erzählung von der gorgonenhaften Schlangenkönigin kam ihm in den Sinn, und doch wollte er es nicht glauben. Er hatte eben eine durch und durch menschliche Stimme vernommen, nicht das Zischeln eines Reptils.

Er holte tief Luft, trat auf das seltsame Geschöpf zu und hob den dreifüßigen Ständer einer Öllampe an, bis deren Lichtschein das schlangenhäutige Gesicht aus dem Halbdunkel riß.

Es war tatsächlich Schlangenhaut, aber keine lebendige. Aus welchem Grund auch immer, die Frau trug eine Maske aus Schlangenhaut, die mit Bändern an ihrem Kopf befestigt war und ihr Gesicht vom Kinn bis zur Stirn bedeckte. Die Maske hatte Öffnungen für Mund und Augen sowie ein kleines Loch in Nasenhöhe. Die Augen hinter den Höhlungen schimmerten in einem ähnlichen Grün wie die Schlangenmaske.

»Du kannst die Lampe wieder an ihren Platz stellen. Ich bin ein Mensch.«

»Sieht so aus«, sagte Thorag und stellte die Lampe ab. »Muß ich mich vor der Schlangenkönigin verneigen?«

»Nicht nötig.«

»Und wie soll ich dich ansprechen? Als Hoheit? Oder genügt Salvia?«

Die Augen der Schlangenkönigin blickten auf einmal an Thorag vorbei, zu Gaviana.

»Deine Tochter hat das Geheimnis nicht verraten, falls es ein Geheimnis ist. Aber auch ein dummer Barbar aus dem Germanenland macht sich seine Gedanken. Die plötzliche Hochachtung der Sumpfschlangen vor Gaviana war auffällig. Und wenn du Salvia bist, erklärt sich auch Apicius' unbändiges Verlangen, die Schlangenkönigin in seine Gewalt zu bekommen.«

»Für zehntausend Denare, lebendig oder tot, nicht wahr?« fragte die Maskierte, und Thorag spürte einen unterschwelligen Vorwurf.

»Den Preis und die Konditionen hat er festgesetzt.«

»Und du hast dich bereit erklärt, Jagd auf die Sumpfschlangen und auf ihre Königin zu machen.«

»Was blieb mir übrig? Ich benötigte Apicius' Wohlwollen und seine Unterstützung, um meine Pläne in Ravenna zu verfolgen. Mir war nicht daran gelegen, dich und die Deinen zu jagen. Allerdings hegte ich nach meiner ersten Begegnung mit den Sumpfschlangen auch keinerlei Sympathien für sie.«

»Ja, verständlich«, sagte die Maskierte und fügte nach längerem Schweigen hinzu: »Gaviana hat sich für dich verbürgt. Schon der Umstand, daß Apicius dein Feind ist, macht dich zu unserem Freund, zumindest zum Verbündeten. Und als Retter meiner Tochter gebührt dir sowieso meine uneingeschränkte Gastfreundschaft.«

»Etwas Ähnliches habe ich schon einmal gehört. Da du das Thema anschneidest, Salvia: Ich frage mich, weshalb deine eigenen Leute deine Tochter überfallen haben.«

»Es war ein dummes Versehen. Sie wußten nicht, wen sie vor sich hatten.«

»Sie hielten Gaviana also für irgendeine Römerin aus gutem Hause, die ihnen ein üppiges Lösegeld einbringen würde.«

»Ja, so in der Art.«

»Reichen euch Fischfang und Vogeljagd nicht zum Leben?«

»Sollten sie?« fragte Salvia scharf. »Was ist mit Kleidung, mit Werkzeugen und Waffen?«

»Die meisten Menschen erfüllen sich diese Bedürfnisse, ohne Fremde zu überfallen und zu verschleppen.«

»Die meisten Menschen sind eben keine Ausgestoßenen, keine Rechtlosen, keine geflohenen Sklaven, keine zum Tode Verurteilten – keine *Sumpfschlangen*.«

Das letzte Wort sprach sie mit einer seltsamen Betonung aus, als verachte sie die Menschen, die mit ihr auf dieser Insel lebten und über die Salvia, wie es den Anschein hatte, herrschte.

Darum fragte Thorag: »Magst du die Sumpfschlangen nicht, Salvia?«

»Ich mag die Menschen hier, aber nicht das, was die Umstände aus ihnen gemacht haben. Einige leben mit ihren Familien zusammen oder haben neue Familien gegründet. Aber viele würden liebend gern nach Ravenna zurückkehren, wo ihre Frauen oder ihre Männer leben, ihre Kinder und ihre Freunde.«

»Warum tun sie es nicht?«

»Weil Sumpfschlangen Banditen sind, und Banditen sind keine Menschen, jedenfalls nicht vor dem römischen Gesetz. Andere Verbrecher sind auch weiterhin Bürger und freie Menschen, wenn sie ihre Strafe verbüßt haben. Banditen nicht. Wir alle hier sind mit der Todesstrafe bedroht. Mehr noch, jeder Einwohner von Ravenna ist dazu aufgerufen, uns zu verfolgen, und ermächtigt, uns zu töten, sobald er unserer angesichtig wird. Wer in die Fänge der Stadtwachen gerät, wird gefoltert und gequält, wie man es nicht mal mit Tieren macht.«

»Ich nehme an, um euer Versteck ausfindig zu machen.«

Salvia nickte, und die Schlangenmaske schillerte grünblau im Lampenlicht. »Wer die Folter überlebt, wird in der Arena massakriert. Aber selbst als Toter findet ein Bandit keine Ruhe. Sein Leichnam wird zur Abschreckung auf einen Pfahl gespießt, bis er verrottet ist.«

Thorag verstand jetzt, weshalb die Sumpfschlangen ihr Versteck so geheim hielten und weshalb sie die Insel zur Wasserburg ausgebaut hatten.

Salvia bat ihn und Gaviana, sich zu setzen und sich von den üppig bereitstehenden Speisen zu bedienen. Auch sie setzte sich auf eines der Kissen und sah zu, wie Thorag es sich schmecken ließ. Mutter und Tochter tranken nur etwas Wein. Wahrscheinlich hatten sie gegessen, während er schlief.

Fisch und Geflügel in den unterschiedlichsten Variationen mundeten Thorag hervorragend. Dazu gab es ofenfrisches, noch warmes Brot und Wein, der auch ohne Murrapokale köstlich schmeckte. Zum erstenmal, seit Thorag gestern zum Hafen aufgebrochen war, entspannte er sich. Er lehnte sich in den weichen Kissen zurück und hätte sich rundum wohl gefühlt, wären nicht die Sorge um Auja und der Schmerz in seinem Unterleib gewesen. Die Salbe linderte das Brennen zwar, doch es war noch schlimm genug.

»Wie viele Menschen leben hier?« fragte er.

»Auch wenn du mein Gast bist, mußt du nicht alles wissen.«

»Ich verstehe dich, Salvia. Du meinst, ich kann unter der Folter nur das verraten, was ich weiß.«

»Du sagst es.«

»Erwartest du denn, daß Sejanus mich foltert?«

»Da dich eine bestimmte Mission hergeführt hat und du allein gegen eine ganze Stadt stehst, ist durchaus damit zu rechnen, auch wenn ich es weder dir noch sonst jemandem wünsche.«

»Wir werden sehen, ob es so hoffnungslos für mich aussieht«, murmelte Thorag.

»Glaubst du, der neue Banditenpräfekt hilft dir, weil er ein alter Freund von dir ist?«

»Ich weiß es nicht. Ich kann nur hoffen, daß germanisches Blut dicker ist als römischer Wein.«

»Setz nicht zu großes Vertrauen in ihn«, sagte Salvia düster. »Manchmal ist auf die eigenen Freunde und Angehörigen am wenigsten Verlaß.«

»Sprichst du von deinem Mann, von Gavianas Vater?«

»Gavius Apicius mag nach römischem Recht mein Gemahl sein, aber er ist nicht der Vater meiner Tochter. Wenigstens das nicht!« Salvia seufzte wie aus tiefer Erleichterung. »Eine Frau wirkt auf ihn so anregend wie ein Baumstamm bei Nacht. Eher kriegt er einen hoch, wenn er vor seinen geliebten Kochtöpfen steht. Oder natürlich, wenn einer seiner hübschen Sklavenjungen sein Bett anwärmt. Wäre er nicht auf meines Vaters Besitz ausgewesen, hätte ihm schon der Gedanke an eine

Heirat Übelkeit verursacht. Vorher hätte ich nicht geglaubt, daß ein Mann so sehr auf das eigene Geschlecht fixiert sein kann. Was bei Sejanus wohl nur Berechnung ist, bei Apicius ist es Besessenheit. Eine seiner drei großen Leidenschaften, neben dem Kochen und der Macht.«

»Sejanus auch?« fragte Thorag überrascht. »Heißt es nicht, er sei verheiratet und habe eine Tochter?«

»Heißt es das nicht auch von Apicius?« Salvias Stimme klang belustigt, als lächle sie unter ihrer starren Maske. »Wie ich schon sagte, ich glaube, Sejanus schlüpft eher aus Berechnung zu einem anderen Mann ins Bett. Vielleicht ist es ihm auch gleich, zu welchem Geschlecht das Fleisch gehört, das seine Lust befriedigt. Jedenfalls war er, als er noch ein Jüngling war, Apicius zu Diensten. Als Dank erhielt er Geld und einflußreiche Verbindungen.«

»Aber Sejanus kommt aus einer angesehenen Ritterfamilie …«

»Die damals in argen finanziellen Schwierigkeiten steckte«, wurde Thorag von Salvia unterbrochen. »Apicius hat es schon immer gut verstanden, wichtige Leute von sich abhängig zu machen. Auch mein Vater Salvius Plenus stand in seiner Schuld und gab ihm alles, war ihm gehörte – einschließlich mir. Es wurde eine Ehe nach alter Sitte vereinbart, bei der die Braut sich mit Leib und Vermögen in die Hand des Gemahls begibt. Gerade auf letzteres kam es meinem Bräutigam an.« Sie lachte trocken. »Ich bin mit Sicherheit der Bestandteil der Erbschaft, auf den Apicius am leichtesten verzichtet hätte. Ich selbst war ihm so gleichgültig, daß er mir sogar den Familiennamen meines Vaters ließ, was bei einer Ehe nach altem Recht unüblich ist. Oft genug hat er mir seine Verachtung zu verstehen gegeben. Immer schlimmer wurden die Erniedrigungen, bis ich vor ihm floh, vor meinem eigenen Mann, aus dem Haus, das einst meinem Vater gehört hatte.«

»Kamst du damals hierher, zu den Sumpfschlangen?« fragte Thorag.

»Ich war so verwirrt, daß ich mich in die Sümpfe verirrte. Und wie Gaviana vor einigen Tagen wurde ich von den Sumpfschlangen überfallen. Ihr Anführer war damals Pylades, ein griechischer Freigelassener, ebenso klug wie stark. In Ravenna hatte eine große Laufbahn vor ihm gelegen, doch eine Intrige seines Herrn hätte ihn in die Arena gebracht, wäre er nicht zuvor geflohen. Aber das ist lange her und eine andere Geschichte.«

Salvia schien zutiefst bewegt, als sie von Pylades erzählte. Auch ohne ihr Gesicht zu sehen, glaubte Thorag, das an dem leichten Vibrieren ihrer Stimme zu erkennen und daran, daß sie sich mitten im Satz unterbrach. Sie griff nach einem silbernen Becher und trank einen Schluck Wein. Eine ganze Weile saß sie auf ihrem blauen Samtkissen, hielt den Becher umklammert und starrte durch alles hindurch, auch durch Thorag und Gaviana. Ihr Blick weilte gemeinsam mit ihren Gedanken in einer anderen, längst vergangenen Welt.

Schließlich stellte Salvia ruckartig den Becher weg und fuhr fort: »Um es kurz zu machen: Pylades fand aus irgendeinem Grund Gefallen an mir und nahm mich zu seinem Weib. Daß ich nach dem Gesetz mit Apicius vermählt war, war hier, auf der Insel der Gesetzlosen, bedeutungslos. Und nach allem, was Apicius mir angetan hatte, fühlte ich mich ihm nicht länger verbunden. Nur um meine kleine Tochter tat es mir leid. Kurz spielte ich mit dem Gedanken, sie zu mir zu holen. Aber ich wollte, durfte ihr nicht zumuten, hier aufzuwachsen. Denn wer einmal zu den Sumpfschlangen gehört, ist auf ewig an sie geschmiedet, ohne einen Weg zurück.«

»Außerdem hielten dich die Diener, die noch aus deines Vaters Zeit im Hause des Apicius beschäftigt waren, über Gaviana auf dem laufenden, nehme ich an. Leute wie Nigrinus.«

»Ganz recht. Nigrinus war und ist einer der Treuesten.«

Das Gespräch mit Salvia war überaus erhellend. Vieles, was Thorag bislang nur vermutet hatte, wurde zur Gewißheit. Jetzt verstand er, weshalb Nigrinus sich so sehr für Gavianas Retter interessiert und warum Apicius die ›eigene Tochter‹ mißhandelt hatte: Weil er sich nicht an Salvia auslassen konnte, mußte ihre Tochter stellvertretend für sie büßen.

»Weiß Apicius, daß Gaviana nicht sein Fleisch und Blut ist?«

»Er kann es sich denken. In der Nacht unserer Hochzeit hat er so kläglich versagt, daß er nie wieder versucht hat, zu mir ins Bett zu steigen. Außerdem brachte ihn Gavianas blondes Haar darauf, daß ein anderer Mann ihr richtiger Vater sein muß. Zum Glück zu spät, er hatte Amatus kurz zuvor freigelassen.«

»Amatus ist mein Vater?« entfuhr es Gaviana. Sie schien ihn zu kennen.

Thorag dagegen sagte der Name nichts, und er erkundigte sich nach diesem Amatus.

»Ein freigelassener Sklave meines Vaters, der es zum bedeutendsten Weinhändler von Ravenna gebracht hat.« Gaviana biß sich auf die Lippen. »Ich rede von Apicius noch als von meinem Vater, weil ich es nicht anders gewohnt bin. Aber nach allem, was ich heute erfahren habe, werde ich das bald ablegen wie eine schlechte Angewohnheit.«

»Amatus ist ein ebenso kluger wie gütiger Mann«, sagte Salvia. »Erst tröstete er mich nur, wenn Apicius mich in einem seiner Wutanfälle mißhandelt hatte. Bald wurde aus Trost Zuneigung und aus Zuneigung Liebe. Ich half Amatus durch Geld, sich freizukaufen. Auch danach unterstützte ich ihn, und so konnte er schnell ein florierendes Geschäft aufbauen. Seine Weinfrachter segeln zu allen Küsten des Reiches.«

»Warum bist du dann nicht zu ihm gegangen?« fragte Gaviana. »Warum lebst du nicht mit ihm?«

»Er hält mich für tot, wie alle Welt, für ein Opfer der Sumpfschlangen.«

Gaviana sah ihre Mutter verständnislos an. »Du hättest ihn aufklären können.«

»Hättest du das an meiner Stelle gewollt?« Ein durchdringender Blick schoß unter der Maske hervor und traf Gaviana. »Oder hättest du nicht auch gewollt, daß dein Geliebter dich so in Erinnerung behält, wie du einmal gewesen bist?«

Tränen rannen über Gavianas Wangen, und mit belegter Stimme sagte sie: »Ich verstehe.«

»Aber ich nicht«, meldete Thorag sich.

Salvia wandte sich ihm zu. »Anfangs, als sehr kleines Kind, hatte Gaviana dunkleres Haar. Vielleicht glaubte Apicius deshalb, sie in der Hochzeitsnacht auf irgendeine im Weinrausch vergessene Art gezeugt zu haben. Je größer sie wurde, desto heller wurde ihr Haar, und damit wuchsen die Zweifel meines sogenannten Gemahls. Immer öfter schlug er mich, um die Wahrheit zu erfahren. Eines Tages muß ihm jemand, vielleicht aus der Dienerschaft, einen Hinweis gegeben haben. Er fragte mich ganz direkt, ob sein ehemaliger Sklave Amatus ihn entehrt habe. Als ob man einen Menschen wie Apicius entehren könnte!«

Salvias Atem ging schneller, ihre Hände zitterten. Die Erinnerung an die Vergangenheit hielt sie auf schmerzhafte Art gefangen.

Tief durchatmend, setzte sie ihren Bericht fort: »Als ich nicht antworten wollte, prügelte Apicius mich grün und blau. Dann schleifte er mich an den Haaren in die Küche, wo er gerade eine Suppe zubereitete. Ich weiß es noch wie heute. Es war der Augenblick, als ich eine andere wurde und als mein altes Leben endete. Um mich zur Antwort zu zwingen, drückte er mein Gesicht in die heiße, brodelnde Suppe. Ich kann den Schmerz nicht beschreiben. Er ist wohl die einzige Entschuldigung, daß ich Amatus verraten habe. In der Nacht holte ich mir ein Pferd aus dem Stall und floh. Ich hielt es nicht länger bei Apicius aus. Außerdem wollte ich verhindern, daß er mich als Zeugin gegen Amatus aufbot. Auch ein Freigelassener steht seinem ehemaligen Herrn gegenüber in der Treuepflicht. Hätte Apicius mein Geständnis öffentlich gemacht, wäre Amatus wieder sein Sklave geworden, und als solcher hätte er Apicius' Rache gewiß nicht lange überlebt. Aber niemand außer Apicius hatte mein Geständnis gehört, daß ich ihn nicht nur mit Amatus betrogen, sondern den Geliebten auch heimlich mit Geld, das Apicius gehörte, unterstützt hatte. Ohne mich hatte er nichts gegen Amatus in der Hand.«

»Bist du deshalb nicht zu diesem Amatus gegangen?« fragte Thorag. »Hattest du Angst, daß Apicius dich bei ihm aufspürt?«

»Vielleicht hätte ich Amatus aufgesucht und ihn gebeten, mich auf einem Weinfrachter weit weg von Ravenna zu bringen. Aber nach dem, was bei jener Mißhandlung aus mir wurde, sollte er mir nie wieder ins Antlitz sehen müssen. Nicht in dieses Antlitz!«

Salvia nahm die Maske ab.

Die kochendheiße Suppe hatte von ihren Gesichtszügen nichts übriggelassen außer rotem, verquollenem Fleisch. Vielleicht war sie einmal so schön gewesen wie ihre Tochter, jetzt war sie selbst gegenüber dem häßlichsten Weib im Nachteil. Denn auch häßliche Frauen besaßen zumindest noch ein Gesicht.

»Kein schöner Anblick, nicht?« Salvia setzte die Maske wieder auf. »Ich weiß nicht weshalb, aber Pylades machte es nichts aus. Er kannte mich nicht anders und sah ins Herz, nicht ins Gesicht, wie er mir sagte. Um andere nicht mit meinem Anblick zu erschrecken, fertigte ich mir diese Maske aus Schlangenhaut an.«

»Und so entstand die Legende von der Schlangenkönigin, die halb Mensch, halb Schlange ist«, sagte Thorag.

»Eine manchmal hilfreiche Legende«, meinte Salvia. »Im Geheimnisvollen liegt eine große Macht, die Menschen stärker in Furcht versetzt als hundert Schwerter.«

»Was wurde aus Pylades?« fragte der Donarsohn.

»Er wagte sich bei einem seiner Streifzüge zu weit vor. Fünf Jahre ist das jetzt her. Der Folter hielt er stand, da kam er in die Arena. Zwei Bären haben ihn unter sich aufgeteilt. Von ihm blieb so wenig übrig, daß man seinen Leichnam nicht mal mehr pfählen konnte. Seitdem bin ich eine Schlangenkönigin ohne König.«

»Aber mit ergebenen Untertanen.«

»Es ist ähnlich wie bei euch Germanen. Ihr wählt eure Herzöge und bleibt ihnen treu, solange sie euch in siegreiche Schlachten führen. Die Tage der Schlangenkönigin sind gezählt, wenn es den Sumpfschlangen einmal schlecht ergehen sollte. Dunkle Träume, die mich in letzter Zeit heimsuchen, weisen darauf hin, daß das Ende meiner Herrschaft sehr bald kommt. Es sind seltsame Träume, in denen die Menschen schreien und sterben, und um sie herum ist nichts außer Feuer und Wasser.«

Kapitel 22
Feuer und Wasser

Binnen eines Atemzugs verwandelte sich die Ruhe des friedvollen Schlafes in eine Hölle aus Geschrei, Gelärm und feurigem Lichtschein. Zunächst, in den Augenblicken des Erwachens, glaubte Thorag noch, Sunna erhebe sich rotglühend über dem See. Aber seine Schlafkammer lag nach Westen, und der aufziehende Sonnenwagen konnte unmöglich für den rötlichen Schein verantwortlich sein. Zumal das Licht unstet flackerte und nichts von Sunnas majestätisch gleichmäßigem Leuchten an sich hatte. Auch die hektischen Schritte und die lauten Schreie paßten nicht zu dem morgendlichen Erwachen der Wasserburg, wie Thorag es bei seiner Ankunft auf der Insel erlebt hatte.

Während er sich von seinem ebenerdigen Lager aus Decken, Fellen und Kissen erhob, versuchte er, sich seine Lage zu vergegenwärtigen. Nach dem langen Gespräch mit Salvia hatte er sich früh zur Ruhe begeben. Die Schlangenkönigin hatte ihm versprochen, ihn am nächsten Tag zurück nach Ravenna zu bringen, falls er es wünsche. Zuvor sollte Thorag sich ausschlafen und stärken. Er mußte nicht in den Stall zurück, sondern erhielt eine Kammer in Salvias Steinhaus zugewiesen. Sein Schlaf war fest und endlich einmal traumlos gewesen – falls dies hier kein Alptraum war und er nicht nur träumte, daß er erwachte.

Schlaftrunken taumelte er zu der kleinen Luke und schlug die Schilfmatte beiseite, durch deren Ritzen rote Lichtfinger in die Kammer griffen. Der grelle Schein blendete ihn, und er kniff die Augen zusammen. Blinzelnd öffnete er sie wieder und starrte hinaus auf das erschreckende Schauspiel. Sunna war noch nicht über dem See aufgegangen, kündigte sich erst durch eine zart-rosa Erhellung des Himmels an. Trotzdem lag Licht über der Wasserburg.

Genügend Gebäude und Teile der Palisaden standen in Flammen, um die Insel zu erhellen. Frauen, Kinder und Alte rannten hektisch herum und schütteten mit Krügen und Schüsseln Wasser in die Feuersbrunst. Andere schlugen mit Tüchern auf die züngelnden Flammen ein, die sich durch noch gierigeres Lecken und Fressen zur Wehr setzten. Ein kurzer Blick genügte Thorag zu der Erkenntnis, daß die Wasserburg verloren war. Mitten im Wasser, auf der Insel der Sumpfschlangen, breitete sich ein Feuermeer aus.

»Feuer und Wasser, wie in meinen Träumen!«

Thorag fuhr herum und sah sich Salvia gegenüber, die in der schmalen, nur durch einen schweren Vorhang geschützten Türöffnung stand. Sie trug ihre Schlangenmaske, umspielt von ihrem ungeordneten Haar, und eine kurze Tunika, als sei auch sie gerade erst aus dem Schlaf hochgeschreckt.

»Das Feuer scheint überall zu sein, auf der ganzen Insel«, stieß Thorag hervor. »Wie ist das möglich?«

»Komm mit, rasch!«

Er hatte in seiner Tunika geschlafen und brauchte nur seine Stiefel anzuziehen. Hinter Salvia eilte er durch den Gang und erstieg den kleinen Holzturm neben dem Steinhaus. Die Plattform des Turms lag hoch genug, um nicht nur die Insel zu überblicken, sondern auch über die Palisaden hinweg den ganzen See. Hier oben standen bereits zwei Menschen und beobachteten gebannt das schaurige Schauspiel: Gaviana und Nigrinus.

Was Thorag wegen der schnellen Ausbreitung der Flammen schon geahnt hatte, wurde nun zur Gewißheit:

Das Feuer war nicht durch Unachtsamkeit entstanden. Es war mit Absicht entfacht worden und wurde jetzt auf heimtückische Art geschürt.

Umgeben von einer ganzen Flotte kleinerer Boote, schwammen vier große Flöße auf dem See, eines an jeder Seite der Insel. Auf Steinplatten, mit denen man auf jedem Floß einen einfachen Herd errichtet hatte, brannten Holzkohlefeuer, die man mit Blasebälgen in Gang hielt. Jedes Floß trug ein Wurfgeschütz, das in unablässiger Folge seine Geschosse über die Palisaden auf die Insel schleuderte. Die Geschosse mußten eine Art tönerner Töpfe sein, die beim Aufschlagen zersprangen und die Feuersglut freigaben, die man zuvor mit langen Greifzangen vom Floßherd geholt hatte. Thorag fiel auf, daß die Floßbesatzungen noch andere Materialien in die Töpfe füllten, bevor die brennende Kohle hinzukam.

»Vermutlich enthalten die Töpfe ein Gemisch aus Pech, Schwefel, Weihrauch, Werg und Kienspänen«, sagte er. »So haben es uns die Römer auf der Militärschule beigebracht. Solch ein Brandsatz wird vom Wasser nicht genetzt. Ganz im Gegenteil, das Wasser, das hier verzweifelt auf die Flammen gegossen wird, trägt das Feuer weiter und hilft, die ganze Insel in Brand zu setzen. Wer immer diesen Überfall geplant hat, er ist mit der Schlauheit Lokis vorgegangen.«

Gaviana funkelte ihn böse an. »Das klingt fast, als würdest du den Urheber dieses Unheils bewundern, Thorag!«

»Vom taktischen Standpunkt aus hat er Bewunderung verdient. Von unserem Standpunkt aus sollte man ihn auf der Stelle erschlagen.«

»Kann man nichts tun, um die Flammen zu löschen?« fragte Salvia.

»Wenn es solche Brandsätze sind, wie ich annehme, können sie mit Essig bekämpft werden.«

Salvia straffte sich, froh, etwas zur Rettung ihrer Leute unternehmen zu können. »Dann erteile ich die Anweisung, sämtliche Essigvorräte bereitzustellen, um Löschtücher darin zu tränken. Gib meinen Befehl weiter, Nigrinus.«

Der Zwerg wollte zur Leiter eilen, doch Thorag hielt ihn an der Schulter fest. »Das ist unnütz, der Befehl kommt zu spät. Sieh dich doch auf der Insel um, Salvia. Dein Reich steht in Flammen. Bis der Essig bereitsteht, kommt jeder Löschversuch zu spät.«

Noch wurde die Inselmitte von der sich ausbreitenden Feuersbrunst verschont. An den Rändern des Eilands sprangen die Flammen von Hütte zu Hütte, als wollten sie einen geschlossenen Kreis bilden, um die inneren Gebäude erst einzuschließen und dann in aller Ruhe aufzufressen. Selbst ohne den ständigen Beschuß von den Flößen wäre das Feuer stärker gewesen als jede Gegenwehr.

Durchdringender Brandgeruch schwängerte die unnatürlich heiße Luft. Unzählige kleine Teile feuriger Glut flogen durch die Nacht, gleich einer Armee von Glühwürmchen. Schwarze Rauchschwaden verschleierten den Blick auf den See. Nur verschwommen sah man von hier aus die Männer auf den Palisaden, die einen Beschuß aus Pfeilen und Speeren auf die Floßbesatzungen niedergehen ließen. Selten trafen sie. Die Flöße mit den starken Katapulten hielten einen großen Sicherheitsabstand zu den äußeren Palisaden. Und wenn die Männer auf den Flößen einen Verlust zu beklagen hatten, wurde er sofort durch einen Mann aus den Booten wettgemacht, die auf der Höhe der Flöße einen Ring um die Insel zogen.

»Du hast recht, Thorag, wir sind allesamt verloren.« Salvia sprach mit fast tonloser Stimme, während ihre Hände das Holz des Geländers umkrampften.

»Ihr könntet euch ergeben.«

»Damit wir in der Arena zur Belustigung der Menge niedergemetzelt und anschließend aufgespießt werden? Da scheint mir der Feuertod das kleinere Übel zu sein.« Sie schüttelte ihren Kopf. »Es ist mein Fehler. Ich habe meinen Leuten immer gesagt, was schon Pylades sagte: Die Wasserburg liegt so versteckt und ist so gut befestigt, daß sie uns eine sichere Zuflucht ist und selbst eine lange Belagerung aushält. Fische und Trinkwasser haben wir hier genug. Und jetzt wird unsere Festung zur Todesfalle!«

Gaviana sah Thorag an, nicht mehr wütend, sondern flehend: »Hast du auf der Militärschule nichts gelernt, was uns helfen kann?«

»Wenn eine Festung zur Falle wird, muß die Besatzung den Ausbruch wagen, solange sie es noch kann.«

»Den Ausbruch?« wiederholte Gaviana langsam. »Wie denn?«

»Hier gibt es doch genug Boote.«

Salvia wandte sich an Thorag. »Aber auf dem See schwimmen auch viele Boote, voll besetzt mit Bewaffneten, wie ich annehme. Viele von uns würden den Ausbruch nicht überleben.«

»Das ist der Preis, den ihr zahlen müßt, wollt ihr wenigstens einige retten. Der Tod vieler ermöglicht den anderen mit etwas Glück das Überleben. Ob die Zahl der Toten oder die der Überlebenden größer sein wird, kann ich nicht sagen. Zumal wir damit rechnen müssen, daß an den Ufern weitere Truppen stehen und uns erwarten. Vielleicht ist es nur die Wahl, hier elendig zu verbrennen oder im Kampf zu sterben.«

»Was rätst du, Thorag?« fragte die Schlangenkönigin.

»Ich würde die zweite Möglichkeit vorziehen.«

Sie nickte. »Wir machen es so, wie du sagst. Hast du einen Plan?«

Er nickte und fragte: »Welches Ufer ist am weitesten von der Insel entfernt?«

»Das Nordufer.«

»Dann versuchen wir dort den Durchbruch. Wenn die Götter mit uns und nicht mit unseren Feinden sind, erwartet man uns im Norden am wenigsten.«

Nigrinus sah mit schiefgelegtem Kopf zu Thorag hoch. »Wir versuchen nur an einer Seite den Ausbruch?«

»Natürlich, kleiner Schlaukopf. Dann ist unsere Angriffskraft am größten. Wir müssen die Feinde überraschen und ihre Bootslinie durchbrechen, bevor sie die Boote von den anderen Toren heranführen können.« Thorag wandte sich wieder Salvia zu. »Schick den Männern auf den Palisaden Nachricht, sie sollen nicht länger auf die Flöße schießen, sondern auf die Boote. Und zwar besonders an der Nordseite.«

»Wird das die Feinde nicht warnen?« fragte Salvia.

»Wir müssen es riskieren. Jeder tote oder schwerverwundete Mann in den feindlichen Booten erhöht unsere Aussicht auf einen erfolgreichen Durchbruch.«

Kurz darauf wurde das Nordtor in den äußeren Palisaden geöffnet. Es war noch nicht ganz hochgezogen, da glitt der erste Einbaum hindurch. Vier Paddler trieben ihn an. Thorag, Salvia und vier weitere Sumpfschlangen vervollständigten die Besatzung. Die Schlangenkönigin hatte es sich nicht nehmen lassen, den Ausbruch anzuführen, obwohl ein Platz im vordersten Boot höchst gefährlich war.

»Wenn ich von meinen Leuten verlange, sich dem Tod auszusetzen, muß ich mit gutem Beispiel vorangehen«, hatte sie mit fester Stimme verkündet. »Das ist meine Pflicht als ihre Anführerin.«

Das Feuer hatte sich fast über die ganze Insel ausgebreitet. Nur Salvias Steinhaus und ein paar umliegende Gebäude widerstanden noch der höllischen Glut. Mit essiggetränkten Tüchern hatten die Sumpfschlangen einen Weg zum Nordufer freigekämpft, um dort die Boote zu besteigen. Viele fingen unterwegs Feuer und warfen sich schreiend ins Wasser. Andere kamen gar nicht so weit; sie verendeten als lebende Fackeln oder erstickten am dicken Rauch.

Sunnas leuchtender Ball lag noch hinter dem östlichen Dickicht verborgen. Aber ihre Kraft war stark genug, um im Verein mit dem Feuerschein den See zwischen Wasserburg und Belagererkette so zu beleuchten, daß jedes Boot gut zu erkennen war. Das galt leider nicht nur für die Boote der Belagerer. Thorag hätte sich weniger Licht gewünscht, um ungesehen möglichst nahe an den Feind heranzukommen.

So aber sah man die Einbäume der Sumpfschlangen schon von weitem. Die Soldaten, deren Helme und Brustpanzer den Feuerschein widerspiegelten, hatten Zeit, sich auf den Angriff vorzubereiten. Flaggensignale wurden gegeben, um die Bootsbesatzungen auf den anderen Seiten des Sees zu warnen. Noch hielten die feindlichen Fahrzeuge dort ihre Positionen. Vermutlich warteten sie darauf, daß auch die anderen Tore sich öffneten und Einbäume ausspuckten.

Thorag hatte kurz mit dem Gedanken an ein Ablenkungsmanöver gespielt. Ein paar Einbäume hätten durchs Südtor fahren und versuchen können, alle Feindboote anzulocken. Der Cherusker hatte den Plan verworfen, weil er damit gerechnet hatte, daß der gegnerische Befehlshaber abwarten würde, wie sich der Ausfall entwickelte, bevor er seinen schwimmenden Belagerungsring auflöste. Mit den Feuerkatapulten hatte er bewiesen, daß er alles andere als ein Dummkopf war. Hätte Thorag die Ablenkungstaktik verfolgt, hätte er die im Süden eingesetzten Einbäume sinnlos geopfert.

Die feindlichen Boote waren nur klein, zumeist nicht größer als die Einbäume der Sumpfschlangen. Zu ihnen gehörten auch kleinere Flöße, die man eilig zusammengezimmert hatte, um den Belagerungsring zu verdichten. Größere Boote hatte man nicht durch das Dickicht an den See schaffen können.

Überhaupt war es Thorag ein Rätsel, wie die römischen Truppen den versteckten See entdeckt hatten. Zudem mußten sie die Wachtrupps der Sumpfschlangen, die an sämtlichen Ufern postiert waren, blitzartig überfallen haben, so daß es den Wachen nicht gelang, ihre Leute in der Wasserburg zu warnen. Die ganze Nacht über mußten die Soldaten geschuftet haben, um Menschen und Boote heranzuschaffen, um die Flöße zu bauen und die Katapulte, die üblicherweise an Land eingesetzt wurden, so auf den Flößen anzubringen, daß letztere nicht bei jedem Abschuß in die Gefahr des Kenterns gerieten. Je länger Thorag darüber nachdachte, desto größer wurde sein Respekt vor seinem unbekannten Gegenspieler, dem Befehlshaber der Soldaten.

Halb durch Salvia gedrängt, halb wie von selbst hatte Thorag die Führung des Gegenangriffs übernommen. Unter den Sumpfschlangen befanden sich viele erfahrene Krieger und kampferprobte Gladiatoren, aber keiner von ihnen war ein Feldherr. Salvia schien ihm zu vertrauen und bat ihn, der schon in etlichen Schlachten

gegen römische Truppen gefochten hatte, die Sumpfschlangen in den Kampf zu führen.

Er tat es mit festem Willen und zugleich mit großen
Zweifeln. Viele Hundertschaften, beritten und zu Fuß,
waren ihm schon in die Schlacht gefolgt. Aber eine See-
schlacht, noch dazu eine so ungewöhnliche, war auch für
ihn etwas Neues. Außerdem war der Feind im Vorteil.
Thorag konnte nur auf das Überraschungsmoment setzen und darauf, daß der Kampf ums nackte Leben den
Kriegsmut der Sumpfschlangen beflügelte.

Ein Schulterblick zeigte ihm, daß ein Einbaum nach
dem anderen aus dem Nordtor fuhr, um sich, seinen
Anweisungen gemäß, zu einer engen Keilformation
zusammenzuschließen. Da er kein Seeoffizier war,
wandte er die Taktik an, mit denen die Cherusker zu
Lande die dichten Reihen der römischen Legionen
sprengten: den Stoßkeil.

Thorag konnte nur hoffen, daß die Angriffswucht ausreichte, um den Belagerungsring zu durchbrechen.
Andernfalls steckten die Boote der Sumpfschlangen fest,
so dicht beieinander, daß sie sich gegenseitig behinderten und kaum noch manövrierfähig waren.

Weiter hinten befanden sich mitten im Keil, von allen
Seiten gut gedeckt, die Einbäume mit den kampfunfähi-
gen Sumpfschlangen: Alte und Kinder, vom Feuer Verletzte und Frauen. Auch Gaviana hockte, bewacht von
Nigrinus, in einem dieser Boote.

Viele Frauen hatten sich den Kriegern angeschlossen.
Einige hatten in der Wasserburg den Umgang mit
Schwert und Speer erlernt, andere schon zuvor in der
Arena. So wie Severina, der Thorag beim Besteigen der
Boote kurz begegnet war und in deren Augen noch der-
selbe Haß gelegen hatte.

Ob sie ihre Rache bekommen würde, schien Thorag

mehr als fraglich. Im vordersten Einbaum war für ihn die Aussicht recht groß, von den Soldaten getötet zu werden. Er fürchtete sich nicht davor. Durch die Flucht in die Wasserburg war sein Schicksal mit dem der Sumpfschlangen verbunden. Er konnte nur mit ihnen kämpfen und, wenn die Götter es wollten, mit ihnen sterben. Bedauern empfand er nur, weil er dann seine Mission nicht erfüllen und Auja und Ragnar nie wieder in die Arme schließen konnte.

Die Paddler legten sich mächtig ins Zeug, und die Belagerungskette nahm immer deutlichere Konturen an. Schräg zur Rechten bemerkte Thorag mehrere der kleinen Behelfsflöße, die ihm bei weitem nicht so beweglich erschienen wie die anderen feindlichen Boote. Er rief den Paddlern zu, den Kurs zu ändern und genau auf die Flöße zuzuhalten.

»Dann verlieren wir an Fahrt«, wandte einer seiner Paddler ein.

»Gehorcht!« bellte der Donarsohn. »Die Flöße sind schwer zu manövrieren. Unsere Aussicht auf einen Durchbruch ist dort am größten.«

Während sein Boot nach rechts schwenkte und der ganze Angriffskeil diese Bewegung nachvollzog, bemerkte Thorag, daß die Feinde erneut Flaggensignale gaben. In ihren Ring kam Bewegung. Boote und Flöße lösten sich hektisch aus ihren Stellungen, um zur Nordseite des Sees zu fahren. Der fremde Befehlshaber war nun überzeugt, daß der Ausbruch kein Ablenkungsmanöver war.

Als der Cherusker das bemerkte, hielt er seinen Schwenkbefehl für einen verhängnisvollen Fehler. Die Zeit, die das Umschwenken des Keils kostete, konnte dem Feind ausreichen, die Boote von den anderen Seeseiten heranzuführen.

Erst als sich viele der römischen Fahrzeuge bei dem Versuch, ihre Stellungen zu verlassen, gegenseitig behinderten und ineinander verkeilten, atmete Thorag auf. Vielleicht hatten die Soldaten vor ihrem Angriff vergessen, Mars oder Neptun zu opfern. Oder sie waren auf die Wendung der Ereignisse ganz einfach nicht vorbereitet. Bei aller Schlauheit hatte ihr Anführer nicht daran gedacht, eine Reihenfolge für den Positionswechsel festzulegen. Und so führte das Bemühen jedes einzelnen Bootsführers, möglichst schnell nach Norden zu gelangen, zu blinder Hektik und Behinderungen statt zu einem geordneten und flüssigen Manöver.

Die Zeit des Handelns war gekommen. Thorags Einbaum schoß auf die Mitte zwischen vier Flößen zu. Auf jedem Floß standen oder hockten etwa fünfzehn Soldaten. Neben Männern an den unförmigen und vermutlich nicht besonders handlichen Riemen hauptsächlich Pilenwerfer und Bogenschützen.

»Ducken und Schilde hoch!« schrie der Donarsohn, als er sah, wie die Bogenschützen ihre Waffen spannten und die Pilenwerfer ausholten.

Er hatte angeordnet, alle verfügbaren Schilde auf die Einbäume an der Spitze und an den Rändern des Keils zu verteilen, da deren Besatzungen zum einen der größten Verwundungsgefahr ausgesetzt waren und zum anderen die Hauptverantwortung für das Gelingen des Durchbruchs trugen. Geriet der Angriff der Sumpfschlangen erst einmal ins Stocken, war kaum noch etwas zu machen.

Thorags Linke hielt einen großen rechteckigen Schild, wie er von bestimmten Gladiatoren in der Arena benutzt wurde. Kaum hatte er den Kopf eingezogen und den Schild hochgerissen, spürte er auch schon, wie ein Pilum gegen das lederbespannte Holz fuhr. Dem dumpfen Klacken folgte eine Reihe ähnlicher Geräusche.

Unter der Deckung sah er kaum etwas, aber seinen Berechnungen zufolge mußte der Einbaum das vorderste Floß fast erreicht haben. Er sprang auf, erhöhte den Druck um seinen Schwertgriff und rief: »Jetzt! Kämpft!«

Der Einbaum schrammte an dem Floß entlang. Vor Thorag wuchs ein behelmter Mann im Kettenpanzer empor, ein römischer Soldat. In der Linken hielt er seinen nach außen gewölbten Schild, das Scutum, in der Rechten das zweite zu seiner Bewaffnung gehörende Pilum, das er gegen den Donarsohn schleuderte.

In einer instinktiven Abwehrbewegung riß Thorag erneut seinen Schild hoch. Der wurde von der Eisenspitze des Wurfgeschosses durchdrungen, die aber weit genug vor Thorags Brust steckenblieb, um ihn nicht zu verletzen. Wie von den Waffenschmieden geplant, verbog sich das eiserne Vorderteil des Pilums. Dadurch wurde es dem Gegner, in diesem Fall Thorag, unmöglich gemacht, den Speer zurückzuwerfen.

Der Schild war aufgrund des darin verhakten Pilums plötzlich sehr schwer und zudem nutzlos. Thorag schleuderte ihn ins Wasser, während der Soldat den Gladius aus der Scheide an seiner rechten Hüfte riß.

Der Cherusker beugte sich weit vor und schlug zu. Sein Schwert traf die Waffenhand des Römers. Dessen Gladius fiel zusammen mit einigen abgetrennten Fingern ins Wasser. Der Verwundete heulte auf wie ein Tier, ließ das Scutum achtlos fallen und griff mit der gesunden Hand nach der verletzten.

Thorag blickte sich nach seinen Kampfgefährten um. Ein Paddler hatte sein Werkzeug fallen lassen; ein Pfeil steckte tief in seiner rechten Schulter. Ein Krieger, der nach Gladiatorenart mit zwei Dolchen gefochten hatte, lag blutüberströmt in Salvias Schoß. Dimachärier nannten die Römer diese Kämpfer. Auch der Verletzte schien den Zweidolchkampf in einer Gladiatorenschule erlernt zu haben. Er trug den runden Helm und die mit Nackenbändern befestigte eiserne Brustplatte des Dimachäriers. Der Bauch war durch einen breiten, aus mehreren Riemen geflochtenen Gürtel geschützt. Aber ein Pilum war in den schmalen Spalt zwischen Bauchgürtel und Brustplatte gefahren und hatte durch das Abknicken der Spitze die Eingeweide herausgerissen.

»Der Mann ist tot, auch wenn er noch atmet«, rief Thorag der Schlangenkönigin zu. »Kümmere dich lieber um das vierte Paddel, falls du etwas davon verstehst!«

Salvia legte den Kopf des tödlich Verwundeten sorgsam auf den Boden des Einbaums und nahm das Paddel an sich. Sie schien damit umgehen zu können. Ein scharfer Schmerz in Thorags linker Schulter lenkte seine Aufmerksamkeit wieder auf das feindliche Floß.

Ein römischer Bogenschütze hatte den Bogen weggelegt und das Schwert für den Nahkampf gezogen. Aber er hatte zu voreilig zugeschlagen. Die Schwertspitze hatte die Haut des Cheruskers nur geritzt. Erst jetzt brachte der am Floß entlanggleitende Einbaum Thorag nah genug an den Schützen heran. Der holte zum zweiten Schlag aus.

Thorag stieß zu und war schneller. Seine Schwertspitze fuhr zwischen dem Kettenpanzer und den unter dem Kinn zusammengebundenen Helmklappen in den ungeschützten Hals des Feindes. Die Hände des Römers griffen an die Wunde, ohne das hervorschießende Blut aufzuhalten. Es benetzte Thorags Gesicht und Oberkörper.

Der Cherusker sah noch, wie der Römer auf die Knie sackte. Dann war der Einbaum an dem Floß vorbei. Sie hatten den Belagerungsring durchbrochen!

Die nachdrängenden Einbäume vergrößerten die

Lücke zwischen den Flößen und schufen so, wie Thorag es gehofft und geplant hatte, einen verhältnismäßig sicheren Durchlaß für die Boote mit den Verletzten, den Alten, Frauen und Kindern.

Die Besatzung von Thorags Boot hatte für den gelungenen Durchbruch einen hohen Preis bezahlt. Der Mann mit der schlimmen Bauchwunde war verendet. Ein zweiter lag mit eingeschlagenem Schädel neben ihm, und ein dritter befand sich nicht mehr an Bord. Thorag wußte nicht, was aus ihm geworden war. Von den übrigen war niemand ganz unverletzt. Auch Salvia blutete aus einem tiefen Schnitt am rechten Arm, paddelte aber weiter, als habe sie die Wunde nicht bemerkt.

»Schmeißt die Toten ins Wasser!« befahl Thorag. »Sie sind unnützer Ballast.«

Er selbst half dabei und nahm Salvia danach das Paddel ab. Sie sah nach hinten, wo zwei weitere Einbäume den Durchbruch geschafft hatten.

»Dein Plan geht auf, Thorag. Aber viele der Meinen lassen dabei ihr Leben. Und unsere Insel steht in hellen Flammen, als hätten selbst Erde und Steine Feuer gefangen.«

»Etwas anderes sah mein Plan nicht vor«, erwiderte Thorag und spuckte aus, als er beim Sprechen Blut schmeckte, wohl das des gefallenen Bogenschützen.

Die brennende Wasserburg tauchte das Schlachtfeld in rotes Licht. Das Wasser schimmerte wie ein Meer aus Blut. Ein Vergleich, der Thorag beim Anblick der hinter ihm um ihr Leben kämpfenden Sumpfschlangen recht passend erschien.

Auf den Palisaden über dem Nordtor standen noch immer einige Verteidiger, die Pfeil um Pfeil gegen die feindlichen Boote abschossen. Sie waren die letzten, die nach Thorags Plan in die Einbäume steigen sollten, falls dann noch Fahrzeuge vorhanden waren. Das Feuer hatte auch einige der Boote gefressen. Wer keinen Platz mehr fand, mußte versuchen, sich schwimmend zu retten.

»Wir sollten beidrehen und die verfluchten Soldaten von hinten angreifen!« rief einer von Thorags Paddlern. »Das wird sie verwirren.«

»Nein, das ist gegen den Plan!« entgegnete Thorag. »An Land werden uns weitere Soldaten erwarten. Wir müssen dort möglichst schnell einen Brückenkopf bilden, bevor die dortigen Truppen Verstärkung von den anderen Ufern erhalten. Was nützt uns der Durchbruch, wenn wir es nicht an Land schaffen?«

Also befahl er seinen Männern weiterzupaddeln, allerdings nicht mit voller Kraft. Sie mußten für eine erfolgreiche Landung warten, bis genügend andere Einbäume zu ihnen aufgeschlossen hatten.

Der sich verbreiternde Bootskeil der Sumpfschlangen drückte die römischen Boote und Flöße zur Seite, und der Durchlaß gewann zusehends an Größe. Die herangerufenen Fahrzeuge aus den anderen Himmelsrichtungen kamen zu spät. Der erste Teil von Thorags Plan war geglückt. Jetzt hing das Überleben der Sumpfschlangen vom Gelingen der Landung ab.

Im Osten entdeckte er ein größeres Floß, das von mehreren Booten umgeben war. Von dem Floß aus wurden eifrig Flaggensignale gegeben. Es hielt nicht nur die Verbindung zwischen den Soldaten an Land und ihren Kameraden auf dem See. Es beherbergte gleichzeitig den Befehlshaber. Die Position des Floßes und die vielen Signalgeber bewiesen es.

Und dann sah Thorag seinen Gegenspieler für einen kurzen Augenblick. Aufrecht stand der hagere Mann auf dem schwankenden Floß und blickte mit seinem einzigen Auge düster zu den Einbäumen herüber.

Sobald die Einbäume über Grund schrammten, sprangen die Besatzungen heraus – soweit sie sich noch bewegen konnten. Vom Ufer her war ein fürchterlicher Hagel aus Pilen und Pfeilen auf sie niedergegangen. In Thorags Boot waren außer ihm und Salvia nur noch zwei Sumpfschlangen kampffähig.

Trotz ihrer zahlreichen Wunden stürmten die Sumpfschlangen durch das immer flacher werdende Wasser an Land. Thorag war der vorderste Mann. Er hatte den ovalen Schild eines Gefallenen an sich genommen und hielt ihn vor Gesicht und Brust. Mehrmals prallten die Eisenspitzen feindlicher Geschosse daran ab. Salvia hielt sich dicht bei ihm, in den Händen die beiden Dolche des getöteten Dimachäriers.

Neugierig auf das Wüten und Morden der kleinen Menschen, erhob Sunna sich über den See und beleuchtete das bislang noch im Dämmer liegende Schilfdickicht. Thorag sah, daß die römischen Soldaten an dieser Stelle höchstens eine Zenturie stark waren. Seine Erwartung erfüllte sich. Der gegnerische Befehlshaber hatte seine Streitkräfte über das gesamte Ufer verteilen müssen und den Norden, wo er am wenigsten mit einem Durchbruch rechnete, nur dünn besetzt.

Der Uferstreifen war schmal. Bald sah Thorag sich den feindlichen Pilen und Schwertern gegenüber.

Mit vorgerecktem Schild drang er in die Soldatenreihen ein und ließ sein blutiges Schwert immer wieder vorzucken.

Salvia blieb in seinem Schatten und hielt ihm den Rücken frei. Manch ein Soldat erstarrte beim Anblick ihrer Schlangenmaske vor Schreck, und schon fuhr einer ihrer Dolche in seinen Leib.

Mehr und mehr Einbäume erreichten das Ufer, und bald waren die Sumpfschlangen in der Überzahl. Der

Kampfesmut verließ die Soldaten. Sie ließen ihre hinderlichen Schilde fallen und flohen ins Dickicht.

Thorag gab sich keiner Siegeseuphorie hin. Noch waren die Menschen aus der Wasserburg nicht in Sicherheit. Im Sumpfdickicht mochten weitere Römer versteckt sein, auch wenn Thorag es nicht glaubte. Hätte ihr Anführer über Reserven verfügt, hätte er eher die Truppen am Ufer verstärkt.

Die Sumpfschlangen brachten Ordnung in ihren Haufen. Zahlreiche Verwundete mußten notdürftig versorgt werden. Späher drangen ins Schilf ein, um nach feindlichen Soldaten und einem Fluchtweg Ausschau zu halten. Salvia hatte Thorag erklärt, daß die Sumpfschlangen mehrere Verstecke an Land hatten und daß geheime Wege durch den Sumpf zu diesen Verstecken führten.

Fraglich war nur, ob die Wege noch geheim waren. Falls Angehörige der Wachtrupps am Ufer den Römern lebend in die Hände gefallen waren, mochten sie die Fluchtwege unter der Folter preisgegeben haben. Zwar betonte Salvia, daß Sumpfschlangen auch unter schwerster Folter schwiegen, aber Thorag bezweifelte die Absolutheit dieser Aussage. War die Frau mit dem entstellten Gesicht nicht der beste Beweis des Gegenteils?

Noch immer liefen Einbäume aufs Ufer. Thorag spornte die Sumpfschlangen zur Eile an. Von den anderen Ufern kamen die Soldaten im Laufschritt herbei, und die feindlichen Boote hatten sich zur Verfolgung der Einbäume formiert. Erleichtert nahm Thorag zur Kenntnis, daß Gaviana und Nigrinus zu den Überlebenden gehörten und sogar, da sie sich in der Mitte des Keils befunden hatten, unverletzt waren.

Ein Spähtrupp kehrte zurück und meldete, ein Fluchtweg, den sie Skorpionpfad nannten, sei frei. Salvia erteilte ihre Anweisungen, und die Sumpfschlangen verschwanden im Schilf. Rechtzeitig genug, wie es schien, um den anrückenden Soldaten zu entkommen.

Thorag blieb mit zwei Dutzend Kriegern als Nachhut für den Fall zurück, daß ein römischer Stoßtrupp zu früh herankam. Zu der Nachhut zählte auch Severina, bewaffnet mit ihrem Dreizack. Er fragte sie, warum der Fluchtweg ›Skorpionpfad‹ genannt werde.

»Weil es dort Skorpione gibt, die sehr unangenehm werden können, wenn man vom Weg abweicht. Ihr Biß tötet nicht, aber er lähmt einen für eine ganze Weile. Natürlich kann es sein, daß in dieser Zeit weitere Skorpione über einen herfallen.«

»Und dann endet es doch tödlich, wie?«

Severina antwortete nicht mit Worten. Ich Blick offenbarte ihm auch so, daß sie ihm genau dieses Schicksal wünschte.

Nigrinus tauchte aus dem Schilf auf und meldete, daß die übrigen Sumpfschlangen den Skorpionpfad beschritten hätten. »Ihr könnt jetzt kommen.«

»Was ist mit Gaviana?« fragte Thorag.

»Keine Sorge, Salvia kümmert sich um sie.«

Der Zwerg führte sie durchs Dickicht. Weit entfernt hörten sie hinter sich die ersten Verfolger durch Schilf und Sumpf irren. Die dumpfen Rufe wurden von einem lauter werdenden Kläffen übertönt, und Thorag erstarrte.

»Die Packer!«

Nicht nur das Bewußtsein, von den Hetzhunden gejagt zu werden, lähmte ihn. Es war mehr. Auf einmal ahnte er, wie die römischen Soldaten die Wasserburg aufgespürt hatten.

Severina trat neben ihn. »Fürchtest du die Hunde, Germane?«

»Sie könnten unseren Fluchtweg verraten. Es scheinen

nicht mehr als zwei oder drei zu sein. Fünf Krieger sollten mit mir hierbleiben und sie töten.«

»Vier Krieger und eine Kriegerin«, sagte Severina und stieß das stumpfe Ende des Dreizacks in den Boden.

Unter den Sumpfschlangen gab es etliche, die nichts mehr zu verlieren hatten, und scheinbar niemanden, der feige war. Augenblicklich meldeten sich vier weitere Freiwillige. Thorag achtete darauf, daß alle mit Speeren ausgerüstet waren. Er ließ sich von einem Krieger, der nicht zum Abfangtrupp gehörte, einen Speer reichen.

»Führe die anderen in Sicherheit, Nigrinus«, sagte der Cherusker. »Wir werden nachkommen.«

»Deine germanischen Götter mögen dich erhören«, erwiderte der Zwerg, bevor er an einer Stelle, wo der Weg scheinbar aufhörte, in dichten, mannshohen Farn eintauchte.

Die Packer kamen schnell näher und hörten kaum noch auf zu bellen. Witterten sie die fünf Männer und die Frau, die ihnen eine Falle stellen wollten? Thorag hatte seinen Trupp rund um einen kleinen Platz gruppiert, den man kaum eine Lichtung nennen konnte. Sie konnten nur Erfolg haben, wenn sie überraschend und schnell zuschlugen.

Ein Packer lief mit seinem Führer aus dem Unterholz, dann ein zweiter und dritter. Die Hundeführer, sämtlich grobe Gestalten, die ihre mörderischen Bestien an langen Leinen hielten, trugen keine Soldatenuniform, waren aber mit Schwertern und Dolchen bewaffnet. An Armen und Beinen saßen Lederbandagen, wohl ebenso zum Schutz gegen das Gestrüpp wie gegen ein fehlgerichtetes Zubeißen der Packer. Vermutlich hatte man sie und die Hetzhunde von der Germaneninsel geholt.

Severina sprang aus ihrem Versteck, und die drei Spitzen ihres ungewöhnlichen Speers durchbohrten den

Hals eines Hundeführers. Sein Packer wurde von zwei weiteren Sumpfschlangen angegriffen und durch Speerstöße niedergestreckt. Auch die anderen Sumpfschlangen und Thorag griffen in den Kampf ein.

Thorag attackierte zusammen mit einem stiernackigen Krieger ein Packergespann. Der Cherusker streckte den Hundeführer mit dem Speer nieder und wurde, bevor er sich noch umdrehen konnte, von etwas Schwerem zu Boden geworfen. In einem Reflex, der ihm das Leben rettete, riß er mit beiden Händen den Speer hoch. Der Packer, der ihn angefallen hatte, verbiß sich im hölzernen Schaft.

Ein kurzer Blick zur Seite zeigte Thorag, daß der Packer den stiernackigen Kampfgefährten des Cheruskers getötet hatte. Er lag mit zerbissener Kehle nur eine Armweite entfernt.

Ein vierter Packer war als Nachzügler mit seinem Führer erschienen. Das war eine böse Überraschung, die vielleicht den hin und her wogenden Kampf zugunsten der Verfolger entschied.

Thorag mußte sich wieder auf das ihn bedrängende Tier konzentrieren. Mehrmals konnte er mit seinem Speer das große Maul mit den starken, scharfen Zähnen abwehren. Doch der Packer versuchte es immer wieder und war dabei so flink, daß es dem Donarsohn nicht gelingen wollte, sich aus seiner unglücklichen Rückenlage zu erheben. Die Welt bestand nur noch aus umherhuschenden Gestalten, aus Gebell, Geknurre und Schreien.

Der Lärm ebbte allmählich ab, doch der wütende Packer ließ Thorag kaum Zeit, sich ein Bild von dem Geschehen rings um ihn zu machen. Das Tier war unglaublich stark und riß den Speer aus seinen Händen. Mit einer wütenden Kopfbewegung schleuderte der

Hund die Waffe, die ihn bislang am tödlichen Biß gehindert hatte, beiseite. Zu seinem Erschrecken stellte Thorag fest, daß es nur drei Überlebende gab: ihn, den Hund und Severina.

Den nächsten Angriff des Packers wehrte er mit bloßen Händen ab. Wie schon einmal auf der Flucht mit Titus umklammerte er den Hundehals. Aber damals hatte Thorag auf dem Tier gehockt. Jetzt lag er unten und war zudem erschöpft. Er schaffte es nicht, den Hund zu besiegen, konnte ihn nicht mal von sich abschütteln. Bald würde seine Kraft erlahmen, und der Packer würde seine Zähne in Thorags Hals bohren.

Und Severina?

Sie blutete aus einer großen Wunde am linken Oberschenkel, die sie aber nicht am Eingreifen hinderte. Trotzdem stand sie einfach nur da, hielt den Dreizack fast lässig in der Hand und sah befriedigt zu.

Als das aufgerissene Hundemaul nur noch einen Fingerbreit von Thorags Kehle entfernt war, ließ der Druck plötzlich nach. Das Tier erschlaffte und knurrte nicht länger. Thorag schüttelte es mit zitternden Armen ab und sah die große Wunde, die in seinem Leib klaffte.

Dicht neben dem Cherusker stand Severina. Frisches Blut klebte an ihrem Dreizack.

Mühsam kam Thorag auf die Beine. Seine überanstrengten Arme zitterten wie Schilf im Sturm.

»Ich dachte schon, du wolltest meinem Tod genüßlich zusehen«, keuchte er.

»Genau daran hatte ich gedacht«, erwiderte Severina. »Doch dann kam mir ein besserer Gedanke: Wenn die Zeit gekommen ist, werde ich dich eigenhändig töten!«

Kapitel 23
Über der Schlangengrube

Severina kannte den Skorpionpfad und führte Thorag über den verschlungenen Weg, den ein Ortsunkundiger niemals gefunden hätte. Hin und wieder bemerkte er ein unheimliches Rascheln im Unterholz. Severina teilte ihm kaltlächelnd mit, das seien die Skorpione, die es hier zuhauf gäbe. Ein erschreckender Gedanke befiel ihn: War dies der Ort, den sie für ihre Rache gewählt hatte? Wollte sie ihn zwischen die Skorpione stoßen und in Ruhe zusehen, wie er qualvoll verendete?

Falls sie den Plan gefaßt hatte, mußte sie ihn aufgegeben haben. Irgendwann stießen sie auf die anderen Sumpfschlangen, die wegen der zahlreichen Verwundeten nur langsam vorankamen. Eine grobe Schätzung Thorags ergab, daß Salvias Untertanen höchstens noch zweihundert Köpfe zählten. Vor dem Überfall auf die Wasserburg waren es ungefähr doppelt so viele gewesen.

Erst gegen Abend erreichten die Flüchtlinge ihr Ziel: eine Felshöhle ähnlich der, in der Thorag vor seiner ersten Begegnung mit Gaviana und den Sumpfschlangen übernachtet hatte. Nur war die Höhle am Ende des Skorpionpfads ungleich größer und verzweigte sich in ein ganzes System unterirdischer Gänge und Kammern, wie Thorag feststellte, als er mit Salvia, Gaviana und Nigrinus tiefer in das düstere Labyrinth eindrang. Fackeln, die in der vorderen Höhle bereitgelegen hatten, beleuchteten ihren Weg.

»Damit haben wir einen Unterschlupf gefunden«, sagte der Donarsohn und versuchte, die Finsternis jenseits des Fackellichts zu ergründen. »Aber sobald die Erschöpfung gewichen ist, wird der Hunger sich melden. Zweihundert Menschen wollen erst mal gesättigt sein.«

»Wir haben unsere Notverstecke gut vorbereitet«, antwortete Salvia. »Hier gibt es ausreichend Verpflegung für mehrere Wochen, in der Hauptsache Pökelfleisch, hartes Seemannsbrot, getrocknetes Obst und Nüsse. Ein unterirdischer Bach sorgt für Wasser. Decken, Kerzen und sogar Lampen und Öl vervollständigen das Lager.«

»Und danach?« fragte Thorag. »Auf eure Insel könnt ihr nicht zurück.«

»Vielleicht sollten wir Ravenna ganz den Rücken kehren. Ich habe schon einen Plan, bei dem du mir behilflich sein könntest. Aber reden wir später darüber. Erst muß ich dafür sorgen, daß die Schwachen und Verwundeten gut unterkommen.«

Draußen mußte längst die Dämmerung eingesetzt haben. Hier, tief drinnen in den Höhlen, spielte das keine Rolle. Kerzen und Öllampen sorgten für ein stets gleiches Licht. Die Menschen merkten nur an ihrer Müdigkeit, daß der Tag sich vor der Nacht zurückzog.

Lethargie hatte die Sumpfschlangen befallen. Wer von ihnen noch übrig war, konnte sich nicht daran erfreuen, überlebt zu haben. Zuviel hatte jeder einzelne verloren, einige nur ihre Unterkünfte und ihre Habe, die meisten Freunde und Angehörige. Viele hätten den Verlust ihrer körperlichen Unversehrtheit beklagen können, wäre Jammern und Klagen ihre Art gewesen.

Am Eingang hielt eine Handvoll Krieger Wache. Der kleine Trupp konnte die Höhlen nicht verteidigen, sollten die Verfolger auftauchen. Aber er konnte die anderen warnen. Wie Salvia sagte, gab es einen versteckten Ausgang für den Notfall.

»Den hätten wir in der Wasserburg auch benötigt«, fügte sie mit einem schweren Seufzer hinzu.

Sie saß mit Gaviana und Thorag auf dem mit Fellen und Decken ausgelegten Boden einer kleinen Felskammer. Eine Öllampe auf einem niedrigen Sockel sorgte für diffuses Licht. Nüsse, getrocknete Pflaumen und hartes Brot füllten ihre Mägen. Die Reste der kargen Mahlzeit lagen noch in den irdenen Schüsseln vor ihnen. Hin und wieder griff Thorag oder eine der beiden Frauen zu der großen Tonkaraffe, um Wasser in einen der schmucklosen Becher nachzugießen. Es schmeckte ein wenig brackig, aber das störte kaum angesichts des brennenden Durstes, der sie nach dem anstrengenden Tag quälte.

Thorag nahm einen großen Schluck und sagte: »Du hast davon gesprochen, Ravenna den Rücken zuzukehren, Salvia. Wie soll ich dir dabei behilflich sein?«

»Indem du für mich eine Botschaft überbringst, wenn du in die Stadt zurückkehrst. Und das wirst du, nehme ich an.«

Deutlich hörte er die Frage heraus und erwiderte: »Allerdings werde ich das, und zwar schon morgen. Ich muß endlich etwas unternehmen, um die Geiseln zu befreien. Und zwar, bevor Tiberius und Drusus eintreffen.«

»Warum diese Eile?« Gavianas Stimme klang besorgt, als fürchte die junge Römerin sich vor Thorags Verlust.

»Aus zwei Gründen. Erstens werden die Sicherheitsvorkehrungen in Ravenna mit der Ankuft des Princeps und seines Sohns bestimmt verschärft. Noch mehr Prätorianer werden in die Stadt kommen. Aber, und das ist der zweite Grund, gerade dadurch befürchte ich Unfrieden und Gefahr für Auja, Thusnelda und Thumelikar.« Leise sagte er: »Sejanus kann man sowenig trauen wie seinem Wappentier, dem Skorpion.«

Salvias Augen hinter der Schlangenmaske fixierten Thorag. »Du sprichst in Rätseln, Cherusker.«

»In Ravenna geht etwas vor sich, das ich bis jetzt nur erahnen kann. Sejanus, Foedus und Apicius scheinen darin verwickelt zu sein, auch Maroboduus und Segestes, wie ich vermute. In der Nacht, als sie mich in Apicius' Schmiede folterten und Apicius mich töten wollte, sagte Sejanus, man solle nichts übereilen und auf Tiberius warten, weil ich ihnen noch nützlich sein könnte für die Verwirklichung ihrer Pläne. So jedenfalls hörte es sich an.«

»Vielleicht wollte Sejanus dich Tiberius als Willkommensgeschenk überreichen, Thorag.« Gaviana schien über ihren Gedanken nicht besonders froh zu sein.

»Ich neige eher zu Thorags Ansicht«, sagte Salvia. »Eine Verschwörung gegen den Princeps mag auf den ersten Blick als purer Wahnsinn erscheinen. Aber wer sollte dazu fähig und willens sein, wenn nicht Apicius und Sejanus? Jeder von ihnen wäre der Mensch mit der größten Gier nach Macht und Reichtum in unserer Welt, gäbe es nicht den jeweils anderen.«

»Das ist vielleicht eine treffende Charakterstudie, Mutter, aber kaum ein stichhaltiges Argument für die Annahme einer Verschwörung.«

»Du hast nicht gehört, was Nigrinus mir berichtet hat, Gaviana. Er soll es am besten selbst erzählen.«

Salvia verließ die Felskammer und kam kurz darauf mit Nigrinus zurück.

»Apicius und Sejanus besuchten vorgestern die Thermen, um sich vor dem Festmahl zu erfrischen«, begann der Kleine seinen Bericht. »Ich hielt mich mehr oder weniger zufällig in den unterirdischen Gängen des Hypokaustums auf und spitzte die Ohren, weil ich dachte, zwei so wichtige Männer hätten sich vielleicht etwas Wichtiges zu erzählen. An bestimmten Stellen unter dem Thermenboden kann man genau hören, was oben gesprochen wird. Erst konnte ich kaum glauben, was sie sagten. Ich kratzte sämtlichen Schmalz aus meinen Ohren, um sicher zu sein, daß ich mich nicht verhörte.«

»Mach es nicht so spannend, Nigrinus!« drängte Thorag. »*Was* haben sie gesagt?«

»Sie teilten das Reich unter sich auf.« Verärgert über die Unterbrechung, sagte Nigrinus nur diesen einen Satz und kniff die Lippen zusammen, soweit sein unförmiges Antlitz das gestattete.

»Unwichtiges trittst du breit, Wichtiges wirfst du uns als kleinen Brocken vor wie Almosen für Straßenköter«, tadelte der Cherusker. »Was heißt, sie teilten das Reich unter sich auf?«

»Es heißt das, was ich sagte. Sie sprachen über die einzelnen Provinzen und darüber, wer von ihnen welche Einkünfte aus welcher Provinz erhalten sollte.«

»Darüber zu entscheiden, steht nur dem Princeps und dem Senat von Rom zu«, wandte Thorag ein. Nigrinus bequemte sich zu einem verunglückten Grinsen. »Das eben erfüllte mich mit solchem Unglauben, Mann aus Germanien.«

»Sagten Sejanus und Apicius sonst noch etwas in diesem Zusammenhang?« fragte der Cherusker.

»Nein, sie waren mit der Aufteilung ihres künftigen Reichtums zufrieden.«

»Wann soll ihnen dieser Reichtum gehören?«

»Davon haben sie nicht gesprochen. Aber die Art ihrer Wortwahl ließ den Schluß zu, daß sie nicht damit rechnen, lange zu warten.«

Thorag ballte die Rechte zur Faust und hieb sie mit einem klatschenden Geräusch in die Linke. »Das ist der

Beweis, der meine Vermutung untermauert. Sejanus hatte einen guten Grund, schon vor Tiberius und Drusus hier einzutreffen. Und ich glaube, er kam nicht zufällig als Begleiter von Maroboduus. Was ich in meinem Versteck auf der Germaneninsel erlauschte, hörte sich ganz so an, als wollten der abgesetzte Markomannenkönig und Segestes einen neuen Krieg unter den Germanen entfesseln. Sie wollen ihre verlorene Macht zurückerobern und meine Heimat unter sich aufteilen!«

»Dann wären die germanischen Provinzen für Sejanus und Apicius verloren«, wandte Salvia ein. »Ich kenne ihre Gier und kann mir nicht vorstellen, daß sie mit so einem Plan einverstanden wären.«

»Ich denke, sie haben den Plan sogar ausgeheckt«, widersprach der Donarsohn, nachdem er einen Schluck Wasser getrunken hatte. »Maroboduus und Segestes wären nur Herrscher von Roms Gnaden, was ihre Abhängigkeit von Apicius und Sejanus bedeutet. Das Markomannenreich unter Katualda mag jetzt schon mehr oder weniger unter Roms Fuchtel stehen, aber nördlich davon sind die rechtsrheinischen Gaue noch freies Land. Solange Arminius die Cherusker anführt, wird sich daran nichts ändern. Mit einem Herzog oder gar König Segestes dagegen hätte Rom seine Macht mit einem Schlag bis zur Elbe ausgedehnt. Segestes hat schon immer die römischen Stiefel geleckt. Unter seiner Herrschaft würden meine Brüder und Schwestern bis zum Verrecken ausgepreßt, vielleicht schlimmer noch als damals unter Varus. So weit darf es nicht kommen!«

Thorag war immer lauter geworden. Der Wasserbecher in seiner Rechten zersprang unter seinem erregten Druck. Der Inhalt plätscherte auf die Speisereste. Thorag wischte seine Hand, um sie von Scherben zu befreien, an der Tunika ab.

»Die Verschwörung, die du skizzierst, erscheint mir durchaus glaubhaft«, sagte Salvia. »Sonst aber dürfte niemand dir Glauben schenken. Du kennst keine Einzelheiten und hast keine Zeugen. Und in Ravenna gibt es niemanden, an den der Cheruskerfürst Thorag, Feind des Römischen Reiches, sich wenden könnte.«

»Einen Zeugen habe ich wohl«, meinte Thorag mit einem Blick auf Nigrinus.

Salvia schüttelte den Kopf. »Ich glaube nicht, daß dieser Zeuge dir etwas nützt.«

»Schon gut, ich weiß, wie ich aussehe«, murrte der Zwerg. »Ich kenne mein Spiegelbild. Hin und wieder wasche sogar ich mich nämlich und bin gezwungen, es anzusehen.«

»So war das nicht gemeint, Nigrinus, und das weißt du«, entgegnete Salvia. »Aber ein Sklave, noch dazu ein zu den Sumpfschlangen übergelaufener, als Zeuge gegen den reichen Gavius Apicius und den mächtigen Prätorianerpräfekten Aelius Sejanus? Wer glaubst du, würde dem, was du sagst, Gehör schenken?«

»Wer einem Sklaven vertraut, hält einen Esel für ein Rennpferd«, schnaubte Nigrinus. »Das Sprichwort gibt dir recht, Herrin.«

Nach kurzem Überlegen sagte Salvia: »Einen einflußreichen Mann gibt es vielleicht in Ravenna, der dir glauben würde, Thorag. Er ist zwar nur ein Freigelassener, aber sein Reichtum verleiht ihm große Macht. Nur fürchte ich, man würde jegliche Anschuldigung aus seinem Mund, die gegen Apicius gerichtet ist, ungeprüft als Verleumdung abtun. Es ist allgemein bekannt, daß Apicius seinem ehemaligen Sklaven den Erfolg neidet und ihm Schaden zufügt, wo er nur kann. Nur den wahren Grund dafür kennt niemand.«

Gaviana beugte sich vor und ergriff eine Hand ihrer

Mutter. »Du kannst nur von Amatus sprechen – von meinem Vater!«

»Ja, er würde uns glauben und helfen, denke ich. Aber gegen solch ein mächtiges Gespann wie Sejanus und Apicius kann auch er nichts ausrichten.«

»Vielleicht sollten wir ihn wenigstens fragen«, warf Thorag ein.

»Du kannst es versuchen«, stimmte Salvia zu. »Ich wollte dich sowieso bitten, zu ihm zu gehen.«

»Mich? Weshalb?«

»Weil du ein kluger und gewandter Mann bist, Thorag. Wir alle sind Geächtete und dem Tod geweiht, wenn man uns aufgreift. Aber zum einen wolltest du ohnehin nach Ravenna gehen, und zum anderen traue ich dir zu, unerkannt zu Amatus zu gelangen. Der Grund, aus dem ich dich ursprünglich zu ihm schicken wollte, ist seine Flotte von Weinfrachtern.«

Thorag lächelte verstehend. »Die Sumpfschlangen wollen auswandern, wie?«

»Vielleicht können meine Leute am Rande des Imperiums eine neue Heimat finden und einen neuen Anfang machen, nicht als Geächtete und Rechtlose, sondern als gleichberechtigte Menschen.«

»Die findet man selten am Rande des Imperiums«, bemerkte der Cherusker mit bitterem Spott. »Jedenfalls nicht unter den von Rom unterworfenen Völkern.«

Salvia kam nicht dazu, etwas zu erwidern. Eine Handvoll Sumpfschlangen drängte in die Felskammer, angeführt von Severina. Sie trug einen Verband um ihren zerbissenen Oberschenkel und hatte ihren unvermeidlichen Dreizack dabei. Der strenge Gesichtsausdruck gereichte ihrem Namen zur Ehre. Auch ihre Begleiter waren bewaffnet.

Severina richtete den Dreizack gegen Salvia und rief:

»Du bist nicht länger unsere Königin! Wir haben Rat gehalten und dich abgesetzt, Salvia. Viel zu lange übst du unrechtmäßig die Macht aus, die Pylades einst zu Recht erworben hatte. Daß du die Gunst der Götter nicht genießt, hat sich heute gezeigt. Die Wasserburg, die uns so lange Jahre eine sichere Zuflucht war, ist verbrannt, und wir mußten uns verstecken, wie sich die Maus vor der Katze versteckt.«

»Daran sind wir Sumpfschlangen gewöhnt«, entgegnete Salvia ruhig. »Auch die Wasserburg war nichts anderes als ein Versteck, wenn auch ein angenehmeres als diese Höhlen.«

»Du bist flink mit der Zunge, aber wir lassen uns nicht länger davon blenden. Mit der Wasserburg ist auch deine Macht über uns verbrannt, Salvia. Folge uns, um deinen falschen Hochmut, über uns zu herrschen, zu sühnen!« Severina unterstrich den letzten Satz mit einer Bewegung ihres Dreizacks, die einem Winken ähnelte.

»Zu sühnen?« wiederholte Gaviana. »Was heißt das?«

Salvia sah sie an. »Das heißt, daß ich mein Leben geben muß zum Ausgleich für die vielen von uns, die heute gestorben sind.«

»Aber was kannst du dafür?« schrie Gaviana.

»Es ist Salvias Schuld, daß unsere Burg gefallen ist«, sagte Severina im unversöhnlichen Ton.

Thorag sprang auf und stellte sich zwischen Salvia und Severina. »Nein, es ist meine Schuld!«

»Deine?« Die Bewegung in Severinas Gesicht, die ihre Narben tanzen ließ, verriet ihre Überraschung. »Ist das eine Lüge, um Salvia zu schützen, Germane?«

»Es ist die bittere Wahrheit.«

»Hast du uns verraten?«

»Nicht mit Absicht. Bis zu unserer Flucht über den

Skorpionpfad habe ich es nicht einmal gewußt. Aber als uns die Packer verfolgten, erkannte ich die Wahrheit.«

»Wie Salvia sprichst auch du mit glatter, schneller Zunge!« rief Severina verächtlich. »Je länger man dir zuhört, desto wirrer wird einem der Kopf!«

»Hört mir zu, und ich will es euch erklären«, wandte Thorag sich nicht nur an Severina, sondern auch an ihre Begleiter. Als sie nickten, erzählte er von seiner Flucht aus Apicius' Schmiede und der Begegnung mit Flavus. »Als wir den Belagerungsring um die Wasserburg durchbrachen, sah ich Flavus wieder. Er stand auf einem Floß und befehligte den Angriff. Als neuer Banditenpräfekt hatte er einen hinterlistigen Plan ersonnen, um das Versteck der Sumpfratten aufzuspüren. Nennt es Instinkt, aber er ahnte, daß ich zu euch fliehen würde. Wohin sonst sollte ein Geächteter sich wenden? Außerdem hat er Nigrinus und Gaviana bei mir gesehen und konnte wohl eins und eins zusammenzählen. Jedenfalls riß er den Stoffetzen nicht aus meiner Tunika, um zu beweisen, daß er mich festhalten wollte. Er brauchte den Fetzen, um die Packer mit ihren untrüglichen Nasen auf meine Spur zu setzen. So fand er den Weg zur Wasserburg und bereitete während der vergangenen Nacht in aller Ruhe den Überfall vor. Flavus hat mich hintergangen und dazu gebracht, daß ich euch ihm, ohne es zu wissen und zu wollen, auslieferte.«

Die Verbitterung, die in Thorags Worten mitschwang, war echt. Er empfand Scham und Wut darüber, daß der einstige Gefährte ihn so hintergangen hatte. Die Enttäuschung von Thorags Vertrauen war ein weitaus schlimmerer Mißbrauch als der, den Apicius, Sejanus und Foedus in der Schmiede mit dem Donarsohn getrieben hatten.

»Was du sagst, mag alles stimmen, Germane, aber es

ändert nichts!« sagte Severina laut und mit Nachdruck. »Wenn du ein Verräter bist, sei es mit oder ohne dein Wissen, hast auch du den Tod verdient. Und Salvia muß sterben, um die Götter mit uns zu versöhnen. Sie hat dir Unterschlupf gewährt, und durch ihre Tochter bist du zu uns gekommen. All das belastet sie mit ebensolcher Schuld, wie du sie trägst.«

Ihre Begleiter stießen zustimmende Rufe aus.

»Woher weißt du, was die Götter wünschen, Severina?« fragte Thorag. »Bist du bei ihnen gewesen und hast sie gefragt?«

»Willst du mich verhöhnen, Germane?«

»Nein! Du verhöhnst die Götter, indem du dir anmaßt, in ihrem Sinn zu sprechen! Meinst du nicht, daß sie dir gegen mich beistehen werden, wenn du im Recht bist? Würden sie dir dann nicht die Kraft geben, mich eigenhändig zu töten?«

Ein Aufblitzen in ihren Augen zeigte Thorag, daß sie den Köder geschluckt hatte. Sie wurde vom Haß getrieben und ließ sich nur beeinflussen, indem man ihren Haß anstachelte, der sie alles andere vergessen ließ. Den Cherusker von eigener Hand zu töten, als Vollstreckerin göttlicher Rache, genau das war es, wonach Severina sich verzehrte.

Sie streckte den Dreizack hoch über ihren Kopf und rief: »Der Germane und ich werden über die Schlangengrube treten, und nur einer wird diesen Ort wieder verlassen. Die Götter mögen entscheiden!«

Severina war zum Töten bereit, mehr noch, sie war geradezu versessen darauf, den Tod zu bringen. Zu Thorag und damit auch zu Salvia, vielleicht gar zu Gaviana. Wenn der Donarsohn den Zweikampf verlor und Salvia

Macht und Leben einbüßte, war damit zu rechnen, daß die Sumpfschlangen sich auch an der Tochter ihrer Königin vergriffen.

Den Tod zu den vermeintlich Schuldigen bringen war ein Weg, den schweren Verlust geliebter Menschen zu überwinden. Ein Weg, den auch Severina einschlug, als sie mit sicheren Schritten über die schmale Planke zu der winzigen Felsinsel ging. Vielleicht ein erfolgreicher Weg, auf jeden Fall aber ein verhängnisvoller. Der neuerliche Tod verursachte neuen Verlust, neuen Schmerz und den erneuten Wunsch zu töten. Wer sich darauf einließ, lebte nur noch für das Töten und für das Sterben und gab alles Gute auf, was zum Leben gehörte: Liebe, Glück, Schönheit. Er gab das Leben selbst auf.

Diese Gedanken beherrschten Thorag, als er zusah, wie seine Gegnerin die gerade mal sechs Fuß durchmessende Felsinsel betrat. Wie es der Brauch der Sumpfschlangen verlangte, trug sie nichts außer einem Taillenschurz, der auch Thorags einziges Kleidungsstück war. Um die Bißwunde an ihrem Oberschenkel lag ein blutgetränkter Verband. Ihre einzige Waffe war der Dreizack.

Wie eine Schlachtengöttin stand sie auf der Spitze der Felsnadel. Oder wie eine Dämonin. Das Licht der Fackeln, die einige Sumpfschlangen mit sich trugen, ließ kleine rote Teufel über ihren nackten Leib und ihr zum Töten entschlossenes Gesicht tanzen.

Unter anderen Umständen hätte Thorag sie überaus begehrenswert gefunden, aber ihr Haß und ihre Rachsucht nahmen ihr alles Menschliche. Ihr verlockend geformter Körper strahlte nicht mehr Wärme aus als eine römische Marmorstatue.

»Ich bin bereit, Germane. Wagst auch du es, die Schlangengrube zu überschreiten?«

Ihr spöttischer Ton sollte seinen Stolz verletzen und ihn zu unbedachter Eile verleiten. Er wußte, daß jede Unbedachtsamkeit in der bevorstehenden Auseinandersetzung tödlich sein konnte.

»Ich bin bereit«, sagte er ruhig und setzte seine nackten Füße langsam auf die dünne Holzplanke, die sich bei jedem Schritt leicht durchbog.

Er wußte, daß Salvia, Gaviana und Nigrinus hinter ihm standen und ihn mit sorgenvollen Blicken begleiteten. Aber er sah sich nicht zu ihnen um und schaute ebensowenig nach unten in die Schlangengrube. Was er vom Rand aus gesehen hatte, genügte. Die Felsnadel, deren Spitze der Kampfplatz war, ragte etwa zehn Doppelschritte in die Tiefe.

Um ihren Sockel ringelten sich Dutzende giftiger Vipern. Mochten die Götter wissen, wie die Sumpfschlangen ihre kriechenden Vettern in die Grube gelockt hatten!

Thorags Waffe war ein Speer mit festem Eichenschaft und einer großen, an den Rändern geschärften Eisenspitze. Er hatte den Schaft der besseren Griffigkeit wegen mit einem langen Lederriemen umwickelt. Während er über die gut fünfzehn Fuß lange Planke ging, hielt er, um sich besser im Gleichgewicht zu halten, den Speer mit beiden Händen waagerecht vor seiner Brust, wie es Severina mit ihrem Dreizack getan hatte.

Kaum hatte er den glatten Fels betreten, zogen ein paar der Sumpfschlangen auch schon die Planke ein. Sie würden die schmale Brücke erst dann wieder zum Felseiland schieben, wenn einer der beiden Kämpfer unten in der Schlangengrube lag.

Täuschte Thorag sich, oder klang das Zischeln der Schlangen dort unten auf einmal besonders laut? Vielleicht hörte man sie in der Mitte über der Grube besser, vielleicht waren die Vipern aber auch erregt, weil sie ein baldiges Opfer erwarteten.

Severina machte einen schnellen Schritt nach vorn und stieß die Spitze des Dreizacks von unten gegen Thorags Bauch. Sein Speer fuhr zwischen zwei der drei spitzen Zinken und drückte Severinas Waffe zur Seite weg, ohne daß er seine Position veränderte. Ein falscher Schritt auf dem engen Felsen, und der Kampf war beendet.

Severina riß den Dreizack mit einem plötzlichen Ruck hoch. Ihre Kraft war gewaltig, für eine Frau fast unglaublich. Beinah wäre ihr geglückt, was sie vielleicht von vornherein geplant hatte, und sie hätte Thorag den Speer entrissen. Seine Armmuskeln schmerzten beim krampfhaften Festhalten der Waffe.

Als er den Speer vom Dreizack gelöst hatte, zeigte die Speerspitze über seine rechte Schulter nach hinten. Das stumpfe Schaftende war nach vorn gerichtet und wies schräg nach unten. Severina hielt ihre Waffe schon wieder gegen Thorag. Der lauernde Ausdruck in ihren Augen verriet ihm ihre Absicht. Sobald er versuchte, den Speer umzudrehen, würde Severina das ausnutzen, um zuzustoßen.

Er riß das stumpfe Schaftende nach oben und stieß es unter Severinas Kinn. Sie ließ einen dumpfen Laut hören, halb vor Überraschung, halb aus Schmerz ausgestoßen, taumelte rückwärts und verlor das Gleichgewicht. Ihr Sturz brachte sie gefährlich nah an den Rand der kleinen Felsplatte. Ihr Kopf ragte halb über den Abgrund.

Thorag stand über ihr, ehe sie sich besinnen konnte, und drückte die Speerspitze gegen ihren Hals. Sein rechter Fuß preßte den Schaft des Dreizacks auf den Fels.

»Gib auf, Severina! Der Kampf ist entschieden.«

»Ich kann nicht aufgeben«, stieß sie keuchend hervor. »Dieser Kampf geht auf Leben und Tod!«

»Der Tag, der draußen schwindet, hat genug Tote gesehen. Laß uns damit aufhören!«

Severinas trotzig zusammengepreßte Lippen verrieten ihm, daß sie sich gegen jede Erkenntnis wehrte. Der Haß hatte ihren Verstand zerfressen und auch ihr Herz.

Ihre rechte Hand hatte den jetzt nutzlosen Dreizack losgelassen und schlug gegen seinen Speerschaft, so daß die Eisenspitze zur Seite gedrückt wurde. Sie schrammte über Severinas Hals und hinterließ einen fingerlangen blutigen Riß.

Als Severinas Linke in seinen Taillenschurz fuhr und hart zupackte, bereute er, nicht gleich mit dem Speer zugestoßen zu haben. Der Schmerz der noch längst nicht verheilten Brandwunden ergriff für Augenblicke von ihm Besitz. Er taumelte rückwärts und sah wie durch einen Schleier, daß Severina aufsprang und nach ihrer Waffe griff.

Thorag machte einen Schritt auf sie zu und stieß den Speer gegen ihre Brust. Severina wollte ausweichen, reagierte aber zu spät. Das Eisen bohrte sich in ihre rechte Seite. Er hatte die blutige Spitze noch nicht ganz zurückgezogen, als die taumelnde Frau über den Rand der Felsplatte stürzte.

Ihr Aufprall ging im Geschrei der Sumpfschlangen unter. Es waren Rufe der Überraschung, in die sich Hochrufe auf Salvia mischten. Die Aufhetzerin war tot, und so ließen sie ihre Königin leben. Thorag glaubte, Nigrinus aus den Schreiern herauszuhören. Der Zwerg stachelte die anderen an, und die Menge war froh, daß ihnen jemand sagte, wem sie zujubeln sollte.

Die Sumpfschlangen drängten sich an den Rand der Schlangengrube, um sich nicht entgehen zu lassen, wie die Vipern über Severina herfielen. Genauso rissen die Zuschauer in der Arena die Augen auf, wenn Gladiatoren und wilde Tiere sich zerfleischten.

Thorag ersparte sich den Anblick. Da er Severina nicht schreien hörte, hoffte er für sie, daß der Tod sie schon beim Sturz in die Grube ereilt hatte.

Kapitel 24
Der Geliebte

Ganz Ravenna schien vom Fieber befallen.

Nicht vom lähmenden Sumpffieber, sondern von einem freudigen Taumel, der erregten Vorfreude auf die Ankunft des Princeps und den damit verbundenen Annehmlichkeiten. Ausrufer in den größeren Straßen wiesen aus vollem Halse darauf hin, daß Ravenna schon in vier Tagen das übergroße Glück genießen werde, Tiberius und Drusus zu empfangen.

Und sie machten auf die dreitägigen Festspiele aufmerksam, die ›der dem Volk wohlgesonnene Marcus Gavius Apicius‹ zu Ehren der hohen Gäste ausrichten werde, beginnend am Tag nach der Ankunft des hohen Besuches. Noch lauter wurden die Stimmen, als sie verkündeten, daß der Erwerb von Eintrittskarten für alle drei Spieltage im Vorverkauf zu besonders günstigen Tarifen erfolge. Das sei doch, schrien die Ausrufer ins Volk, ein eindeutiger Beweis dafür, wie sehr Gavius Apicius die Einwohner von Ravenna liebe.

»Seine Liebe beschränkt sich vornehmlich auf ihre Asse, Sesterze und Denare«, höhnte Nigrinus, der Thorag durch die vollen Straßen führte. »Was er ansonsten von den Menschen hält, können die erzählen, auf deren Rücken seine Scutica ihre beißenden Tanzschritte vollführte. Er liebt die Menschen nicht, er braucht sie nicht einmal.«

»Die Menschen braucht er nicht, aber das Volk«, meinte Thorag. »Bei ihm muß Apicius Rückhalt haben, wenn er über das Reich herrschen will.«

Nigrinus blickte zu ihm auf. »Du glaubst also tatsächlich an dieses Verschwörungsdings?«

»Theorie.«

»Ja, an diese Verschwörungstheorie?«

»Alles deutet darauf hin. Vielleicht werden wir schlauer, wenn wir mit Amatus sprechen. Als einflußreicher Einwohner Ravennas hat er vielleicht etwas gehört, was unsere nur trübe Sicht auf die Angelegenheit klarer werden läßt.«

»Nur noch ein bißchen Geduld, bald sind wir bei seinem Anwesen.«

Thorag nickte ergeben und schritt weiter hinter seinem kleinen Führer her, doch sein Vorrat an Geduld war fast erschöpft. Seit er in Ravenna angekommen war, kam er kaum voran. Intrigen, Streitereien und Kämpfe, in die er hineingezogen wurde, hielten ihn davon ab, sich um die germanischen Geiseln zu kümmern. Er konnte kaum noch an etwas anderes denken als an das Wiedersehen mit Auja und daran, wie es ihr gehen mochte.

Er und Nigrinus trugen frische Tuniken und hatten gut gefrühstückt, wenn die Vorräte im Höhlenversteck der Sumpfschlangen auch nicht besonders abwechslungsreich waren. Die Nacht war kurz gewesen und Thorags Träume erfüllt von Schlangen, die ihre giftigen Zähne in sein Fleisch schlagen wollten; beim Zubeißen nahm jede Viper ein menschliches Gesicht an, das von Severina. Noch bevor Sunna sich aus den Weiten des Adriatischen Meeres erhob, waren Thorag und Nigrinus zur Stadt aufgebrochen. Sie wollten den Schutz der Dämmerung ausnutzen, weil damit zu rechnen war, daß die Suchtrupps des Banditenpräfekten durch die Sümpfe streiften.

Die beiden einsamen Morgenwanderer erreichten unangefochten die Vororte der Stadt und lösten hier die kniehohen Lederbinden, die ihre Schuhe und Unterschenkel vor dem Schmutz der Sümpfe geschützt hatten.

Sie warfen die Bandagen einfach in eine dunkle Gasse. Eine vor ihrem Aufbruch aufgetragene Salbe hatte die Stechmücken abgeschreckt. Nichts sollte darauf hinweisen, daß sie aus den Sümpfen kamen.

Neben seiner Sorge um Auja beschäftigte Thorag noch etwas anderes. Vor dem Aufbruch hatte Salvia eine seltsame Bemerkung zu ihm gemacht: »Wenn du am Vormittag bei Amatus eintriffst, könnte das für dich sehr hilfreich sein. Vielleicht begegnest du dort jemandem, der viele deiner Fragen beantworten kann.«

Thorag hatte sie gefragt, von wem sie spreche.

»Du mußt es sehen, um es zu glauben. Ich weiß nicht, ob sie sich heute treffen. Aber falls es so ist, mußt du versprechen, kühles Blut zu bewahren.«

Die Augen hinter der Schlangenmaske hatten ihn auffordernd, fast flehend angeblickt. Zögernd hatte Thorag Salvia das Versprechen gegeben und zugleich insgeheim ihre Geheimnistuerei verwünscht.

Ein junger Bursche, mit dem er zusammenstieß, riß Thorag aus seinen Gedanken. Als er den lockenhaarigen Jüngling ansah, wollte er in freudiger Überraschung den Namen ›Titus‹ ausrufen. Aber die beiden jungen Römer verband nur eine oberflächliche Ähnlichkeit. Zudem war Titus tot, vom Sumpf verschluckt. Und der Jüngling, der sich zwischen Thorag und Nigrinus verkeilt hatte, verkaufte keine Vögel. Er hatte eine große Ledertasche umhängen, aus der er ein braunes Papyrus zog, das er Thorag in die Hand drückte.

»Du siehst so aus, als könntest du lesen, Herr. Lies und besuche die Spiele! Gavius Apicius freut sich darauf, dich willkommen zu heißen.« Der Jüngling stürzte sich wieder ins Getümmel, um nach weiteren lesekundigen Passanten für seine Werbung Ausschau zu halten.

Der Papyrus war auf einer Seite mit grellrot leuchtender Tinte beschrieben und enthielt in fetten Buchstaben die Aufforderung:

BESUCHE DIE SPIELE
ZU EHREN VON
TIBERIUS JULIUS CAESAR AUGUSTUS
UND
DRUSUS JULIUS CAESAR

M. GAVIUS APICIUS
BIETET DIR
DREI TAGE VOLLER
AUFREGUNGEN UND SENSATIONEN
NIE GEKANNTER ART

Darunter waren in kleinerer Schrift die genauen Daten der Spieltage mit den einzelnen Attraktionen aufgeführt.

»Willst du es auch sehen, Nigrinus?«

»Warum nicht? Du glaubst wohl, ein Sklave kann nicht lesen, wie?«

»Ich denke, die meisten können es nicht, zumal es nicht einmal die meisten Bürger Roms vermögen.«

»Ich kann's aber!« Nigrinus riß Thorag den Papyrus aus der Hand und sah auf die Ankündigung. »Doch meistens stelle ich fest, daß es kaum lohnt. Alles, was hier steht, erzählen die Ausrufer auch.«

»Trotzdem könnte es bedeutsam sein.« Thorag nahm den Papyrus wieder an sich, faltete ihn zusammen und steckte ihn in den kleinen Leinenbeutel, der an seinem Gürtel hing. »Die Spiele beginnen mich zu interessieren.«

»Wenn uns die Stadtwachen erwischen, können wir sie hautnah miterleben. Das wird erst recht interessant!«

»Spar dir die Scherze!« wies Thorag ihn mit ernster Miene zurecht. »Ich habe schon einmal in der Arena gestanden, damals, als Varus mein Volk peinigte.«

»Was findest du an den Spielen so interessant?«

»Die Frage, wer ihnen beiwohnen wird.«

Nigrinus blieb vor einem Säulengang stehen, in dem Verkäufer von Luxuswaren ihre Stände errichtet hatten. Kostbare Stoffe, duftende Öle sowie Gold- und Silberschmiedearbeiten wurden hier angeboten. Wohlhabende Männer und viele Frauen gehörten zu den Interessenten. Von der Straße drängten sich fliegende Händler heran, die allerlei Tand in ihren Bauchläden feilboten, darunter Ton- und Bronzebüsten, die entfernte Ähnlichkeit mit Tiberius und Drusus aufwiesen. »Dem Princeps und seinem Sohn wie aus dem Gesicht geschnitten!« riefen die Händler. »Sonderpreise zu Ehren des hohen Besuchs!«

»Besonders teuer wird der Ramsch schon sein«, meinte Nigrinus. »Kämen die beiden nicht nach Ravenna, würden die Schreihälse nicht eine Büste verkaufen. Jetzt aber machen sie einen Riesenumsatz. Sieh dich nur um, Thorag, der bevorstehende Kaiserbesuch macht die Gemüter heiß und die Geldbeutel locker. Schon unter normalen Umständen sind die Gladiatorenspiele eine kleine Sensation für das Volk. Wenn aber Tiberius und Drusus im Amphitheater sitzen, wird jeder hineinwollen, der laufen und ein paar Asse zusammenkratzen kann, um wenigstens einen der billigen Stehplätze zu ergattern. Die fliegenden Händler werden sowieso dort sein und auch viele andere Verkäufer, um die gute Laune des Publikums für gute Geschäfte auszunutzen. Reich und arm werden ins Theater kommen, mehr, als Plätze zur Verfügung stehen. Es wird zum Bersten voll sein, während die Straßen, die jetzt vor Leben überquellen, einem Beobachter wie ausgestorben erscheinen würden.«

»Aber es wird kaum einen Beobachter geben, weil alle den Spielen zusehen wollen.«

»Treffend bemerkt, Mann aus Germanien. Du hast die Sache begriffen. Aber weshalb interessiert dich das so?«

Thorag machte eine wegwerfende Handbewegung. »Ach, nur so ein Gedanke.«

»Zuviel denken macht den Kopf schwer und die Seele müde«, bemerkte Nigrinus spitz und setzte sich wieder in Bewegung.

Nach einer Viertelstunde gelangten sie zum Handelshafen, wo das Anwesen des Amatus lag. Es erschien Thorag kaum weniger groß und unübersichtlich als das des Apicius. Nur hatte Amatus sich in unmittelbarer Nähe der Stadt niedergelassen.

»Die beste Lage für einen Weinhändler«, erklärte Nigrinus. »Amatus ist nah an den Schenken und Weinhandlungen, die er beliefert, und ebenso nah am Weinhafen. So heißt der Teil des Hafens, in dem die Weinfrachter vor Anker gehen.«

»Aha«, brummte Thorag ungeduldig. »Und wie kommen wir zu Amatus selbst?«

»Der Sklave kennt den Weg.« Nigrinus tippte gegen seine Brust und schritt auf das große Wohnhaus zu, das etwas abseits der Weinlager lag. Bei den Lagerhallen herrschte rege Betriebsamkeit. Sklaven rollten wuchtige Fässer über Rampen oder trugen mit gleichmäßigem, aber raschem Schritt große Amphoren über den Hof. »Unser alter Amatus macht gute Geschäfte. Vielleicht hätte ich auch Weinhändler werden sollen, statt ein Sklave zu bleiben.«

Vor einer großen, mit bronzenen Einlegeplatten verzierten Eingangstür blieben sie stehen, und Nigrinus betätigte den Klingelzug. Nach kurzer Zeit stieß ein Sklave die Tür auf. Amatus hatte sich einen Türsteher ausgesucht, der fast das ganze Portal ausfüllte. Fast so groß wie Thorag, war er um einiges breiter als der Cherusker. Eine seiner Riesenhände hielt die Tür fest. Seine unverhältnismäßig kleinen Augen blinzelten ins Tageslicht und ruhten mit wenig Wohlgefallen auf den beiden Störenfrieden.

»Was wollt ihr? Mein Herr kauft nichts.«

»Wir wollen ihm nichts verkaufen, sondern mit ihm reden«, antwortete Thorag.

»Das ist schlecht. Mein Herr will nicht gestört werden.«

»Woher weißt du das?«

»Er hat es mir gesagt.«

Thorag legte den Kopf schief und lächelte. »Amatus hat wohl Besuch, wie?«

Der Blick des massigen Sklaven verfinsterte sich noch mehr. »Geht!« schnarrte er und zog die Tür so heftig zu, daß es krachte.

Augenblicklich zog Thorag an der Klingelschnur und hörte nicht auf, bis der unhöfliche Kerl das Portal erneut öffnete. »Uns schickt jemand, dessen Botschaft dein Herr mit Sicherheit hören will.«

»Seid ihr die Priester einer neuen Gottheit? Sammelt ihr Spenden für einen zu errichtenden Tempel?«

»Wir kommen nicht im Auftrag einer Gottheit. Jemand, der Amatus gut kennt, sendet uns zu ihm.«

»Hat dieser Jemand einen Namen?«

»Ja, aber den dürfen wir nicht verraten.«

»Wie kommt es nur, daß ich mir so etwas dachte?« schnaubte der Türsteher, und ein spöttischer Ausdruck trat in sein rundes Gesicht. »Schickt euch ein Ahne im

Jenseits, der meinem Herrn einen wirksamen Schutzzauber andrehen will?«

»Zaubern können wir leider nicht«, bekannte der Donarsohn. »Aber ich trage etwas bei mir, das du Amatus zeigen solltest. Dann wird er bestimmt mit uns sprechen wollen.«

Er nestelte den Leinenbeutel auf, um den Anhänger hervorzuholen, den Salvia ihm mitgegeben hatte. Sie hatte ihn früher stets getragen, und Amatus, hatte sie dem Cherusker gesagt, würde ihn mit Sicherheit wiedererkennen.

»Schluß jetzt mit den Lügengeschichten!« fauchte der Türsklave. »Wenn ihr mich und meinen Herrn noch länger belästigt, lasse ich euch mit Gewalt entfernen!«

Und wieder fiel die Tür vor Thorag und Nigrinus zu. Der Donarsohn hielt den Anhänger umfaßt, war aber nicht dazu gekommen, ihn aus dem Beutel zu ziehen.

»Wir haben es mit Höflichkeit und mit gutem Zureden versucht, jetzt hilft nur noch Gewalt«, seufzte Nigrinus.

»Du vergißt, daß es noch etwas dazwischen gibt: die List. Wenn wir heimlich ins Haus gelangen könnten, ist das besser, als einen Riesenaufstand zu riskieren. Falls wir mit Gewalt eindringen und jemand die Stadtwache alarmiert, hat Apicius tatsächlich eine neue Attraktion für seine Spiele. Außerdem könnten wir bei einem heimlichen Besuch auch Amatus' Gast in Augenschein nehmen.«

Das brüske Verhalten des Türsklaven und Salvias geheimnisvolle Bemerkung legten den Schluß nahe, daß der Hausherr wichtigen Besuch empfing und deshalb niemanden sehen wollte. Natürlich hätten sie auch später wiederkommen können, aber Salvias Worte hatten Thorag neugierig gemacht. Außerdem wollte er nicht noch mehr Zeit verlieren. Sejanus, Foedus und Flavus wußten, daß er in Ravenna war, und würden alles daransetzen, ihn in ihre Hände zu bekommen.

Sie taten, als wollten sie das Anwesen verlassen, versteckten sich aber, als niemand sie sehen konnte, zwischen ein paar Ölbäumen. Thorag suchte mit forschendem Blick die Mauer des weitläufigen Hauses ab und entdeckte eine Pforte, die offenbar zu einem Innenhof führte, gar nicht weit von ihrem Versteck entfernt.

»Vielleicht haben wir Glück, und sie ist nicht verschlossen«, sagte er.

Nigrinus huschte zu der Pforte und mußte feststellen, daß sie kein Glück hatten. Als Thorag zu ihm kam, bemerkte der Kleine: »Wenn man an der Pforte rüttelt, gibt sie ein wenig nach, als säße auf der anderen Seite nur ein lockerer Riegel. Aber auch den kann nur öffnen, wer jenseits der Mauer ist.«

Thorag sah an der steinernen Wand hoch. Sie überragte ihn fast um Manneslänge und war so glatt, daß er unmöglich hinaufklettern konnte. Oben war sie flach.

Ihm kam eine Idee, und er schaute Nigrinus an. »Sag, bist du schon einmal geflogen?«

»Bin ich ein Sklave oder ein Vogel?«

Wer zugesehen hätte, wie der Cherusker seinen kleinen Gefährten, der beide Füße in Thorags ineinander verschränkte Hände gestellt hatte, mit einem ruckartigen Aufbäumen seines nach vorn gekrümmten Körpers in die Luft schleuderte, hätte mit der Beantwortung dieser Frage einige Schwierigkeiten gehabt. Nigrinus streckte die Hände über die Mauerkrone und konnte sich festhalten. Als ein Ruck durch seine Muskeln ging, stieß er einen halblauten Fluch aus. Schnaufend zog er den Rest seines Körpers nach oben, kniete sich auf die schmale Oberkante und warf einen mißmutigen Blick auf die andere Seite.

»Die Tür ist wirklich nur verriegelt. Dahinter liegt ein kleiner Innenhof, aber ich sehe nichts zum Hinabklettern. Ich müßte springen!«

»Je eher du das tust, desto eher bist du unten.«

»Mit einem Sklaven kann man's ja machen«, murrte Nigrinus, ließ seine Beine über die andere Mauerseite baumeln und dann seinen Rumpf folgen, bis nur noch seine ängstlichen Augen über die Kante blickten. Seine Hände ließen los, und die Augen verschwanden.

Thorag hörte einen dumpfen Aufschlag und einen weiteren – reichlich unflätigen – Fluch. Dann erklang ein metallisches Schaben, und die Tür schwang mit leisem Quietschen auf. Nigrinus sah mit böser Miene durch den Spalt und winkte Thorag. Hinter ihm verriegelte der Kleine das Tor wieder.

»Es hat höllisch weh getan«, beschwerte er sich. »Ich glaube, ich habe mir beide Beine gebrochen.«

»Das wäre wunderbar.«

»Wieso?«

»Weil du dann der erste Mensch wärst, der auf zwei gebrochenen Beinen steht und geht wie ein Gesunder. Wenn ich dich zur Schau stelle, könnte ich ein kleines Vermögen verdienen.«

Beleidigt zog Nigrinus einen Flunsch. Seine ›gebrochenen‹ Beine waren nach dem Sprung noch so gut zu gebrauchen wie zuvor. Er begleitete Thorag bei der Erkundung des Innenhofs, auf dem ein paar Wannen neben einem Brunnen standen. Offenbar ein Wirtschaftshof, auf dem Amatus' Diener die Wäsche machten.

Das Glück schien endlich auf ihrer Seite zu sein. Sie fanden einen offenen Eingang und durchquerten einen Wirtschaftstrakt mit einer großen Küche und einem Waschraum, ohne behelligt zu werden. Kurz vor dem Atrium zog Thorag seinen Begleiter gerade noch rechtzeitig zurück. Der massige Sklave, der sie an der Tür abgewiesen hatte, trug ein Silbertablett mit einer Karaffe und zwei Pokalen in einen angrenzenden Raum, aus dem leise Stimmen drangen. Kurz darauf kehrte er mit dem leeren Tablett zurück und verschwand hinter einem Vorhang, der einen Durchgang vom Atrium abgrenzte.

»Wo gefeiert wird, da lasse dich ruhig nieder«, flüsterte Nigrinus.

»Vor allen Dingen da, wo man aus zwei Pokalen trinkt«, ergänzte Thorag. »Ich bin schon sehr gespannt, wen Amatus bewirtet!«

Wie groß Thorags Spannung auch war, seine Überraschung war weitaus größer, als er die Tür aufzog und mit Nigrinus in den Raum eindrang, in den der Haussklave die Karaffe und die Pokale gebracht hatte. Er war so überrascht, daß er vergaß, die Tür hinter sich zu schließen.

In dem mit Vorhängen und Mosaiken geschmückten Zimmer umstanden drei Liegen einen mit aufwendigen Schnitzereien verzierten Tisch. Aber nur eine Liege, die mittlere, war belegt. Ein Mann in den Vierzigern und eine etwa fünfzehn Jahre jüngere Frau lagen sehr eng beieinander, und eine Hand des Mannes ruhte auf der nackten Schulter der großen, stattlichen Frau. Ihre Stola lag auf einer der freien Liegen, und ihre Tunika war so weit heruntergezogen, daß ihre Brüste fast entblößt waren. Als sie die Eintretenden erblickte, weiteten sich ihre Augen, und sie zog den Stoff nach oben. Zu dem Erschrecken trat das Erkennen, während ihr Blick sich auf den Cherusker heftete.

Der Mann, unzweifelhaft Amatus, hatte den Gürtel seiner Tunika abgelegt, um es bequemer zu haben. Er war ebenso blond wie seine Gespielin und von hoher, aber schmaler Gestalt. Mehr ein Mann des Geistes als des

Kampfes, wie es schien. Sein feingeschnittenes Gesicht mochte durchaus geeignet sein, eine Frau zu beeindrucken; die Situation, in der Amatus sich befand, deutete an, daß sein Name nicht zufällig ›der Geliebte‹ bedeutete. Seine Augen waren von jenem Blau, das sich in Gavianas Augen mit dem Grün Salvias mischte. Auch in ihnen wechselte sich das Erschrecken mit Erkennen ab. Allerdings ruhte sein Blick dabei nicht auf Thorag, sondern auf Nigrinus. Laut rief er den Namen des kleinen Sklaven aus.

Schritte näherten sich, und der muskelbepackte Sklave trat hinter Thorag und Nigrinus ein. »Hast du wegen dieser Eindringlinge gerufen, Herr? Sie waren zuvor am Haupteingang und wollten sich nicht abweisen lassen. Ich weiß nicht, wie sie hereingekommen sind, aber ich werde sie auf der Stelle wieder hinausbefördern!«

»Nicht so eilig!« schnarrte Nigrinus und trat auf die mittlere Liege zu. »Meine Herrin sendet mich zu dir, alter Freund.«

»Deine Herrin?« Amatus zog die Stirn in Falten und war sichtlich verwirrt.

»Nigrinus spricht wahr«, sagte Thorag, holte den Anhänger hervor und hielt ihn hoch. »Sie sagt, du würdest dich erinnern, wie dieses Schmuckstück an ihrem Hals aussah.«

Es war eine in Gold gefaßte Gemme, deren erhabenes Bild die Jagdgöttin Diana mit ihrer goldenen Hirschkuh zeigte. Es war so fein gearbeitet, daß man selbst die Pupillen in Dianas Augen erkennen konnte. Mit jeder Drehung des Steins gab der geänderte Lichteinfall den Figuren eine hellere oder dunklere Färbung. Thorag konnte sich nicht entsinnen, jemals ein so wertvolles Schmuckstück gesehen zu haben.

»Natürlich erkenne ich es wieder!« rief Amatus aus. »Ich habe es damals ausgesucht, aber Sal… sie mußte so tun, als habe sie es selbst ausgesucht, um ihren Gemahl nicht zu verärgern.« Er schüttelte fassungslos den Kopf. »Aber sie ist schon seit vielen Jahren tot!«

»Was ist, Herr?« Der Haussklave, nicht weniger verwirrt als Amatus, streckte unsicher seine Hände nach Thorag aus. »Soll ich die beiden …«

»Nein, sie sind mir willkommen. Du kannst gehen, Terpnus, es ist alles in Ordnung.«

Zögernd verließ der Sklave den Raum und warf einen letzten, ungläubigen Blick hinein, bevor er die Tür schloß.

»Gut so!« Nigrinus rieb sich zufrieden die Hände. »Daß Schmuck der Schlüssel zum Herzen der Frau ist, ist allgemein bekannt. Seit heute wissen wir, daß er auch der Schlüssel zum Haus des Mannes ist.«

Amatus achtete nicht auf das Geschwätz. Er trat vor Thorag und fragte, ob er die Gemme in die Hand nehmen dürfe. Erst als der Schmuck in seiner Handfläche lag, schien der Weinhändler von seiner Echtheit überzeugt. »Unglaublich! Wo habt ihr die Gemme bloß her?«

»Wir sagten bereits, daß wir von Salvia kommen«, antwortete Thorag. »Auch wenn wir den Namen in Anwesenheit deines Sklaven nicht nennen wollten.«

»Seit vielen Jahren ist Salvia schon tot!«

»Seit vielen Jahren wird sie für tot gehalten. Das ist ein Unterschied. Oder hast du ihren Leichnam gesehen?« Als Amatus nicht reagierte, fügte Thorag hinzu: »Wenn du mir nicht glaubst, dann vielleicht Nigrinus.«

Amatus wandte sich zu dem Zwerg um. »Ein Wiedersehen mit dir, Nigrinus, hielt ich für ebenso unwahrscheinlich wie den Umstand, daß ich noch einmal diese Gemme in Händen halten würde. In ganz Ravenna

erzählt man sich, du hättest vor zwei Nächten Apicius'
Tochter entführt und zu den Sumpfschlangen gebracht.
Der neue Präfekt zur Abwehr von Banditen konnte das
Versteck der Sumpfschlangen zwar aufspüren und aus-
räuchern, aber Gaviana hat er nicht zurückgebracht.«

Thorag hörte aus seinen letzten Worten tiefe Besorgnis
heraus und sagte: »Du meinst wohl *deine* Tochter, Amatus. Sei beruhigt, es geht ihr gut. Sie ist bei ihrer Mutter.«

Wieder starrte der Weinhändler auf die Gemme. »Bei
Salvia? Wirklich? Wo ... wo sind sie?«

»In ihrem neuen Versteck, und das sollte besser
geheim bleiben.«

»Vor wem verstecken sie sich?«

»Vor Apicius und vor dem Banditenjäger Flavus.«

»Das klingt, als hielten sie sich freiwillig bei den
Sumpfschlangen auf.«

»Allmählich begreifst du«, knurrte Thorag gereizt.
»Die Schlangenkönigin lebt schon seit vielen Jahren freiwillig bei ihnen, mehr oder minder. Nicht von den
Sumpfschlangen wird sie gezwungen, dort zu bleiben,
eher von den Gesetzen und von ihrem Gemahl.«

»Die Schlangenkönigin?«

»Salvia!« stieß Thorag hervor und wandte sich zu der
Gespielin des Weinhändlers um. »Und jetzt ist es an der
Zeit, daß *ich* ein paar Erklärungen erhalte.«

»Was soll ich dir groß erklären, Thorag?« Thusnelda
sah ihn offen und zugleich bekümmert an. »Was du gesehen hast, spricht wohl für sich.«

Von allem, was seit Thorags Ankunft in Ravenna
geschehen war, nahm ihn dies am stärksten mit. Es war
schlimmer als der körperliche Schmerz und die Entwür-
digung, die er in Apicius' Schmiede erlitten hatte.
Schlimmer als der hundertfache Tod, dessen Zeuge er
gestern bei der Zerstörung der Wasserburg geworden

war. Schlimmer als die große Enttäuschung, die Flavus' Verrat ihm bereitet hatte. Er fühlte sich im festen Griff einer unsichtbaren Macht gefangen. Ein Griff, der stärker und schmerzhafter war als der Biß eines Packers. Es war wie eine riesige Faust, die ihn durchschüttelte und auf den Kopf stellte, bis nichts mehr so war, wie es ihm bis heute erschienen war.

Alle Strapazen und Gefahren, die Thorag und Armin auf sich genommen hatten, um ihre entführten Frauen zurückzugewinnen! Die unendlichen Sorgen, die in den beiden Edelingen wühlten, Winter für Winter und Sommer für Sommer! All das erschien ihm im Licht von Thusneldas Untreue wie ein bitterer Hohn der Götter. Als jage man tagein, tagaus ein Wild, das man sich nur einbildete. Als kämpfe man bis zur Erschöpfung gegen einen Gegner, der so wenig greifbar war wie die Nebelgeister.

Thorag blickte Amatus und Thusnelda an und wollte, konnte es trotzdem nicht glauben. Er sah die Tochter des Segestes noch vor sich, wie sie am Tag ihrer Vermählung in ihrem leuchtend blauen Brautkleid, behängt mit ihrem goldglitzernden Hochzeitsschmuck, aus dem Gästehaus auf der Adlerburg trat und mit Armin die Ringe tauschte. Thorag als Armins Blutsbruder und engster Freund hatte seinem Herzog den Ring gereicht, den er an Thusneldas Finger steckte. Mit dem goldenen Horn der Göttin Wara, der Wahrhaftigen, die keinen Eidbruch duldete, hatten die fürstlichen Hochzeitsgäste auf das Brautpaar angestoßen. Thorag rief Donar als Herdgott und Schutzgott des Hauses um seinen Beistand für das Paar an, schlachtete den weißen Opferbock, Donars heiliges Tier, um die Hände der Brautleute mit dem Blut zu besprengen, und legte den goldenen Miölnir in Thusneldas Schoß, um den Ehebund in Donars Namen zu weihen.

War das für Thusnelda nur ein Spiel gewesen? Armins Gemahlin hatte Wara, die Göttin des heiligen Eides, und Donar, der mit seiner Stärke dem Ehebund Dauer verleihen sollte, getäuscht. Sie hatte ihren Mann betrogen, und auch Thorag als sein Blutsbruder fühlte sich hintergangen.

Am liebsten hätte er seiner Wut und Enttäuschung Luft gemacht, ohne zu wissen, ob er seine geballten Fäuste gegen Thusnelda oder gegen Amatus schleudern sollte. War Thusnelda die Verführte oder die Verführerin? Vielleicht hielt ihn nur sein Versprechen gegenüber Salvia, kühles Blut zu bewahren, von Tätlichkeiten ab.

»Du bist also Thorag!« sagte Amatus und schluckte. »Jetzt verstehe ich deine Erregung. Aber du solltest keine voreiligen Schlüsse ziehen. Was zwischen Thusnelda und mir geschehen ist, hat in unseren Augen nichts Schändliches an sich. Uns verbindet ein tiefes Gefühl füreinander.«

Thorag ließ ihn einfach stehen und ging zu der Liege, auf der Thusnelda halb aufrecht hockte. Er starrte die Cheruskerin an und hätte nur die Hand ausstrecken müssen, um sie zu berühren. »Und was verbindet dich mit Armin?«

»Einst verband uns das, was jetzt zwischen mir und Amatus ist. Die Nornen haben das alte Band gelöst und ein neues geknüpft.«

»Die Nornen? Oder deine Leidenschaft?«

»Auch wenn Armin und ich uns schon vorher liebten und ich bei der Vermählung seinen Sohn im Bauch trug, die Zeit unseres Ehelebens war nur sehr kurz. Bald nach der Hochzeit fiel mein Vater über die Adlerburg her. Wie einst Armin mich geraubt hatte, holte Segestes mich mit Gewalt zurück. Seitdem vergingen so viele Winter und

Sommer, daß Armin mir so fremd geworden ist wie das Cheruskerland.«

Sie hatte leise, aber mit fester Stimme gesprochen. Was sie sagte, schien ihr schwerzufallen und zugleich wahr zu sein. Gleichwohl – oder deshalb – fühlte Thorag sich durch jeden Satz verletzt wie durch einen Dolchstich. Wahrheit konnte stärker schmerzen als Lüge, weil die Wahrheit unverrückbar war.

»Bist du unter Zwang mit Armin gegangen?« herrschte er Thusnelda an.

»Nein, denn damals liebte ich ihn.«

»Deine Liebe kann nicht stark gewesen sein, wenn sie so schnell verflogen ist.«

»Schnell nennst du das, Thorag? Die Gefangenschaft auf der Eisenburg, die Verschleppung nach Rom und der Triumphzug des Germanicus, dann das Exil hier in Ravenna – bei Wodan, wie oft habe ich mir in all der Zeit gewünscht, ein Angriffskeil der Hirschkrieger würde unter die Bewacher fahren und sie durcheinanderwirbeln wie die Sturmgeister das bunte Laub des sterbenden Sommers!«

»Was ist aus deinem Wunsch geworden?« fragte Thorag mit mühsamer Selbstbeherrschung.

»Er ist gestorben, ganz langsam, Stück für Stück, mit jedem Tag vergeblichen Wartens. Ich achte Armin noch, aber ich liebe ihn nicht mehr. Er wurde mir fremd, so wie ich ihm fremd geworden bin. Wir wurden andere Menschen in dieser langen Zeit. Kannst du das nicht nachvollziehen, Donarsohn? Ist dein Herz so fest, daß es sich unter keinen Umständen wandelt? Warst du seit der Trennung von Auja niemals in Versuchung, Liebe und Nähe, Zärtlichkeit und Wärme von einer anderen Frau zu empfangen? Hast du dich nicht danach gesehnt, zu lieben und geliebt zu werden? Bist du aus Stein?«

Thorag schwankte. Ihm war, als ziehe ihm jemand den Boden unter den Füßen weg. Er tastete nach einer freien Liege und ließ sich auf das elastische Polster sinken. Thusneldas Worte waren wie ein Ger, der tief in seine Brust fuhr, mitten in sein Herz. Ihr Gesicht verschwamm, und er sah Canis vor sich, dann Gaviana – die Tochter von Amatus!

Trug Thorag, der hier den Ankläger spielte, die gleiche Schuld wie die Frau, die er anklagte? Gewiß, nach altem Volksbrauch durfte ein Cherusker Frauen neben seiner Gemahlin haben, Kebsweiber, umgekehrt war es nicht gestattet. Aber war das nicht nur eine billige Ausrede für einen Mann, der seinem Weib Liebe und Treue geschworen hatte?

Seine Bestürzung entging den anderen nicht, schon gar nicht Thusnelda. Sie sah ihn eine Weile ruhig an, wie eine Heilerin auf einen Kranken blickte, um die Ursache seines Leidens zu erforschen.

»Ich erkenne deine innere Qual, Thorag, und kann sie mir nur so erklären, daß auch du Schuld auf dich geladen hast. Was es ist, weiß ich nicht, und es ist auch nicht meine Angelegenheit. Aber du solltest daran denken, bevor du ein Urteil fällst!«

Sie sprach noch weiter, aber er hörte nicht richtig zu. Zu sehr beschäftigte ihn die Frage, ob er überhaupt das Recht besaß, ihr Vorhaltungen zu machen. Und durfte er Auja unter die Augen treten und von ihr verlangen, mit ihm zu gehen, nicht nur als Ragnars Mutter, auch als Thorags Weib?

Während diese Fragen in ihm bohrten, erzählte Thusnelda von der langen Gefangenschaft und davon, wie ihr Mut zum Durchhalten und ihr Lebenswille Stück für Stück zerbrochen waren. Bis sie in Ravenna Amatus kennenlernte, der die germanischen Edelinge mit Wein belieferte. Sie verliebte sich in den Mann, in dessen Adern germanisches Blut floß; seine Eltern waren Ubier und wurden von dem gallischen Statthalter Agrippa als Sklaven nach Rom verschleppt. Die Liebe zu Amatus gab ihr neuen Mut, neues Leben.

»Mehrmals in der Woche besuche ich ihn am Vormittag, wenn Thumelikar unterrichtet wird. Und es sind die Stunden, die mir Kraft für alles andere geben. Ohne das hätte ich vielleicht allen Mut verloren und würde atmen, ohne zu leben, so wie Auja.«

Aujas Erwähnung riß Thorag aus seinen quälenden Gedanken. Der Schleier über seinen Augen hob sich, als er Thusnelda ansah und fragte: »Wie geht es Auja? Flavus sagte mir, sie sei am Fieber erkrankt.«

»Das Sumpffieber hat sie seit vielen Tagen ergriffen. Aber das ist es nicht wirklich, woran Auja leidet. Sie hatte keinen Amatus, der ihr neuen Mut gab, nicht einmal einen Thumelikar, der ihrem Dasein einen Sinn verlieh.«

»Sie hat Ragnar, unseren Sohn«, warf Thorag ein. »Er ist daheim und wartet auf die Rückkehr seiner Mutter.«

»Es ist gut für Ragnar, daß du ihn befreien konntest. Und doch machte es die Gefangenschaft für Auja noch schwerer. Je länger sie von dir und Ragnar getrennt war – von allen, die sie liebte –, desto öfter zog sie ein Wiedersehen in Zweifel und fragte sich, wozu sie noch leben solle. Ich versuchte, ihr eine gute Freundin zu sein und ihr Halt zu geben, aber eine Freundin ersetzt keine Familie.«

Thorags Züge verhärteten sich wieder, als sein Blick über Thusneldas zerwühlte Liege glitt, über den Tisch mit den gefüllten Weinpokalen und über Amatus. »Ich sehe wohl, wie sehr du dich um Auja kümmerst. Sie liegt krank danieder, einsam, ohne ihre Freundin, während du nur krank vor Liebe bist!«

Tränen stiegen in Thusneldas Augen. Ein Anblick, der ihm unbekannt war. Mit keinem seiner Worte schien er sie so verletzt zu haben wie mit diesem Vorwurf.

»Ich bin seit unserer Entführung stets für Auja dagewesen. Doch wo warst du, Thorag?«

»Im Krieg. Und jetzt bin ich da! Weiß Auja das nicht?«

»Wie denn?«

»Von Flavus.«

»Er hat uns nichts gesagt.«

»Wahrscheinlich hielt er es für besser, die Lockvögel im unklaren zu lassen, damit sie die Beute nicht warnen.«

Nigrinus machte durch lautes Räuspern auf sich aufmerksam. »Deine Familienangelegenheiten sind bestimmt wichtig und dringlich, Thorag, aber wir haben mit Amatus noch anderes zu besprechen.«

»Das beruhigt mich«, sagte der Weinhändler, der die Unterhaltung zwischen Thorag und Thusnelda gespannt verfolgt hatte. »Ich dachte schon, der berühmte Krieger Thorag will mich auf der Stelle erschlagen.«

»Selbst wenn ich es wollte, könnte ich es nicht. Du wirst noch gebraucht.« Thorag berichtete von der Zwangslage der überlebenden Sumpfschlangen und übermittelte Salvias Bitte um ein Schiff.

»Salvia weiß, daß ich alles für sie und für unsere Tochter tue. Aber warum wendet sie sich erst jetzt an mich, nach so vielen Jahren? Warum nur ließ sie mich glauben, sie sei tot?«

»Du hast ein neues Leben und eine neue Liebe gefunden«, antwortete Thorag mit einem Seitenblick auf Thusnelda. »Salvia auch.«

Er wollte nicht von Salvias Entstellung berichten und damit vielleicht Amatus' Erinnerung an sie zerstören. Nicht aus Rücksicht auf den Weinhändler, sondern auf

Salvia. Es war ganz allein ihre Entscheidung, ob sie ihrem früheren Geliebten noch einmal unter die Augen trat und ihm das zeigte, was Apicius' Zorn von ihrem Gesicht übriggelassen hatte.

»Noch etwas muß ich von dir wissen, Amatus«, sagte der Cherusker. »Bist du ein treuer Untertan des Princeps?«

»Aber natürlich! Meine Eltern sind längst tot, meine germanische Abstammung ist mir fern. Ich bin römische Bräuche und Sitten gewohnt.«

»Und du lebst damit nicht schlecht. Aber das meinte ich nicht. Ich fragte dich nicht nach deiner romtreuen Gesinnung. Ich möchte wissen, wie du zu Tiberius stehst. Ist er für dich ein guter Herrscher, dessen Entscheidungen du billigst? Oder wäre dir ein anderer Mann auf dem Thron lieber?«

»Du stellst seltsame Fragen, Thorag. Aus welchem Grund?«

»Ich habe zuerst gefragt.«

»Wie du willst«, sagte Amatus achselzuckend. »Ich habe gegen die Regentschaft des Tiberius nichts einzuwenden. Im Gegenteil, er hat sich als würdiger Erbe des Augustus erwiesen, indem er die innere und äußere Stabilität des Reiches bewahrt hat.«

»Und du würdest niemanden unterstützen, der Tiberius stürzen will?«

»Natürlich nicht! Vulcanus soll mich auf der Stellte mit einem Blitz erschlagen, wenn es anders ist.« Amatus blickte kurz zu der Zimmerdecke mit dem Mosaik einer bunten Sommerwiese hinauf, als warte er, ob der Feuergott sich rührte. »Jetzt ist es an dir zu antworten, Thorag.«

Thorag glaubte ihm. Er hatte den Weinhändler genau beobachtet und weder in seinen Worten noch in seinem

Gesicht einen Hauch von Lüge entdeckt. Außerdem war es wenig wahrscheinlich, daß Apicius den verhaßten Freigelassenen in seine finsteren Pläne einweihte. Also berichtete der Cherusker freimütig von seinem Verschwörungsverdacht und fragte Thusnelda, ob sie etwas davon wisse. »Ich habe den Eindruck, daß auch Marbod und dein Vater in die Sache verwickelt sind.«

»Deshalb also«, sagte sie nachdenklich.

»Was meinst du, Thusnelda?«

»Mein Vater war ungewöhnlich erpicht auf die Ankunft von Sejanus und Marbod. In letzter Zeit sprach er häufig davon, daß er und seine Sippe die Schmach der Verbannung nicht mehr lange ertragen müßten.«

»Weißt du etwas Konkretes?«

»Nein. Seit ich mich damals für Armin entschieden hatte, genieße ich nicht mehr das Vertrauen meines Vaters. Ich weiß nur, daß er mit Marbod lange Gespräche geführt hat. Einmal war auch Sejanus zugegen.«

»Der Verdacht verdichtet sich immer mehr zur Gewißheit!« sagte Thorag. »Zudem scheint Ravenna der ideale Ort für eine Verschwörung zu sein. Sollten kaisertreue Truppen gegen die Umtürzler vorgehen, ist die Stadt durch die umliegenden Sümpfe leicht zu verteidigen. Und dadurch, daß Sejanus seinen Mitverschwörer Foedus zum hiesigen Flottenpräfekten gemacht hat, gebieten die Feinde des Princeps über eine schlagkräftige Flotte, um nach Rom vorzustoßen.«

»Aber wenn das alles stimmt, was können wir tun?« fragte Amatus.

»Die Zeit bis zur Ankunft des Tiberius ist knapp«, antwortete der Donarsohn. »Nutze deine Verbindungen, um dich umzuhören. An einer Verschwörung gegen den Princeps müssen viele einflußreiche Patrizier teilnehmen. Vielleicht hat einer von ihnen eine lose Zunge, wenn du ihm als Freundschaftsgabe eine Amphore deines besten Weins überreichst.« Er schüttelte den Kopf. »Wer hätte gedacht, daß ich einmal versuchen würde, den listigen Tiberius auf dem Thron zu halten!«

Thusnelda beugte sich zu ihm vor. »Warum bist du so daran interessiert, Thorag?«

»Weil ich nicht will, daß Marbod und Segestes das rechtsrheinische Germanien unter sich aufteilen. Und weil Sejanus ein weitaus schlimmerer Feind wäre als Tiberius. Tiberius mag ein listiger Fuchs sein, aber er folgt bei allem seinem Verstand. Er hat eingesehen, daß es Rom zuviel Blut und Geld kostet, Legionen gegen uns auszuschicken. Sejanus, der sich von Haß und Rachsucht leiten läßt, könnte einen Krieg ohne Rücksicht auf Verluste führen. Damit meine ich die Verluste auf beiden Seiten.«

»Du glaubst, Sejanus und nicht Apicius würde den Thron einnehmen?« fragte Amatus.

Thorag nickte. »Hinter Sejanus steht die Prätorianergarde. Er hat sich Kriegsruhm erworben, der ihn bei Soldaten und Bevölkerung beliebt macht. Apicius hat den Reichtum und die Verbindungen, um Sejanus Herrschaft im Hintergrund zu stützen. Sejanus erobert die Provinzen, und ein von Apicius geleitetes Handelsimperium saugt sie aus.«

»Das klingt überzeugend«, fand Amatus. »So sehr, als hättest du den Plan der Verschwörer entworfen.«

»Ich habe mir nur meine Gedanken gemacht. Hätte ich …«

Laute Geräusche veranlaßten Thorag zu schweigen. Er hörte schnelle, harte Schritte, wie sie die Nagelstiefel der römischen Soldaten verursachten. Befehle hallten durch das Haus.

»Soldaten!« stieß er hervor. »Ich war zu einfältig. Flavus und Sejanus haben damit gerechnet, daß ich hier Kontakt zu Thusnelda aufnehme. Wahrscheinlich ließen sie das Haus heimlich bewachen.«

»Oder dieser ungehobelte Terpnus hat uns verraten!« grollte Nigrinus.

Amatus lief zum Fenster und riß die halboffenen Läden ganz auf. »Schnell, hinaus in den Portikus, bevor die Soldaten ihn besetzen!«

»Und dann?« fragte Thorag.

»Die erste Pforte zur Rechten steht offen. Sie führt zu meinen Lagerhäusern. Vielleicht könnt ihr dort untertauchen.«

Für jedes weitere Wort fehlte die Zeit. Die schnellen Schritte näherten sich der Tür. Kaum waren Thorag und Nigrinus durch das Fenster gestiegen, warf Amatus hinter ihnen die Läden zu. Thorag hörte fremde Stimmen in dem Zimmer und hoffte, daß Amatus und Thusnelda die Soldaten lange genug hinhalten konnten.

Thorag und Nigrinus schlüpften durch die von Amatus bezeichnete Pforte – und stießen auf einen fünfköpfigen Trupp römischer Soldaten, der dreißig Doppelschritte entfernt auf einer Verladerampe für schwere Weinfässer stand und das Gelände beobachtete. Ihr Anführer entdeckte die beiden Flüchtenden sofort und stieß einen kurzen Befehl aus. Die Soldaten sprangen von der Rampe, zogen ihre Schwerter und hielten im Laufschritt auf sie zu.

»Nach rechts!« zischte Thorag und rannte so schnell los, daß Nigrinus mit seinen kurzen Beinen kaum nachkam.

Thorags Ziel war ein offener, mit Amphoren beladener Wagen, vor den ein Sklave gerade ein Maultier spannte. Der Wagen stand zwischen zwei dicht beieinanderliegenden Lagerhäusern. In Thorags Kopf war bei diesem

Anblick ein verwegener Plan entstanden. Er schubste den Sklaven beiseite und schwang sich auf den Bock, wo eine dünne Peitsche für den Fahrer lag.

»Warte doch auf mich!« schrie Nigrinus. »Fahr nicht ohne mich los!«

»Das habe ich nicht vor«, erwiderte Thorag. »Spring auf die Ladefläche und öffne die hintere Klappe!«

»Und dann?«

»Dann ersäufst du den Eifer der Soldaten in Wein.«

»Die Glücklichen!« Grinsend kletterte Nigrinus zwischen die Amphoren.

Mit Peitschenhieben und lautem Geschrei trieb Thorag das Maultier an. Er lenkte den Wagen zwischen den beiden Lagerhäusern durch. Die Römer waren keine zehn Doppelschritte mehr entfernt, als der Zwerg begann, in schneller Folge eine Amphore nach der anderen vom Wagen zu stoßen. Die Tongefäße zersprangen und ergossen eine dunkelrote Flut in den Durchgang. Die Verfolger rutschten auf Wein, Scherben und dem aufgeweichten Lehmboden aus, bis auch der letzte, alle viere von sich gestreckt, jede soldatische Haltung vermissen ließ.

Der Wagen schoß aus dem Durchgang, ohne daß Thorag die Geschwindigkeit verringerte. Ein paar Sklaven, die in Fahrtrichtung über den Platz gingen, brachten sich mit hektischen Sprüngen in Sicherheit.

Kurz wandte Thorag den Kopf zu Nigrinus um und fragte: »Wohin?«

»Zum Weinhafen. Dort ist um diese Zeit viel Betrieb, in dem wir leicht untertauchen können.« Nigrinus lachte. »Das war ein tolles Abenteuer!«

Einen Teil des Weinhafens, dicht bei den Kaimauern, nahm der Weinmarkt ein. Hier wurden frisch angelieferte Weine angeboten und manch besonders edler Tropfen an den Meistbietenden verkauft. Feinschmecker, Schankwirte und Zwischenhändler, die auf dem Markt gekaufte Weine ins Inland weiterverkauften, drängten sich zwischen den Ständen. Hinzu kamen die Schnorrer, die sich als Aufkäufer ausgaben, um sich kostenlose Weinproben zu erschleichen. Ein Gewimmel, wie geschaffen, um darin unterzutauchen. Thorag und Nigrinus ließen den Maultierwagen einfach stehen und verschwanden im Gewühl der Menge.

Von hier aus setzten sie sich in die Vororte Ravennas ab, bevor noch ihre Häscher am Hafen auftauchten. Der Cherusker und der Zwerg verhielten sich höchst vorsichtig, um keine Verfolger zum Höhlenversteck zu führen. Deshalb kehrten sie erst am späten Nachmittag zu Salvia und Gaviana zurück und erstatteten ihnen bei einem stärkenden Mahl Bericht.

Salvia sagte anschließend: »Es wäre ein zumindest teilweise erfolgreiches Unternehmen gewesen, wären die Soldaten nicht bei Amatus erschienen. So aber ist unser gerade erst zu ihm geknüpftes Band zerrissen.«

»Ja, leider«, seufzte der Cherusker. »Über ihn und Thusnelda hätte ich Verbindung zu Auja aufnehmen können. Aber jetzt werden Sejanus und Flavus deinen Amatus so wachsam beobachten wie eine Wölfin ihre Jungen. Wenigstens wird Auja von Thusnelda erfahren, daß ich in Ravenna bin.«

»Zerrissene Bänder kann man flicken.« Nigrinus sprach undeutlich; er hatte eine Handvoll Nüsse in seinen Mund gestopft und zermalmte sie mit heftigen Kieferbewegungen. »Man muß nur beide Enden nehmen und sie zusammenbinden, ganz einfach.«

Gaviana sah ihn ungläubig an. »Wie willst du an das andere Ende kommen?«

»Ich werde Amatus ein zweites Mal aufsuchen, gleich

nach dem Essen. Wenn ich in Ravenna eintreffe, dämmert es bereits. Um so weniger wird man mich erkennen.«

»Das ist zu gefährlich«, sagte Thorag. »Falls der Sklave Terpnus uns verraten hat, wissen unsere Gegner, daß du bei mir warst. Sie werden dann auch nach dir Ausschau halten, Nigrinus.«

Ein spöttisches Funkeln trat in die Augen des Kleinen. »Sorgst du dich etwa um einen Sklaven, Germane?«

»Nein, um einen Freund.«

»Ein Grund mehr für mich, es zu wagen.« Nigrinus spuckte ein Stück Nußschale aus. »Keine Sorge, niemand wird mich erwischen. Ich mache mich noch kleiner, als ich eh schon bin. Die meisten Soldaten tragen ihre Nasen so hoch, daß sie mich glatt übersehen.«

»Wenn du das tust, werde ich es dir nie vergessen«, sagte Thorag.

»Ich auch nicht«, schloß Salvia sich an. »Aber ich kann dir nicht den Auftrag zu so einem gefährlichen Abenteuer erteilen, Nigrinus. Wenn du gehst, ist es dein freier Entschluß.«

»Mein freier Entschluß?« Nigrinus griente breit. »Wann hat ein Sklave schon mal diese Möglichkeit!«

Kapitel 25
Dem Tod geweiht

Nigrinus traf den freien Entschluß, zurück nach Ravenna zu gehen, zu Amatus – und zu den Häschern, die mit Sicherheit rund um das Anwesen des Weinhändlers auf der Lauer lagen. Thorag hatte große Achtung vor dem tapferen kleinen Mann gewonnen und dachte voller Sorge an ihn. Der Cherusker war froh, als die Schlafgeister ihn in seiner kleinen Felskammer heimsuchten und ihn von den quälenden Gedanken erlösten.

Noch froher war er, als bei seinem Erwachen Nigrinus neben seinem Lager aus trockenem Laub und Decken stand. Aber das ernste Gesicht des Hypokaustensklaven trübte Thorags Freude rasch. Der Donarsohn las in den schiefen Zügen, daß etwas Unheilvolles geschehen war. Hinter Nigrinus betraten Salvia und Gaviana die enge Kammer. Mutter und Tochter blickten genauso ernst drein und schienen die schlimme Botschaft schon zu kennen.

»Verdammt, was ist los?« krächzte Thorag mit vom Schlaf trockener Stimme. »Hat Amatus uns verraten?«

»Nein, das ist es nicht.« Nigrinus sprach schleppend, als wolle er die Mitteilung möglichst lange hinauszögern. Er wirkte müde und hatte tiefe Ringe unter den Augen. Kein Wunder, wahrscheinlich war er in der Nacht nicht dazu gekommen, auch nur ein Auge zuzutun. »Es geht um deine Gemahlin Auja. Sie wurde festgesetzt.«

»Was heißt das? Sie ist schon seit etlichen Wintern eine Gefangene Roms.«

»Ab jetzt ist sie eine Todgeweihte«, erklärte Nigrinus so leise, als könne sein Flüstern Aujas Schicksal mildern.

»Nachdem wir aus dem Haus des Weinhändlers entkommen waren, wurde Auja von Prätorianern in die Arena verschleppt und in eine Gladiatorenzelle gesperrt. Sie soll während der Spiele zu Ehren des Tiberius bei der Tierhetze ein Opfer für die Bestien abgeben, eine ganz besondere Attraktion: die Gemahlin des berühmten Cheruskerkriegers Thorag den wilden Tieren zum Fraß vorgeworfen! Wenn sie Glück hat, darf sie sich mit der Waffe verteidigen und ihren Tod dadurch zur Freude der Zuschauer etwas hinauszögern.«

»Was soll das?« rief Thorag und sprang von seinem Lager auf. Er hielt es nicht länger aus, ruhig dazuliegen und Nigrinus' Bericht zu lauschen. Die Sorge um den kleinen Gefährten war groß gewesen, doch ungleich größer war nun die neu erwachende Angst um Auja. Es war eine innere Beklemmung, die sein Herz zudrückte und ihm fast den Atem raubte. Nur indem er sich ruckartig erhob, glaubte er die unsichtbare Faust in seinem Innern abschütteln zu können. »Auja ist krank, wie ich von Flavus und Thusnelda gehört habe. Sie wird in der Arena ein jämmerliches Bild abgeben. Kaum etwas, an dem sich ein Publikum, das an die kräftigsten Gladiatoren gewöhnt ist, ergötzen kann. Warum tut Sejanus so etwas?«

»Er will dich.« Nigrinus sprach noch immer leise und klang bekümmert. »Wenn du dich stellst, wird Auja von dem ihr zugedachten Schicksal verschont. Sejanus läßt es überall in Ravenna durch Ausrufer verkünden. Wenn du zu Ehren des Tiberius in die Arena trittst, gibst du dein Leben für das deiner Gemahlin. Dann bist du der Todgeweihte, Thorag!«

Für den Cherusker gab es keinen Augenblick des Zögerns. »Wenn die Götter es wollen, dann soll es geschehen!«

In seinen Träumen sah er die Welt wie früher: mit beiden Augen. Die Landschaften, die er durchstreifte, wirkten nicht so flach wie die der wachen Welt. Sie besaßen Tiefe, Schärfe und auch mehr Farbe. Oft war es die Welt seiner Jugend, und er selbst war auch ein anderer: jünger, unbeschwerter, mit leichtem Herzen und Wagemut statt bitterer Seele und Todesverachtung. Er trug sogar einen anderen Namen. Er hatte Freunde und Gefährten statt Vorgesetzte, Untergebene und Kameraden. Es war eine Welt voller Jagden und Feste, Lachen und Singen und keine aus marschierenden Legionen, aus hartem Stiefeltritt und bellenden Kommandos. Er liebte diese andere Welt, mochte sie auch noch so weit entfernt sein. Wann immer die Schlafgeister kamen, bat er sie, ihn in jenes Land zu bringen, das nur der Träumende betreten konnte.

Jede Reise in dieses bunte Land war kostbar für ihn. Vielleicht war er deshalb so erbost, als ihn etwas aus den Träumen riß, in denen seine Seele Frieden fand. Er spürte, daß es vor der Zeit war, daß die Nachtgeister ihm noch Schlaf schuldig waren und Glück. Aber als er die Grenze zur wirklichen Welt überschritten hatte, war er auf einen Schlag hellwach. Das war der alte Soldat in ihm, der auf dem Marsch schlafen und im Schlaf wachen konnte. ›Nur mit einem Auge schlafen‹, sagte man dazu. Eine Bemerkung, die auf ihn immer zutraf.

In dieser Nacht hatte er nicht im Schlafen gewacht, weil er sich sicher wähnte. Dies war kein luftiges Zelt aus Leder und Tuch in einem Marschlager, umgeben von feindlichen Horden, die zu jeder Stunde einen Überfall wagen konnten. Es war ein festes Haus aus Stein und stand in einer großen Stadt, in Ravenna. Man hatte es ihm als Quartier zugeteilt, und er hatte keinen Grund, sich zu beklagen. Ausstattung und Schmuck der Räume waren von erlesener Qualität. Das Haus lag auf einer kleinen Anhöhe mit Blick auf den Hafen und auf das Adriatische Meer, das jenseits der Hafenmauern begann und seine feuchten Arme in die Unendlichkeit streckte.

Er hatte die Fensterläden offengelassen. Frische, salzige Luft wehte herein. Er liebte diesen Geruch der unbegrenzten Weite und hätte die Läden auch dann aufgelassen, wenn es keine laue Sommernacht gewesen wäre.

Es war noch Nacht, und keine Lampe brannte in dem Cubiculum. Das Licht der Gestirne schickte ein mattes Silberlicht herein, so schwach, daß alle Gegenstände nur verschwommen zu erkennen und von einer unwirklichen Aura umgeben waren. Ganz so, als sei die wache Welt noch nicht bereit für ihn. Als benötige sie noch Zeit, um zu Formen und Farben zu finden.

Trotz der schlechten Lichtverhältnisse sah er gut genug, um die Statue neben seinem Bett, die nicht ins Zimmer gehörte, zu bemerken. Als er sich hingelegt hatte, war sie noch nicht hiergewesen. Sie trat auf ihn zu, und er begriff seinen Irrtum. Die Statue war sowenig eine Statue, wie seine Welt bunt und unbeschwert und mit frohem Lachen erfüllt war. Auf einmal wußte er, was ihn aus der Traumwelt gerissen hatte.

Mit einer schnellen Bewegung fuhr er herum, um nach seinem Wehrgehänge mit Schwert und Dolch zu fassen, das er nach alter Soldatengewohnheit gleich neben dem Bett auf einem Schemel abgelegt hatte. Ehe seine Hand auch nur ein Stück Gürtel ertasten konnte, spürte er kühles Metall und einen spitzen Druck an seiner Kehle.

»Tu es nicht, Flavus, ich wäre schneller!«

Flavus erstarrte. Nur zum Teil aus dem Grund, weil er dem anderen glaubte und jeder überhastete Verteidigungsversuch ein Fehler gewesen wäre. Zum Teil hielt ihn auch die Überraschung davon zurück, zur Waffe zu greifen. Die Gestalt der vermeintlichen Statue war nur ein Schemen, aber die Stimme hätte er unter Tausenden erkannt. Die Stimme eines Freundes aus der fernen Welt der Träume, der in der wachen Welt des Krieges zum Feind geworden war.

»Thorag?«

»Sieht dein eines Auge im Dunkeln mehr als meine zwei Augen im Hellen?«

»Meine Ohren haben dich erkannt. Nimm die Klinge ruhig von meinem Hals, Donarsohn. Ich verspreche dir, nicht zur Waffe zu greifen.«

Der Druck an Flavus' Kehle ließ nicht nach.

»Welchen Wert soll ich dem Wort eines Verräters beimessen? Falls du jemals nach Walhall kommen solltest, Flavus, gib acht, daß du dort nicht der Göttin Wara begegnest, die Eidbrüchigen die Zunge herausreißt!«

»Deine Worte sind so undurchsichtig wie Notts Schleier.«

»Und dein Gedächtnis ist so kurz wie Miölnirs Stil. Erinnerst du dich nicht mehr an das, was vor vier Nächten beim Haus des Gavius Apicius geschehen ist?«

»Ich erinnere mich besser als ich dich verstehe, Thorag. Als Erinnerung an jene Nacht trage ich eine schmerzende Wunde am Kopf mit mir herum.«

»Nigrinus hätte deinen Schädel spalten sollen, Verräter! Du hast mir die Freiheit geschenkt, weil du mir angeblich dein Leben schuldetest. In Wahrheit hast du mich als Köder für deine Hetzhunde benutzt, um die Sumpfschlangen auszulöschen.«

»Das verübelst du mir? Zum Kampf gegen die Sumpfschlangen wurde ich nach Ravenna geholt.«

»Du irrst, Flavus. Ich bin der Grund, weshalb Sejanus dich hergebracht hat. Oder ging dein Befehl, nach Ravenna zu gehen, nicht von ihm aus?«

»Es ist ein Befehl des Tiberius Caesar, aber Sejanus hat ihn mir überbracht.«

»Ein überraschender Befehl?«

»Ja, aber woher weißt du ...«

»Es belegt meine Vermutung, daß die Sumpfschlangen nicht der Grund für deine Anwesenheit sind«, fiel Thorag dem Einäugigen in die Rede. Er berichtete von seinem Zusammentreffen mit Sejanus unweit Marbods Festung, bei dem der Prätorianerpräfekt ihm den Aufenthaltsort von Auja, Thusnelda und Thumelikar verraten hatte. »Damals nahm ich an, Sejanus wolle mich nach Ravenna locken, um sich an mir zu rächen und sich sein Schwert zurückzuholen.«

»Was er auch getan hat.«

»Ja, aber das war nicht der wahre Grund. Natürlich will er mich haben. Darum hat er Auja in die Arena verschleppt. Er hat Foedus und dich in Ravenna postiert, weil ihr mich kennt und weil der Neiding Foedus mich aus der Zeit haßt, als ich sein Vorgesetzter am Rhein gewesen bin. Sejanus weiß noch nicht sehr lange, daß ich herkommen will, erst seit unserem Zusammentreffen bei Marbods Festung. Deshalb ist Foedus erst vor wenigen Wochen zum Präfekten der Reichsflotte ernannt worden und du erst jetzt zum Banditenpräfekten. Damit war die Falle gestellt. Auja, Thusnelda und Thumelikar sind die Köder, Foedus und du seid der Fangmechanismus.«

Flavus wurde nachdenklich und murmelte: »Ich sollte zusammen mit Foedus nach Ravenna kommen, aber der Befehl erreichte mich zu spät, weil ich in den syrischen Bergen eine Schmugglerbande jagte.«

»Das spricht dafür, daß Sejanus euch beide aus demselben Grund nach Ravenna beordert hat. Die Ausrottung der Sumpfschlangen war allenfalls nebenbei das Ziel, in Wahrheit wollte der Skorpion seinen Stachel in mein Fleisch bohren. Er steht gut mit Tiberius und konnte die entsprechenden Versetzungsbefehle leicht bei ihm erreichen.«

»Der Skorpion?«

»Sejanus. Findest du nicht, daß die Bezeichnung zu ihm paßt?«

»Mag sein«, knurrte Flavus unwillig. »Jedenfalls finde ich, daß du dich bei weitem zu wichtig nimmst, Thorag! Was du erzählst, hört sich an, als hätte Sejanus nichts anderes im Kopf als dich.«

Thorag lachte heiser, nicht erheitert, sondern voller Grimm. »Ich weiß, daß Sejanus bedeutende Ziele verfolgt, sehr bedeutende sogar. Ein Edeling aus dem Cheruskerland, ein Barbar in seinen Augen, ist für ihn im Vergleich dazu so bedeutend wie eine Sumpfschlange oder eine kranke Frau, die er den Bestien vorwerfen läßt. Und doch braucht er diesen unbedeutenden Barbaren, um seine hohen Ziele zu verwirklichen. Darin liegt der Wert des Barbaren – *mein Wert!*«

»Du hörst dich nicht nur überspannt an, sondern auch reichlich wirr.«

Als hätte der Donarsohn die Bemerkung überhört, sagte er ruhig: »Entzünde die Lampe neben deinem Bett, Flavus!«

»Weshalb?«

»Damit du etwas lesen kannst. Ein Römling wie du wird doch wohl die Schrift der Römer zu lesen verstehen.«

»Weißt du nicht mehr, daß wir gemeinsam gelernt haben, Latein zu sprechen und zu schreiben?«

»Daran erinnere ich mich, Flavus. Aber ich frage mich, ob ein Mann, der sein eigenes Blut vergißt, nicht auch solche Dinge aus dem Gedächtnis streicht.«

Mit einem verdrießlichen Brummen wälzte Flavus

sich im Bett herum und langte zu dem kleinen Tisch, auf dem eine bronzene Öllampe und eine tönerne Glutpfanne standen. Davor befand sich der Schemel mit seinem Wehrgehänge, und für einen Augenblick schwebte seine rechte Hand unsicher über Tisch und Schemel.

»Ich wäre immer noch schneller«, sagte Thorag, der seinen Dolch ein Stück zurückgezogen hatte. »Außerdem kannst du dich mit dem Gedanken beruhigen, daß ich dich längst hätte töten können, käme es mir darauf an. Schließen wir einen Handel ab: Du liest dir einen Papyrus durch, dafür übergebe ich dir meinen Dolch.«

»Klingt nicht so, als wolltest du mich übervorteilen«, stellte Flavus fest. »Einverstanden.«

Er blies durch die Luftlöcher der Glutpfanne, bis die nur schwach glimmende Mischung aus Werg und Holzkohle stärker zu glühen begann. Dann umfaßte er den hölzernen Pfannenstiel und hielt das Gefäß mit einem der Löcher so lange gegen den mit Olivenöl getränkten Lampendocht, bis die Glut übersprang. Als er die Pfanne wieder abstellte, tauchte die knapp daumenlange Flamme, die auf dem Docht tanzte wie ein Artist auf dem Seil, den Teil des Cubiculums, in dem das Bett stand, in warmes Licht.

Die Welt schien nur aus den beiden Cheruskern zu bestehen, die, als der Einäugige sich dem anderen zuwandte, einander schweigend bei Licht betrachteten. Jeder versuchte im Gesicht des anderen eine Erinnerung an das Gestern zu finden, an die Zeit der Unbeschwertheit, der Gemeinsamkeit und der Freundschaft.

Aber die Sommer des Kampfes und die Winter des Bangens hatten jede Spur von jungendlicher Unbekümmertheit aus den Gesichtern getilgt. Tiefe Linien durchzogen die einst glatte Haut, jede ein Graben, der zwischen beiden Männern aufklaffte.

»Der Traum bleibt ein Traum«, murmelte Flavus, für den das Eintauchen in die wache Welt einen schmerzlichen Verlust bedeutete. Das eine Auge, das der Krieg ihm gelassen hatte, verheimlichte ihm die Schärfe und Farbigkeit, wie sie den Bildern seiner Erinnerungen zu eigen waren.

»*Das* ist kein Traum.« Thorag, der die Worte des anderen nicht verstand, zog den Papyrus aus einem Lederbeutel an seinem Gürtel, faltete ihn auseinander und legte ihn auf die dünne Bettdecke. Daneben legte er seinen Dolch und sagte: »Lies!«

Flavus nahm den Papyrus auf, den gestern der junge Römer Thorag in die Hand gedrückt hatte, und überflog mit gerunzelter Stirn die Ankündigung der Spiele.

»Was soll das, Thorag? Ich dachte, du hättest eine wichtige Nachricht mitzuteilen. Diese Botschaft kenne ich bereits. Sie wird überall in Ravenna verteilt und ausgerufen.«

Achtlos ließ er den Papyrus los, und das Blatt fiel mit leisem Rascheln zu Boden. Flavus' Rechte blieb wie zufällig auf der Bettdecke liegen, ganz in der Nähe von Thorags Dolch.

»Ich bin sicher, daß es während der Spiele geschehen wird«, sagte Thorag.

»Was, bei allen Streichen Lokis?«

»Es ist nicht unpassend, daß du den listenreichen Loki erwähnst, denn ein listiger Streich ist auch hier geplant und zugleich ein blutiger, denke ich.« Flavus' bereits gerunzelte Stirn legte sich noch mehr in Falten, je länger er Thorags Theorie über den Staatsstreich zuhörte. Der Donarsohn stutzte kurz, als er die Zweifel seines Gegenübers bemerkte, fuhr aber unbeirrt fort: »Die Spiele sind der beste Zeitpunkt für den Umsturz. Tiberius und Drusus können auf einen Schlag getötet werden. Desgleichen ihre engsten Anhänger und Sekretäre, die bei ihnen sein werden. Auch alle wichtigen Männer Ravennas werden die Spiele besuchen. Sie müssen dem neuen Herrscher huldigen, wollen sie nicht um ihre Habe und ihr Leben fürchten.«

»Dem neuen Herrscher?«

»Sejanus Caesar!«

»Es muß doch ein Traum sein«, stieß Flavus kopfschüttelnd hervor. »Oder du bist verrückt!«

Enttäuscht über die Reaktion seufzte Thorag: »Zwei Augen sehen eben doch mehr als eines.«

»Warum erzählt du das alles mir?«

»Meine Meinung von dir ist nicht die beste. Du hast deinem Volk den Rücken zugekehrt, und du hast mich vor vier Nächten getäuscht, alles, weil du so treu zu Tiberius Caesar stehst. Zu deinem Herrscher, der dir einst in Dalmatien das Leben gerettet hat. Diese Treue, wenn ich sie auch für falsch halte, läßt mich glauben, daß du kein Teil der Verschwörung bist. Vielleicht kannst du deinen Herrscher retten, dann würde unsere Heimat nicht von Römlingen wie Segestes und Marbod regiert werden. Und vielleicht kannst du dafür sorgen, daß Sejanus sein Wort hält und Auja nicht zu den Bestien schickt. Jetzt, wo er mich hat, um sein Komplott zu vertuschen.«

»Was solltest du ihm dabei nützen?«

»Ich glaube nicht, daß ich die Spiele überleben werde.«

»Das ist kaum anzunehmen«, stimmte Flavus zu. »Um Tiberius und Drusus zu beeindrucken, wird Apicius ein blutiges Spektakel inszenieren. Du wirst sicher nicht gegen leichte Gegner antreten, Thorag.«

»Das meinte ich nicht. Ich denke, man wird mich schon tot aus der Gladiatorenzelle holen. Verstehst du denn nicht, Flavus? Es ist alles so einfach! Ein Aufstand der Gladiatoren wie damals, als Spartacus aus der Gladiatorenschule von Capua floh. Nur wird diesmal kein jahrelanger Sklavenkrieg die Folge sein. Sejanus und Foedus werden den Aufstand mit starker Faust niederringen, leider zu spät, um Tiberius und Drusus zu retten. Aber die vom Heldenmut ihres Präfekten begeisterten Prätorianer werden rasch dafür sorgen, daß dieser zum neuen Caesar ausgerufen wird. Unter den getöteten Aufständischen wird man auch meine Leiche finden. Und wer wird daran zweifeln, daß der Cheruskerfürst Thorag, als Feind des Römischen Reiches und einer der Anführer des germanischen Widerstands bekannt, den Aufstand angezettelt hat, um sich an Tiberius zu rächen? Um endlich für Ruhe in Germanien zu sorgen, wird der neue Ceasar Sejanus die romtreuen Edelinge Segestes und Marbod dabei unterstützen, dort die Macht zu erringen. Was könnte das römische Volk besser davon abhalten, sich tiefere Gedanken um den Tod des Tiberius zu machen, als ein großer Krieg an der germanischen Grenze?« Thorag hatte sich heiser geredet. Er räusperte sich und fuhr leise fort: »Vielleicht habe ich die Einzelheiten nicht ganz richtig getroffen, aber im großen und ganzen wird es sich so abspielen. Verlaß dich drauf, Flavus!«

Nach einer langen Zeit des Nachbrütens fragte Flavus, noch immer ungläubig: »Ein Sklavenaufstand?«

»Ein scheinbarer. Vielleicht glauben die aufrührerischen Sklaven selbst daran und kämpfen um ihre Freiheit, während sie in Wahrheit Blutopfer für die Machtgier von Sejanus und Apicius sind. Als Leiter der Gladiatorenschule hat Apicius die Möglichkeiten, einen solchen Aufstand zu schüren. Ein oder zwei gezielte Agitatoren vielleicht oder ein Anführer des Aufstands, der in Wahrheit auf Apicius' Lohnliste steht. So etwas läßt sich vorbereiten, wenn man die Macht, das Geld und den Willen hat.«

Mit einem Ruck schlug Flavus die Bettdecke beiseite, nachdem er zuvor den Dolch ergriffen hatte. Er sprang auf und drückte die Klinge gegen Thorags Kehle, ganz so, wie der Donarsohn es zuvor bei ihm getan hatte.

»Ich habe dich durchschaut, Thorag! Dies ist deine besondere Form der Rache. Du weißt, daß du verloren bist. Du mußt dein Leben geben, um Auja zu retten. Aber du willst mich als Waffe benutzen, um Sejanus, Foedus und Apicius für das zu bestrafen, was sie dir angetan haben. Nur dazu dient das Lügengespinst, das du vor mir ausgebreitet hast.«

»Mit deinem Auge hast du auch deinen Scharfblick verloren«, sagte Thorag entmutigt. »Die Abgefeimtheit, die du mir unterstellst, ist in Wahrheit den Verschwörern zu eigen. Aber ich sehe ein, daß du ebenso taub wie blind bist. Versprich mir wenigstens, dich um Auja zu kümmern. Sie kann nichts dafür, daß ein Meer aus Mißtrauen und verschiedenen Ansichten uns beide trennt.«

»Ich werde alles für sie tun, was in meiner Macht steht. Beantwortest du mir eine Frage?«

»Gern«, sagte Thorag aufatmend, erleichtert, daß Flavus sich zumindest für Auja einsetzen wollte. »Wenn ich auch Zweifel habe, daß du meinen Antworten Glauben schenkst.«

»Wie hast du es geschafft, zu mir vorzudringen?«

»Oh, das war leicht. Ich brauchte nur die Nacht abzuwarten. Ein offenes Fenster und müde Wachen, die nicht mit einem Eindringling rechneten, luden mich geradezu ein.«

Unerwähnt ließ Thorag den Freund, der ihn zu dem Viertel mit den Häusern der hohen Offiziere und Beamten geführt hatte: Nigrinus.

Als kurz darauf eine Gruppe Soldaten, angeführt von Flavus und in ihrer Mitte Thorag, aus dem Haus trat und durch die nächtlichen Gassen des Wohnviertels ging, bemerkte niemand die kleine, sie verfolgende Gestalt. Nigrinus war nur ein Schatten im Schatten gewesen, verschmolzen mit den Umrissen einer Ligusterhecke. Und vor dem Ziel der Soldaten, einem großen Haus mit weitflächigem Garten, tauchte er in den Schatten eines Springbrunnens ein. Er richtete sich auf eine längere Wartezeit ein, wissend, daß hier Lucius Aelius Sejanus residierte.

»Das ist ein feiner Fang, Gaius Julius Flavus!« Das mißmutige Gesicht des Prätorianerpräfekten, beim Eintreten noch verstimmt über die Störung seiner Nachtruhe, hellte sich angesichts des Donarsohns auf. »Ein Fang, der das gewaltsame Unterbrechen meines Schlafes mehr als aufwiegt und auch den Umstand, daß der Barbar dir auf Apicius' Anwesen entkommen ist. Aber wieso ist er nicht gefesselt? Er hat seine Gefährlichkeit mehr als einmal bewiesen!«

Sie standen in einem großen Empfangsraum, der von ein paar eilig entzündeten Kerzen nur unzureichend erhellt wurde. Thorag war unbewaffnet, aber er trug auch keine Fesseln. Neben ihm stand Flavus in seiner Uniform, hinter ihm die vier Soldaten des Begleitkommandos. Alle fünf Begleiter waren mit Schwertern und Dolchen bewaffnet. Sejanus trug nur eine helle Tunika und Sandalen, desgleichen der Sklave, der ihn gerufen hatte. Hinter dem Präfekten standen zwei bewaffnete Prätorianer Wache.

»Thorag hat sich freiwillig gestellt und mir sein Wort gegeben, nicht zu fliehen.«

Sejanus maß Flavus mit einem mißbilligenden Blick. »Wird er sowenig fliehen wie in der Nacht, als man dich niederschlug?«

Flavus gab durch keine Regung zu erkennen, ob ihn der Vorwurf getroffen hatte. »Ich glaube Thorag. Immerhin hat er mich ohne Widerstand zu dir begleitet.«

»Weil er weiß, daß sein Weib meine Gefangene ist und in den Zellen unter dem Amphitheater hockt.«

»Hoffentlich nicht mehr lange«, sagte Thorag zu Sejanus. »Du hast versprochen, Auja freizulassen, wenn ich mich stelle.«

Sejanus lächelte auf niederträchtige Weise. »O ja, eine kleine List.«

»Nein!« schrie Thorag auf. »Auja geht es nicht gut. Du mußt sie freilassen!«

»Ich muß? Ja, warum denn?«

»Weil du in aller Öffentlichkeit dein Wort gegeben hast, Sejanus!«

»Du bist ein Gesetzloser, Thorag, ein Bandit. Wir wissen, daß du dich mit den Sumpfschlangen eingelassen hast. Verwundete Banditen, die beim Angriff auf die Wasserburg in unsere Hände gefallen sind, haben es uns verraten. Ein Bandit hat keine Rechte, und das Wort, das man einem Banditen gibt, ist nicht bindend. Schon gar nicht für einen römischen Ritter.« Sejanus wandte den Kopf zu Flavus und beugte sich zu ihm vor; mit seiner langen, gebogenen Nase wirkte er wie ein Raubvogel, der sich auf den Einäugigen stürzen wollte. »Ist es nicht so, Präfekt Flavus?«

Mit noch immer unbewegtem Gesicht erwiderte der Angesprochene: »In allem, was du sagst, gebe ich dir vollkommen recht, ehrwürdiger Sejanus.«

Als Thorag das Haus des Prätorianerpräfekten verließ, lagen eiserne Fesseln um seine Hand- und Fußgelenke. Er konnte nur kleine Schritte machen, und bei jeder Bewegung begleitete ihn ein entwürdigendes Klirren. Seine Bewachung bestand aus fünfzehn bewaffneten Prätorianern, die ihn zum großen Rund des Amphitheaters brachten: ein steinerner Koloß, dessen alles überragende Mauern im milchigen Licht der Gestirne noch mächtiger wirkten als bei Tag. Die Prätorianer mochten mit einem Befreiungsversuch – der nicht stattfand – rechnen, aber sie bemerkten nicht die winzige Gestalt, die ihnen, von Schatten zu Schatten huschend, folgte.

Kapitel 26
Finsternis

Finsternis umgab Thorag, obwohl Sunna nach seiner Schätzung hoch am Himmel stehen mußte. Viele Stunden waren seinem Zeitgefühl zufolge vergangen, seitdem man ihn zum Amphitheater gebracht hatte. Die Zelle lag in einem muffigen Trakt unter der Erde. Er kauerte auf dem nackten Boden und war noch immer an Händen und Füßen gefesselt. Zusätzlich lag ein rostiger Ring um seinen Hals. Eine kurze Kette, die dem Gefangenen nur wenig Bewegungsfreiheit ließ, verband den Ring mit der steinernen Mauer.

Aber was sollte er sich groß bewegen in einem Raum, der höchstens drei Doppelschritte lang und zwei Doppelschritte breit war. Das hatte Thorag im Fackelschein gesehen, als die Prätorianer ihn herführten und anketteten. Jetzt waren sie lange verschwunden und mit ihnen das Licht.

Diese Zelle war nicht dazu geeignet, die Kampfkraft eines Gladiators zu schüren. Vermutlich diente sie dazu, aufsässige Kämpfer oder Drückeberger zu disziplinieren. Es gab weder einen Schemel noch eine Matratze, nicht einmal Stroh. Er kauerte auf dem nackten Boden, zur äußeren Untätigkeit verdammt. Seine Gedanken dagegen rasten hin und her, auf der verzweifelten Suche nach einem Ausweg, aber was sie fanden, war nur Sorge und Angst.

Sejanus hatte ihm nicht gestattet, Auja zu sehen, und sei es auch nur für einen Augenblick. War sie in einer ähnlichen Zelle untergebracht, in Finsternis und ohne jede Bequemlichkeit ihrem Fieber ausgeliefert? Der Gedanke trieb ihn an den Rand des Wahnsinns. Schlimmer war vielleicht nur das Wissen, daß sie ganz in der Nähe sein mußte, vielleicht sogar im selben Gang, und doch unerreichbar für ihn war. Mehrmals schrie er laut ihren Namen, ohne eine Antwort zu erhalten.

Schließlich versank er in ein dumpfes Brüten und glaubte, sanft in die Welt des Schlafes und der Träume hinübergeglitten zu sein, als er Schritte und Stimmen hörte. Doch es war die Wirklichkeit, er erhielt Besuch. Mit rostigem Knarren wurde der Türriegel zurückgezogen, und rötlicher Flammenschein stach blendend in seine Augen. Als er sich an das Licht gewöhnte, erkannte er drei Männer. Einer gehörte zu den Wärtern und hielt die rußende Fackel hoch. Die beiden anderen waren Sejanus und Apicius.

»Danke, Gabinius, wir brauchen dich nicht mehr«, sagte Apicius zu dem stoppelbärtigen Wärter. »Laß uns nur die Fackel hier.«

»Wie du befiehlst, Gavius Apicius«, sagte der Wärter und steckte die Fackel in eine Wandhalterung auf dem Gang, direkt gegenüber der offenen Zellentür. Schlurfend entfernte er sich, während die beiden anderen eintraten.

Thorag blieb am Boden hocken. Zwar erlaubte ihm die Halskette, sich zu erheben, aber derart gefesselt hätte er dadurch nicht an Würde gewonnen. Mit finsterem Blick starrte er seine Besucher an, wissend, daß er von ihnen keine Wohltaten zu erwarten hatte.

Sejanus war mit Schwert und Dolch bewaffnet und trug seine Uniform, Apicius dagegen eine so bunt bestickte Tunika, daß die ursprüngliche Farbe im überreichlichen Besatz unterging. Der große, stramme Soldat und der aufgedunsene, dickbäuchige Feinschmecker wirkten so unterschiedlich, daß Thorag, hätte er es nicht besser gewußt, niemals darauf gekommen wäre, sie könnten ein gemeinsames Ziel wie ein Mann verfolgen.

Sie betrachteten ihn eingehend wie ein gefangenes Tier, und ihm war klar, daß er in ihren Augen nicht mehr war als eine der Bestien, die man bald zur Tierhetze in die Arena schicken würde.

»Selbst gefesselt wirkt er noch gefährlich.« Apicius sprach in einer Mischung aus wohligem Schaudern und widerwilliger Anerkennung, die er der gefesselten Bestie aus den germanischen Urwäldern zollte.

Sejanus nickte. »Er hat in der Zwischenzeit auch einiges geleistet.«

»Wie wahr du sprichst, Präfekt. Nach unserer ... äh ... Behandlung in der Schmiede hätte ich nicht gedacht, daß er in jener Nacht überhaupt noch einen Fuß vor den anderen setzen könnte.«

»Die animalische Kraft, die den germanischen Barbaren zu eigen ist, treibt ihn an. Deshalb sind die Kerle als Kämpfer in der Arena so immens beliebt.«

»Kraft hat er, aber kann er auch reden?« Apicicus stieß eine perlenbestickte Schuhspitze in Thorags Seite, was einen stechenden Schmerz zur Folge hatte. »He, Germane, erzähl uns von deinen Abenteuern! Was hast du im Versteck der Sumpfschlangen erlebt? Hast du die Schlangenkönigin gesehen?«

Thorags Augen hielten dem überheblichen und zugleich bohrenden Blick des Römers stand, und der Cherusker antwortete: »Gesehen und gesprochen.«

»Hat sie den Überfall überlebt?«

Thorag sah Apicius an und schwieg.

»Antworte mir, du Tier, und sag mir, wer sie ist!«

»Nein! Ich antworte erst, wenn ich mit eigenen Augen gesehen habe, wie ihr Auja freilaßt!«

»Du willst Bedingungen stellen? Du?« Apicius sah

Thorag an wie einen Geist. »Erinnerst du dich nicht mehr an die Schmiede? Möchtest du, daß wir mit dem fortfahren, was dort geschehen ist?«

Noch immer spürte Thorag den brennenden Schmerz der Folter in seinem Unterleib. Es war eine schlimme Strafe, aber eine, die er verdient hatte, indem er Auja mit Canis und Gaviana betrog. Wenn es sein mußte, würde er sich der Folter jederzeit wieder stellen, um Aujas Freilassung zu erlangen. Vielleicht war es das einzige, was er noch für sie tun konnte.

»Antworte, verdammt!« schrie Apicius.

Wieder schoß der klobige Fuß in dem verzierten Lederschuh vor. Diesmal war Thorag darauf vorbereitet und reagierte so schnell, wie Donars Blitze den Himmel durchzuckten. Seine Hände waren zwar gefesselt, aber die Kette zwischen den Eisenringen ließ ihm einen Spielraum von einer halben Armlänge. Das genügte, um den Fuß zu packen und herumzudrehen. Mit einem lauten Aufschrei krachte Apicius zu Boden, wo der Schrei sich in ein dumpfes Stöhnen verwandelte.

Apicius wollte sich erheben, doch wieder kam Thorag ihm zuvor. Er streckte die Hände über den Römer aus und zog ihn mit der Kette seiner Handfesseln zu sich heran. Gegen Thorag gepreßt, lag Apicius in seinem Würgegriff. Der Cherusker zog die Kette fester zusammen, bis Apicius jämmerlich röchelte und nach Luft schnappte.

Thorags Herz klopfte, und sein Atem ging schneller. Die Erregung entsprang dem guten Gefühl, endlich etwas zu unternehmen. »Ich kann deinen Freund jederzeit töten, Sejanus, schneller als du dein Schwert ziehen kannst. Wenn du ihn retten willst, bring sofort Auja zu mir!«

Zögernd betätigte Thusnelda den Klingelzug. Seit Thorags unerwartetem Auftauchen vor zwei Tagen hatte sie Amatus nicht gesehen, und jetzt besuchte sie ihn mit gemischten Gefühlen. Zwar hatte sie sich und ihre Liebe zu Amatus gegen die Vorwürfe des Donarsohns verteidigt, aber insgeheim fragte sie sich, ob ihre Abkehr von Armin wirklich ein schwerer Verrat war, wie Thorag behauptet hatte.

Ganz gegen ihre Erwartung öffnete nicht der wuchtige Terpnus die Tür, sondern ein schlaksiger Jüngling. Terpnus war in Amatus' Haus so etwas wie eine Institution und nahm es als persönliche Beleidigung, wenn jemand anderer Besucher an der Tür empfing. Sie war so verblüfft, daß sie sich stammelnd nach dem Haussklaven erkundigte.

»Mein Name ist Jarinus, Herrin, und ich habe die Pflichten des Haussklaven übernommen. Mein Herr Amatus hat Terpnus einen neuen Arbeitsbereich zugewiesen. Er hilft jetzt bei den Lagerhäusern. Amatus meint, Terpnus sei mit seinen Riesenkräften bestens dazu geeignet, die schweren Amphoren und Fässer zu bewegen.«

Der Spott in der Stimme des jungen Sklaven war unüberhörbar. Offenbar schätzte er seinen Vorgänger nicht. Daß Amatus seinen langjährigen Haussklaven strafversetzt hatte, konnte nur eines bedeuten: Terpnus war, wie schon vermutet, der Verräter, der die Soldaten von Thorags Anwesenheit in Kenntnis gesetzt hatte.

»Tritt doch ein, Herrin. Du wirst schon erwartet.«

Auf die erste Überraschung folgte eine noch größere, als der Sklave Thusnelda in den Raum führte, in dem Thorag sie und Amatus überrascht hatte. Zwei der drei Liegen waren belegt. Neben Amatus lag der Einäugige, der Bruder Armins: Isgar einst und jetzt Flavus.

Sie grüßte den Banditenpräfekten nicht und sah ihn mit offener Abneigung an. Flavus hatte für Germanicus gekämpft, für den Feldherrn, der Thusnelda, ihren Sohn und Auja verschleppt hatte. Der Einäugige war mitverantwortlich dafür, daß die Befreiung der Geiseln immer wieder mißlang. Als sie ihn vor fünf Tagen auf der Germaneninsel wiedergesehen hatte, hatte sie nicht ein Wort mit ihm gewechselt.

Als sie über ihre Abneigung nachdachte, kam es ihr auf einmal seltsam vor. Ohne ihre Verschleppung hätte sie niemals Amatus kennen- und lieben gelernt. Mußte sie Flavus also dankbar sein? Oder sollte sie ihn hassen, weil er mitgeholfen hatte, das Band zwischen ihr und Armin zu zerreißen?

Erst beim zögernden Nähertreten bemerkte Thusnelda, daß auch die dritte Liege einen Gast beherbergte, so klein von Gestalt, daß er zunächst von dem großen Flavus verdeckt gewesen war. Sie erkannte Thorags zwergenhaften Begleiter.

Wein und süße Leckereien standen auf dem Tisch. Die ganze Szene kam ihr unwirklich vor. Ihr Geliebter und der abtrünnige Bruder ihres Gemahls und Präfekt zur Abwehr von Banditen sowie der Zwerg, der offenbar zu den Banditen gehörte, lagen hier friedlich vereint wie die besten Freunde. An den gespannten Gesichtern erkannte Thusnelda, daß es sich nicht um ein freundschaftliches Beisammensein handelte. Alle drei sahen die Eintretende erwartungsvoll an.

Amatus erhob sich und sagte Jarinus, er könne sie allein lassen. Dann umarmte er die Geliebte. Ein wohliges, warmes Kribbeln erfüllte Thusnelda bei seiner Berührung, das Gefühl von Geborgenheit und Liebe. Obwohl sie hier in der Fremde war, fühlte sie sich in Amatus' Armen zu Hause. Alle Zweifel an ihrer Beziehung zu ihm fielen von ihr ab. Sie schloß die Augen und genoß Amatus' Nähe und zärtliche Umarmung.

»Lieben und vernünftig sein, sei kaum einem Gott möglich, hat Publius Syrus zwar geschrieben, doch denke ich, daß die Zeit knapp ist und die Vernunft daher gebietet, die Zärtlichkeiten zu verschieben.«

Es war die durchdringende Stimme des Zwergs, die Amatus und Thusnelda aus ihrer innigen Umarmung riß. Einen Arm noch um die Geliebte gelegt, drehte Amatus sich zu den Liegen um und sagte: »Für einen Sklaven bist du reichlich belesen.«

Nigrinus nippte an seinem Wein und grinste den Hausherrn über den Rand des Silberbechers hinweg an. »Man kann viel Schlechtes über meinen Herrn Apicius sagen, aber er weiß, daß zur Pflege des Leibes auch die Pflege des Geistes gehört, will der Mensch gesunden. Deshalb ließ er nach dem Vorbild großer Städte eine umfangreiche Bibliothek in seinem Thermengebäude unterbringen. Da mein Herr mehr dem Kochen und Essen als dem Lesen zugetan war, hatte ich viel Zeit, mich mit seinen Büchern zu beschäftigen.«

»Sehr interessant«, fauchte Flavus ungeduldig. »Als du letzte Nacht heimlich in mein Cubiculum geklettert bist, hatte ich allerdings den Eindruck, du wolltest Wichtigeres zur Sprache bringen.«

»Sei mir nicht böse, ehrwürdiger Präfekt. Kann ich dafür, daß deine Wachen zweimal in einer Nacht versagen?«

Amatus geleitete Thusnelda zu seiner Liege und bot ihr Wein an. Geistesabwesend nippte sie an dem Falerner und hörte Flavus zu, der von den nächtlichen Ereignissen berichtete. Daß Sejanus sein Wort gebrochen und Auja nach Thorags Inhaftierung nicht freigelassen hatte, bereitete ihr große Sorge. Selbst wenn Auja davor bewahrt werden konnte, in die Arena geschickt zu werden, konnte der Aufenthalt in einer Zelle des Amphitheaters für die Kranke, die dringend der Pflege bedurfte, tödlich sein.

»Das ist der Stand der Dinge«, schloß Flavus seinen Bericht. »Und jetzt möchte ich von dir hören, Thusnelda, ob du uns Näheres über die von Thorag behauptete Verschwörung mitteilen kannst.«

Sie blickte Amatus an. Er hatte sie gebeten, sich in Germania minor nach Hinweisen auf eine Verschwörung umzuhören, während er bei den Mächtigen Ravennas die Ohren aufhielt.

»Du kannst mir alles sagen, was du weißt, Thusnelda«, erklärte Flavus. »Hielte Thorag mich für einen Verschwörer, hätte er mir sein Wissen kaum mitgeteilt.«

»Und du glaubst Thorag?« fragte sie.

»Einem so ungeheuerlichen Vorwurf glaubt man nicht einfach. Ich muß mehr erfahren, um mir ein Bild zu machen.«

Thusnelda stellte den Weinbecher ab und sagte mit einem Blick in die Runde: »Was ich euch mitteilen kann, ist leider nur ein Verdacht, nichts Konkretes. Ich konnte meinen Vater nicht geradeheraus nach einer geplanten Verschwörung fragen, ohne seinen Argwohn zu erregen. Mein Bruder Segimund hat allerdings in weinseliger Stimmung mir gegenüber einige Andeutungen fallenlassen, die Thorags Annahme bestätigen. Er sagte, die Zeit des Exils sei bald vorüber. Die Ankunft von Marbod und Sejanus bedeute neue Hoffnung für die Herzen, die sich nach der Heimat sehnen. Als ich mehr von ihm erfahren wollte, wurde er sich seiner Redseligkeit bewußt und gab sich verschlossen wie eine Muschel.«

»Mehr hast du uns nicht zu bieten?« fragte Flavus. »Nur das Geschwätz eines vom Wein Berauschten?«

»Segimund steht recht gut mit meinem Vater. Wenn Segestes in die Verschwörung verwickelt ist, weiß es auch mein Bruder. Und was er sagte, deutet in meinen Ohren ganz darauf hin, daß Thorag recht hat.«

»Die Patrizier Ravennas, jedenfalls soweit es sich um den Freundeskreis von Apicius handelt, geben sich in den letzten Tagen sehr verschlossen«, sagte Amatus. »Es ist, als wollten sie etwas verbergen.«

»Das sind ja überzeugende Erkenntnisse!« Das verkniffene Gesicht des Einäugigen war ein Zeugnis seiner Verstimmung. »Ein Angetrunkener faselt etwas, und Ravennas Stadtadel schweigt. Soll ich mich daraufhin gegen den mächtigen Aelius Sejanus stellen, einen engen Freund des Princeps?«

»Oder sein größter Feind, wenn Thorags Vermutung stimmt«, warf Thusnelda ein. »Du willst also nichts unternehmen?«

»Bevor mir keine eindeutigen Beweise vorliegen, nicht. Ich riskiere doch nicht meinen Kopf wegen des Verschwörungswahns eines …«

Als er sich unterbrach, fragte Thusnelda: »Was wolltest du sagen, Flavus? Eines Barbaren?«

»Hier ist dein Weib, Barbar. Laß Apicius endlich los!«

Wie hatte Thorag sich gewünscht, Auja wiederzusehen! Aber die Umstände erstickten jedes Glücksgefühl in Angst um seine Gemahlin und in Trauer um das, was sie erdulden mußte.

Sie war eine andere geworden als die Auja seiner Erinnerung, nur noch ein Schatten ihrer selbst. Abgemagert, mit eingefallenen Wagen und tiefen Ringen unter den rehbraunen Augen, die einst im Sonnenlicht wie Bernstein gefunkelt hatten. Die Freude darüber, daß sie noch lebte, wurde von der bitteren Erkenntnis aufgefressen, daß ihre Augen so teilnahmslos wie die einer Toten wirkten. Als sei sie innerlich gestorben.

Doch als sie Thorag erblickte, trat ein schwacher Abglanz des einstigen Funkelns in ihre Augen. Sie schrie seinen Namen und wollte auf ihn zustürzen, aber Sejanus hielt sie mit festem Griff gepackt. Zudem waren ihre Hände und Füße wie die Thorags aneinandergekettet.

»Nicht so schnell, Barbarenweib!« herrschte der Prätorianerpräfekt sie an. »Du hast deinen Gemahl viele Jahre nicht umarmt, da wirst du wohl noch ein wenig warten können.«

»Wie geht es Ragnar?« rief Auja und war den Tränen nahe.

»Er ist gesund und wartet daheim auf seine Mutter«, antwortete Thorag mit ebenso feuchten Augen.

»Wie rührend«, fuhr Sejanus mit schneidender Stimme dazwischen. »Ich fürchte nur, die Familienzusammenführung wird nicht stattfinden!«

Thorag, der Apicius noch im Würgegriff hielt, erblickte hinter dem Präfekten einige bewaffnete Prätorianer und ahnte Böses. Er zog die Kette stramm, was seiner nur noch flach atmenden Geisel eine Mischung aus Krächzen und Röcheln entlockte.

»Gib Auja sofort frei, oder Apicius stirbt!«

In aller Ruhe zog Sejanus seinen Dolch und drückte ihn gegen Aujas Brust. »Du solltest die Sache besser andersherum betrachten, Barbar. Wenn du Apicius nicht auf der Stelle freigibst, stirbt dein Weib!«

Sejanus sah fest entschlossen aus. Thorag kannte seine Skrupellosigkeit. Doch konnte es wirklich sein, daß der Präfekt bereit war, seinen Freund, Gönner und Mitverschwörer zu opfern?

Warum nicht, wenn alles für die Verschwörung vorbereitet war! Gewiß war Sejanus nicht erpicht darauf, seine neue Macht zuteilen. Wenn Thorag Apicius tötete, würde das den Donarsohn in den Augen der Römer erst recht zum Anführer des fingierten Aufstands stempeln. Wer den reichsten und angesehensten Bürger Ravennas tötete, schreckte gewiß auch vor einem Anschlag auf den Princeps nicht zurück.

Thorag gab seinen Gefangenen frei. Wie ein Sack Getreide fiel der wuchtige Mann vor Thorags Füßen auf den Boden. Mit hastigen, unregelmäßigen Atemzügen rang Apicius nach Luft. Seine feisten Hände fuhren zitternd an den schmerzenden Hals, an dem die Kette dunkelrote Abdrücke hinterlassen hatte. Er schien nicht sprechen zu können und erholte sich nur langsam. In seinen Zügen stand noch die Angst vor dem Tod zu lesen, aber auch unversöhnlicher Haß auf den Cherusker.

Zwei Prätorianer traten auf Befehl ihres Präfekten in die Zelle. Sie halfen Apicius auf und führten ihn hinaus.

»Laß Auja frei, Sejanus!« bat Thorag. »Ich bin der, den du wolltest.«

»Eben wolltest du mich noch erpressen, jetzt bittest du um eine Gnade? Die einzige Gnade, die ich dir gewährt hätte, wäre die gewesen, daß du zusammen mit deinem Weib sterben darfst. Das hast du dir verscherzt. Jetzt werde ich deine Auja erst recht zu den Bestien schicken!«

Sejanus zerrte Auja in den Gang hinaus. Ein Prätorianer schloß die Tür und schob den Riegel vor. Die Wiederbegegnung mit Auja schien nur ein böser Traum gewesen zu sein. Thorag war wieder allein mit seinen Sorgen und der Finsternis.

Kapitel 27
Die goldene Brücke

Die Götter schienen Thorag verlassen zu haben, auch Donar, den er immer wieder um Hilfe anrief. Der Donnergott sandte ihm kein Zeichen und blieb den Träumen fern in den kurzen Zeiten, in denen Thorags erschöpfter Geist Ruhe im schlafenden Körper fand.

Niedergeschlagen hockte er auf dem Boden seiner Zelle, die so finster war wie seine Gedanken. Die Finsternis der Zelle wurde hin und wieder erhellt, wenn die Wächter ihm Wasser, Brot, Käse und sogar Fleisch brachten sowie eine Schale, in die er seine Notdurft verrichten konnte.

Thorag wußte, daß dies kein Akt des Erbarmens war. Das lag Sejanus so fern wie einem Fischer die Wüste. Wenn Thorag der Öffentlichkeit als vermeintlicher Anführer des Aufstands präsentiert wurde, tot, aber noch warmen Blutes, durfte er nicht ausgemergelt wirken. Ein kräftiger Barbar gab einen glaubwürdigeren Kaisermörder ab.

Mit dem Schlaf verlor er sein Zeitgefühl. Erst als die Fanfarenstöße seinen dahindämmernden Geist erreichten, wurde ihm bewußt, daß der Tag des Todes gekommen war. Die Spiele zu Ehren von Tiberius und Drusus hatten begonnen.

Über Thorag schien gerade die Pompa stattzufinden, marschierten die Gladiatoren hinter den Fanfarenbläsern in die Arena ein, um sich vom Publikum bejubeln zu lassen: die Dimachärier mit ihren zwei Dolchen und die Laquärier, die ihre Gegner mit dem Seil zu Fall brachten; hoch zu Roß die Equiten und die grellbemalten Streitwagen mit den Essedariern; die Veliten mit ihren langen

Lanzen und die Andabater, die ihre geschlossenen Helme jetzt unter den Armen trugen und später, wenn sie die Helme aufgesetzt hatten, völlig blind gegeneinander kämpfen würden; die barfuß gehenden Murmillonen mit ihren Fischhelmen und den gallischen Waffen sowie die Thraker mit den kurzen gebogenen Schwertern und den kleinen Rundschilden; die Retiarier mit Dreizacken und Wurfnetzen und ihre Gegner, die Secutoren, die besonders glatte Helme trugen, um den Netzen wenig Angriffsfläche zu bieten; die Sagittarier mit Bogen und Pfeilköchern und natürlich die prächtig ausstaffierten Samniten, die Lieblinge jeder Arena, die stolz ihre geraden Schwerter und die großen Schilde hoben. Sie und noch andere Gladiatoren, ausgefallenere Typen, wurden aufgeboten, um die hohen Gäste zu unterhalten. Ihnen voran, gleich hinter den Fanfarenbläsern, würde sich Apicius als Ausrichter der Spiele nach alter Sitte von der Menge feiern lassen und wohl, wenn er an der Ehrentribüne des Princeps vorbeizog, daran denken, wie es sein würde, selbst auf diesem Platz zu sitzen, wenn nicht als Princeps, dann als sein engster Vertrauter.

Aus seiner Lethargie gerissen, lauschte Thorag aufmerksam. Er hatte das Programm der Spiele im Kopf und wußte bei jedem Fanfarenstoß, welche neue Attraktion angekündigt wurde. Erst kämpften die Pägnarier gegeneinander, mit den Waffen, die Thorag und Ariston bei ihrem Zweikampf geführt hatten. Dann kamen die Lusorier, die sich wie die Pägnarier noch in der Gladiatorenausbildung befanden, mit ihren Holzwaffen. Diese im Vergleich zu den folgenden Attraktionen harmlosen Kämpfe fanden wenig Beifall. Aber als nach der Mittagspause die Fanfaren zur Tierhetze riefen, jubelte die Masse laut auf – und Thorag zerriß es das Herz.

Aus tiefster Seele schrie er Aujas Namen und sprang

auf, als sei er ein freier Mann. Die Ketten belehrten ihn rasch eines Besseren und brachten ihn zu Fall. Der eiserne Halsring biß schmerzhaft in sein Fleisch und würgte ihn, wie es Thorag vor kurzem mit Apicius getan hatte. Bei dem Gedanken, daß der Römer jetzt auf der Tribüne saß und genüßlich Aujas Tod verfolgte, ballte der Cherusker die Fäuste und wünschte sich, Apicius die fette Gurgel umgedreht zu haben.

Mit beiden Händen umfaßte Thorag die Kette seines Halsrings und zerrte an ihr, während er die Füße gegen die Wand stemmte, bis er kraftlos zu Boden sackte. Die Kette hatte sich kein bißchen gelockert, stellte er fest, als er sich nach einiger Zeit schwankend erhob. Er war erschöpft von der Anstrengung, und das Blut pochte in seinen Ohren. Oder war es das Stampfen der Bestien über ihm?

Das Pochen war so laut, daß er die Geräusche an der Tür überhörte. Erst als Licht in die Zelle fiel, drehte er sich um und sah in das ernste Gesicht des Einäugigen.

»Schließ ihn los, aber rasch!« bellte Flavus und schubste einen verstörten Wärter zu Thorag. »Und sieh zu, daß du nicht zu lange nach den richtigen Schlüsseln suchst!«

Der knochige Römer blieb zögernd vor dem Cherusker stehen und wandte sein eiförmiges Gesicht zu Flavus um. »Aber, Herr, wenn das Apicius erfährt …«

»Du hast Angst vor Apicius?« Flavus trat schnell vor und zog seinen Dolch quer über die linke Wange des Wächters; der Verletzte schrie auf und drückte die Hand gegen die blutende Wunde. »Wenn du mir nicht augenblicklich gehorchst, solltest du lieber Angst vor mir haben. Für den Rest deines Lebens hast du jetzt eine hübsche Erinnerung an mich. Schließ den Gefangenen los, oder ich schneide dir das Auge raus!« Grinsend fügte der

Banditenpräfekt hinzu: »Dann werden wir aussehen wie Brüder.«

Mit zitternden Händen hob der Wärter einen Schlüsselring und begann, Thorag von seinen Fesseln zu befreien.

»Was ist mit Auja?« fragte der Donarsohn.

»Als ich herkam, war sie noch nicht in der Arena«, antwortete Flavus.

»Wir müssen uns beeilen!« drängte Thorag, während der Wärter sich an den Fußfesseln zu schaffen machte. »Ich hatte nicht mehr mit dir gerechnet, Flavus.«

»Ich gebe zu, daß dein Verschwörungsgerede arge Zweifel in mir ausgelöst hat. Überzeugt war ich erst, als ich einen Zeugen fand.«

Flavus trat zur Seite, und das Fackellicht fiel auf eine dürre, kleine Gestalt. Der Zeuge des Einäugigen hob sein faltiges Gesicht und sah Thorag an. Seltsamerweise lag keine Feindschaft in dem Blick.

»Demetrius! Du hast für mich ausgesagt?« rief der Donarsohn. »Ich dachte, du hättest meinen Tod geschworen.«

»Ich tat es nicht für dich, Germane, sondern gegen Apicius. Als du Ariston getötet hast, hatte mein Bruder wenigstens die Möglichkeit, sich zu verteidigen. Mein Herr ließ mir diese Möglichkeit nicht. Seine Tat wiegt schlimmer als die deine.«

»Das verstehe ich nicht«, erwiderte Thorag mit schiefem Kopf, weil der Wärter versuchte, die Halsfessel aufzuschließen.

»Ich bin ein Gefangener in diesem Keller gewesen wie du«, erläuterte Demetrius. »Apicius wollte mich den Tieren vorwerfen, weil ich ihm nach Aristons Tod nicht mehr nützlich bin. Vielleicht war er auch der Ansicht, ich wisse zuviel über ihn und seine Geschäfte. Ariston und ich haben nämlich dafür gesorgt, daß die Gladiatoren einen Ausbruch wagen. Ein Ablenkungsmanöver, um Tiberius und Drusus in dem entstehenden Trubel zu töten. Mein Lohn bestand in der Strafe dafür, daß ich Sejanus widersprach und den Dolch gegen dich erhob, Germane. Apicius sagte, ich würde nie wieder einen Dolch oder ein Rasiermesser führen, und er hat selbst für die Wahrheit seiner Worte gesorgt. Sieh!«

Er streckte seine Hände aus, die nur noch von blutigen Lappen umwickelte Stümpfe waren. Apicius hatte ihm sämtliche Finger abgeschnitten.

Der Wärter zerrte den Eisenring auf, und Thorag war frei. Er taumelte an Demetrius vorbei in den Gang, wo er in viele bekannte Gesichter blickte. Die Männer trugen die sauberen Tuniken anständiger Bürger, die nach altem Brauch in ihrer besten Kleidung ins Amphitheater gekommen waren. Ihre harten, entschlossenen, oft narbigen Gesichter allerdings waren nicht die von Leuten, die sich heute dem Trubel und Vergnügen ergeben wollten. Sie wirkten eher wie die von Kriegern, die in die Schlacht zogen.

Daß sie kämpfen konnten, wußte Thorag. Er selbst hatte sie beim Ausbruch aus der Wasserburg angeführt. Sie füllten den ganzen langen Gang aus, hundert Mann oder mehr. Daß ausgerechnet sie Flavus begleiteten, vielleicht sogar seinem Kommando gehorchten – ihm, der ihre Burg zerstören und ihre Gefährten töten ließ –, machte die Angelegenheit noch kurioser.

Ein blonder Mann trat vor, Amatus. »Ich habe mir erlaubt, die Sumpfschlangen neu einzukleiden. In ihrem Banditenaufzug wären sie zu sehr aufgefallen. Wenn man auch sagen muß, daß viele Banditen sowieso die Tracht angesehener Bürger tragen. Die Verschwörung beweist es.«

»Was ist, mein Freund, bist du plötzlich festgewachsen?«

Thorag sah sich um und erblickte den Sprecher erst, als er nach unten sah. Auch Nigrinus trug eine saubere, hübsch verzierte Tunika, wohl die Kleidung eines Kindes. In seiner Rechten hielt er einen Dolch, der in seiner kleinen Hand fast wie ein Schwert wirkte. Die Linke umklammerte ein kurzes Blasrohr.

»Du kannst dich später bei mir bedanken«, schnarrte Nigrinus. »Die Zeit drängt!«

Sie hetzten durch das unterirdische Gangsystem zu dem Trakt, in dem die Frauen untergebracht waren, die Demetrius zufolge gegen die wilden Tiere antreten sollten. Aber die Zellen standen offen und waren leer. Man hatte Auja und ihre Schicksalsgefährtinnen bereits abgeholt.

Weiter ging es, über Treppen nach oben, wo sie sich aufteilten. Flavus und Amatus führten eine Gruppe zur Tribüne des Princeps, während Thorag und Nigrinus mit den übrigen Sumpfschlangen in die Arena stürmten.

Unter den vielen Tausenden von Zuschauern entstand Aufregung, als Thorags Truppe in den blutigen Sand lief. Manche in der Menge hielten es für eine Störung der Aufführung, andere für eine geplante Überraschung, die das Ende des Tierkampfes hinauszögern sollte. Das schien auch dringend geboten, da von den Frauen nur noch wenige lebten.

Leichen, zerfleischt und in Stücke gerissen, lagen überall im Sand. Auch ein paar der Raubtiere waren gestorben, weil man den Frauen Waffen gegeben hatte: Schwerter, langstielige Äxte und mondförmig gebogene Schilde, wie es die Überlieferung von den Amazonen berichtete.

Offenbar hatte Apicius die weiblichen Krieger der

griechischen Sage im Sinn, als er die todgeweihten Frauen bewaffnete. Die Römer liebten es, ihre blutigen Schauspiele mit Motiven der Sagenwelt zu schmücken. Allerdings trugen die Frauen, im Gegensatz zu den Amazonen, keine Bogen. Apicius hatte wohl befürchtet, sie könnten ihre Pfeile ins Publikum schießen.

Dreißig oder vierzig Frauen waren bereits gefallen, etwa zehn lebten noch. Dichtgedrängt standen sie in der Mitte der Arena, umlagert von ungefähr dreißig Löwen und Leoparden. Als Thorag Auja inmitten der Überlebenden entdeckte, war seine Erleichterung nur gering. Zwischen ihm und ihr hielt sich ein Löwenrudel auf.

Auja blutete aus einer Schulterwunde, aber sie stand aufrecht und hielt Schwert und Schild wie jemand, der um sein Leben kämpfen wollte. Das Wiedersehen mit Thorag, so kurz und enttäuschend es auch ausgefallen war, hatte ihr offenbar den Lebensmut zurückgegeben. Im Gegensatz zu den anderen Frauen trug sie ein vergoldetes Wehrgehänge wie die sagenhafte Amazonenkönigin Hippolyta. Dadurch sollte die Gemahlin des berüchtigten Barbarenfürsten Thorag dem Publikum kenntlich gemacht werden.

Abscheu und Verbitterung packten Thorag. Er bückte sich über die Leichen von Aujas unglücklichen Gefährtinnen, nahm Schwert und Axt an sich und stürmte, immer wieder Aujas Namen schreiend, auf die Löwen zu.

Die Tiere waren durch das Auftauchen der neuen Gegner in ihrem Rücken verwirrt. Ehe sie sich noch besannen, fuhren Thorag und die Sumpfschlangen zwischen sie und hielten blutige Ernte. Mit einer Hand führte der Donarsohn das Schwert, mit der anderen die Axt. Immer wieder fraßen seine Klingen das Fleisch der Raubtiere, und bei jedem Hieb ließ er seinem Zorn freien Lauf.

Er wußte, daß die Löwen und die Leoparden nichts für das Gemetzel konnten, das sie unter den Frauen angerichtet hatten. Die Tiere waren zum Töten abgerichtet und durch Hunger und Schläge dazu getrieben worden.

Aber Thorag konnte nicht länger an sich halten. Zu groß waren seine Verzweiflung und seine Angst um Auja gewesen. Jetzt kam er ihr mit jedem Hieb näher, und er mußte schneller sein als die gefräßigen Bestien.

»Was ist das?« fragte Tiberius Caesar Augustus, Herrscher über das römische Weltreich, und beugte sich in seinem weichgepolsterten und mit feinem Samt bespannten Sessel vor. Die großen, tiefliegenden Augen weiteten sich und blickten gespannt in die Arena hinunter. Im Gegensatz zu den Zuschauern auf den billigeren Plätzen brauchte der Princeps seine breite Stirn nicht gegen die Sonne abzuschirmen, um das Geschehen auf dem sandigen Kampfplatz zu verfolgen. Ein riesiges Sonnensegel aus hellem Tuch spannte sich über die Tribünen, die dem Herrscher und seinem Gefolge sowie den angesehensten Einwohnern Ravennas vorbehalten waren. »Männer, die Amazonen zu Hilfe eilen? Auf welches Motiv der griechischen Sage bezieht sich dieses Ereignis, Gavius Apicius?«

Der Angesprochene, der als Ausrichter der Spiele einen Ehrenplatz ganz in der Nähe des Herrschers innehatte, sprang auf, und seine Augen huschten wie wild hin und her, von Tiberius in die Arena, dann zu Sejanus, der neben Drusus saß, und zurück zum Princeps. Das Auftauchen der bewaffneten Männer verwirrte ihn ebenso wie den Herrscher. Apicius hatte in dem Anführer der Schar Thorag erkannt. Dabei sah der Plan vor, daß der Cherusker seine Zelle als Toter verlassen sollte. Auch sollte der angebliche Gladiatorenaufstand erst nach den Tierkämpfen stattfinden. Und die Männer dort unten, die Thorag mutig folgten, sahen in ihren teuren Tuniken nicht aus wie Gladiatoren.

Die Miene des Princeps verdüsterte sich, weil er keine Antwort erhielt. Apicius hatte gehofft, Sejanus würde ihm zu Hilfe kommen, doch der Prätorianerpräfekt schien ebenso überrascht wie er selbst.

Also räusperte Apicius sich und sagte: »Das ... das ist nicht geplant, mein Caesar. Es ist ein Ausbruch, ein Aufstand der Gladiatoren vielleicht. Ihren Anführer wollte ich als besondere Überraschung für dich in die Arena schicken. Es ist ...«

»Thorag!« rief Drusus Caesar aus. »Es ist der verfluchte Germane, der mich am Rhein überfallen und entführt hat!«

Seine reichberingten Hände ballten sich zu Fäusten. Seit der Amazonenkampf gegen die Raubtiere begonnen hatte, verfolgte der Sohn des Tiberius das Geschehen in der Arena mit größtem Vergnügen. Nach den langweiligen Kämpfen der Pägnarier und der Lusorier am Vormittag, die zumeist glimpflich abgelaufen waren, war das Gemetzel zwischen den Raubtieren und den bewaffneten Frauen endlich etwas nach seinem Geschmack. Im Gegensatz zu seinem Vater war er ein großer Freund blutiger Spiele. Auf seine Anregung hatte man Schwerter mit besonders geschärften Klingen entwickelt, die bei Gladiatorenkämpfen große Wunden hinterließen und ihm zu Ehren ›Drususschwerter‹ genannt wurden.

»Ja, ich erkenne ihn«, sagte Tiberius. »Er hat unter meinem Kommando in Pannonien gekämpft, zusammen mit Arminius und dessen Bruder Flavus. Alle drei waren sehr tapfer.«

Im Gegensatz zum Sohn sprach der Vater nicht mit

Haß und Verachtung von Thorag, der doch einer der Führer des germanischen Aufstands war. Tiberius war ein alter Soldat, und er empfand Achtung vor dem Mut eines ehemaligen Kameraden, mochte der jetzt auch sein Feind sein.

Ein Aufruhr in seiner unmittelbaren Nähe lenkte den Princeps von der Arena ab. Eine Gruppe aufgebrachter Bürger bahnte sich einen Weg durch die Sitzreihen, genau auf die Tribüne des Herrschers zu. Vielleicht Bittsteller mit einem vermeintlich unaufschiebaren Anliegen.

Als Sejanus sich aus seinem Sessel erheben wollte, um den Prätorianern den Befehl zu erteilen, die Störenfriede abzudrängen, sprang ein kleines Wesen, das sich unbemerkt herangeschlichen hatte, auf seinen Schoß und drückte einen Dolch gegen seine Kehle. »Sitzenbleiben, edler Sejanus, oder du bist so tot wie die armen Frauen da unten. Und jetzt ruf deinen Männern zu, sie sollen meine Freunde durchlassen, aber schnell! Meine Hand verkrampft sich leicht und gerät dann in arge Zuckungen.«

Thorag achtete nicht auf den Schmerz seiner erlahmenden Arme. Die Löwen wichen langsam zurück, und das war ihm ein neuer Ansporn, Hieb um Hieb zu führen. Hinter ihm drängten die Sumpfschlangen nach und kämpften tapferer, als es eine römische Zenturie vermocht hätte. Vielleicht taten sie es für Thorag, zum Dank, weil er sie aus der brennenden Wasserburg gerettet hatte.

Ein Löwe fiel Thorag an und riß ihn zu Boden. Die Axt war seiner Hand entfallen, und auf dem Schwertarm kauerte sein langmähniger Gegner. Weil das Tier halb auf ihm lag, war es ihm unmöglich, sich wegzurollen. War dies das Ende, so kurz, bevor er Auja in die Arme schließen konnte?

Aus dem weit aufgerissenen Löwenmaul wehte Thorag der Geruch frischen Blutes entgegen. Das Tier hatte heute schon getötet und war bereit, es wieder zu tun.

Plötzlich fuhr ein Schwert tief in seinen Rachen und blieb darin stecken. Blut sprudelte auf Thorag. Mit einem schmerzerfüllten Fauchen ließ der Löwe von ihm ab und führte einen seltsamen Tanz auf. Immer wieder schlug er dabei mit einer Pfote durch die Luft, als wolle er nach dem Schwert greifen und es aus seinem Maul ziehen. Vergebens.

Thorag achtete nicht weiter darauf, als über ihm ein vertrautes Gesicht erschien. Das Antlitz seines Retters – nein, seiner Retterin!

Auja kniete neben ihm und nahm ihn in ihre Arme. Endlich! Er fühlte sich, als sei nach ewig langer Nacht Sunna am Himmel aufgestiegen und hülle ihn in das warme Bad ihrer Strahlen. Es war eine Wärme, die nicht nur seinen Leib erfaßte, sondern tief in sein Herz drang.

Nur widerwillig löste er sich von Auja, als einer der Sumpfkrieger neben sie trat und rief: »Die Bestien haben sich von den Frauen zurückgezogen. Wir müssen zu den anderen, Thorag! Vielleicht brauchen sie uns auf Tiberius' Tribüne.«

»Laßt die Männer durch!« befahl Sejanus, zerknirscht und verwirrt zugleich.

Es widerstrebte ihm, von einem anderen Befehle entgegenzunehmen, zumal von so einem häßlichen Zwerg. Und er fragte sich, was das alles zu bedeuten hatte. Besonders, als er Flavus an der Spitze der Herandrängenden erkannte.

Wollte Apicius ihn hintergehen und die Macht allein übernehmen? Aber der alte Fettsack wirkte genauso überrascht, wie Sejanus selbst es war.

Und Foedus? Der Flottenpräfekt, de facto der erste Mann Ravennas, sah sich ebenso hilfesuchend um wie Apicius und Sejanus. Der Prätorianerpräfekt hielt es für ausgeschlossen, daß der pferdegesichtige Offizier gegen seine Mitverschwörer intrigierte. Gewiß gierte Foedus nach Macht, aber das Herrschen und Entscheiden war seine Sache nicht. Er war ein Mitläufer, einer, der sich im Schatten noch Mächtigerer bewegte und es genoß, Macht auszuüben, ohne Verantwortung übernehmen zu müssen. Der perfekte Handlanger, aber kein selbständig denkender Kopf.

Auch Tiberius hatte sich jetzt erhoben, wie überall im weitläufigen Oval des Zuschauerraums die Menschen aufstanden und neugierig zur Ehrentribüne blickten. Sie hatten mitbekommen, daß sich dort etwas noch viel Ungewöhnlicheres ereignete, als es der blutige Kampf unten in der Arena war.

Der Princeps trat dem mit gezücktem Schwert heranstürmenden Banditenpräfekten entgegen und rief: »Flavus, alter Kamerad, du bist es? Bei allen Göttern Roms, was hat dein Auftritt zu bedeuten? Und wer sind deine Begleiter?«

»Die einzigen Männer, auf die ich mich verlassen kann: Sumpfschlangen!«

»Was für Schlangen?«

»Banditen aus den Sümpfen. Vogelfreie.«

Unwillkürlich trat Tiberius einen Schritt zurück. »Was wollen sie …«

»Keine Angst, edler Caesar. Sie kommen, um dich zu beschützen. Du und dein Sohn, ihr solltet bei einem fingierten Gladiatorenaufstand ermordet werden.«

»Ein Aufstand?« Tiberius sah nach unten, wo Thorags Männer die Oberhand über die Raubtiere gewannen. »Dann führt Thorag ihn an!«

»Verzeih, Caesar, aber du irrst schon wieder. Thorag gehört zu uns. In Wahrheit war er es, der zuerst hinter die Verschwörung kam und mich darauf aufmerksam machte.«

Fassungslos schüttelte Tiberius seinen klobigen Kopf mit dem schütteren Haar. »Aber wer kann die Gladiatoren zu solch einem Aufstand bringen?«

Demetrius trat vor und zeigte mit einer seiner verstümmelten Hände auf Apicius. »Der Mann, der sie ausbildet und bezahlt, Marcus Gavius Apicius!«

Das Auftreten des verstümmelten Sklaven irritierte Tiberius noch mehr.

»Dieser Mann ist ein Sklave des Apicius und sollte in der Arena zum Schweigen gebracht werden«, erklärte Flavus. »Apicius hat ihm die Finger abgeschnitten.«

Der Beschuldigte stand wie versteinert da. Aller Augen hingen an ihm. Nur seine Hände bewegten sich, als seien sie ineinander verkrampft.

In Wahrheit öffneten die Finger der linken Hand die Kuppe eines klobigen Goldrings an der rechten. Dann flog die rechte Hand mit unglaublicher Schnelligkeit zu seinem Mund hoch. Er kippte den Kopf in den Nacken und schluckte das graue Pulver, das der Ring enthalten hatte. Taumelnd sank er in die Arme zweier Diener, denen der gewichtige Mann aber entglitt.

Amatus sprang hinzu, um seinen einstigen Herrn aufzufangen. Schaum quoll aus Apicius' Mund, und ganz leise, so daß nur Amatus ihn verstehen konnte, murmelte er: »... gutes Pulver ... auch ...manicus ... Arminius ...«

In der allgemeinen Überraschung konnte Sejanus den Zwerg von sich abschütteln und aufspringen. Laut rief er: »Mit seiner Selbsttötung hat Apicius seine Schuld zugegeben. Ich werde sofort meine Prätorianer losschicken, um all seine Freunde und Klienten zu inhaftieren. Die Garde bürgt für deine Sicherheit, erhabener Caesar!«

Amatus und Nigrinus sahen überrascht auf und blickten dann Flavus an, dessen Wort Gewicht bei Tiberius besaß. Der Einäugige nickte zu ihrer Überraschung und sagte: »Das ist ein guter Einfall, Sejanus, und verzeih, daß einer meiner Männer dich bedrohte. Ich gab Anweisung, den Princeps von jeder möglichen Gefahr abzuschirmen.«

Sejanus rang sich zu einem reichlich gequälten Lächeln durch. »Dein Befehl war klug und richtig, Flavus.«

In diesem Augenblick erstürmte Thorag, Auja an der Hand, die Tribüne, hinter ihm die übrigen Sumpfschlangen. Erstaunt nahm er zur Kenntnis, daß Sejanus noch sein eigener Herr war und seinen Offizieren Befehle erteilte. Flavus gab ihm Zeichen, darüber kein Aufheben zu machen, und widerwillig fügte sich der Donarsohn.

Drusus trat neben seinen Vater. »Da ist der verfluchte Barbar, der es wagte, mich als Geisel zu mißbrauchen. Endlich haben wir ihn wieder. Diesmal wird er uns nicht entkommen!«

Tiberius sah seinen Sohn streng an. »Damals hat er dir die Freiheit geraubt, heute rettete er dein Leben. Was wiegt schwerer, Drusus?«

»Ich ...« Drusus Caesar wußte nicht, was er sagen sollte. Noch einmal setzte er an: »Aber Thorag ist ein Aufrührer, ein Feind des Römischen Reiches!«

»Heute nicht«, sagte Tiberius mit Nachdruck. »Soll der Princeps den Mann, der ihn rettete, dafür bestrafen? Ist das Gerechtigkeit in den Augen der Götter?« Er schüttelte den Kopf und sah Thorag lange an. »Wenn wir uns wieder begegnen, dann vielleicht als Feinde, Thorag. Aber mit deiner heutigen Tat hast du dir und deiner Frau Leben und Freiheit verdient.«

»Das reicht nicht«, erwiderte der Donarsohn.

»Was?« schnappte der Princeps. »Soll ich dich noch mit Gold und Edelsteinen aufwiegen?«

»Nein, du sollst noch mehr Gnade walten lassen. Die Sumpfschlangen sind Verfemte und in Ravenna verhaßt. Aber ohne sie wäre es mir nicht möglich gewesen, Flavus zu warnen und dich zu retten, Tiberius. Sie wissen, daß sie in dieser Stadt nicht willkommen sind. Sie wünschen sich nichts anderes, als irgendwo an den Grenzen des Reiches ein neues Leben zu beginnen, ohne gehaßt und verfolgt zu werden.«

Nach kurzem Überlegen sagte Tiberius: »Es sei ihnen gewährt. Sie haben mein Wort als Princeps des römischen Senats.« Er seufzte schwer, als gehe all das über seinen Verstand. »Ich glaube, ich werde dieses Theater jetzt verlassen. Ich war noch nie ein großer Freund solcher Massenveranstaltungen, und der heutige Tag hat mich in meiner Einstellung bestärkt. Viele Fragen sind noch zu klären, aber nicht jetzt. Sejanus, können deine Prätorianer gewährleisten, daß mein Sohn und ich sicher in unsere Quartiere gelangen?«

»Selbstverständlich, Tiberius Caesar. Jeder einzelne meiner Männer würde sein Leben für dich geben.«

In Begleitung seines Prätorianerpräfekten und seines Sohns verließ Tiberius die Tribüne und tauchte in die Gänge des Amphitheaters ein.

Amatus starrte ihnen mit zerfurchter Stirn nach. »Was ist, wenn Sejanus die Gelegenheit nutzt, um Tiberius und Drusus zu töten?«

»Die Gelegenheit hat er verpaßt«, erwiderte Flavus.

»Jetzt stünde er nicht als Retter Roms da, sondern als Caesarenmörder. Nein, Sejanus ist klug. Er weiß, daß er sich einstweilen mit der Beschützerrolle begnügen muß. Es ist nach allem noch das Beste, was ihm passieren konnte.«

Thorag fragte: »Aber warum hast du es zugelassen, daß Sejanus seinen Kopf aus der Schlinge zieht, Flavus? Jetzt können wir ihn kaum noch anklagen, ohne unglaubwürdig zu erscheinen.«

»Das weiß Sejanus auch, und deshalb wird er uns in Frieden lassen, wenn wir ihn nicht beschuldigen. Außerdem haben wir nichts Stichhaltiges gegen ihn in der Hand.«

Thorag zeigte auf Demetrius. »Wir haben einen Zeugen!«

»Nein, davon weiß ich nichts«, sagte der Grieche. »Apicius hat mir nicht verraten, wer seine Mitverschwörer sind.«

Sprach er wahr oder aus Angst vor dem mächtigen Sejanus? Es blieb sich gleich.

»Du siehst, wir können weder gegen Sejanus etwas unternehmen noch gegen seinen Freund Foedus, der sich da hinten so klein wie eine Feldmaus zu machen versucht. Außerdem hätte Sejanus, von uns in die Ecke gedrängt, seine ganze Garde aufgeboten und Foedus die ravennatischen Truppen.« Flavus sah Thorag an und lächelte. »Was haben wir auf der römischen Kriegsschule für den Fall gelernt, daß die feindliche Übermacht nicht zu bezwingen ist und trotzdem geschlagen werden muß?«

Thorags Antwort kam augenblicklich: »Man muß den Feind durch überraschende Aktionen so sehr in Panik versetzen, daß er an Rückzug denkt. Und zu diesem Rückzug muß man ihm eine so verlockende Möglichkeit

bieten, daß er sie wahrnimmt, ehe er es sich anders überlegen kann. Unsere Lehrer nannten das *dem Feind eine goldene Brücke bauen*.«

»Exakt«, sagte Flavus. »Sejanus geht in diesem Augenblick über seine goldene Brücke.«

Kapitel 28
Abschied

Zwei Tage später glich das Anwesen des Weinhändlers Amatus mit seinem bunten Gewimmel einem überlaufenen Marktplatz. Die Arbeiter mit den Ladekarren fanden kaum ein Durchkommen. Männer, Frauen und Kinder suchten in den Lagerhallen Schutz vor der Sonne und warteten darauf, daß der große Frachter, der Amatus gehörte und zum Auslaufen bereitgemacht wurde, sie am nächsten Tag an Bord nehmen würde.

Tiberius hatte sein Wort gehalten und die Sumpfschlangen begnadigt. Mehr noch, er hatte ihnen Land in Westkleinasien zugewiesen, wo vor zwei Jahren ein großes Erdbeben gewütet und zwölf Städte zerstört hatte. Jede hilfreiche Hand war den geplagten Einwohnern zum Wiederaufbau willkommen. Tiberius bewies seine Qualitäten als Herrscher, indem er seinen Gnadenerlaß mit dieser praktischen Aufgabe für die ehemaligen Banditen verband.

»Suchst du mich, Germane?«

Thorag, der mit suchendem Blick zwischen den Lagerhäusern hindurchging, blieb stehen und fuhr herum.

Hinter ihm war Gaviana aus einem überdachten Eingang getreten und sah ihn mit einem schüchternen Lächeln an. Obwohl ihre erste Begegnung nur zwanzig Tage zurücklag, erschien sie ihm um einiges älter als damals. Das Mädchen war vollends zur Frau gereift und wirkte noch schöner, obwohl Gaviana keinen Schmuck trug. Die Ähnlichkeit mit Amatus war unverkennbar, nicht nur aufgrund der blonden Haare.

Der Gedanke an den Weinhändler verdüsterte Thorags Gemüt trotz aller Gefälligkeiten und Wohltaten, die

Amatus ihm und Auja erwiesen hatte. Er war mitverantwortlich dafür, daß der Donarsohn vor einer der schwersten Entscheidungen seines Lebens stand.

»Ich suche dich und deine Mutter, um euch Lebewohl zu sagen. Unser Schiff verläßt Ravenna schon heute.«

Amatus hatte ihm einen kleinen, flinken Segler bereitgestellt. Der Name des Schiffes, *Hirundo**, schien seine Schnelligkeit zu bestätigen. In einer Stunde sollte es auslaufen.

»Lebewohl?« fragte Gaviana mit gebrochener Stimme. »Du fährst also wirklich. Und wen nimmst du mit?«

»Meine Frau, Auja.«

»Ja, natürlich.«

Thorag trat vor Gaviana und legte seine Hand unter ihr Kinn, um ihr gesenktes Gesicht sanft anzuheben. »Muß ich es erklären?«

Sie straffte sich und schüttelte den Kopf. »Abschied hat immer etwas Schmerzvolles an sich. Ich glaube, meine Eltern spüren das auch gerade. Sie sprechen miteinander, wohl zum letzten Mal in ihrem Leben. Ich glaube nicht, daß sie gestört werden wollen.«

»Salvia geht mit ihren Leuten nach Kleinasien?«

»Selbstverständlich. Schon lange ist ihr Platz bei den Männern und Frauen aus dem Sumpf. Und Amatus hat, wie du weißt, eine neue Liebe gefunden.«

»Ich weiß«, sagte Thorag wenig begeistert. »Und wo wird dein Platz sein, Gaviana?«

»Ich habe mich soeben entschieden, bei meiner Mutter zu bleiben. Ein neuer Anfang ist der beste Weg, über Schmerzen hinwegzukommen.«

Thorag umarmte sie ein letztes Mal und schritt auf das

* Schwalbe

414

Wohnhaus des Weinhändlers zu. Als er den Kopf über die Schulter wandte, war Gaviana verschwunden wie ein Traum, der sich im hellen Licht Sunnas auflöste.

Er fand Thusnelda und Auja in dem Cubiculum, das Amatus Auja bereitgestellt hatte, damit sie ein wenig Ruhe und Erholung fand. Die Schulterwunde, ein Löwenbiß, war zum Glück nicht tief. Ein von Amatus herbeigerufener Arzt hatte Auja einen Verband angelegt und ihr auch ein Pulver gegen das Fieber gegeben.

Vielleicht war es das Pulver, vielleicht auch die Wiedervereinigung mit Thorag und die Aussicht, bald Ragnar wiederzusehen, jedenfalls war sie seit der Begegnung im Keller des Amphitheaters sichtlich aufgeblüht.

Sie lag entspannt in ihrem Bett und lächelte Thorag an. »Ist das Schiff bald bereit? Ich freue mich schon so, endlich heimzukehren!«

»In weniger als einer Stunde wird die Schwalbe uns der Heimat entgegentragen.« Er streichelte ihren Arm und lächelte zurück. Als er sich Thusnelda zuwandte, die auf einem Schemel neben dem Bett saß, wurde sein Gesicht ernst. »Aber vorher gibt es noch etwas zu erledigen!«

Thusnelda hielt seinem bohrenden Blick stand und blieb ruhig sitzen. »Du starrst mich an, Donarsohn, als wolltest du mich töten.«

»Genau darüber habe ich die letzten Nächte nachgedacht. Es wäre meine Pflicht.« Ohne auf Aujas entsetzten und protestierenden Blick einzugehen, fuhr er fort: »Dein Gemahl Armin und ich haben unser Blut vermischt. Damit bin ich von seinem und er von meinem Blut. Jede Pflicht, die Mitglieder seiner Sippe trifft, trifft auch mich und umgekehrt. Dein Treuebruch verdient nach unserem Stammesrecht den Tod, und da Armin nicht hier ist, um die Strafe zu vollziehen, ist es meine Pflicht, ihn zu vertreten.«

»Wohl kaum«, sagte Flavus, der in diesem Augenblick das Cubiculum betrat. »Eigentlich wollte ich nur melden, daß die *Hirundo* bereit ist, die Segel zu setzen. Aber mir scheint, ich komme gerade recht, um dich vor einem zweifachen Irrtum zu bewahren, Thorag. Nicht dir steht das Recht zu, für Armin einzutreten, sondern mir. Du magst dein Blut mit seinem vermischt haben, aber ich bin seit meiner Geburt vom selben Blut wie er.«

Thorags Kiefer mahlten.

Erst war er erleichtert gewesen, als der Einäugige eintrat. Was der Donarsohn mit Thusnelda zu klären hatte, war mehr als unangenehm, besonders im Beisein Aujas, und jede Unterbrechung des Gesprächs verschaffte ihm die Möglichkeit zum Durchatmen.

Aber was Flavus vorbrachte, erregte ihn, und wütend entgegnete er: »Hat Armin dich, als du zu den Römern übergelaufen warst, nicht wissen lassen, daß er bis ans Weltende dein Feind sein wird? Mir selbst hat er gesagt, du seist für ihn tot. Wie kannst du dir anmaßen, die Bruderpflicht erfüllen zu wollen?«

»Nimmst du Worte, die im Zorn gesprochen sind, als Maßstab, Thorag?« Flavus wagte es, angesichts der ernsten Lage zu lächeln, und breitete die Arme aus. »Sieh mich an, Donarsohn, wirke ich wie ein Toter?«

»Deine Worte sind verwirrend, nicht überzeugend«, erwiderte Thorag harsch.

»Dann überzeugt es dich vielleicht, wenn ich dir deinen zweiten Irrtum nachweise. Es war nämlich Thusneldas gutes Recht, sich einen anderen Mann zu suchen.«

»Willst du Armin und mich verspotten?« fuhr Thorag den Einäugigen an.

416

»Nicht im geringsten. Ich habe mir von Thusnelda die Umstände ihrer Heirat schildern lassen. Es stimmt, ihr Vater Segestes hat sie von seiner in Armins Munt übergeben. Damit muß sie Armins Wort gehorchen, und nur er hat das Recht, die Ehe aufzulösen.«

»Eben!« bellte Thorag.

»Eben nicht«, widersprach Flavus, ruhiger als Thorag, aber ebenso hartnäckig. »Armin und Thusnelda lebten längst in Raubehe zusammen und vollzogen die Heirat nur, um Segestes zu beruhigen und den Schein zu wahren. Freiwillig hatte Thusnelda ihren Vater heimlich verlassen und war zu Armin gegangen. Also handelt es sich in Wahrheit um eine Friedelehe, die dem freien Willen beider Eheleute entspringt, in der das Wort beider gleiches Gewicht besitzt und die von jedem aufgelöst werden kann. Diese Verbindung hatte längst Bestand, als man zum Schein den Muntwechsel vollzog. Du solltest unser Stammesrecht besser kennen als ich, Thorag, der ich doch nur ein *Römling* bin!«

Flavus' Worte schwirrten in Thorags Kopf herum wie ein aufgescheuchter Bienenschwarm. Je länger er darüber nachdachte, desto mehr verfestigte sich die Erkenntnis, daß der Einäugige ihn vor einem großen Irrtum bewahrt hatte. Und er ahnte auch, warum ihn der Gedanke, die Blutrache für Armin zu vollziehen, so sehr beschäftigte. Indem er Thusnelda gegen seinen inneren Willen für ihre Untreue bestrafte, bestrafte er sich selbst für die gleiche Tat, die er Armins Gemahlin anlastete.

Auja drückte seine Hand und sagte: »Noch einen guten Grund solltest du erwägen, Thusnelda nichts anzutun. Du schuldest ihr ein Leben, weil sie das meine gerettet hatte. Nur ihrem Eingreifen habe ich zu verdanken, daß ich beim Triumphzug des Germanicus nicht hingerichtet wurde. Als die Wachen mich zum

Carcer führen wollten, bat sie Germanicus um mein Leben.«

Thorag seufzte schwer und blickte in die Runde. »Ich hätte es sowieso nicht getan. Auch wenn ich nicht weiß, wie ich das alles Armin beibringen soll, habe ich eingesehen, daß Thusnelda zu Amatus gehört. Oder wirst du nicht in Ravenna bleiben?«

»Doch, das werde ich«, sagte Thusnelda. »Amatus hat von seiner Tochter nichts gehabt, dafür wird er sich um meinen Sohn Thumelikar kümmern wie um sein eigenes Kind.«

»Er ist auch Armins Sohn!« sagte Thorag.

»Und doch ist Armin ihm ein Fremder, nicht aber Amatus.«

»Wird Segestes dem nicht entgegenstehen?«

»Er findet an seinem Enkel keinen Gefallen, weil der kleine Thumelikar ihn zu sehr an den verhaßten Armin erinnert. Außerdem heißt es, Segestes werde an einen anderen Ort ins Exil geschickt. Tiberius scheint nach der Verschwörung, auch wenn er sie nicht ganz durchschaut, der Meinung zu sein, daß nicht zu viele Germanen in Ravenna leben sollten.«

»Bedauerlich, daß Sejanus, Foedus, Segestes und Marbod ungeschoren davonkommen«, murmelte Thorag.

Am meisten bedauerte er es bei Sejanus, der den Tod in Thorags Augen mehr als tausendfach verdient hatte. Doch wieder einmal war es der Skorpion, der anderen den Tod brachte. Wie es Sejanus scheinheilig dem Princeps versprochen hatte, gingen seine Prätorianer gegen die Mitverschwörer des Apicius vor. Auffällig viele von ihnen fand man erhängt oder mit durchgeschnittenen Pulsadern. Thorag hegte den Verdacht, daß Sejanus' Gardisten bei diesen ›Selbsttötungen‹ nachhalfen, um all jene aus dem Weg zu räumen, die ihren Präfekten einer Mittäterschaft hätten bezichtigen können.

»Denk an die goldene Brücke«, sagte Flavus. »Ein Krieg erfordert Opfer, nicht nur auf gegnerischer Seite.« Seine linke Hand fuhr zu der leeren Augenhöhle, und leise fügte er hinzu: »Ich kann einiges davon berichten.«

Thorag trat vor ihn und fragte: »Schulde ich dir Dank?«

»Dafür, daß ich dich auf deinen Irrtum hingewiesen habe? Nein, du hattest es in deinem Innern schon erkannt.«

»Ich meine dafür, daß du mir geholfen hast. Damit hast du nicht nur mein Leben gerettet, auch Aujas!«

»Ich war es euch schuldig. Als ich dich von Apicius' Anwesen entkommen ließ, tat ich es mit dem Hintergedanken, dich bald wieder einzufangen. Darum hat es mich nicht von meiner Schuld befreit. Und jetzt schulde ich Armin noch ein Leben für sein Eingreifen damals an der Weser. Ich gebe es ihm durch deine Rettung. Du mußt rasch zurück zu ihm und ihn warnen!«

Thorag wußte, wovon Flavus sprach. Es war der Grund, weshalb Thorag Ravenna so rasch und mit einem schnellen Schiff verlassen wollte. Amatus hatte ihnen von Apicius' letzten Worten erzählt: ... *gutes Pulver* ... *auch* ...*manicus* ... *Arminius* ...

Daran gab es nur wenig zu deuten. Mit dem Pulver hatte der Feinschmecker seine letzte Mahlzeit gemeint, das Gift aus seinem Ring. Es war noch zwei Männern zugedacht. Der eine war vermutlich Germanicus, der als möglicher Thronfolger aus dem Weg geräumt werden mußte, wollte ein Sejanus Caesar nach dem Tod von Tiberius und Drusus nicht einen beim Volk sehr beliebten Rivalen haben. Und Armins Tod wäre im Rahmen der Verschwörung hilfreich gewesen, um die Machtan-

sprüche von Segestes und Marbod in Germanien durchzusetzen.

Die Frage war nur, ob die Anschläge lediglich geplant
gewesen oder ob die Mörder mit dem Gift schon unterwegs waren. Flavus hatte einen Boten in den Osten zu
Germanicus gesandt. Von Thorag hing es ab, Armin
rechtzeitig zu erreichen.

Am Weinhafen nahmen Thorag und Auja Abschied von
Flavus, Thusnelda, Amatus und Salvia. Letztere trug
nicht länger ihre Schlangenmaske, sondern hatte das
Gesicht mit Ausnahme der Augen durch einen Schleier
verhüllt. Gaviana war nicht erschienen, und Thorag
konnte es gut verstehen. Noch jemand fehlte und wurde
von ihm schmerzlich vermißt: der kleine Nigrinus.

Die *Hirundo* war ein schlanker Segler mit einem
zusätzlichen Mast am Bug. Als die Seeleute alle Segel
gesetzt hatten, wurde der Hafen von Ravenna rasch kleiner. Der Steuermann brachte das Schiff auf nördlichen
Kurs, und es segelte eine ganze Weile an der Küste entlang.

Auf der Heckgalerie neben dem großen Schwalben-
kopf, der sich dort als Wahrzeichen des Schiffes erhob,
stand Auja neben Thorag und hörte ihm zu, wie er von
Canis und von Gaviana sprach.

»Das mußte ich dir sagen«, schloß er. »Du mußt es wissen, um zu entscheiden, ob du nur zu deinem Sohn heimkehren willst oder auch zu deinem Mann.«

Sie sah ihn prüfend an. »Hat dein Herz dieser Canis
gehört?«

»Für eine Weile glaubte ich, daß es für sie schlug, ohne
daß meine Liebe zu dir abnahm, Auja. Es war etwas
anderes als das, was uns verbindet.«

»Was war es?«

»Leidenschaft in einem doppelten Sinn vielleicht. Die kurze Verbindung zweier Menschen, die an ihrem eigenen Schicksal und ihrer inneren Einsamkeit litten.«

»War es bei Gaviana etwas Ähnliches?«

»Ich denke schon«, antwortete Thorag nach einigem Überlegen. »Ich suchte in dem Mädchen für einen schwachen Augenblick die Frau, die mir fehlte. Und Gaviana sah in mir vielleicht den Vater, weil sie spürte, daß sie nicht vom selben Blut wie Apicius ist. Sie hatte keinen Menschen, der sie liebte und festhielt, nur mich.«

Auja drehte sich um und sah ihm tief in die Augen. »Und was, Thorag, bin ich für dich?«

Ohne Zögern antwortete er: »Dein Name bedeutet Glück, und das bedeutest du für mich.«

Sie umarmte ihn und legte ihr Gesicht an seine Brust. »Dann hast du deine Wahl getroffen – und ich meine auch.«

Er schloß die Augen, um nichts anderes wahrzunehmen als Aujas Wärme und ihren Duft. Ihre Vereinigung würde nicht von langer Dauer sein. Die Bedrohung Armins warf große Schatten und verhieß neue Gefahren. Aber das schien in diesem Moment bedeutungslos. Wäre Donar jetzt vor seinen Abkömmling getreten und hätte ihm die Erfüllung eines Wunsches gewährt, hätte Thorag den mächtigen Gott ohne Überlegen gebeten, den Zeitenlauf anzuhalten – auf ewig.

»Könnten wir ohne die Frauen auskommen, dann gingen wir allem Ärger aus dem Weg. Aber da die Natur nun einmal bestimmt hat, daß man mit ihnen keineswegs in Eintracht, ohne sie aber überhaupt nicht leben kann, müssen wir mehr an unser dauerhaftes Wohlergehen denn an unsere kurzen Vergnügungen denken.«

Die knarzige Stimme schreckte Thorag aus dem kurzen Traum vom ewigen Glück. Der kleine Mann, dem sie gehörte, stand auf der Heckgalerie und grinste ihn an.

»Mach den Mund ruhig wieder zu, Mann aus Germanien! Die Weisheit stammt nicht von mir. Ich glaube, ich habe sie in einer Schrift des Zensors Metellus Numidicus gefunden. Was sie aber nicht weniger zutreffend macht.«

»Nigrinus!«

»Schön, daß die wiedergefundene Liebe deine Erinnerung an einen alten Gefährten nicht trübt.«

»Wie bist du hergekommen?«

»Ich war längst an Bord, als ihr gekommen seid. Sieht so aus, als hätte ich die Abfahrt verschlafen.«

»Aber ... warum?«

»Willst du deine Gemahlin etwa ohne Schutz zurücklassen, wenn wir an der Küste Istriens an Land gehen? Der Weg über die Alpen ist beschwerlich, und du mußt dich beeilen, um deinen Blutsbruder zu warnen. Eine Strapaze, die dein Weib in ihrem vom Fieber geschwächten Zustand kaum aushalten würde. Du benötigst einen vertrauenswürdigen Freund, in dessen Schutz du sie zurücklassen kannst.«

»Ich denke, den habe ich gerade gefunden«, lächelte Thorag. »Und darüber bin ich sehr froh.«

ANHANG

Nachwort des Autors

Die Germanen von Ravenna ist das vierte Buch meiner Germanensaga und spinnt, obwohl es eine in sich abgeschlossene Handlung hat, viele Fäden der vorangegangenen Bände weiter. Zugleich führt es in seinem ersten Teil weit in die Vergangenheit. Hier erfolgt zur besseren Orientierung eine kurze Einordnung.

Das erste Kapitel spielt lange vor den Geschehnissen des ersten Romans *Thorag oder Die Rückkehr des Germanen* (Bastei-Lübbe-Taschenbuch Band 13 717). Die übrigen Rückblenden in die Zeit der Germanicus-Feldzüge sind nach den im zweiten Roman *Der Adler des Germanicus* (Bastei-Lübbe-Taschenbuch Band 13 838) geschilderten Ereignissen angesiedelt, aber noch vor dessen Nachspiel, das den Triumphzug des Germanicus durch Rom zum Inhalt hat. Der die Ereignisse in Ravenna behandelnde Hauptteil schließt sich unmittelbar an den dritten Band *Marbod oder Die Zwietracht der Germanen* (Bastei-Lübbe-Taschenbuch Band 13 922) an. Ein fünfter Band, der sich in Vorbereitung befindet, wird die dunklen Schleier lüften, die das Ende dieses Buches über Armins Schicksal gelegt hat.

Wieder einmal war es meine Aufgabe als Autor eines historischen Romans, die nur lückenhaften Überlieferungen zu einer geschlossenen Geschichte zu verbinden, wozu ich die beiden mir zur Verfügung stehenden Mittel reichlich einsetzte: Phantasie und dichterische Freiheit.

So versetzte ich den Kochkünstler Apicius (den es wirklich gegeben hat) nach Ravenna, machte ihn zum Pächter der dortigen Gladiatorenschule (die es auch gegeben hat) und zum Verbündeten des Sejanus. Überliefert allerdings ist das Gerücht, daß Apicius und Sejanus eine über die platonische Freundschaft hinausgehende Beziehung verband. Ebenso überliefert ist die Vorliebe des Apicius für die Völlerei, für ausgefallene kulinarische Kreationen und für ausschweifende Gastmähler. Selbst ein zehn Bücher umfassendes Werk über das Kochen, an das sich die von mir beschriebenen Gerichte häufig anlehnen, ist uns unter dem Namen Apicius erhalten. Vermutlich ist das Werk eine aus dem vierten Jahrhundert nach Christo stammende Überarbeitung von Apicius' ursprünglichen Rezepten, zu deren Veröffentlichung der unbekannte Bearbeiter sich den populären Namen auslieh und sich Apicius Caelius nannte. Marcus Gavius Apicius, der Echte, soll sich selbst getötet haben, weil sein Reichtum nicht länger ausreichte, um seine Prassereien zu bezahlen. Ich gab seinem Freitod einen weniger eigentümlichen, aber dafür besser nachvollziehbaren Grund.

Marbod, der sich nach seinem Sturz an Tiberius um Hilfe wandte, wurde tatsächlich nach Ravenna ins Exil geschickt. Und auch Thumelicus, der Sohn Armins, soll hier sein Schicksal gefunden haben. Die überwiegende Literatur geht davon aus, daß Thusnelda mit ihrem Sohn in Ravenna lebte, und rätselt darüber, warum der listenreiche Armin Weib und Sohn nicht zurückgeholt hat. Vielleicht hat er ja den Versuch unternommen, dessen Einzelheiten im Dunkel der zweitausendjährigen Geschichte liegen. Dieses Buch gibt meine Version eines möglichen Befreiungsversuches wieder.

Flavus, der Bruder Armins, ist eine historische Gestalt. Wir kennen nur seinen römischen Namen, so daß ich ihn in meinen Romanen Isgar taufte. Von Tacitus wissen wir, daß Flavus in römischen Diensten kämpfte und dabei ein Auge einbüßte. Der römische

Schriftsteller schildert das Streitgespräch zwischen Armin und Flavus an der Weser. Was danach mit Flavus geschah, liegt im dunkeln.

Sejanus war auch in Wahrheit so machtgierig, daß er seinen Gönner Tiberius am liebsten vom Thron gestoßen hätte (was ihm in den späteren Jahren, als der Princeps auf Capri lebte, in gewisser Weise auch gelang); das Komplott von Ravenna jedoch ist meine Erfindung. Daß Tiberius den Aufführungen in den Amphitheatern ablehnend gegenüberstand, ist ebenso belegt wie die große Zuneigung, die sein Sohn für Gladiatorenkämpfe empfand; die ›Drususschwerter‹ gab es tatsächlich.

Die Sumpfschlangen entspringen zwar der Phantasie des Autors, doch das Banditenunwesen war eine Plage, unter der die römischen Städte heftig litten. Die Banditen wurden für vogelfrei erklärt, und viele Städte setzten Banditenpräfekten oder antike Kopfgeldjäger ein.

Auch diesmal gilt: Personenverzeichnis, Glossar und Zeittafel sollen dem interessierten Leser bei der Unterscheidung von Dichtung und Wahrheit weiterhelfen und ihm die Welt der Römer und Germanen etwas näherbringen. Bei den lateinischen Wörtern wurde – wie auch bei den Namen im Roman – mal die Ursprungs-, mal die eingedeutschte Form gewählt. Hier entschieden der Klang oder die Gewohnheit. Auch wird der Kundige noch weitere Bedeutungen des einen oder anderen Begriffs anführen können; ich zählte die auf, die für den Roman bedeutsam sind. Bei den germanischen Gottheiten und ihrer Mythologie mußte ich oft auf die nordischen Begriffe und Namen zurückgreifen, weil keine südgermanischen Bezeichnungen aus dem uns interessierenden Zeit- und Sprachraum überliefert sind. Um Verwirrungen zu vermeiden, borgte ich lieber dort aus, als hier zu erfinden.

Die Personen

Hier findet der Leser zur besseren Orientierung alle wichtigen Personen alphabetisch aufgelistet. Historisch belegte Personen sind mit einem (H) gekennzeichnet.

Aemilius (H): Primipilar der Reiter im Heer des Germanicus.

Amatus: Freigelassener des Apicius und reicher Weinhändler in Ravenna.

Apicius, Marcus Gavius (H): Feinschmecker, Meisterkoch und Pächter der Gladiatorenschule von Ravenna.

Argast: Thorags Kriegerführer.

Ariston: bester Gladiator des Apicius.

Armin (H): Fürst des Hirschgaus und Herzog der Cherusker.

Astrid: heilkundige Priesterin der Heiligen Steine.

Auja: Thorags Gemahlin.

Celsus: alter Sklave des Apicius.

Chariovalda (H): Bataverfürst in römischen Diensten.

Demetrius: Tonsor, Sklave des Apicius.

Drusus Caesar (H): Sohn des römischen Herrschers Tiberius.

Eggo: batavischer Unterführer.

Flavus (H): Armins jüngerer Bruder, mit germanischem Namen ›Isgar‹.

Foedus, Gnaeus Equus: Präfekt der Adriatischen Reichsflotte.

Gaviana: Tochter im Hause des Apicius.
Germanicus (H): Adoptivsohn des Tiberius, Imperator am
 Rhein.

Hilger: Hornist der Donarsöhne.

Inguiomar (H): Armins Onkel, Fürst des Inggaus.
Ingwin: Armins Kriegerführer.

Jarinus: Nachfolger von Terpnus.
Jorit: junger Krieger der Donarsippe.

Marbod (H): gestürzter König der Markomannen.

Nigrinus: Hypokaustensklave des Apicius.

Salvia: Gemahlin des Apicius.
Segestes (H): cheruskischer Edeling und ehemaliger Fürst
 der Stiersippe.
Segimar (H): Vater von Armin und Flavus.
Sejanus, Lucius Aelius (H): Präfekt der Prätorianergarde.
Severina: ehemalige Gladiatorin.
Stertinius, Lucius (H): Reiterpräfekt im Heer des Germa-
 nicus.

Terpnus: Haussklave des Amatus.
Tiberius Caesar (H): römischer Herrscher.
Titus: Vogelhändler in Ravenna.
Thorag: cheruskischer Edeling und Fürst des Donargaus.
Thumelikar (H): Sohn von Armin und Thusnelda (überlie-
 fert als ›Thumelicus‹).
Thusnelda (H): Tochter d. Segestes und Armins Gemahlin.

Wisar: Thorags Vater.

Das römische Grundlängenmaß war der *Fuß* (pes) = knapp 0,3 Meter. 5 Fuß ergaben einen *Doppelschritt* (passus) = etwa 1,5 Meter; 125 Doppelschritte ergaben ein *Stadium* = etwa 185 Meter; 1000 Doppelschritte ergaben eine *Meile* = etwa 1,5 Kilometer.

Caesar und Augustus führten eine Währungsreform durch, die den goldenen *Aureus* zur wertvollsten Münze machte. Er entsprach 25 silbernen *Denaren*. Ein Denar entsprach 4 *Sesterzen* aus Messing oder 16 *Assen* aus Bronze.

Zur Verdeutlichung der Kaufkraft: Für ein As gab es einen Laib Brot, für zwei Asse eine Mahlzeit. Mit 2 Sesterzen konnte ein Römer seine Lebensgrundbedürfnisse für einen Tag befriedigen. Im Schnitt 200 Denare kostete ein Rind, 200 bis 1000 Denare ein Sklave. Der Monatssold eine Legionärs betrug 25 Denare, was dem Monatslohn eines Arbeiters in Rom entsprach. Ein Offizier bekam, je nach Rang, das Zehn- bis Vierzigfache.

Glossar I — Ethnographische und geographische Bezeichnungen

Volksstämme der Germanen und Kelten

Angrivarier: Beiderseits der mittleren Weser lebender Stamm, von den Cheruskern durch einen Grenzwall getrennt. – Mit dem hier als ›Angrivariersee‹ bezeichneten Gewässer ist das Steinhuder Meer gemeint.

Bataver: An der Rheinmündung lebender Stamm, der unter römischem Schutz steht und den Römern Kriegsdienste leistet.

Brukterer: Zwischen mittlerer Ems und oberer Lippe siedelnder Stamm, im Jahr 4 n. Chr. von den Römern unterworfen. Bei ihm fand sich einer der im Teutoburger Wald eroberten Legionsadler.

Chatten: An Fulda und Eder siedelnder Stamm, der mit Zustimmung der Römer das Gebiet der auf die linke Rheinseite übergesiedelten Ubier in Besitz nimmt.

Chauken: Ursprünglich zwischen der unteren Ems und der Unterelbe siedelnder Stamm, der im Jahr 5 v. Chr. einen Bündnisvertrag mit den Römern schließt.

Cherusker: An der mittleren Weser siedelnder Stamm, dessen Name vermutlich vom germanischen Wort ›herut‹ (Hirsch) herrührt. Er führt den Aufstand im Jahr 9 n. Chr. an und erobert im Teutoburger Wald einen Legionsadler.

Markomannen: Ursprünglich in Nordbayern, dann in Böhmen lebender Stamm, der zusammen mit anderen Stämmen das von Marbod gegründete Markomannenreich bildet.

Marser: Zwischen Ruhr und Lippe lebender Stamm, der im Teutoburger Wald einen der drei Legionsadler erbeutet.

Räter: Illyrisch-keltischer Stamm aus der römischen Pro-

vinz Rätien, die Teile Bayerns, Tirol und die Ost-
schweiz umfaßte.

Sueben: Mächtiges Volk, das unter seinem König Ariovist
Caesar schwer zu schaffen machte. Manche Autoren
sehen die Sueben als Stammvolk auch der Markomannen an. Zur Zeit unserer Geschichte siedeln sie zwischen Elbe und Oder.

Ubier: Ursprünglich zwischen Rhein, Main und Wester-
wald lebender Stamm, der sich nach Überfällen der
Sueben unter den Schutz der Römer stellt und von
ihnen links des Rheins angesiedelt wird.

Vindeliker: Keltischer Stamm, der zwischen Bodensee,
Inn, Alpen und Donau siedelt und mit den Rätern
benachbart ist.

Forum Romanum: Ältester öffentlicher Versammlungs-platz in Rom.

Gallia Cisalpina: Römische Provinz in Oberitalien.

Illyricum: Ungefähres Gebiet Albaniens und des ehema-ligen Jugoslawiens; später Aufteilung in die Provinzen Dalmatien und Pannonien.

Noricum: Römische Provinz, die einen Großteil des heu-tigen Österreichs einnahm.

Oppidum Ubiorum: Köln.

Padus: Po.

Rhenus: Rhein.

Saltus Teutoburgiensis: Teutoburger Wald.

Venetien und Istrien (Venetia und Istria): Seit Augustus setzte sich die zehnte Region Italiens aus diesen bei-den oberitalischen Landstrichen zusammen.

Visurgis: Weser. – Mit der ›Porta Visurgia‹ oder ›Donar-pforte‹ ist die Porta Westfalica gemeint.

Berserker: Ein in Bärenfelle gekleideter Krieger. Die ihm zugeschriebenen übermenschlichen Kräfte resultierten aus der Einnahme einer aus dem Fliegenpilz gewonnenen Droge, die einen LSD-artigen Rausch hervorrief.

Dagr: Der Tag, der als Sohn der Nacht mit seinem goldenen Wagen über den Himmel zieht.

Donar: In der nordischen Mythologie Thor genannter Gott des Wetters und der Landbestellung, Sohn Wodans. Wenn er mit seinem von den Böcken ›Zähneknirscher‹ und ›Zähneknisterer‹ gezogenen Wagen durch den Himmel fährt, donnert es. Mit seinem Hammer Miölnir, seinem Kraftgürtel und seinem Eisenhandschuh beschützt der stärkste Gott des Asengeschlechts die Menschen vor Riesen und Ungeheuern. Die Eiche ist sein heiliger Baum.

Edeling: Adliger, der sich in der Regel als Abkömmling einer Gottheit ansah und daher seinen Adel ableitete.

Einherier: S. *Walhall.*

Fafner: In einen Drachen verwandelter Sohn des Zwergenkönigs Hreidmar.

Fenriswolf: S. *Loki.*

Fibel: Kunstvoll gearbeitete Spange, die den Umhang des Mannes oder das Kleid der Frau zusammenhielt.

Frame: Stoßlanze.

Friedloser: Für schwere Vergehen für vogelfrei Erklärter. Er wurde von seiner Sippe ausgestoßen und verlor damit jeden Schutz, ebenso jeden Besitz. Jeder durfte ihn töten.

Gau: Von einem Gaufürst geführter Stammesbezirk.

Ger: Speer, Wurfspieß.

Heilige Steine: Unsere heutigen Externsteine. Ob diese in vorchristlicher Zeit bereits ein Kultzentrum waren, ist umstritten, aber aufgrund ihrer im wahrsten Wortsinne herausragenden Erscheinung gut denkbar.

Hel: Die halb schwarz- und halb menschenhäutige Tochter Lokis und Angurbodas herrscht über das Totenreich, das Niflheim oder auch Hel genannt wird. Hierher kommt, wer den unrühmlichen Strohtod erlitten hat. Unser Begriff ›Hölle‹ stammt von ›Hel‹.

Herzog: Auf dem Thing gewählter Kriegsführer.

Ing: Fruchtbarkeitsgott.

Kriegerführer: Anführer einer Kriegergefolgschaft; Unterführer eines Fürsten im Krieg.

Kuning: König. Zur Zeit unserer Geschichte bei den ihre Freiheit und Unabhängigkeit schätzenden Germanen unüblich und unerwünscht. Der Markomannenkönig Marbod oder vor ihm der Suebenkönig Ariovist, der gegen Caesar kämpfte, waren Ausnahmen. Eher gab es den Heerkönig, der mit dem Herzog gleichzusetzen ist. Aus solchem konnte sich ein richtiges Königtum – siehe wiederum Ariovist und Marbod – entwickeln. Auch Armin schien dem nicht abgeneigt.

Loki: Sohn einer Riesin und Gott des Feuers. Weil Loki in den uralten Zeiten mit Wodan durchs Land wanderte und mit ihm Brüderschaft schloß, zählt er zum Göttergeschlecht der Asen. Hinterlistig, streitsüchtig und boshaft, steht er mal auf der Seite der Götter, mal gegen sie. Er setzt durch die Zeugung der Ungeheuer

Fenriswolf, Hel und Midgardschlange das Böse in die Welt. Seine Intrigen und die von ihm geschaffenen Ungeheuer sind für den Untergang des Göttergeschlechts am Zeitenende, der Götterdämmerung (›Ragnarök‹, eigentlich ›Göttergeschick‹), verantwortlich.

Mani: Sunnas Bruder, der den Mondwagen lenkt.

Midgardschlange: S. *Loki*.

Mimir: Hüter der Weisheitsquelle an der Wurzel der Weltesche Ydraggsil. Für einen Trunk aus dieser Quelle opferte Wodan ein Auge.

Miölnir: Donars Hammer, dessen Stiel durch eine Unachtsamkeit beim Schmieden zu kurz geriet.

Munt: Personenrechtliches Gewaltverhältnis im Gegensatz zum Sachenrecht. Der Munt des Mannes unterfielen in der Muntehe die Ehefrau und die Kinder. Der Sohn wurde mit Bestehen der Mannbarkeitsprobe aus der Munt entlassen; die Tochter wurde von ihrem Vater als Muntwalt bei der Heirat in die Munt ihres Mannes übergeben. In der streng patriarchalischen Gesellschaftsordnung konnte nur die in Muntehe lebende Frau Ehebruch begehen und dafür von ihrem Mann verstoßen oder sogar getötet werden.

Neiding: Neider, Übelwollender, Übeltäter.

Nornen: Die drei Schicksalsgöttinen sitzen unter der Weltesche und spinnen die Schicksalsfäden.

Nott: Die Nacht, die von schwarzen Schleiern umhüllte Tochter eines Riesen, erhielt von Wodan einen schwarzen Wagen, mit dem sie in der Dunkelheit durch den Himmel fährt. Die Germanen teilten die Zeit nicht nach Tagen, sondern nach Nächten ein, wie sie die Jahre nach Wintern zählten.

Römling: Schimpfwort für einen Römerfreund.

Sax: Einschneidiges Kurzschwert.

Skuld: Norne des Zukünftigen.

Strohtod: Tod im Bett, für einen germanischen Krieger unehrenhaft.

Sunna: Auch Sol genannte Jungfrau, die den Sonnenwagen zieht.

Tamfana: Von den Marsern verehrte Fruchtbarkeitsgöttin.

Thing: Auch Ding genannte Ratsversammlung der Frilinge, die von allen Vollfreien zu feststehenden Zeiten (ungebotenes Thing) oder von einem Kreis Geladener zu einem besonderen Anlaß (gebotenes Thing) besucht wurde. Ein Thing konnte einen ganzen Stamm betreffen oder nur einen Gau. Aufgaben des Things waren die Freisprechung der Halbfreien, die Rechtsprechung bei schweren Verstößen, die Erhebung der Jungmänner in den Kriegerstand, die Wahl eines Herzogs, die Beschlußfassung über einen Kriegszug usw. Während des Things herrschte ein besonderer, von allen zu achtender Thingfriede.

Urd: Norne des Vergangenen.

Verdandi: Norne des Gegenwärtigen.

Walhall: Wer nicht den unwürdigen Strohtod, sondern den würdigen Tod im Kampf stirbt, wird von den Walküren (›wala‹ ist das germanische Wort für ›tot‹), den göttlichen Jungfrauen, ins Reich der Götter nach Walhall geholt, der großen Halle von Wodans Palast. Dort zecht er mit den Göttern und übt sich im täglichen Kampf als Einherier (hervorragender Streiter, Einzelkämpfer), um bei der Götterdämmerung am Zeitenende mit den Göttern gegen die Ungeheuer zu kämpfen.

Wara: Göttin der Wahrhaftigkeit, die Eidbrüchige bestraft, insbesondere bei Verträgen zwischen Männern und Frauen.

Wodan: auch Odin genannter oberster Gott, der seit dem Trunk aus Mimirs Quelle, für den er ein Auge hingab, der Weiseste aller Asen ist. Er ist der oberste Schlachtenlenker und weist schamanistische Züge auf.

Glossar III – Römische und griechische Begriffe und Personen

Agmen Quadratum: Marschformation im Karree.

Apodyterium: Umkleideraum in den Thermen.

Atrium: Mittelraum des römischen Hauses mit einem Regenwasserbecken. Der Raum war nicht überdacht oder wies eine Dachöffnung auf.

Augustus: Römischer Herrscher, Begründer des Caesarentums, gestorben 14 n. Chr.

Auxilien: Hilfstruppen aus Nichtbürgern. Neben den aus römischen Bürgern bestehenden Legionen zweiter wichtiger Bestandteil der römischen Armee, dem in der Kaiserzeit wegen der geringeren Besoldung immer mehr Gewicht zukam.

Caesar: Ursprünglich Namensbestandteil der Julier; wurde unter den Nachfolgern des Gaius Julius Caesar (100–44 v. Chr.) als Bestandteil der Titulatur geführt.

Caldarium: Heißes Bad.

Carcer: Kerker, Gefängnis.

Charon: Fährmann, der die Toten über den Fluß Styx setzt; Totengott.

Cubiculum: Schlafraum.

Faunus: Fruchtbarkeitsgott, dem griechischen Pan entsprechend.

Fortuna: Göttin des Glücks und der Reisenden.

Freigelassener: In Freiheit entlassener Sklave, der in der römischen Gesellschaft sehr hoch aufsteigen konnte, ohne allerdings das Bürgerrecht zu erhalten. Er blieb seinem ehemaligen Herrn treue- und zuweilen auch dienstpflichtig.

Frigidarium: Kaltes Bad.

Garum: Würzige Soße oder Suppe aus an der Sonne ange-
faulten Sardellen, Meerbarben oder ähnlichen Fischen, die vergoren, gewürzt und gekocht wurden.
Gladius: Schwert des Legionärs mit mittellanger, breiter
Klinge.

Imperator: Inhaber der größten Machtfülle. Später Bezeichnung der Soldaten für ihren siegreichen Feldherrn, was, um offiziell zu werden, der Bestätigung
durch den Senat bedurfte.

Jupiter: Vielgestaltiger Gott mit ebenso vielen Beinamen,
war als ›Jupiter Optimus Maximus‹ Hauptgott der
Römer und wurde in einem Tempel auf dem Capitol
verehrt.

Klient: Plebejer, der sich unter den Schutz eines Patriziers
stellte und diesem dafür dienstbar war.
Kohorte: S. Legion.

Legion: Größter Truppenverband, der sich in zehn Kohorten zu drei Manipeln gliederte. Jedes Manipel setzte
sich aus zwei Zenturien zusammen. Da eine Zenturie
aus 80 Mann bestand, kam eine Legion auf 4000 bis
6000 Legionäre. Hinzu kamen noch 120 Reiter (vor-
wiegend für Aufklärungs- und Kurierdienste) sowie
400 Veteranen, die vom Kasernendrill weitgehend verschont wurden und nur für die Feldzüge einberufen
wurden, außerdem über 2000 Knechte für ebenso viele
Lasttiere sowie eine Artillerie-Einheit (Speerschleu-
dern und Katapulte).
Liquamen: Dem Garum ähnliche Fischsoße.
Lyra: Leier mit drei bis neun Saiten.

Mänaden: Rasende, ekstatische Frauen im Gefolge des griechischen Wein- und Rauschgottes Dionysos.
Mars: Kriegsgott.

Neptun: Meeresgott.
Nymphe: Weibliche Naturgottheit der Griechen.

Oenogarum: Garum mit Wein.
Optio: Stellvertreter eines Zenturios oder mit selbständigen Aufgaben betrauter Offizier.

Palästra: Ort für Leibesertüchtigungen.
Patrizier: Adlige römische Oberschicht, die ihre Abstammung auf die Ahnen (patres) zurückführt.
Peristylium: Von einem Säulengang umgebener Garten des römischen Hauses.
Pilum: Schwerer Wurfspeer der Legionäre mit langer Eisenspitze.
Plebs: Im Gegensatz zu den Patriziern die Masse römischer Kleinbauern, Handwerker und Kaufleute (Plebejer).
Portikus: Säulenhalle oder freier, von Säulenhalle umgebener Platz bzw. Garten.
Präfekt: Hoher Militärbefehlshaber oder Zivilbeamter.
Prätorianer: Garde der römischen Herrscher.
Prätorium: Amtswohnnung des Prätors, oft zugleich Kommandantur.
*Primipil*ar: Ranghöchster Zenturio einer Einheit, etwa einem Oberst entsprechend.
Princeps: Wörtlich ›der Erste‹, bezeichnet es einen führenden Römer. ›Princeps Senatus‹ hieß der Senator, der in der Senatorenliste an erster Stelle stand. Da Augustus die negative Besetzung der Titel ›Rex‹ und ›Dictator‹ scheute, bezeichnete er sich als Princeps, was Tiberius übernahm.

Quinquereme: Schiff mit fünf Ruderreihen auf jeder Seite.

Satyr: Griechischer Wald- und Hügelgeist, halb Mensch und halb Tier.

Scutica: Peitsche mit ledernem oder pergamentenem Riemen.

Scutum: Länglicher, großer, gewölbter Schild des Legionärs.

Spatha: Langschwert, zur Zeitenwende nur von der Reiterei verwendet, ab dem 3. Jahrhundert n. Chr. beim ganzen Heer.

Stola: Eine von der Frau über der Tunika getragene zweite Tunika, weiter geschnitten und reicher gefältet.

Tepidarium: Lauwarmes Bad als Übergang zwischen Kalt- und Heißbad.

Thermen: Großes Bad, Erholungs- und Freizeitzentrum.

Toga: Großes Tuch, das als Kleidungsstück für bessere Gelegenheiten so über die Tunika geschlungen wurde, daß diese ganz verdeckt war.

Tonsor: Barbier, Haarschneider.

Trierarch: Kapitän.

Trireme: Schiff mit drei Ruderreihen auf jeder Seite.

Tunika: Gegürteter, bis etwa ans Knie reichender, meist kurzärmliger Hemdkittel aus Wolle, Baumwolle oder Leinen. Typisches Kleidungsstück, das der Römer zu Hause, auf der Straße und bei der Arbeit trug.

Turme: Etwa 40 Mann starke taktische Grundeinheit der Reiterei.

Via Prätoria: Eine der beiden Hauptstraßen des Armeelagers, die vom vorderen Haupttor zum Hintertor führt.

Via Principalis: Zweite Hauptstraße des Armeelagers,

kreuzt die Via Prätoria und verbindet die beiden Seitentore miteinander.

Vulcanus: Gott des Feuers.

Zenturie: S. *Legion*.

Zenturio: Aus Sicht der Befehlsgewalt einem heutigen Hauptmann vergleichbarer Kommandeur einer Zenturie, der allerdings nicht als echter Offizier, sondern als Bindeglied zwischen Offiziers- und Mannschaftsstand betrachtet wurde.

Zeus: Griechischer Göttervater, entsprechend dem römischen Jupiter.

Zeittafel

38 v. Chr.
Agrippa kommt als Statthalter Galliens an den Rhein und siedelt die Ubier auf linksrheinisches Gebiet um.

19–16 v. Chr.
Armin wird als Sohn des Cheruskerfürsten Segimar geboren (genauer Zeitpunkt ungewiß).

2 v. Chr.–1 n. Chr.
Der Legat L. Domitius Ahenobarbus führt Feldzüge in Germanien durch, baut die Langen Brücken und dringt bis zur Havel vor.

6 n. Chr.
Die Römer beginnen unter ihrem Feldherrn Tiberius einen Angriff auf das ihnen zu mächtig werdende Königreich Marbods, werden aber durch einen großen Volksaufstand in Pannonien und Dalmatien gezwungen, ihre Kräfte dort zu massieren und von den Markomannen abzulassen.

9 n. Chr.
Tiberius schlägt den Aufstand in Pannonien nieder. – Schlacht im Teutoburger Wald (vermutlich vom 9.–11. September). Armin vernichtet das aus drei Legionen und zusätzlichen Hilfstruppen bestehende Heer des Publius Quintilius Varus. Die Stützpunkte zwischen Rhein und Weser werden von den Germanen erobert bzw. von den Römern aufgegeben. – Tiberius kehrt aus Pannonien nach Rom zurück und hebt neue Truppen aus.

10–11 n. Chr.
Germanien-Feldzüge des Tiberius und des Germanicus.

13 n. Chr.
Germanicus übernimmt den Oberfehl am Rhein.

14 n. Chr.
Der römische Herrscher Augustus stirbt in Nola (19. 8.).
Tiberius wird sein Nachfolger. – Sejanus wird Präfekt der
Prätorianer und begleitet Drusus nach Pannonien, um
eine Meuterei der Legionen niederzuschlagen.

15 n. Chr.
Germanicus befreit den von Armins Kriegern belagerten
Segestes und bringt Armins schwangere Frau Thusnelda
in seine Gewalt.

16 n. Chr.
Germanicus geht mit einer Flotte aus tausend Schiffen
gegen die Germanen vor. Schlachten gegen Armin und
Inguiomar bei Idisiavisio und am Angrivarierwall.

17 n. Chr.
Triumphzug des von seinem Onkel und Adoptivvater
Tiberius vom Rhein abberufenen Germanicus (17. 5.), bei
dem er Thusnelda und ihren in Gefangenschaft ge-
borenen Sohn mit sich führt. – Drusus übernimmt die
Statthalterschaft im Illyricum. – Schlacht zwischen
Armin auf der einen und Marbod und Inguiomar auf der
anderen Seite.

19 n. Chr.
Katualda vertreibt Marbod und übernimmt die Herrschaft im Markomannenreich.

Es ist das Jahr 14 nach Christi Geburt. In Rom stirbt Kaiser Augustus, und der als ewiger Zauderer berüchtigte Tiberius tritt die Herrschaft über die Stadt der sieben Hügel an. Eine der vielen Herausforderungen, denen er sich stellen muß, ist die Frage, wie die schmähliche Niederlage der römischen Truppen gegen die Germanen zu rächen ist. Zunächst erhält Germanicus den Oberbefehl über die römischen Legionen am Rhein. Aber der Cherusker Armin und der germanische Gaufürst Thorag ahnen dessen Rachepläne voraus und versuchen die entzweiten Stämme zu einem neuen Kampf zusammenzuschmieden.

Ein fast hoffnungsloses Unterfangen. Denn in dieser heiklen Phase der langwährenden Auseinandersetzungen zwischen Rom und den Germanen blühen auf beiden Seiten die Intrigen, und die Verräter wittern ihre Chance.

ISBN 3-404-13838-4

JÖRG KASTNER

THORAG

ODER DIE RÜCKKEHR DES GERMANEN

HISTORISCHER ROMAN

BASTEI LÜBBE

An der Seite des germanischen Fürstensohnes Armin hat Thorag im Osten für das römische Imperium gekämpft. Jetzt begleitet er den großen Krieger auf dem Weg zurück in das Land, das die Römer Germania nennen.

Die drückende Abgabenlast hat viele Cherusker und andere Stämme zu Rom-Feinden gemacht. Als sogenannter »Römling«, der lange Zeit für Augustus gekämpft hat, stößt Thorag überall auf Mißtrauen im eigenen Land und flüchtet nach dem Tod seines Vaters in eine römische Siedlung am Rhein. Aber auch hier muß er bald feststellen, daß er als Germane zwischen den Fronten sitzt und zum Spielball der Intrigen niederfüllter Römer wird.

Ein spannungsgeladener historischer Roman, zugleich ein breites Sittengemälde römischer und germanischer Kultur, reich an faszinierenden Einblicken in alte Bräuche und Lebensformen.

ISBN 3-404-13717-5

Der dritte Zwilling. Ein Follett wie kein zweiter.

Stellen Sie sich vor, es gibt einen Menschen, der Ihnen völlig gleicht, bis in die kleinste Zelle ... Jeannie
Ferrami, die sich mit der Entstehung kriminellen Ver-
haltens befaßt, entdeckt ein solches Paar genetischer
Zwillinge. Der eine, Steve Logan, ist ein Mann, wie sie
ihn lieben könnte, der andere sitzt als Mörder im Gefängnis. Dann wird eine junge Frau vergewaltigt, Steve aufgrund ihrer Beschreibung als Verdächtiger fest-
genommen – und eindeutig als Täter identifiziert. Aber
Steve schwört, daß er unschuldig ist. Gibt es noch
einen dritten Zwilling?
»Unerhörte Spannung, blutvolle Charaktere und lebendige Sprache machen das Buch zum Lesever-
gnügen.«

(Hamburger Abendblatt)

Band 12942